中/青/文/库　　　　本书得到中国青年政治学院出版基金资助

组织中的领导者与领导过程

徐　莉◎著

中国社会科学出版社

图书在版编目(CIP)数据

组织中的领导者与领导过程/徐莉著—北京：中国社会科学出版社，2014.4
ISBN 978 - 7 - 5161 - 3902 - 8

Ⅰ.①组…　Ⅱ.①徐…　Ⅲ.①领导学—研究　Ⅳ.①C933

中国版本图书馆 CIP 数据核字(2014)第 016443 号

出 版 人	赵剑英
责任编辑	李炳青
责任校对	韩天炜
责任印制	王 超

出　　版	中国社会科学出版社
社　　址	北京鼓楼西大街甲 158 号（邮编 100720）
网　　址	http://www.csspw.cn
	中文域名:中国社科网　　010 - 64070619
发 行 部	010 - 84083685
门 市 部	010 - 84029450
经　　销	新华书店及其他书店

印　　刷	北京君升印刷有限公司
装　　订	廊坊市广阳区广增装订厂
版　　次	2014 年 4 月第 1 版
印　　次	2014 年 4 月第 1 次印刷

开　　本	710 × 1000　1/16
印　　张	27.5
插　　页	2
字　　数	466 千字
定　　价	76.00 元

凡购买中国社会科学出版社图书,如有质量问题,请与本社联系调换
电话:010 - 64009791

《中青文库》编辑说明

中国青年政治学院是在中央团校基础上于 1985 年 12 月成立的，是共青团中央直属的唯一一所普通高等学校，由教育部和共青团中央共建。中国青年政治学院成立以来，坚持"质量立校、特色兴校"的办学思想，艰苦奋斗、开拓创新，教育质量和办学水平不断提高。学校是教育部批准的国家大学生文化素质教育基地，中华全国青年联合会和国际劳工组织命名的大学生 KAB 创业教育基地。学校与中央编译局共建青年政治人才培养研究基地，与北京市共建社会工作人才发展研究院和青少年生命教育基地。

目前，学校已建立起包括本科教育、研究生教育、留学生教育、继续教育和团干部培训等在内的多形式、多层次的教育格局。设有中国马克思主义学院、青少年工作系、社会工作学院、法律系、经济系、新闻与传播系、公共管理系、中国语言文学系、外国语言文学系等 9 个教学院系，文化基础部、外语教学研究中心、计算机教学与应用中心、体育教学中心等 4 个教学中心（部），轮训部、继续教育学院、国际教育交流学院等 3 个教学培训机构。

学校现有专业以人文社会科学为主，涵盖哲学、经济学、法学、文学、管理学 5 个学科门类。学校设有思想政治教育、法学、社会工作、劳动与社会保障、社会学、经济学、财务管理、国际经济与贸易、新闻学、广播电视学、政治学与行政学、汉语言文学和英语等 13 个学士学位专业，其中社会工作、思想政治教育、法学、政治学与行政学为教育部特色专业。目前，学校拥有哲学、马克思主义理论、法学、社会学、新闻传播学和应用经济学等 6 个一级学科硕士授权点和 1 个专业硕士学位点，同时设有青少年研究院、中国马克思主义研究中心、中国志愿服务信息资料研究中心、大学生发展研究中心、大学生素质拓展研究中心等科研机构。

在学校的跨越式发展中，科研工作一直作为体现学校质量和特色的重要内容而被予以高度重视。2002年，学校制定了教师学术著作出版基金资助条例，旨在鼓励教师的个性化研究与著述，更期之以兼具人文精神与思想智慧的精品的涌现。出版基金创设之初，有学术丛书和学术译丛两个系列，意在开掘本校资源与迻译域外精华。随着年轻教师的剧增和学校科研支持力度的加大，2007年又增设了博士论文文库系列，用以鼓励新人，成就学术。三个系列共同构成了对教师学术研究成果的多层次支持体系。

十几年来，学校共资助教师出版学术著作百余部，内容涉及哲学、政治学、法学、社会学、经济学、文学艺术、历史学、管理学、新闻与传播等学科。学校资助出版的初具规模，激励了教师的科研热情，活跃了校内的学术气氛，也获得了很好的社会影响。在特色化办学愈益成为当下各高校发展之路的共识中，2010年，校学术委员会将遴选出的一批学术著作，辑为《中青文库》，予以资助出版。《中青文库》第一批（15本）、第二批（6本）出版后，有效展示了学校的科研水平和实力，在学术界和社会上产生了很好的反响。本辑作为第三批共推出六本著作，并希冀通过这项工作的陆续展开而更加突出学校特色，形成自身的学术风格与学术品牌。

在《中青文库》的编辑、审校过程中，中国社会科学出版社的编辑人员认真负责，用力颇勤，在此一并予以感谢！

目　　录

第一篇　概述

第二篇　领导理论

第三篇　核心领导行为及其情境适应性分析

第四篇　领导技能

前　　言

　　我国正处于社会转型和不断的社会变革之中,处于知识经济和全球化到来的时代,人们的思想和活动超出了个人、群体、国家、种族以及组织结构和文化的界限,国家和社会的变革、全球化的趋势要求我们对世界上人类行为和社会组织结构的变化做出积极反应,领导及领导力问题遂成为时代关注的热点。

　　许多领导学著作或教材,都没有清晰地说明领导者是一般社会人群中的领导者,还是组织中的领导者,本书明确界定研究对象是组织中的领导者。本书之所以重视组织中的领导问题,是因为组织不仅是社会的细胞、社会的基本单元,而且是社会的基础,承担着社会运行的各项职能。在社会、组织和个人三位一体的新社会基本结构中,有效的组织领导者是确保社会中的每个人能够依托各类组织机构,谋求个人的成长,并在社会中发挥关键的作用。这既是各类组织机构的社会功能,也是各类组织的领导者肩负的社会功能。作为组织领导者必须了解组织的系统性特征,使组织的机械系统、社会系统、政治系统、文化系统、有机系统、复杂系统配合发展,才有可能整合组织中各相关要素,让组织中的人事协调,善尽资源,有效率效能地达成组织目标。

　　目前,我国的领导学研究缺乏对相关核心概念和基本概念的深入严谨的研究,在相当一部分文献资料中,一些重要的概念使用混乱,并有许多不严谨和谬误之处。本书关注基本概念和基本理论的研究,对领导与管理、权威、权力、个人权力、影响、影响力、领导力、领导情境、领导情景、领导环境、被管理者、追随者等概念都有较为深入的研究和清晰的界定。这些重要的基础理论研究保证了全书逻辑的严密和思路的清晰,从始至终基于管理与领导区别的领导范式视角研究领导问题,呈现出强烈的领导学科特点。全书既贯穿着以权变领导理论为基础的领导思想,又综合运用了特质理论、行为理论以及若干当代领导理论,分析领导过程。

　　本书第一篇即概述篇,包括组织、领导、权力与领导力、领导者与领导情境四章,进行了组织系统性特征研究、领导学基本概念研究、领导与管理的辨识研究、领导力模型和管理力模型的基础理论研究、追随者与领导者关系的研究及领导活动分析基本框架的构建。其中,领导力模型和管理力模型的构建是创新性基础研究成果,系统深入地揭示了领导与管理的区别,从而为人们寻找领导力提升路径提供了理论指导。关于领导者与追随者关系的研究,深入探讨了下属领导上司的时代意义和价值,认为领导范式是领导者和追随者的互动过程,知识经济时代追随者的影响范围和领导作用有上升的趋势。基于此判断,本书认为领导者学会做追随者和公仆型的支持者是新型组织领导者的应然之义。概述篇为进一步深入研究组织中的领导者和领导过程奠定了基础。

　　本书第二篇即领导理论篇,包括早期领导理论、当代领导理论二章,阐述了领导理论发展的脉络,对每一阶段的领导理论研究成果进行了评析,介绍了笔者关于当代领导理论研究的最新成果。例如,初步揭示了超凡魅力型领导、变革型领导、愿景型领导、原则型领导、组织文化领导与价值领导的关系,认为领导的本质是对组织成员的价值观领导,揭示了价值领导实现的机制,提出了实现价值领导应该构建协调一致的组织行为体系,并给出了使价值领导落地行为步骤的建议;在对领导现象研究的过程中,发现凡是卓越的领导者往往在精神或价值观、情感、才智和成长、行为等四个层面对追随者产生全方位的影响,因此提出了一种理想化的全人领导模型,构建了全人领导理论框架。在知识经济时代,真正的组织领导者是组织文化的领导者,组织文化的领导者是价值观领导者,领导者和组织的价值观的树立应该基建于自然法则(天道)和人类基本法则(人道)基础之上,领导者应该培育与自然法则和人类基本法则一致的价值观,这是领导力培育的关键。领导过程本质上是领导者、追随者共同成长为全人的过程;对组织而言,领导过程本质上是组织学习和不断发展的过程。

　　本书第三篇关注核心领导行为及其情境适应性的分析,综合领导替代理论、权变理论、行为理论、领导特质理论而构建了领导行为及其情境适应性分析框架,运用这个理论分析框架,分析领导者应该怎样评估领导情境的需求,如何判断应该选取什么样的领导行为类型才具有逻辑结果的有效性。用五章的篇幅,重点系统地分析了组织领导活动中的核心领导行为类型及其适应性情境,包括支持型领导行为及其情境适应性分析、指导型领导行为及其情境适应性分析、参与型领导行为及其情境适应性分析、奖惩型领导行为及其情境适应性分析、超凡魅力型领导行为及其情境适应性分析,试图为组织领导者提高领导有效性寻找一条切实可行的思维路径。这一部分的分析运用了本人前期进行的许多实证研究资料和结果。

本书第四篇即领导技能篇,包括作为组织效能建立者的领导技能、作为组织关系管理者的领导技能、作为组织上层建筑师的领导技能、作为组织发展师的领导技能四章内容,主要介绍了担负三种角色和功能的领导者应该具备的主要领导技能。

本书第一篇至第三篇,是领导理论的建构、领导活动分析框架的构建和运用,实际上是领导思维和领导范式的构建,而领导力的形成和大小还与领导者的领导技能密切相关(这正是本书第一篇第三章的理论建构的一部分内容),第四篇关注的是领导者必须具备的主要领导技能。关于领导技能的研究在考虑组织领导者同时也扮演管理者角色的前提下,主要还是凸显领导与管理的区别,更为关注领导范式视角下的领导技能研究。

徐莉

2012 年 12 月 31 日

于中国青年政治学院

第 一 篇

概　　述

　　作为组织中的领导者需要解决三个基础性问题：一是认识组织的特性，了解组织行为代表一种结构变数和过程变数之间经常的相互作用，树立关于组织行为的系统观点。学会系统思考领导行为问题，才有可能运用系统的方法解决组织问题，否则使用非系统的解决方法，会带来长期的、更具潜在危害性的后果，那就是对该方法的需求将会越来越大。二是树立领导行为是由追随者和其他组织情境决定的观点。领导是领导者、追随者以及他们共同面对的组织情境所产生的要求，是三者共同施加影响的结果，领导有效性绝不是领导者单方面的所谓最佳领导行为决定的。三是唯有深入系统地区分开管理和领导，才有可能真正理解为什么这个时代需要领导范式的增加，才有可能明晰领导关系与权力关系的区别，以发现组织管理力场中不同类型的力量对组织有效的贡献，才有可能找寻到组织领导力提升的路径，发展组织领导力，以适应组织、社会和时代对领导力的大量需求。

第一章　组织

从广义上说，组织是指由诸多要素按照一定方式相互联系起来的系统；从狭义上说，组织就是指人们为实现一定的目标，互相协作结合而成的集体或团体，如政府、企事业单位、非政府组织、党团组织、工会组织、军事组织，等等。组织不仅是社会的细胞、社会的基本单元，而且是社会的基础。"任何社会的运行，都是建立在基本单元基础上的，各个基本单元承担着社会运行的各项职能"①，社会必须把组织当作一个社区，赋予其社会地位、社会权力和社会功能，形成社会、组织和个人三位一体的新社会基本结构。各类组织必须成为一个真正的社会组织，承担起整合社会成员的重要社会责任，有效的组织领导者是确保社会中的每个人能够依托各类组织机构、谋求个人的发展并在社会中发挥作用的关键。这既是各类组织机构的社会功能，也是各类组织的领导者肩负的社会功能。

第一节　组织的含义

实际中的组织呈现出多样化的特点，人们对组织认识的角度各有差别。因此，研究者对组织的定义也各有不同，但学术界对组织以下三个基本特征是基本达成共识的。

一　组织由个人和群体组成

每一个组织都是由人员组成的，独自一个人工作是不能构成组织

---

① ［美］彼得·德鲁克：《公司的概念》，慕凤丽译，机械工业出版社 2012 年版，第 XV 页。

的。美国管理学家切斯特·巴纳德（Chester I. Barnard）认为：由于生理的、心理的、物资的、社会的限制，人们为了达到个人的和共同的目标，就必须合作，于是形成了组织。虽然组织里有多种要素，但组织借助人员来完成工作，建筑物仅仅是供人工作的地方，技术是被人们所利用的，产品和服务是由人制造和提供的，所以，正是人群形成了组织，没有人群便没有组织。

二 每个组织都有一个明确的目的

组织的目的通常是以使命、一个目标或者一组目标来表达的，它反映了组织所希望达到的状态，也是组织存在的理由。如私营经济组织为顾客生产产品或提供服务；教育机构为一部分人提供教育服务，培育人才；医院提供健康服务，等等。组织是适应于目标的需要而产生和存在的，仅仅是因为某一群人具有一个共同的目标，而单个人又不能完成该目标之时，组织才会产生和继续存在。

三 所有的组织都有某种精细的结构和协调过程

所有的组织都有某种精细的结构和协调过程，以便其中的人员能够从事他们的工作。对于组织为完成它的功能所必需的所有工作或责任，并不需要组织中的每个成员都做，而是要分工为专门的工作；工作专门化后，组织便要有一些方法来协调成员的活动。组织通过对工作专门化、部门化、命令链、控制跨度、集权和分权、正规化等因素的设计，在组织中构建分工与合作及不同层次的权力和责任制度，并通过协调工作确保以最高的效率使组织目标得以实现。"一方面组织结构也许更具有传统色彩的清晰定义的规则、规章制度、职位描述和严格的组织层级关系。另一方面，组织的结构也许是开放的或灵活的，没有清晰的或精确的岗位职责描述，也不用严格地遵循某些明确的职位安排，换句话说，它也许只是简单的或松散的网络关系。但是不管组织结构安排采用哪种类型，它都要求具有某些精细的特征，以便使组织成员的工作关系是明确的。"① 总之，组织这个术语是指一种实体，它具有明确的目的，

---

① ［美］斯蒂芬·P. 罗宾斯、玛丽·库尔特：《管理学》（第7版），孙健敏等译，中国人民大学出版社2004年版，第16页。

包含人员和群体以及具有某种精细的结构。

第二节　组织的系统性特征

韦伯（Max Weber）认为，人类社会实际上是组织的社会，人们正是通过组织这根纽带以各种方式连接在一起，因而人类社会的变迁在一定程度上可以视为组织类型的变迁。[①] 源于组织不断发展、组织的时代背景变迁和研究者对组织的认知差别，人们对组织的认识也在不断演进。总体而言，研究者对组织的认识经历了经典组织理论、新经典组织理论、现代组织理论和后现代组织理论四个大的阶段，由于组织理论百年来的发展融合了组织实践多样化、多学科渗透和范式分合的复杂历程，总体上看组织理论表现为一个围绕组织现象的宽泛理论集群。学者首先从结构分析的视角，注意到技术、人等组织构成要素，认为组织是机械系统和社会系统；进而从过程和功能分析的视角，发现组织存在着复杂的政治活动和组织文化现象；随着时代和组织内外部环境的变化以及自然科学和社会科学的发展，从组织与环境的关系分析视角，学者对组织的有机性和复杂性进行了更为前沿的探索，对组织的性质有了更深入的认识。综合这些理论对组织的认识，我们发现组织运用机械系统、社会系统、政治系统、文化系统、有机系统、复杂系统六种本质配合发展，使领导者善尽资源，整合组织相关要素，让组织中的人事协调，有效率效能地达成组织目标。

一　组织是机械系统

所谓组织是机械系统，是指组织对任务进行高度的劳动分工和职能分工，组织成员有固定的职责，组织以客观的不受个人情感影响的方式挑选符合职务规范要求的合格的任职人员，强调高度的正规化，制定出许多程序、规则和标准规定组织成员的工作行为。同时，组织具有严密的组织结构、严格的组织层级控制关系，注重正式的沟通渠道，决策常采用集权形式。将组织放置在一个假想的静态的封闭的体系内，依据人和物的技术特性，理性地设计组织结构和程序，即"现代企业和国家竞

---

① ［德］马克斯·韦伯：《经济与社会》，林荣远译，商务印书馆1997年版，第81页。

争力的物质性特征所必需的工具理性，要求导向效率的在生产、管理、处置过程中的科学化、规则性、可预见性、可计算性和客观性"，"与理性无关的人（即管理层之外的人）只是组织过程的一个投入要素"①，这种高度结构的、正式的、非人格化的机械系统是组织进行强制控制的合理手段，是达到目标、提高效率的最有效形式。机械系统保证了组织的精确性、稳定性、纪律性和可靠性，能保证日益增多的各种大型组织的稳定运行中的效率，是组织高度逻辑化和理性化的部分。

二　组织是社会系统

组织主要是人类关系的集合而非仅仅是一个技术统一体，"我们决无法将人类问题和机械问题分离"②。正如塞尔兹尼克（Selznick）所说，组织一方面是"服从于可算计操纵的正式结构"，另一方面又是"不可避免地嵌入在制度矩阵中"③的社会结构。伯纳德将组织作为由具有物理、生理和社会因素的人构成的合作系统和集体过程。组织中不仅有员工之间的关系，还有群体关系，"组织中的个体和群体间的关系给个体行为创造了一个期望，期望的结果就是某些角色必须设定。一些人必须担任领导角色，其他的人则必须担任群众的角色。中层管理者一方面既是上级，也是下级，担任了两种角色。组织有权力、地位、权威等系统，不同系统的人有不同的需求。组织中的群体也对个体行为及在组织中的业绩有较强的影响"④。可见，组织中的人不是机械的工具，而是复杂的社会关系的成员，他们的行为不仅受经济因素的影响，而更重要的是受社会的、心理的因素所支配。因此，不能只从技术和物质条件着眼，而必须首先从社会心理方面考虑合理的组织与管理，要关注组织成员的各种以及各层次的需求，关注各类群体的需求，"关注到组织内

---

① 敬乂嘉：《实践、学科和范式：组织理论变迁综述》，《社会》2006年第6期，第168页。

② Follett, Mary, *Dynamic Administration: The Collected Papers of Mary Parker Follett*, edited by Elliot Fox and Lyndall Urwick, London: Pitman Publishing, [1925] 1973.

③ 转引自邵仲岩、王士龙、马力：《基于组织理论发展史的组织脆性前沿探析》，《商业时代》2012年第2期，第5页。

④ 詹姆斯·L.吉布森、约翰·M.伊凡塞维奇、小詹姆斯·H.唐纳利：《组织学——行为、结构和过程》（第10版），王常生译，电子工业出版社2002年版，第5页。

部的行动者（工人、工作团体、经理）和过程（动机、凝聚力、控制）"①。组织绝非仅仅凭借理性、凝固的结构和程序进行管理，组织的生存依赖于通过领导来协调组织成员之间的关系，采用影响、激励等手段来诱发绩效，建立组织诱导和成员贡献之间的平衡，即只有依靠沟通实现协作和鼓舞士气的领导才有可能实现组织效能。

三　组织是政治系统

把组织看作政治系统的观点强调权力、利益和冲突，认为组织是需要协调的各种利益的混合体，组织中的利益包括个人利益、部门（正式群体）利益、小团体（非正式群体）利益等，利益主要指经济利益，也包括名誉、地位等非经济利益。组织中的成员并非完全按照组织制定的程序或规则来获得或行使手中的正式权力和个人权力，即组织中的成员并不总是将组织利益放在首要位置，他们可能会利用手中的权力来优先实现自身利益，"不同个人或群体之间的利益对立，往往是组织内冲突的动因"②。当愿望发生冲突时，组织中拥有最大权力的那些部门、群体和个人，将从组织政治的相互作用中得到最大利益。组织政治是一个持续发生的过程，既包括组织层面的决策过程和群体层面的权力建立过程，也包括个体层面的政治行为。虽然组织政治行为普遍存在，但并不意味着组织中的每个部门都会发生。目标和政策不清晰、角色模糊、自私自利的领导者、资源稀缺、资源的重新分配、晋升机会、低信任度、不明确的绩效评估系统、零总和报酬分配体系、以高压为手段追求高绩效、组织变革等都是容易导致组织内部产生政治行为的组织因素。有学者把组织内的政治行为分为合法的组织政治行为和非法的组织政治行为。组织内有两种不同的政治秩序，一种是合法化的、显性的政治秩序，它与效率、合作、个人的正直等相联系，以实现组织目标或组织利益为目的，符合组织规范；另一种是为组织所反对的、隐性的政治秩序，由于其缺乏合法性，往往与"冲突"、"破坏"、"不道德"以及"自

---

① 邵仲岩、王士龙、马力：《基于组织理论发展史的组织脆性前沿探析》，《商业时代》2012年第2期，第5页。

② 王利平、金淑霞：《组织政治研究回顾与展望》，《经济管理》2009年第5期，第176页。

利"相联系。① 从 20 世纪 70 年代中期以来，随着对组织政治系统问题研究的深入，西方理论界专门形成了一个新的研究领域——组织政治学（又称组织政治行为理论），研究组织政治行为的本质、产生条件、组织政治知觉、政治行为策略、组织政治行为的作用评估，对组织政治发展程度的衡量、伦理评价，等等。

四 组织是文化系统

组织文化是指一个组织的所有成员共有的一套意义共享的体系，其核心是一个组织的所有成员拥有和分享的一套共同的价值观体系。在对组织文化的研究中，大多数组织已不再像以前那样被简单地看作是协调和控制一群人的理性工具。因为有文化的存在，人们发现组织还像人一样是具有个性的，强组织文化使这个组织独具特色，区别于其他组织。组织文化系统包括五个层次，第一个层次是物质文化。物质文化属于组织文化的表层，实质是组织精神的物化和外在表现。如产品、厂房、设施、服装等物质形态，还有一些文化象征，它由故事、图画、标语、仪式、典礼、标识、语言等符号因素组成。沙因（E. Schein）认为，物质层还包括可以观察到的组织结构和组织过程等。第二个层次是行为文化。行为文化是组织文化中浅层次的文化。组织文化不仅通过物理布局来传达，更重要的是通过管理者、组织成员的行为方式以及与组织外部人员之间打交道的方式传达。制度是固化下来的行为，但行为文化更为动态，在某种意义上说，它是制度文化的表现形式。第三个层次是制度文化。它以规章制度、公约、纪律、规范、战略和目标等固化了的制度形态表现出来，是组织内共同遵守的规范、规则和标准，这些规范和制度可能涉及方方面面，包括任务支持规范、任务创新规范、社会关系规范、个人自由规范、奖惩规范、沟通规范等。"规则的实在意义是它们能够把行为纳入轨道，并使社会行为带有模式和可预见性"②，这些制度就是人们在组织中相处的游戏规则，或是新来者为了成为被接受的成员必须学会的"准绳"。第四个层次是精神文化（价值观体系）。精神

---

① 杨占营、刘海贞：《组织政治：权力负系统中政治行为的经验描述与评价》，《南京政治学院学报》2012 年第 1 期，第 57 页。

② 顾建光：《文化与行为》，四川人民出版社 1988 年版，第 53 页。

文化是组织文化的核心层文化，它是组织文化的深层结构，是组织文化的核心和灵魂，包括如价值观、集体的理想和信仰、管理理念、道德标准等精神形态。第五个层次是基本的潜意识的假定：潜意识的、潜在的一些信仰、知觉、思想、感觉等，是组织文化的最深层结构。根据沙因对组织文化的研究和阐述，组织文化深层的核心假设包括人与环境关系的假设、时间—空间性质的假设、人性的假设、人群关系的假设等，用以指导组织成员的行为。① 这些假定是关于自然、生活、人和社会的哲学思考，决定着组织价值观以及在此价值观之下的组织行为，也可以说是深刻地隐含在组织深层的组织哲学。

五　组织是有机系统

有机是指事物构成的各部分互相关联协调，具有不可分的统一性，就像一个生物体那样。② 有机系统强调组织中各个要素的相互依存，组织是由相互作用和相互依存的若干要素组成的复合体；组织具有不可分的整体性，"有一个超出其各部分总和的存在状态和价值"③；组织和赖以生存的外部环境之间也存在相互依存关系。组织受周围环境的影响，需要从环境获得所需要的投入，如组织成员、知识、信息、政策、技术、资金、物资、外界或社会的认可等；同时，组织也影响环境，比如组织向外部环境输出满意度、产品、服务、管理模式等。可以把组织本身看作是实现投入的某种转换过程，目的在于创造产品或服务形式的产出。为了更有效地完成转换过程，组织内部必须权衡人员、任务、技术和结构之间的相互依赖关系。但组织不是完全被动地随环境、技术等因素而改变结构的某种非生命体，组织内部存在着某种类似生命体的动力机制。组织生态理论认为，组织依据"物竞天择、适者生存、不适者淘汰"的原则，"组织演化与发展具有与自然生态系统演化相类似的地方，彼此可以通过组织与环境之间的相互作用达到互相适应对方的结

---

① 艾春：《组织文化模式研究综述》，《经济师》2003 年第 7 期，第 183 页。
② 中国社会科学院语言研究所词典编辑室：《现代汉语词典》，商务印书馆 2002 年增补本，第 1527 页。
③ ［美］F. 普洛格、D. G. 贝茨：《文化演进与人类行为》，吴爱明、邓勇译，辽宁人民出版社 1988 年版，第 11 页。

果"①。组织生态理论通过多样性原则、遗传原则、变异原则和选择原则，来界定组织和环境的共同演化，组织要接受自然的选择，组织的生存和发展是一个"适者生存"的过程，有一个组织选择和替代的过程，② 因此，组织的自我学习、自我调整能力是决定组织基业长青的最关键因素。

六　组织是复杂系统

组织组成要素本身的复杂性、结构的错综复杂性、组织规模日益庞大、组织环境的动态性、竞争性和不确定性等因素使组织日益成为一个复杂系统。复杂组织系统具有处于有序和混沌之间的特性，呈现出诸多复杂特性，如涌现性、自组织性、自适应性、非线性、不确定性、演进性、非平衡态、片断性、不可预测性、突现性、异质性、弹性、系统个体的随机性等复杂特性，包括无机现象、有机现象、社会现象的自组织动力学及有关问题。下面介绍其中五种组织的复杂特性：

（一）涌现性

孤立的部分或简单加总的部分不具有的组织整体性即为涌现性。"组织是一个系统或一个复杂单位内各部件或各个体之间的关系组合，这个系统拥有其部件或个体所没有的性质。组织通过相关性把各个成分、事件或个体联系起来，让它们变成同一个整体的部件。"③ 组织管理领域把涌现看作是组织正式渠道之外自发产生的结构、过程、行为等。对涌现性的关注，意味着需要关注与涌现现象相关的领导行为、组织文化、组织学习、管理创新、协同与合作等问题的研究。④

（二）自组织

自组织为系统内部自主的有机化、有序化。协同论创始人哈肯（Hermann Haken）认为："如果系统在获得空间、时间或功能的结构过

---

① 曹如中、刘长奎、曹桂红：《基于组织生态理论的创意产业创新生态系统演化规律研究》，《科技进步与对策》2011 年第 3 期，第 65 页。

② Glen R. Carroll, *Organizational Ecology in Theoretical Perspective*, in Glen R. Carroll（ed.），Ecological Models of Organizations, Cambridge, Mass：Ballinger, 1988, pp. 1 – 2.

③ ［法］埃德加·莫兰：《方法：天然之天性》，吴泓缈、冯学俊译，北京大学出版社 2002 年版，第 95 页。

④ 徐俊、王宁：《复杂性时代背景下的复杂组织系统及其研究》，《科技管理研究》2005 年第 4 期，第 130 页。

程中，没有外界的特定干预，我们便说系统是自组织的。"① 与此相对应的系统就是他组织的。自组织过程并没有人为的策划、组织、控制，而是大量的个体在相互作用、相互影响下自然演化的结果。② 现代组织管理中非常强调自组织特性，就是要充分发挥个人和群体的主观能动性和创造力，提高系统的应变力。

（三）无序与有序的交织

组织不仅包含了有序（否则组织就不会表现为组织），而且包含了无序（否则组织就不会生长）。③ 组织之所以复杂，是因为包含于组织中的无序的参与。相比之下，无序是大洋，组织或有序不过是无序大洋中的小岛，所以仍有大量未被组织吸收的无序构成了组织或有序的生态环境。④ 组织更侧重于对无序的组织，自组织活动也离不开对无序的组织，但无序在组织中也起组织作用，它"对随机性的适应和整合便成了一种选择性奖赏。组织在复杂化过程中失去的是凝聚力和僵化，得到的却是灵活性和再生的能力，与事件、干扰、偶然性周旋的本领"⑤，组织系统就是依赖于"起组织作用的无序"而保持着开放。由于包含于组织系统中的无序对系统封闭性的反抗，就使得稳定的组织系统的活力不断增强，不稳定的组织系统走向新的稳定。

（四）自适应

所谓自适应是指复杂的、具有自组织的系统可以根据组织内外部环境的变化自我调整和修正，在自我调整和修正的过程中，它们不是被动地对所发生的事件作出反应，而是主动地试图将所发生的一切都转化为对自己有利。如公司在激烈竞争的环境里求生存，政党、政府在变化的社会环境中调整或改变政策都属于自我调整。

---

① 徐俊、王宁：《复杂性时代背景下的复杂组织系统及其研究》，《科技管理研究》2005年第4期，第131页。

② 刘钢：《复杂性科学的兴起及其在组织管理中的应用》，《哲学动态》1999年第9期，第25页。

③ 谭长贵：《复杂性：包含于组织中的无序——对复杂性本质的一种解读》，《中国人民大学学报》2007年第1期，第142页。

④ 同上书，第144页。

⑤ ［法］埃德加·莫兰：《方法：天然之天性》，吴泓缈、冯学俊译，北京大学出版社2002年版，第135页。

（五）演化

复杂系统总是处在发生、发展、老化、突变等过程中，复杂系统的结构、状态、特性、行为、功能等随时间的推移而发生变化，组织系统是动态进化的，进化中有渐变和突变，非平衡态成为常态。这意味着以往建立在既定、静态基础上的组织理论在分析复杂组织系统方面缺乏适用性。[1] 组织和组织管理的演化和发展就是不确定性和复杂性不断增加的过程，[2] 以致我们无法用简单的、机械的和线性的方法去解释组织的现实状况。

在一个以迅速变化、复杂性和意外性为特征的世界中，管理者不能够用传统的方式来衡量、预测和控制组织内部或外部显露出来的事物，组织需要一个更新的模式，即组织的复杂性必然要求进行复杂性管理。

第三节　组织的基本要素

传统学派一般将组织的基本要素划分为劳动力、时间、事情、资金、物资等五类。社会系统学派的巴纳德（C. D. Baranard）认为，所有的组织系统都包括三个基本要素：共同的目的、协作的意愿和信息沟通，只有通过这三种基本要素相互作用才能形成完整的组织。系统管理学派的卡斯特（Fremont E. Kast）认为，组织由相互联系并且共同工作着的人、物资、机器和其他资源等要素所构成，同时又用系统的观念来分析组织，认为组织是由目标与价值子系统、技术子系统、社会心理子系统、组织结构子系统、管理子系统五个子系统组成的一个开放的社会技术系统。"现代权变理论学派从社会技术系统的角度出发，认为组织的基本要素包括战略、结构、制度、人员、技能、作风、共同的价值观等七个权变因素。"[3] 综合以上观点，从静态的视角看，组织的基本要素包括组织目的、组织目标、组织成员、组织活动、组织资源。战略、结构、制度、协作、信息沟通等是组织基本要素的转换过程，即管理过程中的要素。

---

[1] 徐俊、王宁：《复杂性时代背景下的复杂组织系统及其研究》，《科技管理研究》2005年第4期，第130页。

[2] 罗珉：《论管理复杂性范式》，《管理科学》2006年第1期，第30—34页。

[3] 孙非：《组织行为学》，东北财经大学出版社2003年版，第339页。

一 组织目的

组织目的，是组织的最高目标，即能够内化为组织成员个人心中的价值目标，经常以使命和愿景的形式存在，是支撑整个组织的精神力量，是整个组织的价值导引，是组织为之奋斗的方向，是组织得以存在和建立的基本依据和根本理由。在组织管理实践中，人们也经常用组织精神来说明组织目的。组织精神是组织的一种品质，是组织成员在长期协作过程中，在某种价值观念体系的支配和滋养下，逐渐形成和优化出来的群体意识，是组织在运作和处理问题时所持有的态度。组织精神是随着组织的发展而逐步形成和固化下来的，是对组织现有观念意识、传统意识、传统习惯、行为方式中积极因素的总结、提炼和倡导，是组织文化发展到一定阶段的必然产物。"精神层次是组织所奉行的生存哲学、目标追求、价值观念、基本信念和处事原则等"[1]，反映着多数组织成员彼此共鸣的内心态度、意志状况、思想境界和理想追求。组织精神是一个组织的旗帜导向，引领着组织的前进方向；组织精神好比一个组织的灵魂，是组织赖以生存和发展的精神支柱，可以为组织的发展提供强大的内在动力，对组织成员会产生一种精神动力效应，是组织成员努力工作的精神源泉，能够激励组织成员释放深层能量；没有思想和某种信仰的一致，就没有凝聚力和战斗力，组织只能是一盘散沙，组织精神是一个组织凝聚力的核心所在，对于统一组织成员的思想、凝聚组织成员力量、协调组织成员行为具有十分重要的作用；组织可以通过确立组织精神来规范组织成员的行为，起到潜移默化的软性约束作用。总之，组织目的是一个组织的起始和存在的根本理由，组织精神使组织充满活力，是维系一个组织长期存在和发展的关键因素，对组织的成败兴衰起决定作用。

二 组织目标

任何正式组织都有特定的共同一致的目标，明确的共同目标保证共同一致的行动，否则协作就无从发生。组织目标体系主要包括三个

---

[1] 叶华：《高职院校组织文化与企业组织文化的比较研究及启示》，《现代企业教育》2007年1月下半月，第55页。

层次。

第一，总目标，是反映整个组织基本功能和发展方向的目标，经常以基本目标、总体目标或战略的形式出现。总目标明确规定组织最基本的活动方向，这是组织管理过程中进行目标分解的基点。最高目标（组织目的）和总目标对组织的结构和过程具有决定性影响，它们为组织的运转提供了基础，通过满足组织主要相关利益群体的需求和愿望，来对组织结构、过程、策略和成员调配进行有效的选择。

第二，职能目标，是组织内部具体的工作职责和部门目标。

第三，工作目标。这是在职能目标的基础上进行的更深一层的目标分解，规定的是目标主体在某一阶段内所应完成的各项具体工作，以及完成工作应达到的程度要求，如规定具体工作项目及完成任务的时限、数量、质量等方面的要求。不仅要把总体目标在纵向、横向上分解到各层次、各部门以至具体人，形成目标体系，明确目标责任，而且要在时序上将目标分解为远期工作目标和近期工作目标。

员工之所以愿意对组织目标做出贡献，并不是或并不完全是因为组织目标就是员工的个人目标（即个人需求），而是因为员工认为这有利于实现自己的个人目标。正如巴纳德所说：组织成员是否愿意对组织目标做出贡献，是依据个人对贡献和组织能够满足个人的需要进行合理的比较而定。组织目标与个人目标是对立统一的。一方面，个人愿意为组织目标做出贡献，同时也希望从中得到回报来实现自己的目标。因此，当个人目标与组织目标出现冲突的时候，常会发生组织成员对组织事务的不满与低效率。另一方面，组织可以通过满足组织成员的个人目标来激励组织成员的努力方向指向组织目标。因此，每个组织成员都要不断地修正自己的行为来适应组织的需要；每个组织的领导者都要及时了解和合理满足组织成员的个人目标即个人需要，这是个人目标与组织目标的融合过程，也是个人与组织的融合过程。使组织目标成为下属自己的目标，这是领导活动得以成功展开的关键，所以，在实现组织目标的过程中，领导者要帮助员工实现他们的个人目标。领导者一定要正确处理好这两个目标的关系，通过激励机制把二者紧密结合起来。组织不仅应当有目标，而且目标必须为组织成员所理解和接受。领导者的重要职能就是向组织成员灌输、沟通、宣传组织目标，使组织成员理解和接受组织目标。

三　组织成员

实现组织的目标，必须有一定数量的成员。一般情况下，人们要进入一个组织，成为组织的成员，必须通过一定的进入程序或手续，通过这种进入程序或手续，从而形成组织的边界。组织成员有狭义和广义之分。狭义的组织成员主要指组织的正式成员，这些正式成员与组织有正式的契约关系，组织成员与组织之间有严密的规章制度约束彼此的权利和义务。广义的组织成员除了正式组织成员，还包括组织志愿者，甚至包括一些利益相关者和顾客，即外部员工。现代组织发展的趋势呈现出组织边界模糊化的倾向，供应商、代理商、顾客、社会人士等都可能加入组织的某个项目团队；组织与组织之间的联盟也使组织边界模糊。如少年儿童组织的内部组织成员包括加入组织的少年儿童、组织中的成人管理者和成人指导者；少年儿童组织的外部组织成员包括社会各界的志愿者和义务辅导员等。

组织为了实现组织的目的和目标，必须考虑组织成员的数量、结构以及组织成员的价值观、态度、技能等，组织成员的人力资源数量和质量必须符合实现组织目标的要求；组织需要强化成员对组织的归属感和认同感，才有可能凝聚组织成员；组织要明确其与成员各自的权利和义务，并对其成员进行有效的管理，激发组织成员的潜能，才能达成组织目标。

四　组织活动

活动是由共同目的联系起来并完成一定组织职能的动作的总和，由目的、动机和动作构成，具有完整的结构系统。活动是完成组织目标、任务的基本手段。例如在青少年组织中，"活动在少年儿童的成长过程中占有重要的地位，对少年儿童的成长具有重要意义。这是由少年儿童心理发展的特点决定的"[1]，活动对于广大青少年具有强大的吸引力，活动是青少年组织的一种存在方式，以活动为载体开展工作是青少年组织的主要工作特点之一。青少年组织的活动类型丰富、活动次数比较频繁。比如节日、纪念日的主题活动，为青少年服务活动，政治参与活

---

[1]　谢汝青：《活动在少先队工作中的作用》，《黑河教育》2003 年第 5 期，第 21 页。

动，志愿者服务等社会公益类活动，科技、文艺、体育、游戏类活动，演讲、朗诵、绘画类活动，等等。即使是青少年组织的组织教育、民主教育、集体教育、思想道德教育、素质教育等都经常通过活动进行。所以，组织活动是组织的重要构成要素。

五　组织资源

组织资源是组织拥有的，或者可以直接控制和运用的各种要素，这些要素既是组织运行和发展所必需的，又是通过管理活动的配置整合，起到增值的作用，能为组织及其成员带来利益。此处的组织资源是指除组织成员之外的组织资源。按照组织资源的内容，可以把组织的重要资源分为组织可以运用的外部人力资源、关系资源、信息资源、金融资源、形象资源和物质资源六大类。①

1. 外部人力资源指组织可以运用的各种人员的总和，即这些人员所蕴藏的知识、能力、技能以及他们的协作力和创造力。

2. 关系资源是组织与社会公众及各类组织良好而广泛的联系。组织的关系资源也决定了组织的舆论状态和形象状态，它们构成了组织最重要的无形资源。

3. 信息资源。从信息的流向来看，信息资源可以分为"外部内向"和"内部外向"信息资源两种。"外部内向"信息资源是指组织所了解、掌握的，对组织有用的各种外部环境信息。"内部外向"信息资源是指组织的历史、传统、社会贡献、核心竞争能力、信用、组织文化等信息。这些信息为外界所了解，就会转化为组织谋求发展的重要条件。

4. 金融资源是指组织拥有的资本和资金。金融资源最直接地显示了组织的实力，其最大的特点在于它能够方便地转化为其他资源，也就是说，它可以被用来购买物质资源和人力资源等。组织资金的来源渠道主要是组织自有、金融市场融资、组织成员上交管理费、政府投入、企业、公益组织和社会人士的赞助和支持等。

5. 形象资源。组织形象是社会公众对组织的总看法和总评价。组织形象有其内涵和外显两大方面，良好的组织形象应该是内外统一的。

---

① 《组织资源》，2012 年 10 月 6 日，百度百科（http://baike.baidu.com/view/1513063.htm）。

6. 物质资源包括组织拥有的土地、建筑物、设施、机器、原材料、产成品、办公用品，等等。一般来讲，物质资源是可以直接用货币单位来计量的。

第四节　组织结构

一　组织结构的基本要素

组织结构就是组织中正式确定的使工作任务得以分解、组合和协调的框架体系。组织结构以达成组织目标为准则，建构工作关系，将权责划分协调，使组织各要素形成一种合作体系。实际设计程序及理论观点包括：目标确立：目标的明确化有助于权责划分；功能分化：以专业分工、适应性为原则分类；授权协调：厘清职权职责，建立指挥系统；建立架构：注意完整性及弹性调整。组织结构设计涉及六方面关键要素，分别是工作专门化、部门化、命令链、控制跨度、集权与分权、正规化。比如把任务分解成各自独立的工作后，再按照类别对工作和组织成员进行分组以便于对同类的工作可以进行协调，这就是工作专门化和部门化；班组、部门、事业部向谁汇报工作就是命令链；一个成人指导者可以有效地指导多少个少年儿童，一个班组长可以有效带领多少个组员等，这些都是控制跨度问题；决策权应该放在哪一级，班组、部门、事业部对哪些事务有什么样的决策权，这就是集权与分权设计问题；组织应该在多大程度上利用规章制度来指导组织成员的行为，这就是正规化程度问题。如有的工作群体有明文规章制度，有的工作群体没有明确的规章制度，是靠习惯或团队精神指导群体成员的行为和活动。前者属于正规化程度高的工作群体，后者是正规化程度低的工作群体。但后者未必不如前者好，如果后者有很强的团队精神和良好的习俗就能替代规章制度指导和约束群体成员的行为，而且由于没有统一的工作行为标准限定，会给组织成员创造符合团队精神的丰富多彩的工作行为的空间。影响组织结构设计的主要因素有：战略、组织规模、技术、环境。

二　组织结构的主要类型

组织结构的类型主要有简单结构、官僚结构（职能制）、"事业部"制、矩阵结构、虚拟组织、团队结构、无边界组织等。简单结构在小型组织中最常见，部门化程度低，控制跨度宽，权力集中在一个人手中，是一种扁平式组织结构形式，通常仅有2—3层垂直层次。标准化是官僚结构的关键特征。任务专门化，以职能部门划分工作，制定非常正规的制度和规则，实行集权式决策，控制跨度狭窄，通过命令链进行经营或管理决策。"事业部"制是一套同集中化的财政、行政、采购行为与高度分散化的生产、销售相适应的管理体制。矩阵结构是对两种部门化形式（职能部门化和产品或项目部门化）的融合，组织成员既接受职能部门的领导，又接受项目部门的领导，突破了控制统一性的框框，命令链是双重的。虚拟组织是指两个以上的独立实体，为迅速向市场提供产品和服务，在一定时间内结成的动态联盟。虚拟组织的实质是"可以租借，何必拥有"。团队结构打破部门界限，并把决策权下放到工作团队成员手中，这种结构形式要求成员既是全才又是专才。无边界组织取消垂直界限而使组织扁平化，等级秩序作用降到了最低限度；消除水平界限，以多功能团队取代职能性部门，围绕组织的工作流程来组织活动；消除组织外部界限，通过组织间的战略联盟、经营全球化、建立顾客与组织之间的固定联系、远程办公——计算机网络化，模糊各组织之间的界限，克服地理障碍。

根据组织结构的类型，我们可以发现有两个极端形态的组织模型。一个是机械模型，它与官僚结构大致是同义词。其特点是僵化的部门制，高度正规化，有限的信息网络（主要指自上而下的明确的命令链），基层组织成员参与决策的机会很少，即集权化。另一个是有机模型，这个模型看起来像无边界组织，保持着较宽的管理跨度，以层次少、扁平式的结构使组织成员能够对问题做出迅速反应，工作多运用多功能、跨等级的团队来进行，组织正规化程度较低，组织信息自由流通（双向沟通，不仅有纵向的，还有横向的，甚至是网络状的信息流通），组织成员参与决策程度较高，即分权化。总的说来，随着时代变迁、组织成员受教育水平提高、组织间竞争加剧，组织结构设计的基本原则也在变化，随着给下属充分授权的潮流的冲击，组织成员可以决策的范围大了，分权式决策的趋势比较突出，这与使组织更加灵活和主动地做出反应的领导思想是一致的。在环境变化日益显得捉摸不透的今天，越是基层的组织成员越接近服务对象、工作对象、市场和社会，让他们参与决策有利于组织适应飞速变化的环境。坚固的职能性部门被跨越传统部门界限的工作团队所替代，自我管理团队、多功能团队和包含多个上级领导的新型组织设计思想的盛行，命令统一性的概念不太重要了。在大型组织中，团队结构一般作为典型的官僚结构的补充。这样组织既能得到官僚结构标准化的好处，提高运行效率，保持沟通的准确性和组织的稳定性，同时又能因团队的存在而增强灵活性。各种组织结构形式各有利弊，在当今的组织中，结构形态往往是若干组织结构形式的组合，但为了适应组织内外部各种因素的变化，组织结构的总体发展趋势是从机械走向有机，或者是说从机械走向机械和有机的结合。

三　组织结构与组织成员的行为

（一）组织结构因素影响组织成员的行为

正规化程度高的机械型组织中的员工行为高度一致化，员工较少发挥自己主动性、创造性的空间。如果在组织中运用宽的控制跨度等有机的组织结构设计因素，意味着员工的工作环境比较宽松，有更多的机会发挥个人的主观能动性。但在这种情况下，一些成熟度低的员工的管理能力较弱，领导者必须对他们进行更多的培训和指导，以使他们具有自我管理和承担责任的能力。双重的命令链设计对员工的沟通能力、协调能力、冲突管理能力要求高。集权化与工作满意度的相关程度很高。集权程度低的组织，组织成员参与决策的程度就比较高，参与程度与工作满意度呈正相关，即组织成员对组织事务参与得多，他们对组织和领导者的满意度就高。

组织成员个体之间存在差异，有些人喜欢独处，喜欢不被领导者关注，因此偏爱控制跨度宽的组织结构；有些人则喜欢得到领导者的随时指点，因此偏爱控制跨度窄的组织结构；自尊心弱的组织成员对自己的能力没信心，他们不太喜欢享有决策权，不愿或不敢对决策后果负全部责任；对喜欢常规性强、高度专门化、重复性工作的员工来讲，这样的工作能够给他们提供一种安全感，但对渴望工作具有内在的激励性、渴望个人成长、希望工作多样化的人来说，从事工作专门化程度过高的单调工作只会降低他们的工作满意度和工作绩效。

（二）组织结构类型影响组织成员的行为

1. 组织结构影响组织成员参与的程度。在典型的机械结构的组织里，权力分配集中化，领导者担负决策的责任，那些习惯于自上而下

"命令—执行"模式工作的员工会有安全感和稳定感。但那些自我实现需求强烈的员工的主观能动性得不到发挥，容易引起他们的不满。他们更喜欢有机结构组织的参与式领导模式，即他们愿意分享决策权，承担责任，通过自己的努力影响组织的发展，做组织的主人。

2. 组织结构影响组织成员的沟通模式。在机械组织中，组织成员之间的沟通一般局限于"上传下达"模式。组织成员的信息源比较固定，对处于组织层级中低层的员工自身的素质，特别是处理信息的能力要求不高。在矩阵组织中，上下沟通和水平沟通较多，会锻炼员工的沟通能力和良好处理压力的能力。在团队结构、虚拟组织和无边界组织中，角色变换快，协调和沟通机会大大增加，要求员工有良好的沟通能力和很强的适应能力。对于那些喜欢变化、喜欢交流、渴望最大化地实现自身价值的员工，在这些组织结构中也许是最好的选择。但是这些有机组织结构容易引起那些不喜欢多边互动和沟通的员工的不满。

3. 组织结构影响组织成员的创新精神。在机械型组织中，各部门各司其职，组织成员缺少从其他角度考虑问题的视角，不利于发现和整合问题；由于专业偏见和部门分工，其他部门人员的相关意见不容易被重视，组织成员创新积极性得不到肯定；管理层次多，决策缓慢，这在一定程度上打消了组织成员的创新积极性。而矩阵结构，组织成员则可以从合作中获得灵感。在团队、虚拟组织和无边界组织中，组织成员有较大的自主权，可以实现自己的想法；互动、交流和合作可以使不同背景的人发现自己、群体和组织的思维盲点；有充分的机会接触工作对象和其他利益相关者，能够及时掌握第一手的信息，有利于激发组织成员的创新精神。

4. 组织结构影响组织成员满意度。关于组织结构与组织成员满意度的关系，组织成员的个体差异是关键的调节变量。并非每个人都喜欢有机结构带来的自由和灵活性。有些人在机械结构中，也就是当工作任务标准化程度很高且比较明确时，绩效最高，工作满意度也是最佳状态。

第二章 领导

第一节 领导的含义

从一个学科的角度说，有关"领导"的研究是一门新兴学科，而"领导"这一概念在不断演进。"领导"是领导科学中一个最基本的范畴，是研究领导活动的切入点和着眼点，又是进行领导科学研究的出发点和构成整个学科体系的基石。"领导"在中国词义里，是从"领"和"导"的本义引申出来的。"领"，原指脖颈，于衣之领，为衣之首端，引申为"率领"，即领人、领策、领力。"导"原指疏通，引申为教训启发，即自导、指导、教导。二字的组合，有身为表率同时兼有训诲的意思。① 在英语中，有五个词汇与领导有关。一是 leader，意为领导者；二是 lead，有领导、指导、统率之意；三是 leadship，有领导、领导能力、领导关系之意；四是 be leading，有领导、领路、带领之意；五是 management，有管理、经营、处理之意。从汉语和英语里都可以看出，领导既是名词，又是动词。在大多数人看来，领导有时是指领导者这一角色，有时是指领导职位，有时是指领导者行为，有时是指一种能力，有时是指一个过程，有时是指一种特殊的社会现象，有时是指一种特殊的人际关系。因此，领导这一概念在日常话语中被赋予了多重含义。据美国领导学者统计，目前世界上关于"领导"的定义有 350 多种，"领导者"的定义有 160 多种。的确，只有一种定义方式是不太符合生活实际和领导实践的。领导现象的复杂性以及出于各种不同的研究目的和研究视角，都要求对领导的定义多种多样。为了便于研究，我们将名词性领导确定为领导者，而将动词性领导确定为领导。

---

① 黄强：《领导科学》，高等教育出版社 2000 年版，第 19 页。

　　鉴于本书的写作宗旨和对领导价值取向的偏好，仅关注其中一种描述领导过程和领导关系基本要素的定义：领导（leadship）是存在于领导者与追随者之间的一种有影响力的关系，在这种关系中，双方都寻求改变并期待其结果能够反映他们共同的目标。① 这个定义包括以下几点含义。

一　领导活动存在于人群之中

　　领导活动是存在于人际、群体、组织之中的，是人与人之间的相互影响活动，一个人不能形成领导。

二　领导的本质是通过引导和影响而建立的追随关系

　　领导者的动员支持，既包括对下属群体的动员支持，也包括对个体的动员支持。"动员支持"是一切领域中领导活动的普遍特征。"领导的核心内容，就是通过引导和影响而建立的追随关系。"② "没有追随者，就不能称其为领导，这是领导学中的经典命题。"③ 现代管理科学之父彼得·德鲁克（Peter F. Drucker）指出："领导者的唯一定义是其后面有追随者。"著名的领导学家约翰·加德纳（John Gardner）在演讲时，有位青年人问他："如果我想作为一位领导者，最重要的是什么？"约翰·加德纳说："记住，年轻人，最重要的是你必须有追随者。"这说明领导是人际相互影响中的一个特例，在这种特例中，领导者运用引导、动员、支持、激励等策略影响个人或群体，个人或群体会按照领导者的指示去行动。领导者与追随者的相互界定，揭示了领导者的实质，即领导的本质是一种影响力，影响力是一种追随、一种自觉、一种认同，是非制度化的，领导通过其影响力来影响追随者的行为以达到组织目标。

三　领导者和追随者是领导活动的共同主体

　　领导活动是领导者与追随者之间的互动关系，领导者是领导活动的

---

　　① ［美］理查德·L. 达夫特：《领导学原理与实践》，杨斌译，电子工业出版社 2008 年第 3 版，第 3 页。
　　② 朱立言、雷强：《领导者定义及职责新探》，《行政论坛》2002 年第 6 期，第 50 页。
　　③ 丁杰：《领导科学》，华中科技大学出版社 2003 年版，第 17 页。

主体，追随者既是领导活动的共同主体又是领导活动的客体。在一个组织里，一般来说领导者处于领导活动的主体地位，因为他是领导活动的发动者与组织者。但是，领导活动必须依赖于追随者积极地执行决策和实现目标，才能使完整的领导活动全盘展现出来，可以说没有追随者就没有领导者。"领导是个人或集体影响团体成员，以实现团体目标的一个过程，并且团体的成员认为这种影响是合理的"①。豪威尔（Jon P. Howell）和科斯特利（Dan L. Costley）的定义前半句说明了组织中的领导行为的主要层面或显性的一面。如果仅仅把对领导的理解局限于这一层次，则带有极大的冒险性。这个定义的后半句则强调了领导者的影响必须具有可接受性，即团体成员接受领导者的影响，"认为这种影响是合理的"。这是因为任何领导活动都是在领导者和追随者之间的互动过程中共同实现符合他们双方追求的目标的活动。领导一词一般定义为一个领导者与一位乃至更多追随者之间相互作用的动态的工作关系，说到底是因为领导活动有着共同的主体，单有任何一方，都构不成领导活动。领导者不仅是影响力的施加者，同时也是追随者影响力的接受者。如果领导者把施加在追随者身上的影响看成是单向的，在办事情上或作重大决策上一味地要求员工，结果就会失去员工的信任，降低影响力。另外，只有在领导者和被领导者交往中的相互作用才能把影响力调整到最大。因此，从显性的层面或者从组织一般的领导过程看，领导者是主体，追随者是客体。同时，在隐性的层面或在一些特定的时间，被领导者与领导者共同构成了领导活动的主体，甚至领导者接受了追随者的影响。总之，领导总是包含人与人之间的相互影响和服从。

四　领导者激发追随者的潜力

伯纳德·M. 巴斯（B. M. Bass）和斯托克蒂尔（R. M. Stogdill）说："当组织中的某个成员改变了另一成员的动机或能力时，领导就产生了"，"这样的一个人通过释放、引导和整合他人的能力，便成了一个领导者"②。一位西方学者写道：领导过程在效果上类似于将毛毛虫变

---

① ［美］乔恩·P. 豪威尔、丹·L. 科斯特利：《有效领导力》，付彦等译，机械工业出版社 2003 年版，第 4 页。

② Bass & Stogdill's, *Handbook of Leadership: Theory, Research, and Managerial Applications* (3rd ed.), New York: Free Press, 1990.

为美丽蝴蝶的神秘化学物质，而蝴蝶的美丽就是毛毛虫的潜力。因此，领导就是将潜力变为现实的催化剂。在所有情况下，领导的根本任务是发现、发展、发挥和丰富组织和组织成员中业已存在的潜力。[①] 可见领导关系和领导过程中有一种相互激励关系的存在，从而使追随者发现和发挥自己的潜力，而且领导者还担负着整合、凝聚团队的责任，因此我们说在一个组织的领导活动中，1+1=2 的自然法则并不适用。如果领导活动所取得的整体效果等于部分之和，那就证明领导的特殊作用并没有完全发挥出来，因为领导遵循的是 1+1>2 的法则。[②]

五　组织中的领导主要是在一定组织结构的规定中展开的一种特殊活动

领导关系存在于组织环境的框架之内，并为达到组织目标发挥作用。组织结构对领导的规定性主要表现在两点：其一，领导活动中的主体即领导者乃是组织结构中的一种特殊角色，所谓角色是指人们对于在某个社会单元中占据特定位置的个体所期望的一套行为模式。[③] 领导者通过角色行为的运作实施对组织活动的控制，处于组织内等级的各个层次。其二，领导活动的展开并不是无序的、混乱的，领导者发动和组织领导活动需要依托组织结构、组织制度或规则、组织机制等。任何组织中的领导活动都有其遵循的规则，都是在一种制度化的规则中展开的，有时候结构因素会成为领导的替代品。当然，一个群体的领导者可以通过正式任命的方式出现，也可以从群体中自发产生出来，并不是所有的领导活动都是在一定组织结构规定中展开的，有的时候一些隐性的非正式的领导活动往往是无序的超越组织层级的，是非制度化的，是组织正式关系外的一种领导关系。

六　领导活动的目标是领导活动的归宿

领导是一种社会现象、一个过程，这种过程实际上就是某个人对组

---

① ［美］约翰·W. 钮斯特罗姆、基斯·戴维斯：《组织行为学》，陈兴珠、罗继等译，经济科学出版社 2000 年版，第 180 页。

② 丁杰：《领导科学》，华中科技大学出版社 2003 年版，第 14 页。

③ ［美］斯蒂芬·P. 罗宾斯、蒂莫西·A. 贾奇：《组织行为学》，李原、孙健敏译，中国人民大学出版社 2008 年版，第 257 页。

织中的其他某个或某些人施加影响，以促使大家为达到共同的目标而努力的过程。组织中员工的个人目标不是天然地就与组织目标一致，领导活动的焦点在于实现一个符合组织成员需要的公共目标。领导是在某个行动过程中或要达到某一行动目标时所施加的影响，领导实际上是劝服其他人在一定时期内放弃个人目标，或者引导大家在追求对组织责任和利益至关重要的组织目标的同时达成个人目标，即把员工的个人目标和组织目标结合起来。领导是目标导向的，目标是规定领导活动方向和归宿的载体，一个没有目标的领导活动不仅是没有成效的，而且也会迷失方向。正是基于组织的生存与发展，必须通过领导才能保持一种秩序，提供一种动力，确定一种方向。

七 领导具有有效性

学者们普遍认为领导应该具有有效性，但是，关于对领导有效性的评判，犹如情人眼里出西施，各有各的评价标准。领导有效性的定义和组织有效性的定义一样多，某种定义的选择主要依赖于有关定义领导有效性的个人观点和被考虑的要素。不同的领导理论也有不同的视角，费德勒（F. E. Fiedler）的理论认为当领导者的集体有良好的绩效时是有效的；豪斯（Robert J. House）的路径—目标理论认为下属满意是决定领导有效性的主要因素；改革型和愿景型领导模式认为一个组织实施大规模的成功改革才是评判领导有效性的主要标准。身在不同组织或基于自己的个性化需求，人们对领导有效性的观点也各有不同。比如校友联谊会的成员认为，能帮助人们更多地交流、更好地协作的领导是有效的领导；一个市长认为领导的成功和有效性应该由结果来衡量；一个公司的总裁认为领导有效性意味着为他、股东和其他主要利益相关者赢得最大收益；一位学校校长的有效性总是要通过在标准测验中学生的成绩来决定；当球队赢得比赛时，则该球队教练是有效的；一个试验项目团队的队员认为，更加实际地创新是有效领导的标志；一个处于危机之中的组织，组织成员们需要能为组织带来变革和组织生机的领导；我们可以发现上司注重结果，而下属则希望他们的领导开明，能够考虑他们的各种需求。绝大部分的有效性评判更多关注的是结果，而很少考虑过程，更没有把领导活动的情境因素需求考虑进去。领导有效的完美定义应该把领导者承担的全部功能及其能否满足情境因素的需求考虑在内。如果下属能够完成任务，组织能够实现工作目标，组织成员能够很好地协同发挥作用，组织能够适应外部环境变化的需要，那么，这个领导者就是有效的。领导有效性包括四个构成因素：一是目标成就，包括金融目标，产品质量和服务，注重满足顾客的需求。二是内部协调性，包括内部团结、凝聚和联盟、员工满意度。三是高效率的行动，符合高绩效标准的行为和过程。四是外部协调性，主要指团队有适应环境变化、成功转变和不断发展的能力。

第二节　领导与管理的辨识

一　关于领导与管理关系的主要观点

领导包含着影响过程是众人公认的，但是领导与管理之间是否有区别，领导是否应该是非强制性的，即领导者向追随者施加影响时是否应该不采用权威、奖励和惩罚方式。这一问题成为近年的热点话题，很多学者在这方面有着不同的看法。在领导与管理的关系及彼此的差异上，主要有以下几种代表性观点：

（一）领导和管理的概念混用

不把领导和管理的概念作区分，两种概念交替使用，此处的领导和管理都是广义的，是相等的。在组织生活和日常生活中，人们混用这两个概念，即使在各类学术文献中也能经常看到这种现象。

（二）领导是决策，管理是对决策的执行

把组织内的员工分为领导层、管理层和操作层。领导的层次最高，是决策，是统率全局、引领方向的活动；管理是对决策的执行。此处的领导和管理都是狭义的。国内的不少学者都持有这种观点，经常在国内的领导科学教科书、专著、论文中发现这样的观点。如中山大学王乐夫（1999）、大连理工大学王续琨（2001）、黑龙江大学张晓峰（2005）等都持有这种观点。王乐夫教授认为："从广义或外延层次看，领导与管理二者具有相等性；从狭义角度看，两者有本质差别，领导就是决策，管理就是对决策的执行；从二者的广义和狭义的混合关系看，领导是高层次的管理，管理是低层次的领导。"①

（三）领导是更大的范畴，管理是领导中的固有内容

著名的情境领导理论的创立者赫塞（Paul Hersey）在1985年就认识到了管理和领导的不同，他响亮地呼吁下属是可以领导上司的。"领导是任何影响其他个体或团体行为的设想"，"领导是一个比管理更宽的概念。当你希望影响他人的时候，在你头脑中会有各种各样的目的。""管理是领导的一个特殊形式，领导中包含组织的目标"②。由此我们可以发现赫塞所言的领导是广义的，管理是狭义的。

（四）管理是更大的范畴，领导是管理中的一种职能

管理是更大的范畴，领导是其中的一个重要组成部分，是管理中的一种职能或功能。很多管理学家持这种观点，如哈罗德·孔茨（Harold Koontz）、海因茨·韦里克（Heinz Weihrich）、斯蒂芬·罗宾斯（Stephen P. Robbins）等。这是管理学界比较成熟的观点，目前为许多学者所接受，也符合管理学的传统。20世纪50年代中期，加利福尼亚大学洛杉矶分校的两位教授哈罗德·孔茨和西里尔·奥唐奈（Cyril O. Donnell），采用计划、组织、人事（人员配备）、领导和控制等五种管理职能作为管理教科书的框架，在此后的20年中，他们合著的《管理学原理》一书成为销量最大的管理教科书。时至今日，最普及的管理学教科书仍按照管理职能来组织内容。哈罗德·孔茨曾给管理下了一个言简意赅的定义："管理是通过别人把事情做成的各种职能（也就是因人成事）。"在他和海因茨·韦里克合著的《管理学》中指出："管理工作要比领导工作广泛得多"，"领导是管理的一个重要方面"，"有效地进行领导的本领是作为一名有效管理者的必要条件之一"。他们认为：管理工作包括谨慎地拟订计划，建立组织结构以帮助人实现计划，给组织结构配备最有能力的人员，通过控制来衡量并纠正人们的活动，这些都是管理的重要职能。可是，如果管理人员不知道怎样去领导别人，不了解在经营活动中如何去调动人的因素以达到预期的结果，则所有这些管理职能，都将收效甚微。斯蒂芬·罗宾斯在《组织行为学》一书中，

---

① 王乐夫：《管理、领导概念异同辨析——对核心概念的基础研究》，《中山大学学报》（社会科学版）1999年第3期，第118页。

② ［美］P. 荷西：《情境领导者》，赵柏忠译，东北工学院出版社1987年版，第7、8页。

给管理者所下的定义是："通过别人来完成工作。他们作出决策、分配资源，指导别人的行为以达到工作目标。"他概括管理的职能共有四种：计划、组织、领导、控制。其中就领导职能论述说："每个组织都由人组成。于是，指导和协调这些人也是管理者的工作，这就是管理的领导（Leading）功能。"① 当谈论领导是管理中的一种职能时，此处的管理是广义的，领导是狭义的，即领导是高层次的管理。

（五）领导和管理各有一套完整的行为体系

领导和管理都有其完整的行为体系，而不是属于对方的一个部分。这种观点是基于当前时代的变化及对领导和管理的日益深入研究而提出来的，并力图对领导和管理从体系上做出区分。这是一种可贵的学术探索，也是开始被更多的人所接受的观点。对领导概念的重新认识以美国哈佛大学教授、世界知名管理学和领导科学权威约翰·科特（John P. Kotter）和华伦·本尼斯（又译为"沃伦·本尼斯"，Warren G. Bennis）为代表。科特是世界领导与变革领域的权威，哈佛商学院终身教授。1980 年，时年 33 岁的他被哈佛大学商学院授予终身教授教职，使他成为哈佛大学历史上获此殊荣的最年轻的人之一。科特最重要的思想有两项，其中之一就是提出领导和管理是两个截然不同的概念的思想。管理和领导"都涉及对需做的事情做出决定，建立一个能完成某项计划的人际关系网，并尽力保证任务能得以完成。从某种意义上讲，两者都是完整的行为体系，而不是属于对方的一个部分。那些认为管理是领导行为执行过程的一个部分的人，他们忽略了一个事实，即领导行为本身有自己的执行过程，那就是组织群众奔向一个新的发展方向并激励群众去实现目标。同样，那些认为领导是管理的执行过程中的一部分（激励部分）的人，忽略了领导过程中确定经营方向的特性"②。概括来说，管理者的工作是计划与预算、组织及配置人员、控制并解决问题，其目的是建立秩序；领导者的工作是确定方向、整合相关者以形成追随者联盟、激励和鼓舞员工，其目的是产生变革。国内学者持这种观点的

---

① ［美］斯蒂芬·P. 罗宾斯：《组织行为学》，孙健敏、李原译，中国人民大学出版社 2005 年版，第 6 页。

② ［美］约翰·P. 科特：《变革的力量——领导与管理的差异》，方云军、张小强译，华夏出版社 1997 年版，第 5 页。

代表是中国人民大学的朱立言、雷强（2000，2002）①，内蒙古行政学院的李春林（2000）②，中国青年政治学院的徐莉（2008）③。朱立言和雷强发表了关于领导与管理的差异、领导者定义和职责的文章，从中可以看出他们倾向这种观点；李春林系统深入地分析了领导与管理的区别和联系；徐莉综合了学界主要的观点，加以自己的修正和理解，认为既要考虑到国际学术界的通行语言，又要考虑到中国的文化语境，认为从广义上看，领导与管理二者具有相等性，但从狭义上必须把领导和管理予以厘清，即领导和管理各自有一套完整的行为体系，而不是属于对方的一个部分。

二　领导与管理的主要区别

"领导一词在日常生活中有着截然不同的含义。有时，领导指的是有助于引导和动员人们的行为和/或其思想的过程。另一些场合中，它指的是处于正式领导职位的一群人，希望他们起着这个词前一种含义中所指的作用。""第二种用法对此书的中心议题造成了极大的混淆，因为这种用法微妙地暗示出一种观点，即处于领导职位的每个人都确实具有领导才能。这种观点明显是错误的。这些人中有的领导有方，有的领导不力，还有的根本没有什么领导作用。由于大多数居领导之职的人今天多为经理，因此第二种用法还表明领导与管理是一回事，或者至少紧密相连。事实上却并非如此"④，领导与管理的主要区别⑤有以下几点：

（一）领导与管理的性质不同

正如赫塞所说：领导力就是影响力而非操纵力、控制力，领导是一种特殊的影响力，它是以被领导者的自愿追随和服从为前提的，领导影响力的实现可以不依赖于法定权，而管理则明显地具有强制性特征，实施管理则必须以获得法定权为前提和保证。在组织里，我们经常看到人

①　朱立言、雷强：《领导与管理的差异》，《中国行政管理》2000年第6期。

②　李春林：《论领导与管理——兼谈我国领导学的发展与完善》，《内蒙古大学学报》（人文社会科学版）2000年第1期。

③　徐莉：《论领导者影响力模型的构建》，《理论学刊》2008年第11期。

④　[美]约翰·P. 科特：《变革的力量——领导与管理的差异》，方云军、张小强译，华夏出版社1997年版，第2页。

⑤　参见李春林《论领导与管理——兼谈我国领导学的发展与完善》，《内蒙古大学学报》（人文社会科学版）2000年第1期。

们对高高在上的管理者俯首帖耳，却并不见得这些管理者就有领导能力，或者是并不见得他们实施和实现了领导。为什么在几乎所有的组织中都存在着高高在上的大小官僚？他们明显地没有实施和实现领导，可是他们仍然可以使组织成员服从自己，并达成维持组织运转之目的？这是因为职位赋予了他们指挥、命令、奖励、惩罚等法定权力，他们运用了管理的强制力，或者这些强制力潜在的威胁给员工带来生理、心理安全的危机感和恐惧感。在组织管理运行过程中，这种源于组织赋予的法定权力的强制力是至关重要的，组织赖以存在和发展所必不可少的角色行为规范和严格的规章制度也是特别重要的。显然，没有法定权和组织行为规范，管理者必将无法进行管理，但有了法定权力却并不一定就能产生领导力。"你可能被任命为一个管理者或指挥者，但直到你的同事从感情、心理、情绪等方面认可了你以后，你才是一个领导者。"① 一种管理者调任了，或免职了，或退休了，"人一走，茶就凉"，人们就不簇拥在他周围了；另一种管理者调任了，或免职了，或退休了，人们流泪送行，不舍得让他走。前者很可能在工作中过分运用了强制力或管理力，人们没有发自内心地喜欢认同和自愿追随他，只是迫于他的权威而不得不服从他，当离开他的控制范围时，人们就远离或唾弃他；后者很可能是在工作中很好地运用了影响力或领导力，人们心悦诚服地认同、追随他，即使他不再是高高在上的掌权人，但大家依然喜爱、尊敬他，愿意听从他的召唤。

但是，我们不能否认法定权与领导力的联系。现在，国内外有些学者为了突出领导的非法定权力来源的性质，就从根本上否认法定权在组织领导中的重大作用，这显然是走了极端。从实际情况看，尽管领导力的实现并不一定要依赖于正式职务及其法定权力，但要实现领导，职务和法定权绝不是可有可无的。恰恰相反，在组织中，正式职务和法定权能为管理者淋漓尽致地发挥其领导力提供最为有利的现实条件。一般来说，一个人在没有获得法定权之前是很难得到组织成员的追随和服从的，因此，被任命或推选为组织中的管理者，从而获得法定权，就成为他实施领导和管理的一个极为重要的先决条件。同时，这种职务和法定

---

① ［英］约翰·阿戴尔：《有效领导力开发》，翁文艳、吴敏译，上海世纪出版集团、上海人民出版社 2007 年版，第 30 页。

权还可以帮助管理者形成某种心理优势，使他们的整体形象因高职务、高地位而更添光彩、更有魅力、更具权威性。特别是在一些权力距离大，① 具有浓厚地位观念和权力崇拜的国度或组织中，职位和法定权力对实现领导力的积极作用尤为突出。只不过，这种作用是条件性和象征性的，如果以权势压人、用强制命令的手段迫使人们服从，那就不是在领导，而是在管理了。因此，领导者的魅力和影响体现的是法定权力因素和个人权力因素的和谐统一地运用，在领导者的魅力和影响的形成中，起决定作用的是领导者的个人权力因素，法定权力因素在领导魅力和影响的形成中只起辅助性作用。

（二）领导与管理的对象和对象的范围不同

哈罗德·孔茨和海因茨·韦里克在合著的《管理学》中总结说："当我们分析有关领导方面的知识时……我们将重点集中在人的因素、激励、领导和信息沟通等四个方面。"斯蒂芬·罗宾斯在《组织行为学》一书中说："当管理者激励下属，指导别人的活动，选择最有效的沟通渠道以及解决成员之间的冲突时，他们就是在进行领导。"② 由此可见，所谓领导就是领导者与追随者在特定的环境中相互作用的过程，领导的对象是人，而管理的对象则是由人、财、物、技术、时间、信息等要素构成的资源系统，管理则是管理者把人、财、物、技术、时间、信息等各种要素统合起来，实现组织目标的过程。为领导与管理这一区别提供最好范例的当属与西楚霸王争天下的刘邦。众所周知，刘邦既无文才，又无武略，有人甚至称其为市井无赖。然而，他却在与项羽逐鹿中原的过程中得了天下。对于这一点，不少人感到不可理解。晋代阮籍在登高凭吊古迹时，曾发出"世无英雄，遂使竖子成名"的感叹。但是，从现代领导学的角度来看，刘邦有着项羽完全不具备的才能，那就是用人。他自己曾说："运筹帷幄之中，决胜千里之外，吾不如子房（张子房，即张良）；镇国家，抚百姓，给馈饷，不绝粮道，吾不如萧何；连百万之众，战必胜，攻必取，吾不如韩信。三人皆人杰，吾能用之，此吾所以取天下也。项羽有一范曾而不能用，此所以为我擒也。"

① ［美］斯蒂芬·P.罗宾斯：《组织行为学》，孙健敏、李原译，中国人民大学出版社2005年版，第75页。

② 同上书，第6页。

《吕氏春秋·士节》言"贤主劳于求贤，而逸于治事"，其意思是说，贤明的领导者把精力主要放在求贤用人上，而在管理具体事务上则采取超脱的态度。"贤主劳于求贤，而逸于治事"这一古老的命题真实地揭示出了领导和管理的对象不同。领导典型表现为人对人的活动，它针对的是"人"而不是"事"，所谓的"事"只是领导者引导和对追随者起表率作用的中介，领导活动的最终目标是借助这些"事"实现既定的目标。

然而，作为领导者，并不是要求所有的组织成员或社会公众都能够自觉自愿地服从和追随自己，而是根据特定的情势来确定谁应当成为支持者，并努力争取他们，使他们成为自己的领导对象——被领导者或追随者。而管理者则要求组织中的所有成员都必须服从命令、听从指挥，这也是组织中的基本规范和员工行为准则。因此，严格来说，追随者（或被领导者）与被管理者（或下属）并不是一回事。

在一个组织内，有职务的员工为管理者，其下属都是被管理者，这就是说被管理者是天然存在的，是管理者职权范围内的所有成员，但他们不一定是追随者。被管理者中有积极的追随者、一般的追随者、不追随者，甚至是反对者。即使如此，追随者的概念仍然比被管理者概念的外延更广，追随者不仅仅包括组织内成员，也包括组织外成员；不仅包括领导者的下属，还包括其他部门的成员，甚至可以包括领导者的上级。因此像赫塞、约翰·科特和德鲁克这样的领导大师都纷纷宣称：要学会领导你的上司。这就是说，追随者的范围是跨越组织横向界限、纵向层级，并跨越组织边界的，即追随者是无边界的。例如雷锋的职务仅仅是班长，但他的精神和行为带给人们的感动、影响和激励超越军界、国界和时代。被管理者是天然存在的，但追随者是靠领导者的人格魅力、学识、能力、友情和努力争取来的，是领导者的影响力使之心悦诚服，对领导和组织形成承诺，进而自愿追随领导者。一般情况下，追随者仅是大多数组织成员或骨干力量。实施领导就是要把一些最基本的、决定组织前途和命运的力量凝聚起来，并通过他们影响更多的人，朝着远大的目标前进。

（三）领导与管理的职能和行为不同

长期以来，在我国领导学和管理学的研究中，很少有人就领导与管理职能的区别进行深入系统的研究，有的学者甚至认为，领导与管理的职能是交叉重叠、很难分清的。事实并非如此，"领导和管理既有根本区别，又能在具体行为上体现出来"①。领导与管理的区别，最突出的恰恰就表现在职能的不同以及相应的各自一套行为体系上。关于领导行为与管理行为的对比及其具体职能与结果的异同，约翰·科特做了富有开创性的、深入系统的研究，并列表说明领导与管理的职能、行为以及结果的区别。从表 2—1 可见，无论是管理还是领导，其职能和行为都会涉及人和任务因素，但管理工作和领导工作的着眼点是不同的，行为是不同的，发挥的作用是不同的。

表 2—1　　　　　　　　　　　**领导和管理的具体比较**

行为	管理	领导
确定工作进度	计划、预算工作——确定实现计划的详细步骤和日程安排，调拨必需资源实现计划	确定经营方向——确定将来，通常是遥远的将来的远期目标，并为实现远期目标制定进行变革的战略
确定人员	组织和人员配备——组织结构、人员、职责和权利，确定相应的规定、政策来对工作人员进行指导和适当约束	联合群众——通过言行将所确定的方向传达给群众，争取有关人员的合作，并形成影响力，使相信远景目标和战略的人们形成联盟
执行计划	控制和解决问题——随时了解工作过程中出现的问题和困难，采取有效措施予以解决	激励和鼓舞——通过唤起下属经常未得到满足的最基本的需要，激励人们战胜变革过程中遇到的困难，确保目标和任务顺利完成
结果	在一定程度上实现预期计划，维持秩序。行为的预见性和条理性强，容易产生比较令人满意的结果	戏剧性的结果——为组织的竞争力注入新活力。引起变革，通常是剧烈变革，并形成非常积极的变革潜力

资料来源：［美］约翰·P. 科特：《变革的力量——领导与管理的差异》，华夏出版社1997年版，第6页。

---

① 孙钱章：《领导新方略》，人民出版社 2000 年版，第 2—4 页。

　　具体来说，领导与管理的职能和行为有五点不同：

　　1. 领导和管理的决策职能不同。虽然决策既是领导的主要职能，也是管理的主要职能，但二者是有所区别的。这种区别主要表现为：（1）决策的依据不同。领导决策一般是依据被领导者的群体价值观及其共同的愿望和要求（也许这些愿望和要求只是潜在的、不自觉的）提出或做出的，领导者的决策一定要反映群体成员的个人愿景，在此基础上能提出群体成员认同的，能感召群体成员的愿景。领导者离开了这一点，就有失掉群众支持，进而失掉领导影响力和领导权的危险性。所谓"水能载舟，亦能覆舟"说的就是这个道理。从国家层面上看，民心、民意是一个政权能否持久存续的"标尺"；从组织层面上看，组织成员主要需求能否得到满足和满意度关乎组织关系的维系，这是一个组织领导者存在的基础，所以作为领导者的工作重心必须不断向下移、向基层移、向广大组织成员移，一定要到普通员工中去。管理决策的制定总是基于现实考虑，不解决现存问题就是无效的管理决策。

　　（2）决策的内容不同。"领导的第一个基本素质就是具有指导思想和长远目标，他应该很清楚自己和企业往何处发展。"① 领导决策总是立足于长远，决策目标通常为目标远景，一般是具有前瞻性、感召力的宏观战略目标，是带有全局性、方向性、根本性的决策。领导过程中发展方向的拟定着重于更长的时间范围，注重宏观方面、敢冒一定风险的战略以及人的价值观念。"确立使命始终是企业高层管理人员的职责。除了最终需要对此负责的人外，企业使命的确立既不可能、也不应该授权给其他任何人。实际上，确立企业使命是考验公司领导能力的关键时刻。"② 而管理决策则总要立足于现实，是针对具体问题而确定的具体目标，即使是长远规划，也是具体的，具有计划性和可操作性。管理的计划和预算过程趋向于注意几个月到几年的时间范围，强调微观方面，看重风险的排除以及合理性。关于二者的根本区别，美国著名领导学专家华伦·本尼斯在与罗伯特·唐森德（Robert Townsend）合著的《重塑

---

　　① [美] 华伦·本尼斯：《怎样成为领导》，吴金根、吴群译，九州图书出版社1999年版，第39页。

　　② [美] 杰克·韦尔奇、苏茜·韦尔奇：《赢》，余江、玉书译，中信出版社2005年版，第6页。

领导者——对话集》、与伯特·耐纳斯（Burt Nanus）合著的《领导者：成功谋略》中做出了明确的界定。[①] 他们指出，领导是做正确事情的人（弄明白"为什么"，发现问题——创造力），而管理者是将事情做正确的人（解决问题）；领导关注的是方向、前景、目标、意图、目的和效果这类正确的事情，而管理者则致力于效率、方式和短期的效应。管理的假设是已经知道了什么该做，什么不该做。管理人员的任务就是想办法把这件事情做好，不存在要做还是不要做、该做还是不该做的问题。领导则需要在做什么和不做什么之间做出选择，要去影响别人，你就得动脑筋想办法让别人跟着你，并且不断地做决策。

（3）决策的方法不同。领导决策一般是非程序化的，其基本方法是进行定性分析和民主决策。因此，领导者应进行调查研究、走群众路线、实行民主集中，甚至进行"全民公决"，在此情况下，决策主体也不再仅仅是领导者了。而管理决策则一般地必须程序化，必须运用科学的理论和方法，进行定量分析和科学论证。

（4）在决策的实施上，领导者通过直接号召、动员、沟通、形成联盟、激励和鼓舞，以实现决策；管理者运用计划、组织、监督、控制等一系列规范化、程序化、制度化的手段对确定的决策方案进行落实。

2. 用人的不同。（1）尽管领导和管理都有用人的职能，但领导用人，主要是用干部，并总是具有相对的灵活性。管理用人涉及所有员工与事的匹配，并总是注重专业化和规范化。

（2）有的时候，领导用人甚至是设法绕过某些具体制度的约束或利益集团的掣肘，作适当的变通。这与管理侧重于人力资源开发，着力于建立健全人才的选拔任用机制显然不同。

（3）管理行为的组织和人员配备趋向于注重专业化，挑选或培训合适的人员担任各项工作，要求服从安排；而领导行为的联合群众则注重于整体性，使整个群体朝着正确方向前进。

（4）领导用人把价值观放在第一位，注重员工努力的方向；管理用人把能力或业绩放在第一位，注重员工能否解决问题（见表2—2）。

---

① ［美］华伦·本尼斯、伯特·耐纳斯：《领导者：成功谋略》，柴贺译，九州图书出版社1999年版，第37页。

表2—2 用人的方法

业绩 ＼ 价值观	认同	不认同
优秀	提升	利用
差	培养	离开

资料来源：〔美〕杰克·韦尔奇、苏茜·韦尔奇：《赢的答案》，扈喜林译，中信出版社2007年版，第43页。

3. 激励和控制职能不同。管理是运用权力、法规、纪律和物质刺激等多种手段把具有不同思想和价值观的人统合起来，去实现一个或许并不为被管理者关心和认同的任务或目标，通常采用经济刺激和制度约束，使组织成员遵守工作标准，使计划得以实现。领导行为则不同。领导作为一种特殊的影响力，它的实现是以被领导者的自愿服从和追随为前提的，所以，它并不包含诸如监督、控制等具有强制性的职能。领导的一个重要职能是教育、培养和塑造人，把确立组织共同价值观和远大使命感作为自身的一个重要目标。因此，领导激励是一种思想、精神、情感激励，是用正确的思想引导人、高尚的精神感染人、真诚的关怀感动人，促使人们形成自我激励，激发出人们的内在工作动机。这和管理运行中根据人们的生理和心理需求规律，运用各种外部激励手段、尽可能形成良好的激励机制来激发人们的工作动机和行为是有所不同的。领导是通过号召、宣传、沟通、说服、引导、教育、激励等软性策略，使被领导者认同领导的理念，实现被领导者的自愿服从和追随。当组织成员的激情一旦升华到信念，行为就有了一种信仰的意义，短暂的激情就转换为持久的行动动力源头和强大的执行力。为了实现使命和组织的宗旨，人们把组织的相关规范作为自律准则，而不是在外部控制之下的不得不为之。正如科特谈到管理与领导的差异时所说的那样，人们会认为管理式的激励是"进行高度操纵，逐渐对此极为憎恨，最终只会打消人们的积极性"，"控制行为纯粹是受头脑驱使，而鼓舞却来自内心。前者注重表面行为和结果，后者强调要触及人类灵魂的最深处。"①

要战胜障碍实现远大的远景目标，就需要不时激发出非凡的力量，领导行为不是通过控制机能将人们往正确的方向推，而是通过满足人类的基本需要来达到目的，即满足人们的成就感、归属感、自尊感，让他们觉得自己已得到认可，能掌握自己的命运，实现自己的理想。领导行为的激励过程通过不同方式体现出来。但通常包括：（1）在向相关人员明确阐述远期目标时，要极力强调他们的价值（使他们感到实现目标对他们自己至关重要）；（2）让他们积极参与进来，决定如何实现与他们密切相关的远期目标或远期目标的一部分（给他们一种操纵感）；（3）积极支持他们为实现远期目标而做出的努力，并辅之以指导、反馈和模范带头作用（有助于提高他们的业务水平，增强他们的自尊）；（4）对他们的成功加以公开认可和奖励（给予他们认可，让他们有一种归属感）。

领导和管理的激励和控制区别还体现在如何对待目标上。领导者确定目标，给下属解释、灌输目标，并借此激发力量。领导者的任务在于创造一种"领导势"，使大家自觉不自觉地融入组织的目标体系之中去，共同为实现目标而努力工作。管理者则把目标作为控制和指使别人的力量，制造一种"管理场"，使下属融入管理者的目标控制体系之中，以完成管理者的职能。

4. 沟通和协调职能不同。领导沟通主要是领导者主动地听取下属的愿望和要求，花大量时间亲自与组织成员进行广泛和深入的个别交谈，倾听和了解他们的心声，了解他们的个人愿景，从而把握组织成员的思想脉搏；另外，领导者或少数骨干的愿景、理念，并不是所有组织成员的共同愿景和信念。领导者的个人愿景至其被大多数组织成员接受为"共同愿景"，领导者个人的核心价值观至其成为组织核心价值观是一个过程，领导者要想有效地描述愿景和核心价值观并传递给员工，就要不断进行宣传和推广，使员工都明白这些内容，要花大量时间解答他们的问题，了解员工对愿景和核心价值观的真实反映，了解他们对愿景和核心价值观的想法，可以采用问卷和面对面交谈相结合的方法，测出

---

① ［美］约翰·P. 科特：《变革的力量——领导与管理的差异》，方云军、张小强译，华夏出版社1997年版，第76—79页。

员工的看法与希望，然后把整合后的意见和建议，融入最初的愿景之中，并把修改完善后的愿景再交由全体成员讨论，实际上是高层领导邀请全体员工来担当他们的顾问，共同塑造组织愿景，共同提炼组织核心价值观。领导沟通强调互动的过程、员工的参与过程。领导沟通的形式有正式沟通，也有大量的非正式的私下交流，是对非正式关系网络的运用。如果说领导沟通是"务虚"，那么，管理沟通则是"务实"。管理沟通特别注意进行任务有关的信息沟通、意见沟通、问题沟通，以确保管理高效、有序运转。管理沟通的形式主要是正式沟通，主要通过组织内正式的关系网络和管理层级进行。

同样，领导协调也与管理协调明显不同，"正如彼得·德鲁克指出的，领导的主要目的是产生一个为了共同事业而团结在一起的团体"①，领导协调的目的主要是统整各种力量，形成强大的凝聚力或扩大联合阵线；管理协调则是为了防止或消解各种矛盾摩擦，使组织成员的工作步调一致，以确保组织目标的实现。

5. 发展职能不同。领导通过变革与创新使组织充满活力、不断发展，管理则更多地通过维持稳定、维持秩序、完善规则使组织平稳高效运转。约翰·科特指出管理与领导的最大差异体现为：领导是一种变革的力量，而管理则是一种程序化的控制工作。"前者能带来有用变革，后者则是为了维持秩序，使事情高效运转。……领导行为自身永远不可能使一项活动年复一年地按时、按预算保持运作；而管理本身也永不可能创造出重大的有用变革。"② 管理者处理复杂的问题，优秀的管理者通过制订正式计划、设计规范的组织结构以及监督计划实施的结果而达到有序而一致的状态。领导者主要处理变化的问题，领导者通过开发未来前景而确定前进的方向，然后，他们把这种前景与其他人进行交流，并激励其他人克服障碍达到这一目标。

（四）领导与管理的行为方式不同

从行为方式上看，领导与管理相比，领导行为更多依赖移情和共情的能力和直觉、情感、价值观、经验等资源，依据具体的领导情境变化

---

① ［美］华伦·本尼斯：《怎样成为领导》，吴金根、吴群译，九州图书出版社 1999 年版，第 153 页。

② ［美］约翰·P. 科特：《变革的力量——领导与管理的差异》，方云军、张小强译，华夏出版社 1997 年版，第 7 页。

选择适宜的行为方式，因此，领导行为方式的艺术化色彩重；而管理行为则更注重规范性、程序性，依据角色的定位及其行为规范展开行动，科学化、规范化的色彩更重。这是因为管理的着眼点是人的行为是否符合规范，而领导的着眼点却是人的思想和情感的变化和共鸣。举一个例子来说，拿破仑带领他的部队进攻意大利，长途跋涉，部队在途中感染了瘟疫，减员严重，极其辛苦。一天晚上拿破仑走出军帐，发现哨兵睡着了。拿破仑就站在哨兵旁边帮他站岗，半个小时以后哨兵醒了，哨兵发现元帅在帮自己站岗，腿一软跪下了，腰也弯曲了，磕头请求饶命。拿破仑却说：没有关系，你太辛苦了，可以谅解，下不为例。制度是领导制定的，"破坏"制度的权力在领导者，领导者的行为可以灵活，管理者没有这种破坏制度的灵活性，他必须执行制度。要是一个连长查岗发现哨兵睡着了，请判断他怎么办？他必须把哨兵叫醒，然后找来另外一个哨兵帮他站岗，再把这个违纪哨兵送到拿破仑那里，如果连长像拿破仑一样饶了这个哨兵，连长将和哨兵同罪处治。而拿破仑此时的行为是高度艺术化的领导，没有依据角色实施规范化的管理行为。他根据军队和士兵的具体情境，行为着眼点是情，是基于对士兵的理解、同情，他的关怀和体谅体现了与士兵同甘苦共命运的战友情。在面对艰苦、惨烈的任务和缺乏安全感的士兵的领导情境中，拿破仑的领导行为会给士兵带来强烈的情感支持，会赢得士兵的感激和忠诚。

何止是领导与管理的行为方式不同，甚至一些学者认为领导者与管理者在人格特质上也有所不同。哈佛商学院的亚伯拉罕·扎莱兹尼克（Abraham Zaleznik）指出，管理者与领导者是两类完全不同的人，他们在动机、个人历史及想问题做事情的方式上存在着差异。管理者如果说不是以一种消极的态度，也是以一种非个人化的态度面对目标；领导者则以一种个人的、积极的态度面对目标。管理者倾向于把工作视为可以达到的过程；领导者的工作具有高度冒险性，他们常常倾向于主动寻求冒险。管理者喜欢与人打交道的工作，他们回避单独行为，因为这会引起他们的焦虑不安，他们根据自己在事件和决策过程中所扮演的角色与他人发生联系；领导者则关心的是观点，以一种更为直觉和移情的方式与他人发生联系。"管理者与领导者的根本区别，在于二者的心灵深处，对于混乱和秩序的看法截然不同。领导者能够容忍混乱，缺少结构性，并能够将问题搁置以避免对重要问题过早地下结论。管理者则追求秩序和控制，他们甚至对他们本身也尚未完全理解的问题尽快处置掉。根据我的经验，潜在混乱的不确定性极少造成麻烦；相反的，强行地将潜在的混乱有序化的行为，会给组织带来更大的麻烦。"①

（五）领导与管理的行为主体不同

德鲁克早就指出，成功的组织是把高层的领导和具体的操作分开，这样就可以使高层管理者集中精力进行决策和指导。领导工作的"专门化"是与20世纪人类社会各个领域的组织发展紧密联系在一起的。在20世纪之前，决策与执行的分离是有限的、局部的，但是随着社会的发展，这一现象逐渐从政治领域向经济、科技、教育和军事领域扩展。20世纪20年代通用汽车公司总裁斯隆在"经理制"的基础上提出"集中政策，分散管理"，建立"分权事业部制"，其实质就是决策权与执行权的相对分离（总公司集中决策，事业部独立经营，各事业部有各自的产品和市场，实行独立核算），斯隆也被誉为"组织革命"的"现代组织之父"。赫伯特·西蒙（Herbent Simon）在论述这一现象时，认为决策、计划等职能从日常的管理和生产领域中分化出来，一切形式的领导（包括政治领导、经济领导、科学领导等）都专门从事决策，而不是决策的执行、操作。"决策工作专门化"直接导致了领导这一特殊现象的产生，领导是所有组织能够有计划、有秩序地运转的重要前提。就世界范围内看，把所谓的高层领导与具体操作层分开已经成为管理体制变革的基本趋势。我们党和国家的领导体制大体上就是沿着这样一个思路进行改革和完善的。例如，党的十一届三中全会以来，党中央重新设立书记处处理党的日常工作，从而便于党的最高领导层想大事、抓大事，就是把领导层与管理层适当分开的一种比较典型的做法。70年代以来的"行政改革"，从政府自身优化和政府领导能力优化的角度，认为应该调整政治与行政之间的关系，"使政治任命的高级官员专心致志于决策事务，而公务员负责政策执行事务，拥有足够的自主权"②，以促进政府自身的优化。总之，决策工作专门化使现代领导活动具有这样

---

① ［美］亚伯拉罕·扎莱兹尼克：《管理者与领导者：二者有什么不同？》，亨利·明茨伯格等：《领导》，思铭译，中国人民大学出版社2000年版，第88页。

② 毛寿龙：《西方政府的治道变革》，中国人民大学出版社1998年版，第206页。

一种特点，即"制定"与"执行"的相对分工。应当说，从角色上把领导者与管理者分开的思路是具有普遍意义的。这样做，不仅可以使领导人或领导集体集中精力想大事，研究并做出重大的战略决策，使领导者真正在领导而不是在管理。而且还可以更好地实行责任制，使决策的贯彻落实能够有专人负责。

除了领导者与管理者已经初步呈现出分离的倾向外，领导者是集体决策，管理者是个人负责，也越来越成为领导与管理的重要区别之一。一般来说，管理的基本原则是"个人负责制"。这是管辖和治理的统一，权力和责任的统一。这种以法律规定的权力和责任的统一为标志的个人负责制，突出地体现了管理的基本原则和一般规律。随着社会化大生产的发展和社会生活的日益复杂化，管理越来越需要加强权威，并且责任明确。因此，加强个人负责制，就成为不以人的主观意志为转移的必然要求。但是，问题的另一面，在现代社会化大生产条件下，在社会生活日益复杂的情况下，任何个人都难以担负起指挥全局和进行战略性决策的重任。于是，集体领导与个人负责就必须统一起来。这就决定了现代领导最突出的特点是领导主体的集体性。

三　领导与管理的联系

由于领导与管理是两种各自独立的社会控制行为，并且往往为同一个行为主体所并用，因此，它们既有各自的适用领域，同时也是互为补充、互相作用、互相渗透和互相转化的。

（一）主体的共同性

领导与管理的联系，最明显地表现为行为主体的共同性。尽管现代社会的发展已经越来越促使领导与管理的职能分开，由此也使得领导者与管理者有了一定的分工。但是，这种分工并没有也不可能促使领导与管理主体彻底分离。何况对绝大多数组织来说，是永远都不能把领导者与管理者的角色绝对分开的。这种行为主体的共同性决定了领导与管理实际上密不可分。因此，作为行为主体就要善于根据自己在组织中的角色地位，基于组织情境的需求，确定在日常工作中是多一点领导还是多一点管理，以及在什么情境下实施领导或者实施管理，即根据动态的组织情境需求，保持动态的领导与管理的平衡。

（二）目标的互动性

任何组织、集团乃至社会都既需要设计目标远景，又需要确立近期的奋斗目标，而且这两者之间总是密切联系、互为补充和相互作用、相互渗透、互相转化的。一般来说，领导的远景目标可以产生巨大的感召力，它使人们看到前途，产生理想，受到鼓舞；而管理的近期奋斗目标则总与人们的现实需要和利益结合在一起，是既可望也可即的，所以必然对人们产生现实的激励作用。与此同时，尽管领导的远景目标总是从全局和长远出发，令人鼓舞。但这些目标并不能孤立地存在，而是必须被分解为管理所确定的阶段性或局部性乃至某些个人的目标和任务。否则，领导的远景目标就成了空洞的、无用的东西。当然，领导远景目标对管理产生深刻的影响并不会因此而失去自己固有的独立性，恰恰相反，这种影响本身就是领导目标独立性的一种生动体现。事实上，当领导的远景目标被转化为具体的管理目标时，作为一种象征或感召力，这种远景目标对人们仍将继续发挥鼓舞和感召作用。同样，管理目标也是相对独立的，它的确立除了要依据于领导的远景目标以外，还要考虑到主客观条件的限制等诸多相关因素。在大多数情况下，管理目标也会对领导的远景目标产生重大影响：当管理目标总是能够顺利达成时，就会大大增强领导远景目标的感召力。反之，如果管理目标屡屡受挫，就会影响甚至会从根本上动摇领导远景目标的感召力。

（三）职能的互补性

1. 在确定工作目标和工作日程方面，领导负责确定经营方向，通常是遥远的将来的远期目标，并为实现远期目标制定进行变革的战略。而管理负责依据远景目标制订计划，做好预算工作，确定实现计划的详细步骤和日程安排，调拨必需资源实现计划。"如果公司没有发展的方向，那么，即使是短期规划也能成为吞噬其时间和能量的巨大黑洞。""当计划不是作为方向确立的替代物，而是作为其补充时，计划的效果往往是最好。一项补充计划的实施是对组织所确立方向的实用的、现实的检验。与此同时，富有竞争力的方向的确立过程又可使计划的实施做到有的放矢，它能够确认哪些计划是重要的，哪些计划是无关紧要的。"①

　　2. 在确定完成工作的关系网络方面，领导负责联合组织成员，形成骨干联盟。领导者通过言行将所确定的方向传达给组织成员，争取有关人员的合作，使相信远景目标和战略的人们形成联盟。而管理者负责组织人员，并进行人员配备，确定组织结构、人员、职责和权利，确定相应的规定、政策来对工作人员进行指导和适当约束。科特在《总经理》一书中描述了总经理在确定工作关系网络方面的领导工作。"总经理除在企业内部进行在职人员的人际关系培养、发展外，还通过工作调动、外部聘用以及解雇等方式来调整自己的工作关系。总而言之，他们这样做完全是为了使自己的工作意图得到良好的贯彻，使得工作的确落在实处。""此外，总经理们在创建自己的工作关系网络过程中，力图通过对这一工作关系网络中不同位置的人事关系，建立起特定的人际感情联系，以完善工作网络。同样，总经理任职者有时也力图与他们的老板、同事以及公司外界的各种人士建立起这种特殊的'氛围'，他们这样做经常是为了对自己的下级们负责。""在某种意义上，这些总经理开发的关系网络是一个令人难以置信的信息交流系统。它们使总经理任职者与其工作职责义务相互联系，其程度是任何常规的、机械式的信息交流系统所无法达到的。"② 可见，一个卓越的总经理在确定工作关系方面既扮演管理角色又扮演领导角色，管理工作和领导工作正是综合利用这种既包括组织结构规定的正式的组织内部工作关系，组织结构没有规定的非正式的组织内部工作关系，也包括跨越组织内外的工作合作关系网络来实施自己的工作日程安排，共同致力于工作任务的完成。

　　3. 在执行决策和计划方面，管理通过控制和解决问题的办法，随时了解下属在工作过程中出现的问题和困难，采取有效措施予以解决，以努力保证决策和计划的实施和执行，而领导则通过激励和鼓舞，通过唤起追随者经常未得到满足的最基本的需要，激励他们战胜变革过程中

---

　　① ［美］约翰·P. 科特：《领导者真正做什么?》，亨利·明茨伯格等：《领导》，思铭译，中国人民大学出版社2000年版，第45页。

　　② ［美］约翰·P. 科特：《总经理》，李晓涛、赵玉华译，华夏出版社1997年版，第80—89页。

遇到的困难，确保目标和任务顺利完成。管理"一手硬"，领导"一手软"，共同致力于保证决策和计划的执行。

4. 在组织发展方面，领导主要处理变化的问题，适应组织内外部环境变化，通过开发未来前景而确定前进的方向，积极进行变革，抛弃旧的模式，采纳新的观点，使组织成功转变，并提升组织不断发展的能力。管理本身虽然不可能创造出重大的有用变革，但是一旦变革付诸实施，组织开始实施其在转变时期创造出来的新计划，要想变革成功，需要重新冻结新的管理和行为模式，进入一个新的平衡阶段，这样才能长时间维持它。如果不采取最后这个步骤，变革就可能是短命的，员工也会试图回到以前的平衡状态，组织必须通过管理的办法，把暂时的动力系统转化为持久的动力、正式的规章制度，即重新冻结的方法，而管理恰恰能发挥这样的固化功能。优秀的管理者通过制订正式计划、设计规范的组织结构以及监督计划实施的结果而达到有序而一致的状态，通过维持稳定、维持秩序、完善规则使组织平稳高效运转。等经过一段时间之后，工作群体自身的规范也会发生改变以维持新的平衡。当达到了这种情况后，管理层就需要依赖于更正式的机制进行运作了。因此，我们说变革的发展和稳定的平衡是相互补充的，领导和管理共同致力于组织的基业长青。

（四）行为的转化性

从本质上看，领导与变革和创新是密切联系的，甚至可以这样说：领导即变革和创新。如果组织没有变革和创新的需要，那么有管理也就足够了。而一旦组织潜在地需要变革，或者正处在变革当中，那就必须要有领导。这是因为，所谓变革，首先意味着要破坏今天，打破目前的平衡，即破除今天那些不符合变化了的实际而阻碍事业发展的既定规则、程序、制度、法律、习惯势力、陈旧的观念和思维方式，等等。这就必然会引起人们在利益上、思想观念、工作技能、工作关系等方面发生某些冲突和改变，产生某种阵痛和震荡。于是，能否指出能够被人们接受的远景目标和前进方向，并说服和引导人们放弃旧的价值观、思维方式和行为习惯，树立新的价值观念、思维方式，学习新的工作行为模式和技能，引领人们朝着新的目标和方向前进，就成为变革能否顺利进行并最后达成的关键。这就需要领导，需要有密切联系群众而又高瞻远瞩的领袖来影响、引导、率领人们进行这种变革和创新。而一旦变革告一段落，创新任务基本完成，组织进入一个相对平稳的发展时期，卓越的领导就必然要让位于高效的管理。例如，从 20 世纪 80 年代中期至今，海尔集团已经进行了大大小小的几十次组织的变革，可以说在组织的管理实践中，领导与管理的互相转化，是经常的和大量的。

第三节　如何处理领导与管理的关系

科特认为："领导和管理构成同一过程中既相互区别又相互补充的两个体系，它们各有其自身的功能和特点，同时又都是当今的经济条件下组织取得成功所必不可少的组成部分。在当今激烈竞争和变化不定的环境中，组织所面临的真正难题是：如何将强有力的领导与强有力的管理结合起来并使其相互制衡。"① 亨利·明茨伯格（Henry Mintzberg）曾说："借用心理学的话来说就是他们构成了一个'完形'，一个整体。这个整体，不是其组成部分的相加，而是本身的特性。管理和领导两种角色构成了一个完形，并不意味着精力就此要平均分配于这两种角色。"② 那么，究竟该如何处理领导与管理的关系呢？

一　领导和管理在整个组织系统中的位置

系统管理理论学派对组织系统的分析有助于我们理解领导和管理在整个组织系统中的位置。系统管理理论学派重视对组织结构和模式的分析，应用系统理论的范畴、原理，对企业和其他组织的管理活动和管理过程进行全面分析和研究，并建立起系统模型进行分析。这一理论是弗里蒙特·卡斯特（Fremont E. Kast）、罗森茨韦克（James E. Rosenzweig）和约翰逊（Richard A. Johnson）等美国管理学家在一般系统论的基础上建立起来的。

卡斯特在 1970 年与罗森茨韦克合写的《组织与管理：系统方法与

① ［美］约翰·P. 科特：《领导者真正做什么?》，亨利·明茨伯格等：《领导》，思铭译，中国人民大学出版社 2000 年版，第Ⅳ页。

② ［加］亨利·明茨伯格：《管理者的工作：传说与事实》，亨利·明茨伯格等：《领导》，思铭译，中国人民大学出版社 2000 年版，第 20—21 页。

权变方法》中认为，组织是由许多子系统组成，组织作为一个开放的社会技术系统，是由五个不同分系统构成的整体，这五个分系统包括：目标与价值分系统；技术分系统；社会心理分系统；组织结构分系统；管理分系统。这五个分系统之间既相互独立又相互作用，不可分割，从而构成一个整体。如果粗略划分一下，可以把技术分系统、组织结构分系统、管理分系统归类为组织中的管理系统，把目标与价值分系统、社会心理分系统归类为组织中的领导系统。领导主要包含三层含义：一是为组织确立发展方向和前进目标，并制定进行变革的战略；二是动员和联合群众，以形成联盟，领导者和追随者对远景目标达成共识并投身于实现这一目标；三是激励和鼓舞，调动组织成员的工作积极性和创造热情，战胜各种障碍从而完成奋斗目标。其中第一层含义就是属于目标和价值系统，第二、三层含义就是处理社会心理系统的问题。领导和管理虽然是各自独立，自成系统，但是领导和管理有互补性，成功而且有效的领导行为方式要求二者在具体运行过程中结合，因此需要兼顾领导和管理的矛盾关系。领导和管理是可以耦合的。"耦合"一词就是指两个各自独立的事物互相配合，共同取得更好的效果。这两个事物虽然独立，但是他们有着许多天然的相似点和亲和性，有时可以互相生成，如物理学中的电与磁的关系，也与生物学中的共生有很大的相同之处。于是，组织中的正式领导者即管理者在组织管理实践中就涉及一个管理系统和领导系统的平衡问题。

二 处理好领导与管理的关系

（一）领导者存在着领导能力和管理能力是否平衡的问题

既然领导和管理是各自不同的一套行为体系，组织中存在着领导力和管理力两种能量，那么组织领导者就面临着领导能力和管理能力的发展和平衡问题。西里尔·利维奇（Cyril Levicki）认为，一个人在整个职业生涯的不同阶段担负的管理责任和领导责任是不同的，在职业生涯的早期担负的管理责任多于领导责任，在职业生涯的中期管理责任远远大于领导责任，虽然领导责任在整个职业生涯阶段是处于上升态势，但到了一个人的职业生涯中晚期，领导责任才超过管理责任，而管理责任水平在一个人的职业生涯中晚期开始降低。

责任类型与水平

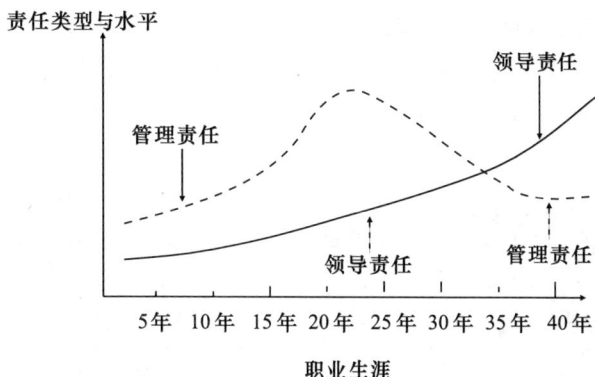

图 2—1　管理责任与领导责任之间的长期平衡

资料来源：[英] 西里尔·利维奇：《领导基因——毕生领导生涯的遗传密码》，王秋石等译，经济管理出版社 2001 年版，第 6 页。

科特也曾讨论过管理能力和领导能力的平衡问题，他认为有的人管理能力增长较快，但领导能力增长缓慢，最终领导能力停留在比较低的水平；有的人是随着年龄和职业年限的增长，管理力和领导力同步增长，后者应该是一个管理者很好的领导力和管理力平衡状态。

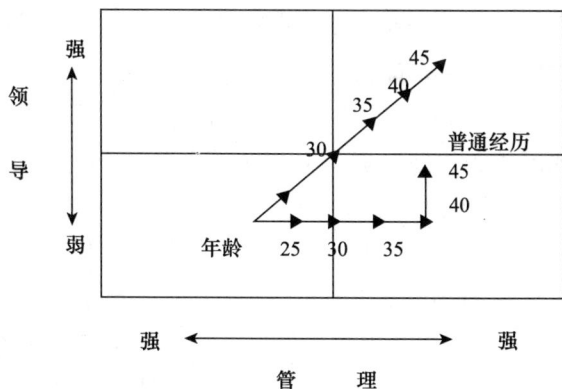

图 2—2　随着职业年限领导才能和管理能力的增长

资料来源：约翰·P. 科特：《科特论变革》，胡林林译，中国人民大学出版社 2005 年版，第 107 页。

　　罗宾斯认为，处于不同管理层级的管理者担负的领导职能和管理职能的时间比重不同，提出了领导主体的管理行为和领导行为的投入问题，或者说是管理情境对管理者管理力和领导力的需求多少是不一样的。

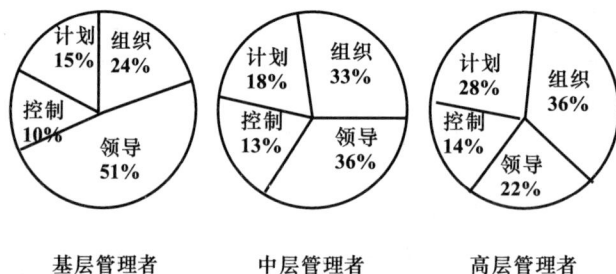

计划 15%　组织 24%　控制 10%　领导 51%

计划 18%　组织 33%　控制 13%　领导 36%

计划 28%　组织 36%　控制 14%　领导 22%

基层管理者　　　　　中层管理者　　　　　高层管理者

图 2—3　管理层次与每种管理职能的时间分布

资料来源：〔美〕斯蒂芬·P. 罗宾斯：《管理学》（第 4 版），黄卫伟等译，中国人民大学出版社 1997 年版，第 13 页。

　　这些观点说明不同的职位和不同的职业生涯阶段都需要一个管理者具有适当的管理能力和领导能力，现代社会要求管理者和领导者不仅要善于管理，而且要善于领导，正如德鲁克所认为的，有效的管理者和优秀的领导者基本上相同。但在实际的管理实践中，并非所有的领导者都是管理者，也不是所有的管理者都是领导者。科特曾于 1988 年对一些管理者进行领导和管理两方面的能力状况的评定，把这些人分成四类状况：（1）表现出较弱的领导能力但较强管理能力的人；（2）具有较强领导能力但较弱管理能力的人；（3）两方面能力较强的人；（4）两方面都不行的人。结论是：既强于领导又强于管理的人太少。在很多大公司里尤其缺乏充足的领导，是"管理有余，领导不足"。在理想情况下，所有的管理者都应是领导者，但仅仅由于组织提供给管理者某些正式权力并不能保证他们实施有效的领导。所有证据都表明，发现并培养有领导潜力的人比发现并培养有管理潜力的人要困难得多。同时，并不是所有的领导者都必然具备完成其他管理职能的潜能，一个人能够影响别人这一事实并不表明他同样也能够计划、组织和控制，因此不应该所有的领导者都处于管理岗位上。

（二）不同的组织情境对管理和领导的需求不同

每个组织面临的组织情境是不同的，比如组织内部的一些情境，即组织所处的发展阶段、任务、组织规模、地理位置、技术、产品和服务、组织结构、劳动力等等；组织外部的一些环境因素，如组织所处的行业的竞争性、稳定性、成长性和市场状况、知识和技术的发展，等等。组织有效性的前提条件是一个组织的管理和领导的供给必须要满足组织的特定情境的需求。约翰·科特在《变革的力量——领导与管理的差异》中就详细分析了在不同的企业组织情境下如何保持领导与管理的平衡，并且根据组织内外部两大维度的变量，把组织的情境分类为四种情况，这四种情况对管理和领导的需求强度也不同。

第一种情况，当组织在复杂性比较低、变革数量少的情况下，需要很少的管理和领导，20世纪以前的多数企业就是这种组织；

第二种情况，当组织在复杂性高、变革数量少的情况下，需要相当多的管理和较少的领导，20世纪50年代到60年代的很多成功企业就是这种组织；

第三种情况，当组织在复杂性低、变革数量多的情况下，需要相当多的领导和较少的管理，创业阶段的公司就是这种组织；

第四种情况，当组织在复杂性高、变革数量多的情况下，需要相当多的管理和相当多的领导，目前的多数企业就是这种组织。

	高	相当强的领导而较少的管理(创业公司)	相当的领导和管理(目前的多数企业和其他企业组织　)
企业运行中所需变革数量(由环境的不稳定和快速增长等引起)	低	很少管理和领导(20世纪以前的多数企业组织)	相当的管理而较少的领导(20世纪50年代到60年代的很多成功企业)
		低	高

企业运行的复杂性(由规模、技术、地理位置的分散、产品和服务数量等引起)

图2—4　变革和复杂性的关系以及企业所需的领导和管理

资料来源：〔美〕约翰·P.科特：《变革的力量——领导与管理的差异》，方云军、张小强译，华夏出版社1997年版，第15页。

虽然科特主要分析的是企业这种组织类型，但他的观点对其他类型组织的管理者考虑领导与管理的平衡问题非常有价值。组织的情境不是一成不变的，而是动态的，因此，没有一成不变的管理和领导的平衡状态。例如，关于一个组织在不同的阶段存在着管理和领导的平衡问题，一般来说，当组织或事业草创的时候，需要强有力的领导和有限的管理，而当组织或事业发展到一定阶段，处于相对平稳发展时期的时候，管理就显得突出重要，"在相对稳定和繁荣时期，有限的领导与强有力的管理相伴似乎使企业运转良好"。当组织中的矛盾日积月累，已经无法在旧有的秩序和体制框架中解决的时候，变革的要求就被提到议事日程上来。"在混乱时期，有力的领导伴随着某种有限的管理可能是符合企业运作的要求"，这时，提出新的远景目标和富有创见的方略，并引导和激发人们做出某种改变，就成为必需。随之，以管理为主就开始向领导为主转变。相应地，变革的过程也就成为创新体制和重建秩序的过程。"而在这两个时期之间，大概就像今天所处的这样时期，强力的管理和强力的领导皆需要就具有重要的现实意义。"① 从现实情况看，在这个过程中，最难的是领导者自身能够主动地做出改变。而在通常情况下，组织也很难形成一种可以根据组织情境的需要来不断更换领导人的机制。因此，怎样促进领导与管理相互转化的问题，实为领导变革中的一个极为重大的课题。

（三）领导与管理失去平衡的结果

管理过分而领导不力，必然形成以下情况：（1）过多强调短期行为和眼前利益，侧重回避风险，而很少注意到长期性的利益和战略问题，不敢冒险和不断尝试；（2）注重细节之处，过分注重专业化，选择合适的专业技术人员从事各项工作，但缺少宏观性和整体性的考虑，很少注重整体性，忽视联合群众，忽视对员工价值观、道德、工作投入等精神层面的考虑；（3）要求服从规定，过分侧重于抑制、控制和预见性，无法容忍冲突、模糊性、不确定性和多样化，对扩展、授权和鼓舞强调不够。总而言之，管理过分、领导不力的组织可能官僚主义盛

---

① ［美］约翰·P. 科特：《现代企业的领导艺术》，史向东、颜艳译，华夏出版社1997年版，第21页。

行，为了秩序而维持秩序，有一种刻板的面貌，令人感到压抑，过分求稳，不具备创新精神，不能很好地处理外部竞争和技术环境、劳动力等各个方面出现的重大变化，发展速度过慢，抓不住发展机遇，组织衰退是必然的结果。

领导有力而管理不足，会导致如下结果出现：（1）强调长期远景目标，而不重视近期计划和预算，没有切实可行的措施，使短期目标无法实现，从而导致组织成员对远景目标失去信心，最终使领导者失去组织成员的信赖；（2）缺少专业精神，缺乏制度体系和规则，一些不愿意运用控制体制和不擅长解决实际问题的人集结在一起，产生一个强大的所谓忠诚的圈子群体文化，导致组织在提供生产和服务环节出现问题；（3）缺少管理意识或没有管理能力的强有力的领导者往往以组织的救世主自居，为了变革而变革——甚至变革是朝着完全不理智的方向发展，忽略变革过程中的相对平稳发展和变革后的制度、管理模式等的固化问题，致使组织最终失控，甚至一发不可收拾。这种现象在社会政治运动中比在组织管理中更为常见，表现也更为极端。

对一个组织来说，只注重管理，而不注重领导，那么，这种组织控制行为就是僵化的、没有活力的，因而注定会使组织无法适应组织内外部的变化而走向衰亡。反之，如果领导过分，而管理不足，那么，组织就会失去应有的规范和秩序，变得软弱涣散，或者使变革和创新变成狂热，向着不理智的方向发展。所以，只有有力的管理和有力的领导联合起来，才能带来满意的效果。基于以上分析，我们得出的唯一的符合逻辑的结论是：组织要发展，管理和领导缺一不可。"企业组织要发展，两者缺一不可。一个企业组织要成功，不仅必须持续满足顾客、股东、雇员和其他人的目前需要，还必须确定并适应这些主要对象随时间不断变化的需求。为此，它不仅必须以令人满意的、系统、合理的方式来计划、预算、组织和配备人员，控制和解决问题，以实现预期的日常目标，而且还必须确定一个合适的未来发展方向，必要时对这一方向不断进行调整，联合群众朝此方向不懈努力，即使是付出沉痛代价，也要激励雇员们进行变革。的确只有有力的管理和有力的领导联合起来才能带来颇为满意的效果。若两者都不具备或都很弱，便如一只无舵之船再加上船体有一个大洞。"① 的确，领导离不开管理，离开管理的领导是空头领导；管理也离不开领导，离开领导的管理是盲目管理，领导行为和管理行为不可分割地联系在一起，共同构成组织最有影响力的行为，共同致力于组织的有效性。有效的管理与有效领导行为结合，将有助于产生必要的变革，同时使混乱的局面得到控制，即能创造出更为有序的变革过程。

---

① ［美］约翰·P. 科特：《变革的力量——领导与管理的差异》，方云军、张小强译，华夏出版社 1997 年版，第 7—8 页。

第三章　权力与领导力

　　为什么总是一部分人控制另一部分人？为什么说追随者可以领导领导者？领导力的来源或基础是什么？权力与领导力有什么关系？英国著名哲学家伯特兰·罗素（Bertrand Russell）在《权力论——新社会分析》中认为："在社会科学上权力是基本的概念，犹如在物理学上能是基本概念一样。"① 对权力以及如何使用的理解是领导学研究的一个关键部分。在任何组织中，权力都是一种自然存在的现象。如果你想在组织中有什么作为，那就应该拥有权力。领导者需要权力来完成主要领导目标；没有权力，他们也不能引导追随者来达到自己的目标。因此，如果你试图充分理解领导行为和组织行为，那么你必须了解这些权力是如何获取并被运用，通过了解权力在组织中的运作机制，你能更好地运用你的知识使自己成为更有效的领导者。

第一节　权力

一　权力的定义

　　过去人们对权力这个概念理解得比较狭窄，古典的权力仅仅是指国家政权及其派生物，即权威。权威是一种处在某一特定位置上的合法权力，也称为法定权力。在组织内，此权力指的就是职务权力。在当代的社会科学研究中，人们对权力的认识不断发展，存在着对权力进行重新概念化的趋向，1970 年，丹尼斯·沙列文（Dennis Sullivan）曾作了一项研究，列举出 17 种典型的关于权力的定义，发现权力的含义大大地

---

　　① ［英］伯特兰·罗素：《权力论——新社会分析》，吴友三译，商务印书馆 1991 年版，第 4 页。

扩展了，并逐渐达成共识，那就是把权力作为一种广泛的潜在影响力来看待，其中有能力说和力量说。达尔认为权力是 A 影响 B 在某些方面改变自己的行为或倾向的能力；① 巴斯等认为权力是指个体 A 对于个体 B 的行为产生影响的能力；② 罗宾斯认为权力（power）指个体 A 对于个体 B 的行为产生影响的能力，在这种影响下，B 的行为举止符合 A 的希望；③ 亨廷顿认为权力指影响或控制他人行为的力量；④ 托夫勒在《权力的转移》中说：权力是一种有目的的支配他人的力量，是由暴力、财富和知识三者构成的。可见，权力的外延已经扩展到何种程度。概括起来说，权力是根据一个人（A）的目的去影响他人（B）行为的潜在能量或潜在能力，依靠和运用这种能量或能力可以造成某种特定的局面或结果，即使他人的行为符合自己的目的性。

权力定义包含以下几点：第一，权力是潜在的，无须通过实际结果来证明它的有效性。权力可以存在但不被使用，即一个人可以拥有权力，但不运用权力。因此，它是一种能力或潜在的能量。第二，A 与 B 间的依赖关系。A 与 B 间的依赖关系是权力的关键，即权力是依赖（dependency）的函数。B 对 A 的依赖性越强，则在他们的关系中 A 的权力就越大。比如 B 认为 A 有使人晋升的奖赏权力，同时 B 非常想晋升，那么 B 越想晋升就越依赖于 A，A 的权力就越大。如果 B 不相信 A 有使人晋升的奖赏权力，或者 B 根本不想晋升，那么 B 就不依赖于 A，对 B 而言，A 的权力就不大。在组织中，组织成员之间的依赖关系普遍存在，人们必须依靠权力拥有者来完成自己的工作。别人服从是因为他们如果没有权力拥有者的帮助就不能完成自己的目标。那么，如何判断和识别这种依赖关系呢？我们从四个维度来判断人们之间的依赖关系和依赖程度大小，如果你掌握的资源是重要、稀缺且不可替代的，他人又感到自己无可选择或选择范围很小的时候，那么他人对你的依赖将会

---

① ［美］罗伯特·A. 达尔：《现代政治分析》，王沪宁、陈峰译，上海译文出版社 1987 年版，第 36—37 页。

② Based on B. M. Bass and Stogdill's, *Handbook of Leadership*, 3rd ed, New York：Free Press, 1990.

③ ［美］斯蒂芬·P. 罗宾斯、蒂莫西·A. 贾奇：《组织行为学》（第 12 版），李原、孙健敏译，中国人民大学出版社 2008 年版，第 398 页。

④ ［美］亨廷顿：《变革社会中的政治秩序》，李盛平等译，华夏出版社 1998 年版，第 107 页。

增加。

（一）重要性

要想产生依赖，必须使人们感觉到你掌握了对于他们来说很重要的资源。例如人们发现，组织总是力图避免不确定性的发生。因此，我们可以想象，那些能够吸收组织不确定性的个人或群体将被认为是重要的。当然，重要性是依情境的不同而有变化的。不同的组织情况不一样，毫无疑问，随着时间的推移，同一组织的情况也会发生变化。如在英特尔公司，工程师们是一个很有权力的群体，而对于宝洁公司来说，市场就是一切，公司面临的最大不确定性就是卖出产品，那么能够为公司卖出产品的人就拥有了某种权力。

（二）稀缺性

掌握的某种他人需要的资源越是稀缺，他人很难再找到这种资源，你拥有的权力就越大。如果某种资源充足，那么拥有这种资源并不能增加你的权力。一种资源必须被认为是稀缺的，才能使他人依赖于你。当你拥有他人需要的某种东西，而你是唯一的控制者时，你就使他们依赖于你，你便因此而获得了对他们的权力。在失明者的国度里，独眼者就是国王；对富豪来说，金钱不再是权力；一种职业的人才供给若低于需求量，从事这项职业的人在就业时就可以要求更有竞争力的工资和福利待遇；唯一一个掌握关键技术的下级员工对上司享有权力。比如在20世纪90年代中国大陆的许多组织里，一些年轻的低级别的员工掌握了计算机的技术，而高级别的员工、管理者或一些资历老的年长员工缺乏这种重要知识，在一些时候就不得不依赖于这些低级别的员工。这足以说明为什么组织中拥有重要知识的低级别员工能在高级别员工面前具有影响力。同时这也有助于理解一些低级别员工那些可能被认为是不符合逻辑的行为。例如，拒绝为本职位培训新职员，宁愿自己费工夫帮助年长的员工解决技术问题，也不愿意教会他们，就是因为他们担心或潜意识害怕自己不再是稀缺的人才，组织对自己的依赖降低；一些员工故意神秘行事，使活动看起来显得比实际情况更复杂和更困难，以显示自己的工作复杂性和难度，显示自己的能力和所掌握技术或知识的稀缺性。如果你能通过控制信息、尊严或其他别人渴望的东西而形成垄断，那么，对此有所需求的人将依赖于你。反过来说，你手中掌握的资源越多，别人手中的权力就越小。这可以说明为什么大多数组织要开发多个供应商而不是只与一家厂商保持业务关系。此外还可以说明为什么许多人都渴望在金钱上保持独立，因为金钱上的独立能减少他人支配我们的权力。

（三）不可替代性

如果一个人可以为别人提供唯一不可代替的服务、产品或资源，即没有任何替代物可以代替之，那么由于实现对这些服务、产品或资源的控制而带来的权力就越大，他人服从是因为他们在其他地方找不到权力拥有者提供的东西。依赖是与资源的可替代性成反比的，即你掌握的资源可替代性越高，对你的依赖程度就越低；你掌握的资源可替代性越低，对你的依赖程度就越高，你享有的权力越大。如果你掌握的资源是最重要而稀缺的，但如果有很多具有同等功能的替代物的话，那么需要资源者对你的依赖性并不强。例如一个人从你这里无法获得他需要的 C 资源，但他可以从其他地方弄到具有 C 资源功能的 D 资源，因此，他不一定要依赖于你，你对他就很难享有权力。

（四）B 感知到的可选择范围

一个人影响他人的能力取决于其他人对于他们自己可选择范围的判断。假设 B 对自己的行为有一定的自主权。A 迫使 B 做他不愿做的事，意味着 B 必须以自己的自主权做出选择。依赖感建立在 B 感知到的可选择范围以及他对 A 控制的这些选择范围的重要性的评价。只有当一个人控制了你所期望拥有的事物时，而你又没有其他的选择，这个人才拥有对你的权力。例如 A 迫使 B 做他不愿做的事，并以解聘 B 相威胁，但是 B 并不惧怕，因为 B 相信自己可以找到新的工作。如果 B 认为失去这份工作，自己再也找不到工作，或者找到工作的可能性很小，那么 A 就对 B 拥有了很大的权力。

二 权力来源理论

权力不是领导者所独有的，组织内部各个层次的个人和组织外部的人，即公众、顾客和供应商，也能影响他人的行为和态度。不只领导一个人想建立自己的权力基础，其他人，特别是下属，也在努力使领导者依赖于他们，结果就导致了组织成员之间持续不断的对抗。组织行为研究者在最近四五十年的研究中已经认识到组织中的人们是如何获取权力、运用权力并产生影响力的。

（一）弗伦奇和瑞文的权力基础论

权力从何而来，是什么赋予个体或集体以影响他人的能量？在近四五十年来，一个使用最广泛的理解权力基础的理论框架是来自于弗伦奇（French）和瑞文（Raven）提出的五范畴分类法，[①] 他们认为权力的五个基础或源泉是：强制性权力、奖赏性权力、法定性权力、专家性权力、参照性权力。

1. 强制性权力是以一个人（A）对另一个人（B）有能力进行惩罚的信念为依据的。这是指 B 通过精神、感情和物质上的威胁，强迫 A 服从的一种权力。强制权力是建立在惧怕基础上的，一个人处于对不服从的消极后果的惧怕，就对强制性权力做出反应。例如使用或威胁使用身体处罚，限制活动，对基本的生理及安全需要的强制性控制；下属感到领导者有能力将自己不愿意接受的事实（停职、降级、分派不喜欢的工作等使人尴尬的方式）强加于自己，使自己的某些需求得不到满足的惧怕。"强制型权力给领导者和追随者都造成心理和情感上的负担。它助长了怀疑、欺骗、虚伪以及最终的控制力的消亡。正如俄国诗人和哲学家亚历山大·索尔仁尼琴所说：只有在你并未剥夺人们的一切时，你才可控制他们。一旦你让一个人一无所有，他就脱离了你的控制——他再度自由了。"[②] 强制权力在使用时往往会引起愤恨、不满，甚至极端的报复行为，因此领导者必须谨慎对待强制权力，权变地使用惩罚。一个人不一定非要成为管理者才能通过强制性权力来施加控制，组织中任何一个人都可以使用，因为强制性权力既可以来自组织，也可以来自个人。但强制权力的使用有合法和非法之分，如果 B 对 A 滥用暴力，危害 A 的生命安全，A 可以使用强制权力进行正当防卫，B 属于非法使用强制性权力，A 属于合法地使用强制权力。最近出现的两起员工杀害组织领导者的事件，[③] 或许事出有因，但这种强制权力的使用毫无疑问是

---

① ［加］亨利·明茨伯格：《经理工作的性质》，孙耀君、王祖融译，中国社会科学出版社 1986 年版，第 35 页。

② ［美］史蒂芬·柯维：《领导者准则》，阮江平等译，中国青年出版社 2003 年版，第 99 页。

③ 2012 年 8 月 27 日上午 10 点 5 分许，湖南省邵阳市自来水公司党组成员在当地清泉大厦 6 楼会议室开会，公司内部退休女员工石某突然向会议室内泼汽油点火，导致 3 人死亡、4 人受伤。2012 年 9 月 6 日上午 10 点钟左右，黑龙江省大庆市杜蒙县自来水公司发生一起命案，自来水公司的老总和副总死亡，行凶者是公司的一名职工。

非法的。

2. 奖赏性权力是人们基于他人有能力给自己带来益处而服从。这是与强制性权力相反的权力。那些能给人们带来他们所期望的报酬（益处）的人就拥有了权力。这些报酬可以是人们认为有价值的任何东西。在组织情境中，员工考虑的是金钱、良好的绩效和评估、晋升、有趣的工作任务、友好的同事、认可优点、重要的信息、有利的工作转换、友好、赞扬，等等。一个人奖赏权力的大小取决于另一个人追求这些东西的程度。强制性权力与奖赏性权力实际上是一对相对的概念。一个剥夺他人有价值的东西或给他人造成不良的影响；一个能带给他人某种积极的利益或帮助他免于消极的影响。与强制性权力一样，你不一定非要成为管理者才能通过奖赏性权力来施加影响。诸如友好、接受和赞扬之类的奖赏，组织中任何一个人都可以使用，因为奖赏性权力既可以来自组织，也可以来自个人。

3. 法定性权力是基于个人在组织中拥有的正式位置。一个人通过组织中正式层级结构中的职位获得权力。在正式组织中，法定权力通常依附于某一职务或某一职位，而担任该职务的人或处于某一特定职位的人则有权对某一特定领域的人或特定范围的活动施加影响，即下属的服从是建立在上司有职务权力指导和下属有义务服从的信念的基础上的。他人之所以服从是因为他们承认权力拥有者位置的合法性，这是被法律、组织规章制度、传统习惯甚至常识所认可的。特别值得一提的是，这种权力包括组织成员对职位权威的接受和认可。当组织中的领导发话时，假设他们的训诫未超出他们的职权范围，组织中的下属只有洗耳恭听，并且通常是服从。法定的权力在组织中就是职位或职务权力，等同于古典的权力概念，即权威。在正式的群体或组织中，获取一种或多种权力基础的最常见的途径大概要算一个人在组织结构中的职位了。法定的权力包括来自组织的强制性和奖赏性权力。但是，法定权力的涵盖面比强制性权力和奖赏性权力更为宽泛，它还包括指挥和命令下属做什么、怎么做等安排工作的权力，而这些权力不关乎惩罚，也不关乎奖赏。

4. 专家性权力来源于专长、技能和知识，基于一个人在某一领域的专业技能、资格、知识和信息。专家权力以一个人认为另一个人具有做好工作的知识、技巧和能力的信念为依据。他人服从是因为他们相信权力拥有者的知识和资格，这个人的知识和经验能使你尊重他，在一些问题上你会服从于他的判断。由于世界的发展日益取决于知识和技术的发展，专门的知识技能也由此成为权力的主要来源之一。工作分工越细，专业化越强，我们目标的实现就越依赖专家，谁的人力资本含量越高，其享有的专家权力就越大。

5. 参照性权力的基础是对于拥有理想特质的人的认同。参照性权力的形成是由于对他人的认同和崇拜，把自己看成与他人是一体的感觉，以及希望自己成为那样的人。如果你景仰一个人到了要模仿他的行为和态度的地步，你喜欢这个人，想取悦于他，并乐意为他做事，那么这个人对你就拥有了参照性权力。这些资源和特质涉及理想的人格、背景和感情状况等。

（1）人格魅力权。人格魅力权来自于一个人的理想人格特点。在组织中，如果你正直诚实、勇敢坚定、热情诚恳、能言善辩、极富主见、形象良好，一般来说你就具备了个人魅力，能够影响他人去做你想做的事。

（2）背景权。是指个体由以往的经历而获得的权力。有背景权的人往往有着辉煌的经历、特殊的人际关系背景、血缘关系背景权等。假如请一个人给学生做报告，告诉学生他是一个诺贝尔文学奖获得者；同样还是这个人在另外一个场合，给学生介绍他是一所一般化的大学的教授。由于介绍这个人的背景不一样，听他讲演的学生对他的喜欢程度、尊敬程度就不一样。

（3）感情权。感情权是指个体由于和被影响者感情较融洽获得的权力。如果多年的老朋友提出要求请求一些帮助，人们都会感到难以拒绝。所以，亲切的情感能大大增强领导者对被领导者的影响。

也有学者认为感情权是人际关系权力，基于一个人的吸引力和友情，建立了良好的人际关系。关系权力是通过关系网建立起来的，是以政治和社会关系为基础，以你认识什么人，感情有多深为基础。尤其当一个人与可以影响其他人状况的强有力的人物关系密切，使得他人服从，这个人就拥有了人际关系权力。如果 A 的人际关系网络有助于 B 完成工作，A 对 B 而言就拥有了人际关系的权力。这种权力在一定条件下可以成为好的领导者使用的积极的权力基石。但笔者认为，感情权与人际关系的权力不同，有感情权一定有人际关系权力，但有人际关系权力未必拥有感情权。人际关系网络可以建立在情感基础之上，也可以建立在利益交换或工作规范要求的基础之上。

（二）约翰·P.科特的权力来源论

科特在《权力与影响》一书中，深入系统分析了组织内的权力基础主要有以下八种：

1. 法定权力。

2. 由于控制了重要信息和信息渠道而获得的信息权力。

3. 知识权力。知识权力以下属认为领导者具有做好工作的知识、技巧和能力的信念为依据，在领导工作中特别重要的知识并非书本上的知识或课堂上的知识，领导工作需要的知识是关于管理现实、社会现实、行业知识等详细信息。

4. 关系权力，尤其指良好的工作关系，基于尊重、佩服、需要、责任和友谊的良好的工作关系，以及与重要人物保持良好关系，是做好领导工作的重要权力资源。

5. 资源权力，比如对有形的资源（如资金、机器设备和人力）的掌控。

6. 专业能力和技能，如突出的个人能力、专业技术水平高、正确的行动计划等。

7. 出色的工作履历、良好的个人声誉和个人品质。出色的工作履历和良好的个人声誉可以帮助人迅速建立和保持与其他人的良好工作关系。良好的业绩和较高个人威望，即良好的履历①也是参照性权力的构成要素。

8. 开发和利用这些权力资源的技能也是一种重要的权力资源。这些技能包括认知能力、人际关系技能、施展影响力的技巧等。这些都是对职务或岗位权力的补充，它们有助于管理者在高度复杂的组织环境中进行有效领导。

科特不仅非常系统地研究了组织内权力来源，而且紧密结合工作实际和领导活动分析权力的内涵和外延，比如关于知识权力，他不是泛泛而论所有的知识都有同样的影响力，而是特别强调与工作环境相关的知

_____

① ［美］约翰·P.科特：《权力与影响》，孙琳等译，华夏出版社1997年版，第38—39页。

识（广泛的行业和组织知识），尤其是指拥有实现组织目标的关键知识，这些与工作、组织和行业相关的知识和信息最能化解组织的不确定性，是最重要的权力基础。"对领导工作而言，它所需要的最重要的知识不是指从课本上或教育节目中学到的那些知识，而是有关工作环境的详细情况。"① 那些能够控制当前的运作信息，拓展那些可供选择信息或获得关于未来事件和计划知识的个人和群体具有巨大的权力影响他人的行为。另外，科特对关系权力的研究有突出特点，他尤其强调良好的工作关系，而不是泛指所有的人际关系，认为只有与工作相关的、组织和他人需依赖这些关系达成目标的人际关系才是最重要的权力来源。同时，科特特别强调领导者与下属应在相互尊敬、羡慕、了解、义务和友谊的基础上建立良好的工作关系。没有这层关系，人们就会由分歧而生疑心，由相互依赖而变成相互推诿。此外，这些关系也是重要信息的传播渠道，没有它们人们就缺乏开展工作必需的信息依据。科特的研究对人们认识关系权力很有帮助。

（三）伯恩斯的主张

另外一个关于权力基础或来源的贡献者是詹姆斯·麦格雷戈·伯恩斯（James MacGregor Burns），他在《领袖论》一书中谈到权力的来源主要有三个方面：资源的占有、对资源安排和使用的技能、动机。"财大气粗"的俗语和"谁有金子谁定规则"的古训概括了资源即为权力的观点，对物质和资源等有价值的东西的控制也可以带来权力。组织需要各种各样的资源来生存，包括人力资源、资金、设备、材料、供给品和顾客，一个人可以通过拥有或提供有价值的东西而控制他人，行使权力。资源就是权力的概念，表明能够提供基本的或者很难获得的资源的部门、群体或个人在组织中享有权力。特定的资源对组织成功的重要性和获取这些资源的困难各不相同，哪些资源重要取决于形势、组织目标、正在生产的商品或服务。同时，伯恩斯把对资源的占有以及对资源安排与使用的技能作为权力必备的前提之一。"领导者利用资源的技能本身也是一种极为重要的权力资源。"②

---

① ［美］约翰·P. 科特：《权力与影响》，孙琳等译，华夏出版社1997年版，第38—39页。

② ［美］詹姆斯·麦格雷戈·伯恩斯：《领袖论》，刘李胜等译，中国社会科学出版社1996年版，第203页。

而动机可以用来解释为什么一个领导者比另一个领导者更拥有权力，虽然许多人拥有的资源和技能大致是相同的，但是，有些人追求权力的欲望更加迫切，千方百计获取资源，并充分地行使它；有些人拥有资源和技能，但他们并不热衷于权力，不会充分利用这些资源和技能获取权力和运用权力。他们即使拥有了权力也不会积极、充分地应用它。这可以归纳为人们对权力的需要程度不同，动机也就不同，产生的结果也不一样。"权力的两个必备条件就是动机和资源。二者是相互联系的。缺少动机，资源的力量就会减少；缺少资源，动机就会成为空谈。二者缺少任何一个，权力就会崩溃。因为资源和动机都是必需的，要是两者都缺少，权力就会变成虚无缥缈和受到限制的东西。"①

第二节　职位权力

一　职位权力和权威

在众多的学术论文中出现权力影响力与非权力影响力、② 职位性权威和人格性权威③、权力性权威与非权力性权威④等混乱的概念。之所以出现这样混乱的情况，关键在于没有理清权力与权威这样两个基本概念。一是把权力与法定权力画等号；二是把权威做日常生活化用语的理解，权威即威望。

根据对权力的解读，我们了解到权力与法定权力并不是一回事。法定权力有两个同义词，一个是职位权力，另一个是权威。职位权力是在职位或职务（以下统称职位和职位权力）基础上产生的，没有职位就没有相应的权力。职权是根据职位确定的，是为了履行职位所规定的职责而赋予任职者的对人和物等资源的支配力。这种权力是在职位基础上产生的。职位权力即为组织内的法定权力。我们之所以没有称为职务权力，主要是因为没有职务的人，也可能有职级，即使没有职级或职务的

---

① ［美］詹姆斯·麦格雷戈·伯恩斯：《领袖论》，刘李胜等译，中国社会科学出版社1996年版，第12—13页。

② 魏洪林：《领导者非权力性影响力的特点及其作用》，《前沿》1998年第2期，第42页。

③ 姜法奎、刘银花：《领导科学》，东北财经大学出版社2002年版，第28页。

④ 周胜良：《试论领导干部的非权力性权威》，《烟台师院学报》1997年第3期，第83页。

在某一职位任职的任职者也会享有组织规定的某些法定权力。应该说职位权力包含了职务权力，职务权力是职位权力的一种。

权威是一种处在某一特定位置上的合法权力。罗德里克·马丁认为，权威概念的实质性要素是"合法性"，"无论怎样给权威下定义，没有一位作者看不到它以某种方式与合法性联系在一起。据说，权威就在于指望服从和要求服从的权利"①。达伦多夫认为，权力与权威的重要区别就在于权威具有合法性："权力与权威的重要区别在于这样一个事实：权力实质上与个人的个性相连，而权威则总是同社会地位或角色相连……权力仅仅是一种现实的关系，而权威则是一种合法的关系。"②巴纳德所说"权威存在于组织中"，"只有当一个人作为正式组织的（官方）'代表'进行活动的时候，他才具有权威并能发挥相应的作用"③。法约尔认为，"在一个领导人身上，人们应把属于职能规定的权力，和由于自己的智慧、博学、经验、精神道德、指挥才能、所做的工作等等决定的个人权力区分开来。作为一个出色的领导人，个人权力是规定权力的必要补充"④。总的来说，西方学者主要强调权威具有合法性，是具有合法性的权力，是与组织中的职位相联系的。西方学者的观点说明了权威的概念并不是我国许多文献资料所说权威即非权力影响力。尽管在组织中各个层次的人都有影响别人的权力，但仅仅是那些处在正式位置上的人才有权威。一般来说，当某个特定的人被看成规则的来源、解释者或执行者时，这个人就成为权威。权威更像一个位置或一个组织角色，而不是一种影响力。因此，组织内的法定权力、权威和职位权力应该是同义词，内涵是一致的，外延是相等的。

权威的形成实质上是人类社会群体中的一种社会心理过程，即从社会心理过程中生成的服从于一定的管理主体的社会心理结构。在组织内下级服从上级，是天经地义的，是一种习俗、历史传统、制度化的要求，甚至是一种职业素养。但是，权威类型又可以分为两种类型：一是

---

① ［美］福克斯：《工业劳动社会学》，纽约：柯利尔—麦克米兰公司 1971 年版，第 34 页。

② ［德］拉尔夫·达伦多夫：《工业社会中的阶级和阶级冲突》，帕罗阿尔托：斯坦福大学出版社 1959 年版，第 166 页。

③ 孙耀君：《西方管理学名著提要》，江西人民出版社 2007 年版，第 32 页。

④ ［法］H. 法约尔：《工业管理与一般管理》，周安华等译，中国社会科学出版社 1982 年版，第 24 页。

积极权威；二是消极权威。所谓积极权威，是指管理者对权威的恰当合理地运用，人们对管理者的职权有一种合法化的认可，管理者的行为起到积极的效果。在这种权威类型中，人们实现了内在化认可与外在化服从的统一。所谓消极权威，是人们对管理者的职权没有一种合法化的认可，故管理者只能应用强制手段去支配下属，其结果必然是消极的、被动的，在这种权威类型中，被管理者只能被动服从。① 因此，仅有法定权力并不意味着有影响力，管理者还要正确行使法定权力，并有效地结合运用其他权力，才能有助于管理者的职位权力在组织成员心目中合法化，甚至产生影响力，使被管理者自愿追随。因此，有经验的管理者总是致力于使他们的职位权力在社会成员的心目中合法化，从而使他们在管理中的职位权力转变为积极的管理权威。

二 职位权力的特征

（一）职位权力的强制性

研究表明，领导者还使用奖励、惩罚或正式的权威来影响追随者。②③④⑤ 恩格斯在《论权威》中，也表达了相同的意思："这里所说的权威，是指把别人的意志强加给我们；另一方面，权威又是以服从为前提的。"⑥ 可见权威与强制力相联系，人们不得不服从。管理者可以要求被管理者必须服从自己，对违背组织目标的行为可以通过命令、纪律警示或者批评、惩罚等措施迫使该行为扭转。职位权力的强制性是维持一个组织的协调整合与运行所必需的，但同时也能造成被管理者与管

---

① 姜法奎、刘银花：《领导科学》，东北财经大学出版社 2004 年版，第 28 页。

② Podsakoff, P. M., Todor, W. D., and Skov, R., *Effects of Leader Contingent and Noncontinggent Reward and Punishment Behaviors on Subordinate Performance and Satisfaction*. Academy of Management Journal, 25 (04), 1982, pp. 810 – 821.

③ Warren, D. I., *Power, Visibility, and Conformity in Formal Organizations*. American Sociological Review, 6, 1968, pp. 951 – 970.

④ Podsakoff, P. M., Todor, W. D., Grover, R. A., and Huber, V. L., *Situational Moderators of Leader Reward and Punishment Behavior: Fact or Fiction?* Organizational Behavior and Human Performance, 34 (1), 1984, pp. 21 – 63.

⑤ Yukl, G., and Falbe, C. M., *The Importance of Different Power Sources in Downward and Lateral Relations*. Journal of Applied Psychology, Vol. 76 (3), 1991, pp. 416 – 423.

⑥ 马克思、恩格斯：《马克思恩格斯选集》（第三卷），人民出版社 1995 年版，第 224 页。

理者之间的对立情绪，甚至对抗的关系，所以管理者使用权力的强制性必须得当合理，并要讲究方式方法。

（二）职位权力的有限性

伯恩斯认为"'强制性的'权力是有限度的"①。职位权力的限度主要来自资源、社会心理机制和接受范围三个方面。②

1. 资源的限度决定了管理者用权的程度与方式。当管理者掌握的资源丰富充足，能够满足大家的各种需求，则管理者对职位权力的应用就较为自如；而如果管理者所掌握的资源少于各种需求，则可能对职位权力的运作较为艰难。另外，资源贫乏也是管理者能否有所作为的一个限制性条件，管理者如果超越资源限度，去追求不切实际的目标，运用职位权力的强制性去硬性推进工作，那么不但难以实现所希望达到的目标，而且还会受到应有的惩罚，"大跃进"所造成的灾难就是深刻的一例。

2. 社会心理机制决定了管理者用权的深度与广度。社会心理机制一旦形成，再大的职位权力也很难使它立即改变。1977 年 7 月，中共十届三中全会通过决议，恢复邓小平原任的党政军领导职务；1978 年 3 月 8 日，邓小平当选为第五届全国政治协商会议主席；1981 年 6 月，中共十一届六中全会，选举邓小平为中央军委主席，从此一直担任该职务到 1990 年第七届全国人大第三次会议接受邓小平辞去中华人民共和国中央军事委员会主席职务。邓小平不仅位高权重，而且德高望重，在国内享有崇高的声望和威望。但是早在 1979 年，邓小平就明确提出社会主义可以搞市场经济，不过当时能够理解和接受他的这一观点的人并不多，有相当一部分人还持怀疑和反对态度，因为长期的思想禁锢使人们已经牢固形成了计划经济下的思维方式。为了转变这样一种社会心理机制，邓小平一边坚持宣传，一边在深圳等经济特区搞试点，成功之后，又进一步引导人们思考分析，深圳的改革是资本主义的还是社会主义的？在党的十四大上终于确立了"我国经济体制改革的目标是建立社会主义市场经济体制"，而这一过程整整经历了 12 年。正是基于职位权力

---

① ［美］詹姆斯·麦格雷戈·伯恩斯：《领袖论》，刘李胜等译，中国社会科学出版社 1996 年版，第 12 页。

② 参见丁杰《领导科学》，华中科技大学出版社 2003 年版，第 42 页。

的有限性，权威虽然不否认强制性服从，但重视权威服从方的认同、信服，重视权威关系中双方的互动。伯恩斯认为："群体型领导在多大程度上行使实权而不仅仅是象征性权威，这完全取决于领导者手中所掌握的可用来调动其他群体成员的原动机因素（愿望、需求、动机、期望、态度和价值标准），以诱导或迫使成员们（追随者们）按领导者的意愿行事的有利条件。""在特定情况下可转变为有实际影响的正式权力。"①伯恩斯强调必须考虑被管理者的愿望、需求、动机、期望、态度和价值标准等因素，增进法定权力的可接受性，职位权力才可能转化为具有实际影响的权威，而不仅仅是象征性的权威。

3. 接受范围决定了管理者使用职位权力的方向和方法。接受范围取决于被管理者对管理者的感情、被管理者自身的能力和对管理者指示的认知，这三个因素中的任何一个因素有问题都会影响管理者的职位权力是否能发挥应有的功效。如果被管理者情感上不接受管理者个人、被管理者自身能力低下、被管理者无法正确理解管理者的指示都会降低管理者职位权力的运用和功效的发挥。

（三）职位权力的向心性和单向性

在组织生活当中，职位权力是稀缺资源，越往高层走，职位权力资源越稀缺。很多人都想拥有职位权力，但往往大部分职位权力掌握在少部分人手中，绝大多数的组织成员交出本属于自己的权力。虽然说追随者是领导客体，也是领导主体，但在组织生活实际中，在绝大多数情况下，或一般状态下，领导者往往占据主导地位，领导者说了算。权力的向心性是指权力总是趋向一个稳定的中心，也就是说，在一个组织当中权力不是平均分配的，而是掌握在部分核心成员手里的，而在这个核心权力团队的内部，也不是平均分配的，总是有一个人作为核心来做决断、主持大局。职权的单向性是指领导者是命令的发出者，命令的传递是自上而下的，下属在接受职位权力的指令时往往是消极的、被动的，甚至要放弃自己的要求或价值来服从领导者的命令和价值。权力的向心性和单向性都说明职位权力的不平等性，领导者和下属之间是不平等的。可是谁愿意接受不平等呢？如果广大组织成员一致感到在领导者的

---

① ［美］詹姆斯·麦格雷戈·伯恩斯：《领袖论》，刘李胜等译，中国社会科学出版社1996 年版，第 351 页。

领导下不平等，他们就可能不接受这种权力分配不平等的现象，那么领导活动就没有办法展开。所以领导者必须具有最基本的能力和服务精神来遏制这种不平等性，如果领导者的能力比别人强，业绩比别人突出，而且领导者掌握了职权不是为自己谋利益，而是为组织和组织成员服务，那么，在一般情况下，下属能够接受职权的不平等性。

（四）职位权力的后果性

权力是一种能力或潜力，权力是潜在的，无需通过实际结果来证明它的有效性，一个人可以拥有权力，但不运用权力。但并不是所有的权力都可以不运用，一个人可以不运用自己的专家权、参照权、人际关系权等，但只要他掌握有职位权力，他就必须依据组织结构赋予他的角色去行使权力。例如，必须通过下达目标、分配任务、指导员工行动、根据绩效进行奖惩、解雇等一系列运用职位权力的行为，以指挥、引导或控制下属来达到组织或团队的目标，因此，职位权力一定会导致有利或有害的结果。同时，所有的社会和组织都赋予领导者巨大的特权，除了高工资和其他金钱激励，组织为领导者提供了许多奢华的东西，比如小汽车和飞机、宽敞的办公场所、充足的支出账户、补贴或免费住房，等等。大体上而言，我们承认领导的职权和职权所带来的特权。但近年来，新的管理哲学比如团队、授权和对质量的关注对领导的角色和集权的需要提出了质疑，我们对职权及其如何使用的观点已经发生了改变。另外，如果不在一定的程度上减少职位权力的不平等性，职权就有可能失去控制，那么职权会产生权力腐败，职位权力的后果性决定了职权腐败会从根本上伤害组织的有效性，因此为了组织的利益，领导者必须慎重使用职权，组织必须加强对领导者的监控。

三 职位性权力与个人权力的差别

（一）权力的分类

法约尔认为："权力既可以产生于组织，也可以产生于对匮乏供给和对生产资料的控制，也可以产生于法律和其他一些要素。因此，权力是一种影响他人做某种事的力量。这种力量可能是强制性的（例如职权），也可能是来自领导者自身的人格感召力，它表现为下属的自愿服从与自愿归依。""在一个领导人身上，人们应把属于职能规定的权力，和由于自己的智慧、博学、经验、精神道德、指挥才能、所做的工作等等决定的个人权力区分开来。作为一个出色的领导人，个人权力是规定权力的必要补充。"① 可见，在20世纪20年代，法约尔已经依据权力的来源不同对权力的类型进行了分类。一个人的权力的来源或类型可根据下述标准来分类：来自自身的个人特质的个人权力；来自团体或组织中所处的职位的法定权力或职位权力；或同时来自这两方面。法约尔的规定权力是指在组织结构中职位的职责赋予的权力即职位权力，也可以称为法定权力。职位权力与个人权力相对应。职位权力来源于组织因素；专家权、参照权等个人权力来自于一个人的素质、修养和积累等个人因素；奖赏权力、强制权力、人际关系权力、信息权力，既来自个人，又来自组织。

（二）职位性权力与个人权力的差别

1. 权力来源不同，性质和表现形式不同。职权是组织赋予的，是为实现组织目标服务的法定权力；职权有明确而严格的限制范围；职权有客观内涵，与领导者个人的主观特征无关。职权与特定的个人没有必然的联系，无论是谁，只要他拥有了这种职位，他就具备了这种职位权力带来的权威。职位性权力影响力是职权行使的结果，它的基本特点是领导者通过手中的正式权力，用指示、命令、规章制度等带有强迫性的、不可抗拒的外推力形式产生作用，具有直观、明显的特点，是一种外显性的强制性影响力，下属在命令、指示、规章制度等作用下，所表现出的心理和行为是被动的、服从的。而领导者的个人权力影响力则是一种凭借领导者个人的品德、能力、知识、情感、人际关系等因素所产生的内在性影响力，这种影响力能够对被领导者的心理和行为自然而然地、潜移默化地产生影响作用，被领导者能够自觉自愿地认可和接受，是一种使被领导者没有被强制感和被驱使感的自然性影响力。组织领导者能否成功有效地实施领导，则不完全取决于他的职位权力影响力，一个具有强大个人权力影响力的领导者一旦拥有某种职权，就会凭借其自身优秀的品德、渊博的学识、卓越的才能、良好的作风、真诚的情感，

---

① ［法］H. 法约尔：《工业管理与一般管理》，周安华等译，中国社会科学出版社1982年版，第24页。

形成一种强大的影响力感染周围的人，从而保证其成功有效地实施领导。

2. 影响范围不同。领导者的职位性权力控制力受其管理幅度、职位等级、职权大小等因素的限制。有多宽的管理幅度，就有多大范围的职权控制力；有多高的管理职位，就有覆盖多少管理层级的控制力。比如一个处长的管理幅度是 6 个人，他下面有 6 个科长，每个科长手下有 12 个科员，那么这个处长的职权影响范围是两个层级、72 个科员和 6 个科长。比较之下，领导者的个人权力影响力的范围更为广泛，可以大于职位权力影响力范围，表现在：一方面，领导者的个人权力影响力能够对自己领导的下属，从思想、品德、价值观、知识、才能、作风、态度和行为等各方面产生全方位的影响，而职位权力控制力更多是对下属外部行为的控制；另一方面，领导者的个人权力影响力不受其职位高低、职务大小、管理幅度大小和管理类别的限制，它可以超出自己的职权范围之外，在更广泛的范围内产生影响作用，领导者或者说任何一个组织成员都可以运用个人权力对周围的组织成员施加 360° 的影响。如雷锋、焦裕禄、毛泽东、周恩来、邓小平、甘地、马丁·路德·金等都是这样的优秀领导者，他们的追随者来自组织内外，是跨越组织内部横向和纵向界限的，跨越组织与组织的界限的，甚至是跨越时空的。约翰·科特则在《权力与影响》中专门论述了基于个人权力基础之上的下属对上司的影响，或者说上司对下属的依赖，"部下的影响来自多个方面：他们掌握某些技术使他们不能被人轻易替换；他们掌握某些其他人没有的专业信息或知识；他们有良好的人际关系，批评他们或调换他们的工作都会引起与他们一伙的人的不满；某个部下的工作恰恰是他的上司全盘工作的中心点，故而他的表现对上司的工作影响颇大；某个部下的工作与其他重要工作或其他重要的人有密切关系，致使上司间接地要依赖这名部下"。[①]

---

① ［美］约翰·P. 科特：《权力与影响》，孙琳等译，华夏出版社 1997 年版，第 75 页。

表 3—1 　　　　　　　　个人权力和权威主要有以下四种区别①

个人权力	权威（职位权力）
权力来自各个方面	包含在组织中指定的职位之内
很难识别和标榜	在组织结构图上很容易确定
它的影响力在各个方面	方向自上而下（沿着组织的管理层次）
受制于个人权力的人不一定能够接受这种权力	下属一般能够或不得不接受权威

3. 影响时限不同。职位权力控制力随着职位的产生而产生，也必将随着离开职位而消逝。职位权力控制力的时限是从一个人获得职位权力并上任的那一时刻开始，至卸任离开职位止，有一个固定的时限，被管理者在这个时限内不得不服从于他。而个人权力影响力是领导者以崇高的品德赢得追随者的敬重，以广博的学识取得追随者的信赖，以卓越的领导才能为追随者所钦佩，以优良的领导作风获得追随者的亲近，以良好的心理素质博得追随者的信服，以优良的精神风貌为追随者所称道，人们从心理上认同，从感情上接受，进而影响人们的言行。这种崇高的威望变成了一种无形的号召力与影响力，在人们的心灵上留下深刻的烙印，因此，即使这位领导者的职位丧失了，但这种影响力和感染力也会常驻人们的心中。如原山西长治市委书记吕日周调任的时候，众多群众送行，不舍得他离开长治。② 如果一个管理者没能够很好地运用个人权力影响力，过度依赖职位权力的使用，当他卸任的时候，就会出现"人一走，茶就凉"的现象。

4. 权力含量的变化性不同。相比较而言，职位权力的大小是静态性的，个人权力是动态性的。在组织中每个职位和职务都会为了完成组织赋予的职责而被赋予一定的权力，这是组织结构的规定性决定的，不管什么样的领导者在任，某个职级某个职位某个职务的法定权力的大小是较为固定的，在一定的时期也是较为固定的，基本不会因人而异，除非是根据组织需要进行组织结构的调整，或者上级进行新的授权，作为

---

① 参见张长立《论管理权威的价值意蕴》，《徐州师范大学学报》（哲学社会科学版）1998 年第 4 期。

② 《吕日周这个人》，2012 年 11 月，南方网（http：//www.southcn.com/news/community/shzt/lrz/）。

任职者个人是没有权力调整自己的权限的。但是，个人权力具有较强的动态性，领导者的个人权力在领导活动实践中，既可以不断地增大，也有可能逐步地减小。如果一个领导者，能够认真学习，勇于实践，善于总结和积累经验，使自己的思想、品德、知识、能力、作风等各方面的素质不断提高，领导工作的业绩越来越显著，用心与人相处，使自己的人际关系资源不断增多，其个人权力就会随之增大。反之，如果一个领导者由于不注重加强自身的素质修养，各个方面开始走下坡路，腐化堕落，道德败坏，任人唯亲，徇私舞弊，满足于现状，不思进取，不注意吸收新的知识，无法适应时代的发展，组织成员就会逐渐对他的人品产生不信任以至厌恶和反感，对他的能力不再信赖，领导者的个人权力就会随之而减小。严重的情况下，某些个人权力的丧失可能导致个人权力影响力的总值为零，甚至为负，并且，直接导致组织成员对其职位权力合法性的质疑。

5. 影响发生的路径不同。个人权力影响力具有强烈的实践性，职位权力则不同。领导者的个人权力性影响力是一种具有强烈现实性的东西。这种现实性，只有在实践中才能展现。被领导者也只能从领导实践上去对其品评。具体来说，领导者只有在日常的工作和生活中真正表现出高尚的品德、良好的工作作风、超凡的人格魅力；通过实实在在的努力积累了一份辉煌的履历；在某一领域表现出自己的学识和才干，对事物有自己的独到见解和判断力，大家才会认可领导者的参照性权力和专家权力。领导者与他人友好相处，真诚关心，建立真挚的友情，才真正拥有人际关系的权力。这就是说，领导者的个人权力性影响力必须要经过领导者个人真正付诸行动和实践，要经过实践的检验和评价，被领导者通过较长时间的观察、了解和体验，才可能接受和认可领导者的个人权力影响力，心悦诚服地追随领导者。而领导者的职位权力性影响力发生影响作用可以不需要经过实践。无论是谁，一经获得某种职位就立刻享有相应的法定权力，立刻可以以指挥、指示、命令、规章制度等形式行使权力，职位权力就会立即产生作用，下属就必须服从、遵循和执行。

6. 影响效果不同。在相当的程度上，人们对权力使用的反应依赖于权力的来源和权力拥有人使用它的方式，被影响者的感知是中介变量，最后产生影响效果。职位权力具有强制性和不可违抗性，以外力的形式产生作用，下属在心理和行为上一般表现为消极、被动地服从。在这种情况下，尽管下属接受命令，服从要求，但这并不是意愿上的接受或心甘情愿采纳要执行的命令，下属与领导者保持一致，只是他们不得不这样做。作为一种一般的规则，当员工对领导者的想法与决定采纳和服从时，领导者的权力才会增大，但是，很多领导者过度依靠简单的服从，这可能是一个灾难性的后果。如果法定权力使用失当，还有可能导致冲突、关系紧张，甚至是下属的反抗和抵制。在这种情况下，被控制或约束对象不同意这种影响企图，将会进行积极或消极的抵制。1998—1999 年度 NBA 篮球运动员罢赛、2011 年 4 月的 U19 中国国青男篮联名上书要求主教练范斌下课都是对领导者职位权力运用不满的管理冲突与抵制的事例。而在很多时候，人们对运用个人权力的领导者却是信任、由衷地敬仰和佩服，对领导的想法做出承诺，心甘情愿地接受领导是最可能的反应。人们可能绕过管理者和组织的正式等级结构，从那些拥有很好人品、丰富的知识、优良的专业技能的同事那里寻求自己所需要的帮助。这种影响力是一种来自领导者的内在能量，在这种内在能量的感召、激励、影响、鼓舞下，人们对领导者表现出一种积极的追随，能充分发挥主观能动性，并富有激情地开展工作。

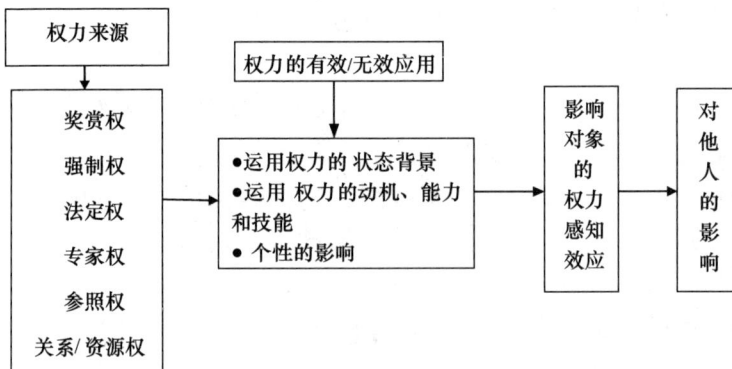

图 3—1　权力效应模型

权力来源   潜在反应

┌─────────────┐   ┌──────────────┐
│   强制权力   │   │   │
│   │   │   抵制   │
│   报酬权力   │─────────┐   │   ↕   │
│   │   ↓   │   │
│   合法权力   │─────────→   │   服从   │
│   │   ↑   │   ↕   │
│   关系权力   │─────────┘   │   │
│   专家权力   │   │   承诺   │
│   参照权力   │   │   │
└─────────────┘   └──────────────┘

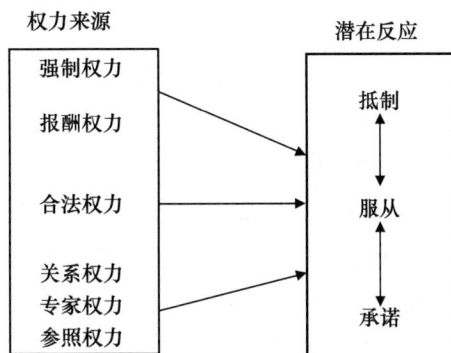

图 3—2 权力的影响效果

　　领导者的影响力体现的是职位性权力因素和个人权力因素的和谐统一，二者的相互作用存在于领导者和被领导者的关系中，在领导者的影响力形成中，起决定作用的是领导者的个人权力因素，职位权力因素在领导影响力的形成中只起辅助性作用，因此，领导者的魅力会由于领导者的个人权力以及运用技巧差异产生很大的差异。

第三节　权力的识别、运用和发展

一　确认组织内权力所在

　　组织结构图不过是形式上的东西，从那儿不可能完全看出权力是怎样分布的。在组织中显性权力和隐性权力同时发挥作用。除了进行组织结构图上显性权力的分析之外，我们尝试从三个角度去分析隐藏在组织中的权力分布，这是实施领导和管理活动必须要做的情境评估之一。

　　（一）从部门维度透视权力

　　组织中有许多部门，但并不是每个部门都享有同等的权力基础，一般来说，以下这样的部门往往有更多显性或隐性的权力：产生高层管理者的机会较多或比例较高的部门；在重要的跨部门团队或委员会中有代表的部门；在同等级别部门中，部门资深负责人的薪水比较高的部门；办公地点在总部大楼的部门；与其他部门的办公室相比，这个部门工作人员的办公室平均面积更大；与其他部门相比员工人数有所增加的部门，当别的部门没有编制无法进人的情况下，还能"招兵买马"的部门；与其他部门相比人员的晋升比率更大的部门；与其他部门相比分配所得的预算资金更多的部门，等等。

（二）从部门负责人维度透视权力

在组织中是不是同一级别的人都享有同等的权力呢？同等级别的人的显性权力大致相等，由于职责的不同可能会享有不同的法定权力，这些往往都是显性的，易于观察的。但隐性权力不易于察觉，我们可以从部门负责人这一维度透视隐性的权力所在。比如，组织中的某人遇到麻烦，有的部门负责人对此无能为力，但有的部门负责人能为这个人求情开脱；在严格限制预算的情况下，某个部门负责人超出预算的开支却可以获得批准；在拟定参加会议人员名单时，你会发现不是所有同等级别的人的发言都能在重要的会议上作为一定的议程；是否可以快捷地接近组织的最高决策层，这是重要的权力体现。据说纽约市的一位很有权威的核心组织政治家曾说过："我不介意谁做选择工作，只要我有权力做主导性工作。"虽然说决策是权力，但决策过程制造了个人或群体间额外的权力差异，决策权并不一定与组织中的最后的拍板定案同时存在。

（三）与权力相关的职位的特点

组织中的职位由于自身特点以及与相关组织要素的关系不同也会蕴涵不同的权力来源。具有以下特点的职位往往拥有更多的权力：

1. 中心性。职位在工作交际网中，即在各职位间的关系中处于中心性的位置，这样的位置将有机会积累更丰富的人际关系权力，并因人际交往而增加更丰富的信息权力。

2. 重要性。在工作流程中负责的是更为重要的任务，这样的任务往往事关整个工作流程的顺利进行。

3. 灵活性。在完成工作的过程中获得更多授权，能够自主决策，自主决策的范围越大，越拥有更多的权力。

4. 能见度高。工作容易被组织中高层管理者观察到，更容易让掌握权力的高层发现自己的胜任资格，有更多被重用、被赏识的机会。

5. 相关性。工作任务与高度优先的组织目标之间的关系密切，比如与组织的核心目标关系密切，该任务的完成直接关系到组织当前中心工作的成败，那么承担该任务的职位将拥有更多的权力。

表 3—2   与权力相关的职位的特点

特点	定义	例子
中心性	工作交际网中各职位间的关系	更中心的位置将有更大的权力
重要性	在一个工作流动过程中所履行的各任务间的关系	负责最重要任务的位置将拥有更多的权力
灵活性	决策、工作任务等自行处理权的大小	更加自主的位置将拥有更多的权力
能见度	任务的履行被组织中高层管理者观察的程度	能见度高的位置将拥有更多的权力
相关性	任务与高度优先的组织目标之间的关系	与重要目标关系最密切的位置拥有更多的权力

二 组织中权力的运用

（一）如何正确运用权力

虽然组织中权力运用的方式方法是多种多样的，但每个不同的权力基础都有其内在的规律性，要想正确有效地用权，必须充分了解每种权力的运作机制，在其规律性的指导下，按其客观运行的要求操作，反之则会步入权力误区。下表是尤克尔（Yukl）给出的领导者如何成功运用各种权力的方法的建议。

表 3—3   权力运用的方针

权力的基础	运用方针
参照权力	公平对待下属 保护下属的兴趣 注意下属的需要和感受 选择与自己相近的下属 建立榜样行为

续表

权力的基础	运用方针
专家权力	提高专家形象 保持信誉 表现自信和决断 保持信息灵通 了解员工担心的问题 不要伤害下属的自尊
合法权力	热情、和善 自信 指令清晰，通过跟进保证理解正确 注意要求的合理性 在提出要求时进行解释 通过适当的渠道行使权力 规范地行使权力 强制服从 关心下属担心的问题
奖励权力	确认服从 注意要求的可行性和合理性 注意要求的伦理和适当 提供下属期望的奖励 提供有根据的奖励
强制权力	向下属明确奖惩规则 惩罚前发出警告 惩罚标准要一贯和统一 行动前要调查清楚 保持信誉 惩罚与错误相当 私下惩罚

资料来源：Reprinted From Gary A. Yukl, *Leadership in Organization*, 2nd ed., Englewood Cliffs, N. J.: Prentice Hall, Inc., 1989, pp. 44—49。

（二）权力的运用结果

如果领导者权力运用不当或者是滥用权力，那么就争取不到承诺；可能得到的是下属的不得不服从，下属不会做任何额外的或超出正常水平的工作；很可能还会激发出下属的反抗，比如员工会拒绝领导者的工作要求，有时故意拖延、缺席或故意不遵守领导者的命令以抗议他的领导方式。因此我们所说的"有效的权力运用，是指尽可能争取承诺或至少争取到服从，避免出现抵抗"①。下表详细分析了在不同的情境下，运用任何一种权力基础的领导都可能会遇到三种反应——承诺、服从或抵抗。这对领导了解权力类型、权力的使用和运作技术、认识自己的权力使用风格、了解下属的个人特性以及其对权力使用的反应是非常有帮助的。

表3—4　　　　　　　　　　　**权力的运用和结果**

领导影响力的来源	结果的类型		
	兑现承诺	服从	抵抗
参照权力	很可能 如果下属认为这一要求对领导很重要	可能 如果下属认为这一要求对领导不重要	可能 如果下属认为这一要求可能伤害领导
专家权力	很可能 如果要求很强烈并且下属认同领导的目标	可能 如要要求很强烈但下属对领导的目标缺乏兴趣	可能 如果领导的行为令人不快和恼怒，或下属反对领导的目标
合法权力	可能 如果要求合理并且态度宜人	很可能 如果要求或命令是合法的	可能 如果要求令人不快或不适当
奖励权力	可能 如果运用方式隐晦并且个人化	很可能 如果运用方式机械和非个人化	可能 如果表现出操纵或令人不快的特点
强制权力	可能性很小	可能 如果表现为帮助性的和非惩罚性	很可能 如果表现出敌意或操纵

资料来源：From Dorwin P. Cartwright ed. , *Studies in Social Power*, Reprinted with Permission from the Institute for Social Research , University of Michigan, Ann Arbor, Michigan, 1959。

---

① ［美］里基·W. 格里芬、格里高里·摩海德：《组织行为学》，刘伟译，中国市场出版社2008年版，第312页。

三　发展足够的权力基础

一方面，有些帮助一个人成为领导者的资源是来自外界的赋予和投放，拥有丰厚的物质资源、出身于较高社会地位的家庭和机遇，在许多情况下可以使人优先获取进入权力体系的资源，可以为一个人成为领导者提供更加便捷的通道。另一方面，人们可以发挥主观能动性，积极创造机遇，培育资源，学习积累和运用权力。每个人不论职位大小都可以积极培育和发展自己的权力基础，为自己创造机遇和资源，"领导行为不应是权杖顶端的明珠，不应是一小撮人的专利，而应该在企业、组织、社会的各个层次发挥作用"[1]，所有的组织成员都可以在组织内发挥自己的领导力，为组织的有效性做出积极的贡献。

（一）寻找与个人特质相吻合的工作

就职业生涯初期而言，一个人首先要做的是选择进入哪家组织，那么在找工作时一定要寻找与个人特质相吻合的工作，"务必要注意使工作条件与自身条件（即自己的需要、价值观、长处和弱点）基本吻合，这是建立权力的一个重要前提"[2]。"因为一个人要想在现代企业发挥有效领导必须要有权力基础，而权力基础的建立就是要有一个与个人的价值观相吻合和利于个人长处的工作，这种'契合'在权力基础的建立过程中起着举足轻重的作用。"[3] 因为只有这种契合你才会产生工作的激情，才会很快显露你的才干，有一个好的履历开端，塑造一个良好的第一印象，这是发展权力基础的第一步。有关择业的许多问题是可以在事先做好充分准备的，那就是在找工作之前下工夫作个自我评估和工作评估，然后再认真评估目标组织的组织价值观与自己的价值观是否吻合，组织对人才的需要是否符合自己的特长，工作类型是否符合自己的兴趣，等等。

---

① ［美］华伦·本尼斯、伯特·耐纳斯：《领导者：成功谋略》，柴贺译，九州图书出版社1999年版，第4页。

② ［美］约翰·P. 科特：《权力与影响》，孙琳等译，华夏出版社1997年版，第44—45页。

③ ［美］约翰·P. 科特：《总经理》，李晓涛、赵玉华译，华夏出版社1997年版，第111页。

（二）尽可能地展现自己的能力

"任何一个组织在选择它的领导者时，无不把领导能力作为首要的因素加以考虑；任何一个追随者，都不会去追随一个没有能力的领导者，因为这与他的实际利益相关。"① 所以，在领导者职业生涯的早期，对胜任能力和技能的证明是权力发展的关键，你必须用事实证明自己具有胜任能力，上级才有可能放心地把更高的职位和更重要的职责交给你。一些人自认为非常有才能，胸怀抱负，指点江山，但缺少切实的行动、执著的努力和卓越的业绩，当自己没有获得晋升，无法掌握更多的法定权力时，就心生怀才不遇、愤懑不平之感。实际上，所谓有能力，必须通过行动和业绩展现出来，证明给他人看，他人才会知觉并认可你的才能。无法证实的能力，只是潜能而已，潜能不等于能力，能力必须是现实的，而不是潜在的。自我知觉到的潜能，别人是很难深入你的内心去察觉的，因此，对任何试图想晋升的人来说，都必须通过自己的切实努力、卓越的业绩来证明自己具备核心任职能力，这是获取法定权力的基础和前提。

（三）争取最关键的工作，引起上层领导的关注

上层领导往往掌握着晋升员工的权力，因此引起上层领导的关注和认可是获取权力的重要途径之一。"大多数总经理在工作初期都在企业中的某一职能部门做事，但这一职能部门在某种程度上与该企业的核心部门有着密切联系"②，"权力基础发展战略的一个关键环节是设法进入企业的重要项目或者到企业中具有战略意义的部门或岗位任职。在这些领域工作能够控制公司的重要资源，并且可以获得更多的权力"③。最关键最重要的工作往往都与组织的核心工作密切相关，与组织的生存和发展密切相关，这些最关键最重要的工作往往能化解组织的不确定性，往往关系到其他工作的进行，接受这样的工作，并很好地完成，从而使上层领导认识到自己的能力。例如自愿接受挑战和高透明的项目、接受特别的任务、与组织主要目标直接相关的工作、领导关注的工作，利用

---

① 姜法奎、刘银花：《领导科学》，东北财经大学出版社 2004 年版，第 31 页。

② ［美］约翰·P. 科特：《总经理》，李晓涛、赵玉华译，华夏出版社 1997 年版，第 55 页。

③ ［美］约翰·P. 科特：《权力与影响力》，李亚等译，机械工业出版社 2008 年版，第 91 页。

会议展现自己的概念能力，等等。

（四）加强自身修养，注意威望的积累

"威望"一词是很好的个人权力的替代概念，一个人树立了很高的威望，意味着他在组织内积累了丰富的政治资本，不仅可以使他更富有影响力，获得更高晋升的可能，而且可以弥补权力的不足，以支撑起职责的重任，并防止组织内的政治风险。有抱负的年轻干部或专业人员如果只注重加薪和提职，而不注重加强自身修养、积累威望，不努力建立一个良好的工作履历，树立好名声，加强对组织的全面了解，建立良好的人际关系以及提高自己处理人际关系的能力等等，那么，就会缺乏丰富的个人权力基础，可能会一时得势，但迟早会因为缺乏远见而栽跟头。这是因为他可能先于他的同事被提升担任重要领导工作，但是一旦当上领导者，他将遇上很大困难。在现代组织中，领导职位本身（一个人在组织层级中的位置）不过是权力的基础之一，组织中的领导者越来越依赖政府官员、技术专家、核心下属、组织其他部门、关键客户、重要供应商、工会组织和媒体等等，但是，领导者对这些依赖对象却没有多少控制权。而且同时，这些被领导者依赖的人或者拥有体制内的法定权力来源，或者拥有很丰富的体制外的个人权力来源。这时仅仅依赖严格的组织等级控制的体系，按照地位的高低规定组织成员间命令与服从的简单关系，已经不复存在。这就导致领导者的法定权力和他完成工作必需的权力之间存在着相当大的一段权力真空。这段权力真空必须依赖领导者的个人权力来弥补，领导者必须运用个人权力去影响、凝聚和激励这些无法运用法定权力控制的依赖对象。

（五）不断增加自己人力资本的储量，提升专家权力

知识是权力，知识作为权力的概念指的是拥有实现组织目标的关键知识的个人、团队、群体或部门具有权力。组织是信息处理器，必须运用知识来生产商品和服务。个人电脑和计算机化的工作站越来越多的使用正在对信息接触和使用产生巨大的影响，因而也对组织中的权力关系产生影响。能够控制当前的运作信息，拓展那些可供选择信息或获得关于未来事件和计划知识的个人和群体具有巨大的权力，并因此有能力影响他人的行为。他们通过获得他人所需要的信息、制定和参与预测、为组织减少不确定性的因素，以此去影响他人和组织的行为。"高人力资本存量拥有者获得低人力资本存量拥有者的指导、指挥权，成为企业内

部各阶层的领导者和管理者。""在企业内部低人力资本拥有者既因为易于直接定价和容易获得，也因为对风险和不确定信息处理能力的缺少而回避风险，所以趋向于接受被指挥的地位和领取固定工资收入。"①有证据表明，人们对不同的权力基础反应是不一样的。人们都更愿意接受和认可那些他们崇敬的人或拥有他们所期望的知识的人，而不是那些依仗位置来决定奖酬或强迫他们的人，因此，有效地使用专家权应该导致更高的员工绩效、承诺和工作满足感。事实上，人们发现，专家权是与有效的员工绩效最强烈、最稳定的相关因素。因此，积累专家权力是知识经济时代重要的权力来源，是领导者积累权力的重要途径。

（六）同有权势的人形成联盟

关系网络是权力，同有权势的人形成联盟更是重要的权力来源。在领导者职业生涯的早期阶段，特别是年轻领导者必须发展一个宽广的个人工作关系网络，并通过自己的专业知识建立信任。如果"在公司最上层没有导师或者特别过硬的私人关系，这使他除了常规权力外得不到上层人物的支持，缺乏足够的资源"②，而一个人离开来自上司的信息、授权、物质资源等各种支持，是无法有效工作的。这是因为上司与下属的关系是一种相互依赖关系，上司的信任和支持是我们做好工作的重要条件。"管理者如果没有主要上司的支持和协助根本无法处理好与部下和自己管辖范围以外的人的关系（即使他知道该如何处理）。上司所处的地位决定了他是沟通他的部下和组织其他部门人员的桥梁，起着关键的连接作用。他可以为部下提供他们需要的资源，他负责监督使部下的工作始终符合组织之首先需要，他对部下的工作表现给予公正的奖励。因此在今天的各项工作中，上司如果不充分发挥他的作用，管理者很难发挥出他的领导作用。""但是许多人却天真地低估了上司在帮助他们搞好管理、发挥领导作用方面所能起的重要作用。"③另外，"在提拔任用人方面，有权势的人的影响力是最大的。获得他们的支持，就具有了巨大信息与资源优势。通常的优势联盟有三种：高层权威的认可，与其他重要部门的领导者形成的联盟，以及与离权力中心很近看似并无实权

---

① 席酉民、段兴民、张生太：《企业集团人力资本研究》，机械工业出版社2005年版，第46页。

② ［美］约翰·P. 科特：《权力与影响》，孙琳等译，华夏出版社1997年版，第78页。

③ 同上书，第87页。

的人（如领导者的秘书、至亲好友）结成联盟"①。还有，当遇到工作中的困难、冲突、矛盾和组织内的政治风险，需要你承担责任时，上司会提供支持，可以作为你的坚强后盾。

（七）支持与帮助他人，与他人合作

支持与帮助他人实际上是一种恩惠的储存，即在自己的情感账户上不断积累财富，等于储存了关系权力和参照权中的情感权力。只有拥有丰厚的情感账户，当你需要他人帮助的时候你才可能支取你的储备。实际上，这也是参加到长期社会交换——互惠（如果你为我办事，我也为你办事）中的一种形式，是赢得追随者的一条有效途径。另外，权力的存在还取决于在履行任务时取得合作的能力。与组织中的其他人和部门有联系的领导者将比那些没有联系的领导者权力大。当然，传统的上下级垂直关系是权力的重要方面，但是这些联系并不是全部。关系网络可以作为权力的概念，表明各种联系、信息渠道和联合体，无论是组织内部还是外部，均代表权力来源。由内部和外部网络提供的水平联系，可以帮助解释领导者之间的许多权力差异。领导者不能仅仅依赖于传统形式的权力，而且要学会合作并通过合作培养人际关系权力的基础。人们主要是受到自身利益的激励，知道这一点，一个人就能通过彼此进行有益的交换以获得合作来影响他人。《没有权威的影响》（*Influence without Authority*）一书建议遵循下列步骤进行合作和利益交换：将另一方作为潜在的同盟者对待；详细说明你的目标；了解另一方的需求、利益和目标；将你所拥有的资源开列清单，以确认你所能提供的有价值的东西；评价目前你与另一方的关系；决定你要求些什么，能提供些什么；进行实际的交换，使双方都获益。

（八）从危机中获益

在组织发生危机时，意味着原来的可行的经验模式无法应对新的形势，组织面临极强的不确定性和风险，组织成员不知行动的方向，失去了原来的安全感，组织系统失灵，组织原来的权力构架十分容易被打破，如果谁能在此时挺身而出，指明方向，化解危机，谁就能获得权力。因此说，危机意味着机会，谁能抓住机会，谁就能够获得成功，追逐权力者必须在动荡与危机之时全力以赴。

---

① 姜法奎、刘银花：《领导科学》，东北财经大学出版社 2004 年版，第 32 页。

（九）适当的晋级速度

建立权力基础尤其要注意晋级的速度问题。晋升到高职位的时间"是一个比较难以计量的事情，它是人际交往技巧和知识技能技巧的成长，是经营管理和企业组织知识的深化，也是相关工作关系的完善"①。晋升太慢，一个人在适当的年龄就很难积累足够的有关组织的行业知识和信息，没有更多的机会建立广泛的关系，这样将来就很难有机会担任重要职务。但提升得太快也很危险，"如此快速的提升对这些年轻人来说，意味着必须迅速掌握那些应付越来越大的工作职责所需要的知识、技巧，培养十分困难的人际关系"②。火箭式的提升使年轻的"组织新星"没有足够的时间和实践学到该学的一切，他无法建立更深厚的关系基础，也没有机会建立令人信服的个人履历。仅仅依赖法定权力是不可能完成管理工作职责的，越高层次的管理工作，越需要深厚的行业知识和丰富的工作经验。如果太年轻，根本就没有足够的时间积累足够的专家权力，无法处理与任务、战略相关的事务。与此同时，完成工作的日程，需要一个庞大的工作关系网络支持，因为任务最终要靠人完成，尤其是高层次的管理工作，需要依赖一个跨越组织上下层级、横向界限和组织界限的庞大的工作关系网络，如果太年轻，根本没有时间去建立和积累深厚的人际关系。担负重要的职责，还必须有令人信服的胜任能力，如果太年轻，很难有令人信服的能力、业绩、经验等个人资历，这样就使法定权力的可接受性减弱。这样过于年轻的干部往往面临一个巨大的权力空隙或权力陷阱，即担负的重要工作职责需要法定权力和坚实的个人权力支撑，可是年轻的干部往往有了法定权力，但缺少足够的专家、人际、参照等个人权力基础。当遇到组织中的困难、冲突、危机和组织内的政治风波时，这个年轻人的仕途往往会中途夭折，所以说过快的晋级速度再加上缺少必要的指导和保护往往会导致浪费了一个宝贵的人才。

（十）谨慎地寻求顾问或导师

美国社会学家朱克曼用实证研究方法探索"名师出高徒"这一命

---

① ［美］约翰·P. 科特：《总经理》，李晓涛、赵玉华译，华夏出版社1997年版，第155页。

② 同上书，第65页。

题。他选取诺贝尔奖得主作为研究对象，对跟从名师学习过和没有跟从名师学习的人进行比较，发现前者比后者的获奖时间平均提前七年。这个量化结论，是对"名师何出高徒"命题的精确化。[①] 可见良师型指导关系非常重要，越来越多的人意识到良师、援助者、教练和榜样对于帮助年轻人顺利度过初期职业生涯有着极其重要的作用。但是，正如耶鲁大学社会学教授罗莎贝斯·坎特（Rosabeth Kanter）在其《变革大师》（*The Chang Masters*）一书中所指出，组织在明确鼓励上下级建立良师型指导关系方面做得远远不够。

一个人可以寻求不同类型的良师，有的良师可能是总裁等处于高位手握大权的人，这样的导师拥有足够的权力可以给予你更多的发展机会，承担更重要的任务，也可以指点和保护你避免组织内政治的伤害。要使那些才华横溢的年轻人找到真正适合自己的岗位、不要让他们晋升得太快（或太慢）、确保他们不被高层的权力斗争所误伤——这一切都要求良师拥有足够的权力。有的良师可以帮助你认识某些关键人物，如果一个导师想帮助年轻人，自己没有庞大的人际关系网，是很难帮助年轻人建立有价值的人际关系网的；有的良师可能是某一领域的专家，或者提供特定领域的关键信息，或者传授一些操作性技能；有的良师可能只是一个普通人，但他可以传递社会信息、教你社会关系处理技能。

（十一）丰富履历

"卓有成效的总经理任职者在较长一段时间里，通过许多不同类型经历的体验，开发了成功经营所需要的知识技巧、信息和关系体系。"[②] 在提升的同时，"个人自信、动机的加强（或增加）并使他们工作之内或工作之外的权力以及获得更多权力的机会有所增长。""使得他们的相关人际关系得到发展（包括与一个或两个以上最高管理人员的交往），相关企业知识结构得到发展，企业内外人际交往技巧、知识技能得到提高。""总经理自身智力、企业组织和经营产业上的知识是与工作、经营活动的复杂性相适应的；总经理维持的人际关系和人际交往的

---

① 参见王通讯《中美人事管理的跨文化比较》，《学坛》1995 年（合订本），第 24—25 页。

② ［美］约翰·P. 科特：《总经理》，李晓涛、赵玉华译，华夏出版社 1997 年版，第 1 页。

技巧掌握是与工作职位中存在的人际相互依存性相适应的。"① 这就是说，经过不同部门、不同工作层次、不同工作类型经历的体验，才有可能积累足够的有关组织、经营管理、行业的知识和信息，有关的知识和信息储备才有可能与高层次的管理工作、经营活动的复杂性相适应。在这种不断丰富的不同类型工作经历和提升的过程中，个人的自信和领导动机不断增强，与高层管理人员的交往机会增多，并能积累大量的组织内外的人际关系。积累的人际关系和掌握的人际交往技巧恰好可以满足管理工作中存在的对人际关系网络的需要。因此，经历各种类型各种层次的工作经历，丰富履历，职业经历整体发展对发展权力具有重要意义。

第四节　领导力来源

一　概念界定

（一）影响力、领导力和管理力

国内学术界在权力、影响力等一些基本的概念和影响力的构成变量方面，存在着较大的分歧。主要问题是相当数量的论文把权力和影响力混为一谈，或者把影响力错误地划分为权力影响力和非权力影响力。② 实际上，"影响力与权力不能作为两个分离的概念"③，但二者也绝不是两个等同的概念。权力是潜在的，无须通过实际结果来证明它的有效性。一个人可以拥有权力，但不运用权力。权力是否运用取决于动机，权力的运用是否得当主要取决于个人的能力和技能等因素。一个拥有丰富权力的人，或者没有使用权力的动机，或者缺少运用权力的能力和技能，因此不会对他人的行为产生影响。权力不加以有效运用是形不成影响的，只有当权力有效运用时，它才能成为一种影响力。这就是说，只有当一个人具有一定的动机、能力和技能的时候，即根据自己的目的，通过运用这种潜在的能量，对他人行为产生了实际的影响，权力才由一

---

① ［美］约翰·P. 科特：《总经理》，李晓涛、赵玉华译，华夏出版社1997年版，第55、58页。

② 吴维库：《领导学》，高等教育出版社2006年版，第25页。

③ ［美］安弗莎妮·纳哈雯蒂：《领导力》，王新译，机械工业出版社2003年版，第99页。

种潜在的能量转化为实际的能量，笔者将这种实际的能量称为影响力。影响力是产生了相应影响的权力，即得到正确的运用，达到某种特定结果或局面的权力，领导者的影响力状况取决于其运用权力的动机、能力和技能，即领导者的影响力是领导者运用权力动机、能力和技能的函数。

在国际学术界，对权力的认识基本上已经达成了共识，包括权力的内涵和外延，学者们从广义的角度理解权力。为了保持逻辑上的一致性，把影响力界定为广义的概念，组织领导者（组织中的正式领导者）"使用各种方法对追随者施加影响——给予奖励、以惩罚相威胁、展示他们的专长或正式的权威、运用道德说服"①。领导者影响力应该包括正确运用并达到某种特定结果或局面的职位权力即管理力，以及正确运用并达到某种特定结果或局面的个人权力即领导力。

管理力是一种硬性的、刚性的、有形的外部控制力量；领导力是一种柔性的、弹性的、无形的内部影响和激励的力量。领导力是一种有效的合理的力量，即追随者心悦诚服接受的一种力量，这种力量能够引导和动员人们的行为或思想，并能够给追随者灌注一种力量。"追随者认为领导者施加影响是合法的，也就是说，这种影响在那种情形下是合理、公正的。这通常是指领导者采用非强制手段来确保追随者就各种问题保持意见一致"②，领导从本质上来说是一种影响力的展现。笔者把此处的"影响力"视为狭义的概念，即领导力。在组织中，由于管理者担负职责和任务的复杂性，需要管理力和领导力的共同作用，共同致力于管理（广义）工作的有效性，从而最终服务于组织的有效性。

（二）影响

有必要把权力与影响区别开来。在讨论领导问题的文献中对影响的界定是非常少的，在有限的讨论中，有的把影响作为动词，有的把影响作为名词。当把影响作为动词时，它指权力的使用或者权力使用的过程。"在对领导的讨论中，权力通常被认为是一个人促使别人去做某事的能力；影响常被定义为对权力的使用或权力在发挥作用。权力和影响

---

① ［美］乔恩·P. 豪威尔，丹·L. 科斯特利：《有效领导力》，付彦等译，机械工业出版社2003年版，第9页。

② 同上书，第5页。

密切相关，它们同时在领导过程中扮演重要角色。""影响是指权力的运用，它是由具体的战略和策略组成的"；① 影响同时也是引导和动员人们的行为和/或其思想的过程，"权力还必须和政治影响区别开来。政治影响是指权力的运用。它是由具体的战略和策略组成的。同时，政治影响也是影响个人和群体与你观点合一的一种过程"②。名词"影响"，应该是有效运用权力的结果，即影响力产生的一种特定的结果和局面。

二　领导力模型——领导力来源

领导力是近几年来学界非常关注的一个研究范畴。通过查阅、研究国内十余年来的相关论文资料，发现国内学界基本在领导的概念、影响的概念和领导的本质等方面达成共识，但并没有构建出领导力模型，这将影响人们对领导力的基础或来源的深入系统的认识，影响人们对领导有效性影响因素的系统性分析和认识，也会影响人们对领导本质的进一步认识。

（一）个人权力是领导力的基础

权力可以分为法定权力（职位权力或正式权力）和个人权力。权力类型不同，其影响效果不同。有证据表明，人们对不同的权力类型反应是不一样的。孔子曰：其身正，不令而行；其身不正，虽令不从。③ 古语亦云：服人者，以德服为上，才服为中，力服为下。人们都更愿意接受和认可那些他们崇敬的人或拥有他们所期望的知识的人，而不是那些依仗位置来决定奖酬或强迫他们的人，因此，有效地使用专家权、参照权等个人权力应该导致更高的员工绩效、承诺和工作满足感。人们发现，专家权是与有效的员工绩效最强烈、最稳定的相关因素。另外，实施道德的领导是对领导者的重要要求。如果不能实施道德的领导，领导者会失去他人的尊敬、信任，甚至会失去职位。法定的权力永远是相对的、短暂的，唯有道德影响力是永恒的、稳固的。由此可见，个人权力的运用带来的是影响、认同、承诺和追随，法定权力的运用带来的是不

① ［美］乔恩·P. 豪威尔、丹·L. 科斯特利：《有效领导力》，付彦等译，机械工业出版社 2003 年版，第 9 页。

② 张长立：《论管理权威的价值意蕴》，《徐州师范大学学报》（哲学社会科学版）1998年第 4 期。

③ 程昌明译注：《论语》，山西古籍出版社 1999 年版，第 138 页。

得不服从。

基于我们对管理和领导的认识和分析，认为广义的管理中含有狭义的管理和狭义的领导，狭义的管理和狭义的领导各有自己完整的行为体系，而不是属于对方的一个部分。这样界定和区分既符合管理学的传统和基本框架，又吸收了当代对管理和领导的深入研究；既有助于人们研究管理和领导两种能力的开发和培养，又符合复杂的管理和领导交织在一起的管理活动现实。"领导的核心内容，就是通过引导和影响而建立的追随关系。"[①] 领导是一种特殊的影响力，它是以被领导者的自愿追随和服从为前提的，而管理则明显地具有强制性特征。领导影响力的实现可以不依赖于法定权，而实施管理则必须以获得法定权为前提和保证。基于对领导与管理的区分，在领导力模型中，我们尤其强调的是个人权力的作用，即个人权力是领导力的基础来源。仅从权力的角度用函数公式来表达领导力和管理力的差异，即领导力 = f（个人权力），管理力 = f（法定权力）。职位（合法）权力（权威）—管理—服从；非职位权力（个人权力）—领导—追随。事实上，在管理实践中优秀的管理者（正式领导者）经常同时使用基于法定的权力和基于个人的权力来控制和影响下属。

（二）影响动机是领导力的关键

领导者在领导过程中影响他人的基础是个人权力，权力是能量基础，动机却是权力启动的发动机，是领导力发生的关键性因素。动机是激发和维持个体进行活动，并导致该活动朝向某一目标的心理倾向或动力，它促使人产生某种活动、按某种方式行事。动机可能来自主体的内部需要，也可以来自外在条件刺激。凡是能引起机体动机行为的外部刺激，均称为诱因。动机一旦引起，个体就会对某种事物表现出一定程度的兴趣、主动积极的情感态度、良好的注意和克服困难的意志努力，从而发动并维持其行动的进行。动机具有激发、指向、维持和调节三种功能：（1）激发功能，动机能激发起机体产生某种活动。动机是个体能动性的一个主要方面，它具有发动行为的作用，能推动个体产生某种活动，使个体从静止状态转向活动状态。人的动机也是多种多样的。"一个人的行为由其全部动机结构中最强的动机所决定（最强的动机也可以

---

① 朱立言、雷强：《领导者定义及职责新探》，《行政论坛》2002 年第 6 期，第 50 页。

说是优势动机）。"① 有动机的机体对某些刺激，特别是当这些刺激和当前的动机有关时，其反应更易受激发。例如，想提升职位者对有关晋升政策的刺激、想发展自我者对员工培训有关的刺激反应特别敏感，易激起相关的行动。（2）指向功能，动机使机体的活动针对一定的目标或对象。动机不同，活动的方向和它所追求的目标也不同。比如通过达成一定的目标，满足成就和权力的需要，在这种目标的引导下，激发出一种内部动力。（3）维持和调节功能。当活动产生以后，动机维持着这种活动针对一定的目标，并调节着活动的强度和持续时间。如果活动达到了目标（达到某一组织目标后，即可满足个人的需求——个人目标），动机促使有机体终止这种活动；如果活动尚未达到目标，动机将驱使有机体维持（或加强）这种活动，或转换活动方向以达到某种目标。权力之所以能在组织过程中成为一种现实的能量作用于他人，就是因为这种能量是权力主体的能动性通过其结构而转化的。其中动机就是权力主体能动性的一个方面。

作为一个管理者一旦担任某种职务，处于某种职位，他的角色规定性决定了他必须行使权力，相对而言，他的主观能动性倒处于次要位置，但对一个领导者而言，他运用的是属于个人的权力，那么这种潜在能量的释放几乎完全取决于他个人是否使用个人权力的意愿。这一特点尤其在非正式的领导者身上表现得非常明显。因此，相比管理力而言，动机因素的作用对领导力尤其重要。考虑到动机因素，就可以解释在现实生活中，为什么两个能力、学识、人缘相当的人，这一个却比另一个更拥有影响力。有些人追求权力和影响力的欲望更加迫切，千方百计利用资源和努力来获得权力，充分地行使它，这可以归纳为人们对权力的需要程度不同，动机也就不同，产生的结果也不一样。约翰·科特认为，能否成为一个领导者，进取精神和很强的领导动机（它是建立在自信心基础上的对权力和成就的追求）② 非常重要，"一个有很强领导意识和自信心的人，他对权力的追求和运用，将通过推动其他人的工作来获得成功（心理学家通常把它称为权力与成就动机）"。③ 领导影响力模

---

① 姜宝钧：《实用组织行为学》，高等教育出版社 2001 年版，第 57—58 页。

② ［美］约翰·P. 科特：《现代企业的领导艺术》，史向东、颜艳译，华夏出版社 1997 年版，第 34—35 页。

③ 同上书，第 34 页。

型中的动机有催化剂和发动机的作用，动机影响着权力的获取和使用，动机还影响着权力使用能力的提升和权力使用技能的精进。根据我们对领导和管理的区分研究，运用演绎逻辑的思维方式，我们可以推断领导力的个人权力运用动机是影响、激励和凝聚追随者，我们简称为影响动机；而管理力的法定权力运用动机是约束、控制和指挥命令被管理者，我们简称为控制动机。这样领导力模型中又增加了一个自变量，即领导力 =f（个人权力·影响动机）；管理力增加了一个自变量，即管理力 =f（法定权力·控制动机）。

（三）情绪智力对领导力起到关键的化学作用

动机既然是获取和运用权力的动力，动力的方向和大小自然会影响权力获取和使用的质和量。但权力动机与权力影响效果之间并非完全一致，因为权力动机对效果的影响结果受到一些调节变量的影响，能力和技能就是两个重要的变量，对权力使用的效果有重要的影响，也就是说，有了权力，又有了运用权力的动机，那么影响力的大小，还要取决于权力运用者的能力和技能。

"凡是人在完成活动的可能性方面的个性心理特性叫做能力，它是人顺利完成某种活动的必要的心理条件。"[1] 能力不是人完成活动的全部心理条件，它是顺利完成活动直接有效的可能性心理特性。对领导活动来说，有影响的心理条件很多。如目的与动机、立场与观点、兴趣与爱好、思想信念和世界观等个性意识倾向性特点；活泼好动与沉着冷静、急躁与温和、内向与外向等气质特征；谦虚与骄傲、热情与冷漠、勤奋与懒惰、细心与粗心等性格特征，上述这些特征对完成活动都有不同作用。但这些特征不能直接决定活动的完成，不是完成活动的可能性特征。只有观察能力、判断能力、创造性的思维能力、想象力、注意分配和转移的能力、组织能力、生动形象的有感情的言语表达能力等，才是成功进行活动的必备心理条件，才属于个性的能力特征范围。顺利完成某种活动，不是单依赖一种能力所能胜任的，而是需要多种能力的结合。

传统的能力概念反映的更多是智力因素，智力是人们认识客观事物

---

① 北京师范大学公共课《心理学》编写组：《心理学》，北京师范大学出版社 1985 年版，第 255 页。

并运用知识解决实际问题的能力。包括多个方面，如观察力、记忆力、想象力、分析判断能力、思维能力、应变能力等。智力主要表现人的理性的能力，它主要是主管抽象思维和分析思维的左半球大脑的功能。智力的作用主要在于更好地认识事物，管理工作需要处理与他们工作职位相关的各种工作任务和复杂的经营活动，要处理繁多复杂的数据、信息，并做出科学的分析和判断，因此需要关于组织、经营项目的丰富知识，需要具备良好的智力条件。智力和情绪智力是两种性质不同的心理品质。美国心理学家认为，情绪智力包括以下几个方面的内容：一是认识自身的情绪。因为只有认识自己，才能成为自己生活的主宰；二是能妥善管理自己的情绪，即能调控自己；三是自我激励，它能够使人走出生命中的低潮，重新出发；四是认知他人的情绪。这是与他人正常交往，实现顺利沟通的基础；五是人际关系的管理。情绪智力主要反映一个人感受、理解、运用、表达、控制和调节自己情感的能力，以及处理自己与他人之间的情感关系的能力，主要与非理性因素有关，其物质基础主要与脑干系统相联系，大脑额叶对情感有控制作用。它通过影响人的兴趣、意志、毅力，加强或弱化认识事物的驱动力。华伦·本尼斯也发表过类似的观点，"美国组织机构的生活是一种左脑文化，也就是说，它是一种逻辑的、分析的、技术的、有控制的、保守的、行政的文化"。"我们的文化需要更多的右脑因素，需要更多直觉的、认知的、综合的、艺术的因素，我们自己当然也需要更多这样的因素。""在任何公司，管理人员起着左脑的作用，而科研人员起着右脑的作用，但是总裁必须两者兼而有之，既有行政管理才能，又具备想象天赋。"[1] "右脑型领导也意味着信赖自己的思想的一种能力。有了思想，信赖了自己的思想，接着就要敢于把思想变为行动，所以，右脑型领导也意味着把思想付诸行动的信心和勇气。"[2] 可见，情绪智力是自我和他人情感把握和调节的一种能力，其作用与社会生活、人际关系有密切关联。情绪智力较高的人，通常有较健康的情绪，有良好的人际关系，具有较高的领导能力。根据第一章我们对领导的分析，会发现情绪智力的作用恰恰与领导

---

　　[1]　［美］华伦·本尼斯：《怎样成为领导》，吴金根、吴群译，九州图书出版社1999年版，第98—99页。

　　[2]　同上书，第103页。

的对象、职能、行为和本质有着内在的逻辑一致性，情绪智力对领导力的发生起到关键的化学作用，是领导力的主要能力资源；智力因素与管理力的联系更为密切，对管理力的发生起到关键的化学作用，是管理力的主要能力资源。这样领导力模型中又增加了一个自变量，即领导力＝f（个人权力·动机·情绪智力）；管理力增加了一个自变量，即管理力＝f（法定权力·控制动机·智力）。

（四）社会技能是领导力的行为保证

技能不同于能力。技能是一种通过练习而巩固了的自动化活动方式。它是以行动方式的形式被人所掌握，基本上属于心理活动过程的范畴。而能力是指心理活动的可能性和动作的可能性而言。能力和技能都有概括性，但概括水平不同。技能是动作和动作方式的具体概括，能力是调节技能行动方式的心理活动的概括，这是较高水平的概括。能力就是概括化的调节认识活动和行为方式的心理活动，这种概括化的调节水平达到迁移程度并在个体身上巩固下来，就促进能力发展。首先，能力是在掌握知识、获得技能的过程中形成和发展的，学习和训练有助于能力的发展。如学生掌握数学知识的同时，也掌握某些运算技能（心智活动技能），这些有利于逻辑思维能力的发展。相反，缺乏必要的知识和技能，会造成能力发展的巨大障碍。其次，掌握知识形成技能，又是以一定能力为前提的。能力往往制约掌握知识以及形成技能的快慢、深浅、难易、灵活性和巩固程度。[1]

"领导能力似乎是一种多数人都具备、少数人懂得用的技能。它具有可传授性，可以教给别人，每个人都能学会；而且没有人能拒绝它的魅力。"[2] 伯恩斯认为权力有一个最重要的来源是对资源的占有以及对资源安排与使用的技能，把技能作为权力必备的前提之一。"领导者利用资源的技能本身也是一种极为重要的权力资源。"[3] 科特认为，应用与工作相关的知识、良好的工作关系、良好的履历等权力来源的技能，

---

[1] 北京师范大学公共课心理学编写组：《心理学》，北京师范大学出版社 1985 年版，第 257—258 页。

[2] ［美］华伦·本尼斯、伯特·耐纳斯：《领导者：成功谋略》，柴贺译，九州图书出版社 1999 年版，第 43 页。

[3] ［美］詹姆斯·麦格雷戈·伯恩斯：《领袖论》，刘李胜等译，中国社会科学出版社 1996 年版，第 203 页。

是一种重要的权力来源。这些技能包括认识能力、人际交往能力、同时还有各种各样的施加影响的技能，还有技术能力。[①] 例如他一再强调"促使人际关系网络中的关键人员为实现规划而努力工作，需要领导者有相当的沟通能力，并对所有不同类型的人有一清醒认识"[②]。很强的人际交往技能可以迅速建立起良好的工作关系，这些人际能力和技能包括：感情投入，有说服力，注重对人及人性的了解。[③] 技能有各种各样，但因为领导主要是处理人的问题，因此领导的技能应该主要是社会技能，而不是专业技术技能，领导技能主要包括团队建设、人际关系处理、冲突解决、激励、演讲、愿景提炼、沟通等技能。这样领导力模型中又增加了一个自变量，即领导力 = f（个人权力·动机·情绪智力·社会技能）。管理者主要处理与任务有关的复杂问题，因此管理者应具有专业技术技能，管理力增加了一个自变量，即管理力 = f（法定权力·控制动机·智力·专业技术技能）。

（五）领导力必须满足领导情境的需求

领导者即使具备丰富的个人权力、较高的情绪智力、娴熟的社会技能，如果领导行为的提供不能满足领导环境的需求，那么领导活动也未必能取得很好的领导效果。如果考虑到一般环境对领导的影响，我们可以再次把模型修改完善为：领导力 = f（个人权力·影响动机·情绪智力·社会技能·环境）；管理力 = f（法定权力·控制动机·智力·专业技术技能·环境）。不过"一个人在任何环境下的行为都涉及个体的人格因素和环境因素的相互作用。找出所有这些因素既费时也费力，而且通常是不可能的。我们采用权变（或情境）方法（contingency approach）来帮助人们明确在组织行为中的重要的管理性因素"[④]。由于人的有限理性，最优模型在现实中是不存在的，笔者把复杂的问题简单化，更为关注领导活动发生时的即时、具体的情境因素。"一些证据表

---

① ［美］约翰·P. 科特：《权力与影响》，孙琳等译，华夏出版社1997年版，第38—39页。

② ［美］约翰·P. 科特：《现代企业的领导艺术》，史向东、颜艳译，华夏出版社1997年版，第34页。

③ 同上书，第34—35页。

④ ［美］詹姆斯·L. 吉布森、约翰·M. 伊凡塞维奇、小詹姆斯·H. 唐纳利：《组织学——行为、结构和过程》，王常生译，电子工业出版社2002年版，第5页。

明，领导者使用什么类型的影响力还有赖于当时所处的情境。"① 领导者影响能否产生以及影响的程度大小，要看领导者个人权力的运用是否适应情境的需求。情境变量主要包括追随者、任务、团队、上司、组织结构和组织文化等。领导者需要学会分析情境因素的性质或者说情境需求类型是适宜提供领导力的领导情境，还是适宜提供管理力的管理情境，我们将在第三篇分析核心领导行为及其情境适应性问题。因此，基于以上研究，把笔者在 2008 年发表的领导者影响力模型即领导者影响力 = f（个人权力·动机·能力·技能·情境），② 进一步深化为：领导力 = f（个人权力·影响动机·情绪智力·社会技能·领导情境）；管理力 = f（法定权力·控制动机·智力·专业技术技能·管理情境）。在这个领导力模型中，领导力是因变量，个人权力、影响动机、情绪智力和社会技能等是自变量，因变量是受自变量的影响而发生变化的反应变量；领导情境变量是权变变量或是调节变量，可以影响自变量对因变量的影响。建构领导力模型具有很强的理论意义和实践意义，一是揭示领导影响基础是个人权力，由此也提示了领导者权力运用的方向；二是作为继续深入研究领导与管理区别和联系的理论分析框架，可以用来探索领导力的系列特征；三是清晰增强领导力的途径和方法，有利于指导人们培养领导力，以便领导者对追随者施加有效的影响。

当今时代的我们不再需要大批独裁式的管理者，我们需要的是那些能够在职责范围内积极带动下属、同事、上司和外部人员实现优秀业绩的领导者。要做到有效的领导，领导者必须寻找除了其正式权力之外的其他方面的权力资源，必须建立足以克服法定权力缺口的个人权力基础，必须在工作中大量引入个人权力资源，只有这样才能够使领导者具有强有力的领导力从而便于管理工作的顺利开展，然后认真选择各种管理和领导策略，以便适应具体工作情境的需要。

---

① ［美］乔恩·P. 豪威尔、丹·L. 科斯特利：《有效领导力》，付彦等译，机械工业出版社 2003 年版，第 11 页。

② 徐莉：《论领导者影响力模型的构建》，《理论学刊》2008 年第 11 期，第 96 页。

第四章　领导者与领导情境

　　领导活动的内容实际上是领导职能的另一种表述，是将领导者、追随者、组织目标和客观环境①四要素联结在一起的载体。领导行为实际上是领导者的主观因素与现实环境这两方面共同作用的结果。② 因为追随者的重要性，研究者习惯于把追随者从领导情境中分离出来单独讨论，这样领导活动或者领导有效性的制约因素包括领导者个人特征、追随者特征和情境特征，即领导行为 = f（领导者·追随者特征·情境特征）。领导是领导者、追随者以及他们共同面对的情境所产生的要求三者共同施加影响的结果。这里意味着领导是一个相互作用、动态的社会过程，其根本特征就是领导者、追随者以及他们所处情境之间的相互作用。

第一节　领导者

　　在领导活动中，研究者关注的领导者个人特征有很多，例如黄强主编的《领导科学》认为领导者必须在政治、法律、能力、品德、身心等方面具有高于一般群众的素质；③ 吴维库编著的《领导学》从个人领导力的视角阐述了发展领导力需要培养智商与情商，并进行情绪管理；④ 美国学者克利夫·里科特斯（Cliff Ricketts）的《领导学：个人发展与职场成功》分析了个性类型和领导风格之间的关系、学习风格与领

---

① 笔者在本章第三节中对领导环境、领导情境、领导情景等概念进行了界定。
② 丁杰：《领导科学》，华中科技大学出版社 2003 年版，第 14 页。
③ 黄强：《领导科学》，高等教育出版社 2000 年版，第 226 页。
④ 吴维库：《领导学》，高等教育出版社 2006 年版，第 35 页。

导的关系;① 美国学者皮尔斯（Jon L. Pierce）和纽斯特罗姆（John W. Newstrom）著的《领导者与领导过程》介绍了一些著名学者对领导者特质的研究论文和研究结论;② 美国学者纳哈雯蒂（Afsaneh Nahavandi）的《领导力》（第 2 版）关注领导者个人差别与品质，包括领导者个性、价值观、道德、智力和情商、创造力、技能;③ 美国学者达夫特（Richard L. Daft）的《领导学原理与实践》（第 3 版）以"领导者的个人侧面"为篇目，研究领导者个性、价值观、态度、认知差异、领导者思维模式、情感智能、能力、勇气和道德;④ 在权变领导理论中经常涉及到的领导者个人特征，包括领导认知资源、权力、行为、能力和技能等。因为在本书其他章节会更深入涉及领导者的权力、行为、能力和技能，所以，在这一部分主要关注领导者的一些关键个性特征、价值观、品德、认知差异或思维模式、情绪智力。

一　一些关键个性特征

（一）知觉控制点

人们对于发生在他们身上的许多事情的原因有不同的观点，对发生的事情主要由自己还是依靠外界力量来承担责任，这些观点称为知觉控制点。具有强内部知觉控制点的人认为自己是命运的主人，自己可以控制命运。他们相信周围的很多事情是自己行动的结果，感觉对自己的生活可以掌控，常常把成功与失败归结为自己努力的结果。强外部知觉控制点的人把他们生活中的事件看作是一种外部压力作用的结果，认为受命运的操纵，被外界的力量所左右，认为生活中所发生的一切均是运气和机遇的作用，对事件敏感，在压力之下很难振作。这些外部因素包括诸如运气、机会、其他有权势的人物、环境等。

外控型的人作为一个领导，更可能使用强权，由于他们没感觉到能

---

① ［美］克利夫·里科特斯：《领导学：个人发展与职场成功》，戴卫东等译，中国人民大学出版社 2007 年版，第 33 页。

② ［美］乔恩·L. 皮尔斯、约翰·W. 纽斯特罗姆：《领导者与领导过程》，北京华译网翻译公司译，中国人民大学出版社 2003 年版，第 47 页。

③ ［美］安弗莎妮·纳哈雯蒂：《领导力》，王新译，机械工业出版社 2003 年版，第 57 页。

④ ［美］理查德·L. 达夫特：《领导学原理与实践》，杨斌译，电子工业出版社 2008 年版，第 78 页。

够控制事物的进程，也由于他们较易产生反应或抵制，所以他们认为别人也是一样的，结果导致对下属的过多控制。内控型的人更喜欢影响他人，因此更可能承担或追求领导机会，他们比外控型的人更加热衷于参与式领导风格，更敢于向下属授权。总体来说，内控者在工作上会干得更好，但这一结论在不同的工作中也存在着差异。内控者在决策之前积极搜寻信息，对获得成功有强烈的动机，并倾向于控制自己的环境，在复杂的工作中做得更好，包括绝大多数的管理和专业技能的工作，因为这些工作需要复杂的信息加工和学习；内控型人比外控型人更有能力有效地对付压力大的不确定的事情，也适合于要求创造性和独立性的工作活动。外控型的人作为一个下属更容易服从权威，更为顺从，更乐于遵循别人的指导，对于结构明确、规范清楚、只有严格遵从指示才会成功的工作来说，会做得更好。

（二）权力主义

认为组织里存在权力（此处的权力是传统的权力概念，指法定权力）和地位差别的信念被称为权力主义。西奥多·阿道诺（Adorno Theodor Wiesengrund）认为权力主义是某些人格成分的核心，具有这种人格的人更多地关心权力，包括本身行使的权力和服从上司的权力，即权力主义者不仅仅包括独裁者，还包括"奴隶"。"具有较高权力主义的个人倾向于坚持传统规则和价值观，服从已经确立的权威，崇尚权力和强权，批判地对待他人，以及不赞成表达个人感受。"[1] 领导者的权力主义程度将会影响他对权力的使用和是否与下属分享权力。高度权力主义的领导者与传统的管理范式相关，即更可能依赖法定权力，而不愿与下属分享权力。权力主义型下属由于不能忍受生活中的不确定性，更愿意把自己交给一个强有力的独裁者，让他替自己做决定。具有权力主义人格的下属喜好其行为被领导者控制，他们不喜欢被咨询或参与到领导的决策中去。如果领导者和下属的权力主义程度不同，那么要想取得有效领导就更困难，换句话说，高权力主义者领导者对低权力主义者下属、低权力主义者领导者对高权力主义者下属，要想取得有效领导是困难的，因为领导者的领导行为的供给很难

---

① ［美］理查德·L.达夫特：《领导学原理与实践》，杨斌译，电子工业出版社2008年版，第84页。

符合下属这一重要情境的需求。

与权力主义相近的个性特质是教条主义，是指一个人对他人想法和意见的接受能力。教条主义亦称"本本主义"，主要特点是把书本、理论当教条，思想僵化，一切从定义、公式出发，不从实际出发，反对具体情况具体分析。一个高度教条主义的人刚愎自用，思想闭塞，不愿意接受他人的想法。当处于领导地位时，教条主义者经常根据自己掌握的有限的信息迅速做出决策，而且他们不接受那些与自己的意见和决定相冲突的想法，很可能呈现出专制型领导风格。

（三）权谋个性

权谋个性（也称马基雅维里主义）概念由克里斯蒂和盖斯（Christie and Geis）于1970年根据尼科洛·马基雅维里（Niccolo Machiavelli）作品中的有关情节提出。马基雅维里是意大利佛罗伦萨人，政治家，历史家，诗人，同时又是第一个值得一提的近代军事著作家。他的最有名的著作是在16世纪著的《君主论》。当时的意大利世风日下，道德沦丧，阴谋、武装、联盟、行贿和背叛构成这一时期意大利的表面历史。马基雅维里认为，君主在政治上只应该考虑有效与有害，不必考虑正当与不正当，为了达到治世的目的，可以不择手段。他说：必须理解，一位君主，尤其是一位新君主，不能够实践那些被认为是好人应做的所有事情，因为他要保持国家，常常不得不背信弃义，不讲仁慈，悖乎人道，违反神道。马基雅维里的不考虑道德的、目的总是证明手段正确的权术思想是特指这种非道德的社会实际而言的，也正是因为这种不道德的实际情况使他看到统治者只有采取非道德的政治手段才有可能获得成功，才有可能实现意大利的统一。但是，正是由于马基雅维里的这些有关"目的总是证明手段正确"，手段可以超越正常的道德规范约束的观点，使他在16世纪中叶以后的欧洲多遭到排斥，名声极为不佳，人们称之为"政治恶魔"、"罪恶的导师"、"邪恶的教唆犯"、"极其玩世不恭的人"、"吹捧暴君的无耻之徒"。《牛津英汉百科大字典》中，马基雅维里甚至被称为"无节操的阴谋家，卖弄辞令的权谋政治家"。他的不朽著作《君主论》被称为是"邪恶的圣经"。"马基雅维里主义"、"马基雅维里式的人物"等称谓也几乎成为阴险狡诈、厚颜无耻的同义语，以致许多政治家都避免与马基雅维里挂钩。①

高马基雅维里主义者重视实效，保持着情感的距离，相信结果能替手段辩护，以自己的意愿把自我利益置于团队其他人之上，通过影响和操纵别人达到自己的目的是他的偏爱和能力。高马基雅维里主义领导者更愿意操纵别人，赢得更多利益，更难被别人说服，却更多地说服别人。高权谋个性的领导者是不是一个有效的领导者，取决于工作的类型以及是否在评估绩效时考虑其道德内涵。研究发现，高马基雅维里主义者在以下几个方面工作成效显著：（1）当他们与别人面对面直接交往，而不是间接地相互作用时；（2）当情境中要求的规则与限制最少，并有即兴发挥的自由时；（3）真诚情感的投入与获得成功无关时；（4）获得有限资源的活动或为了获取利益的工作任务，例如对于需要谈判技能的工作（如劳工谈判者）和成功能带来实质效益的工作（如代理销售商）。"低马基雅维里主义者可能更适合固定化的、常规性的无情感的情境下的工作，他们似乎适合于从事计划、概念化和需要细心的工作。"② 过低马基雅维里主义者倾向于过分的天真与信任，可能没有足够的政治机智与敏锐性，没有有效领导所必需的正当的影响技巧，因此很难成为一个有效的领导者。但高权谋个性领导者在组织中的目标更多是晋升自己，专注于自己的个人目标，而不是支持下属。而且，高权谋个性的人可能缺乏有效领导所必需的忠诚与正直，很难使下属信任并真诚追随。"大体上，那些有中等或适度权谋的人容易成为一个有效领导者，这些人是好的协商者，能够理解帮助别人达到他们的目标，但是他们也不滥用自己的权力。他们所关注的是达到组织目标胜于获取个人目标。"③ 弗雷德·路桑斯（Fred Luthans）定义成功的领导者是指在组织中晋升快的领导者，有效的领导者是指在组织中的绩效数量和质量高、下属满意度高，指出"适度权谋的人是那些既成功又有效的人。"④

---

① 郑悦：《剖析马基雅维里——读〈君主论〉》（http：//dzl. ias. fudan. edu. cn/MasterArticle. aspx？ID = 4695）。

② ［美］詹姆斯·L. 吉布森、约翰·M. 伊凡塞维奇、小詹姆斯·H. 唐纳利：《组织学——行为、结构和过程》，王常生译，电子工业出版社 2002 年版，第 80 页。

③ ［美］安弗莎妮·纳哈雯蒂：《领导力》，王新译，机械工业出版社 2003 年版，第 79 页。

④ Luthans，F.，*Successful vs. Effective Managers*. Academy of Management Executive，2（2），1988，pp. 127 – 132.

（四）自我监控

自我监控，又称自我反馈。近来自我监控这一人格特质受到人们越来越多的重视，它指的是个体根据外部情境因素调整自己行为的能力。高自我监控者的行为可能是对环境知觉的结果，即他们在根据外部环境因素调整自己行为方面表现出相当高的适应性，他们对环境线索十分敏感，能根据不同情境采取不同行为，并能够使公开的角色与私人的自我之间表现出极大差异；他们更关注他人的活动，行为更符合习俗，在管理岗位上更容易成功。低自我监控者则不能伪装自己，倾向于在各种情境下都表现出自己真实的性情和态度，因而在他们是谁以及他们做什么之间存在着高度的行为一致性。费德勒权变领导理论认为领导者个性是不容易改变的，领导者不可能随时根据情境的变化而改变领导行为，这类领导应该是低自我监控者。其他权变领导理论认为领导者的行为是可以改变的，这类领导应该是高自我监控者。高自我监控将会帮助一个领导者更好地认知和分析周围环境，并根据情境的需要变化自己的领导行为。因此，高自我监控者更有可能成为一个有效的领导者，高自我监控可能有助于领导者学习获得新技能，使其知识和思维能跟上时代的变化。研究证明，高自我监控型的人能较好地处理跨文化的各种问题，因为跨文化环境的情形是不明确的，要求领导者有解释环境问题的能力。在当今全球化的时代，面对不断变化的复杂环境，自我监控成为领导者一个更为重要的个性特征。

（五）A 型人格与 B 型人格

A 型人格的主要特征有：1. 时间紧迫性。长期有种时间上的紧迫感，运动、走路和吃饭的节奏很快，对拖延没有耐心，对很多事情的进展速度感到不耐烦。无法处理休闲时光，闲不下来，总要找些事情做。

2. 多重行为，即总是试图同时做两件以上的事情，总是不断驱动自己要在最短的时间里干最多的事，即使在工作和期限不要求这样做时。

3. 竞争性，总愿意从事高强度的竞争活动，他们在工作、社会和体育中具有高度的竞争意识，他们总是通过与别人对比来衡量自己的成果，赢别人是他们主要考虑的问题。他们着迷于数字，他们的成功是以每件事获益多少来衡量的。

4. 很少有创造性，因为他们关注的是数量和速度，常常依赖过去经验解决自己当前面对的问题。他们很少根据环境的各种挑战改变自己的反应方式，他们的行为比 B 型人更易于预测。

5. 充满敌意。对阻碍自己努力的其他人或事进行攻击，表现出激烈的言辞、愤怒、对错误的固执、通常的暴躁、进攻性等。

与 A 型人格相对照的是 B 型人格，B 型人格的主要特征有：

1. 从来不曾有时间上的紧迫感以及其他类似的不适感，很少因为要从事不断增多的工作或要无休止地提高工作效率而感到焦虑。

2. 充分享受娱乐和休闲，充分放松而不感内疚。

3. 不会不惜一切代价实现自己的最佳水平。

4. 认为没有必要表现或讨论自己的成就和业绩，除非环境要求如此。

A 型性格表现出的强烈工作动机和充沛精力，使这类人有可能成为领导者。但 A 型性格对其成为高层领导者或有效领导也有非常不利的一面。具有内部知觉控制点的人觉得他们能够控制自己的生活，而 A 型性格的人则需要实施大量的控制，有强烈的控制欲望。因此，A 型性格的领导者喜欢自己亲自控制工作中的方方面面，缺乏对下属授权，他们不喜欢合作，更喜欢单独工作。然而，在现代社会中，下属的受教育程度提高，下属的高层次需求增强，组织外部环境变化迅速，需要组织有更多的团队合作的工作形式，换句话说，合作、授权和团队作为一种领导方式越来越得到重视，A 型性格对领导有效性的负面影响会增大。A 型性格的人趋向于制定一个更大的目标，对自己及周围的人有较高的预期。这种高预期用在管理中可能导致高绩效和高质量，同时，如果走向一个极端，也将带来一种过度的压力。在组织中 A 型人和 B 型人谁更容易成功？尽管 A 型人工作十分勤奋，但 B 型人常常占据组织中的高层职位，即那些睿智而非匆忙，机敏而非敌意，有创造性而非仅有好胜心的人，更有可能晋升到组织的高层。不过，也要考虑到国家和组织文化的差异，如北美的国家十分崇尚成就和物质上的成功，A 型人格更多，也更容易在组织中获得晋升。

二　价值观

价值观是指一个人对周围客观事物重要性和有用性的总评价和总看法。"价值观代表一系列基本的信念：从个人或社会的角度来看，某种具体的行为类型或存在状态比与之相反的行为类型或存在状态更可取。"① 价值观包括内容和强度两种属性。内容属性告诉人们某种方式的行为或存在状态是重要的；强度属性表明其重要程度。当我们根据强度来排列一个人的价值观时，就可以获得一个人的价值系统。从其形式来看，价值观念经常以人们的看法、信念、信仰、理想、人生观、世界观等形式呈现出来；从其内容来讲，价值观念反映了主体的需要、利益，以及主体实现自己利益和需要的活动方式等方面的主观特征，是以"信什么、是什么、坚持追求和实现什么"的方式存在的人的精神目标系统；从其功能来看，价值观起着评价标准的作用，是人们心目中用于衡量事物轻重、权衡得失的天平和尺子。②

考察价值观的一种有价值的方法是社会学家米尔顿·罗克奇（Milton Rokeach）的价值观分类法，把价值观分为终极价值观和工具价值观。终级价值观（terminal values）指的是一种期望存在的终极状态，它是一个人希望通过一生而实现的目标。工具价值观（instrumental values）指的是偏爱的行为方式或实现终极价值观的手段。终极价值观表达的是对值得追求的目标或结果的信仰，因此也称为结果型价值观。工具价值观是对能达成目标的行为的信仰，因此也称为手段型价值观。

一个人的价值观是相对稳定和持久的。这是由遗传成分和价值观的绝对化获得方式决定的。例如父母教育孩子不能犯法、不能盗窃，没有任何犹豫或讨价还价的余地，父母不可能跟孩子说：你可以犯一点法，你可以偷一点或几次东西。这就是价值观的绝对化获得方式。因为价值观一般相对稳定，所以，它通常影响一个人的态度和行为。工作行为是受人们价值观念所支配的一种社会行为，因此，价值观对于研究领导行为是很重要的。

第一，领导者需要用价值观凝聚组织成员。"正如彼特·德鲁克指出的，领导的主要目的是产生一个为了共同事业而团结在一起的团体"，"领导是跟人打交道而不是跟物打交道，所以没有价值、承诺和信仰的

---

① ［美］斯蒂芬·P. 罗宾斯：《组织行为学》，孙健敏、李原译，中国人民大学出版社2005年版，第70页。

② 黄凯锋：《21世纪初青年价值观预测》，《当代青年研究》1999年第6期。

领导是不近人情，也是有百害而无一益的"[1]。"新型领导者面临着新的考验，例如，如何领导那些不归他直接管理的人——其他公司的人、在日本和欧洲的人甚至是竞争对手？如何在这个新观点层出不穷，企业间相互依靠的环境中进行领导？这需要一套基于观念、用人策略和价值观之上的完全不同的方式。"[2] 正如通用电器公司总裁杰克·韦尔奇所说：昨天的老板、昨天的管理者是那些比手下员工懂得多一些的人，而明天的经理、老板是通过远景规划、共同的价值观、共同的企业目标来领导企业的。在当代和未来，价值观的提炼、坚守和传播对有效领导越来越重要。

第二，领导者的价值观影响他对领导情境的知觉。知觉是指个体获取、筛选、组织和解释信息，为了自己所在的环境赋予意义的过程。价值观影响情境知觉，进而影响领导者的行为。这其中一个重要的情境因素就是下属。例如那些看重抱负和职业成功的领导者很可能把某个问题或下属的错误看成自己成功的障碍，于是有可能惩罚下属，或把责任迁怒于下属；而另一些看重帮助别人和服务的领导者则会把这种情况看作是帮助下属提高或成长的机会，于是会积极热心地为下属提供辅导和职业培训。

第三，价值观影响领导者与下属的相处。如果一名领导者看重服从、一致和礼貌等价值观，而下属比较独断、独立、有创造性和有点反抗精神，那么领导者与这名下属相处就会比较困难。意识到价值观的不同将有助于领导者更好地理解不同的下属并和他们一起工作。

第四，价值观会指导领导者的选择和行动。如果一个领导者认为利润至上，为了获利可以不择手段，那么这个领导者可能通过虚假宣传，推销和出售危害消费者健康的产品来达到目的；如果一个领导者信奉诚实和为人们的福祉而经营，那么这个领导者即使损失一大笔钱，也会下架有问题的危害消费者健康的产品。认为人重于一切的领导者可能运用支持型和参与型的领导方式，认为竞争和获胜更重要的领导者可能更多

---

① ［美］华伦·本尼斯：《怎样成为领导》，吴金根、吴群译，九州图书出版社 1999 年版，第 153 页。

② 同上书，第 157—158 页。

运用指导型和惩罚型领导行为。

价值观影响领导者和追随者的知觉和判断，使客观性和理性变得含混不清。价值观是了解领导者和追随者的态度和动机的基础。领导者深入了解自己的价值观，并慎重审视价值观对自己的知觉、态度、动机和领导行为的影响，理解自己与追随者的关系，这是至关重要的。

三 品德

品德即道德品质（moral trait），是指个体依据一定的社会道德准则和规范行动时，对社会、对他人、对周围事物所表现出来的稳定的心理特征或倾向。"品德是一个人用来调节和处理对己对人对事的稳定行为特征和倾向，在外表现为行为态度和行为特征，在内表现为个人信念与行为准则。"① 道德规范是人的对错观，道德是以善恶为标准，调节人们之间和个人与社会之间关系的行为规范，有助于判断什么是对什么是错。道德与法律不同，它是依据社会舆论、传统文化和生活习惯来判断一个人的品质，主要依靠人们自觉的内心观念来维持。

智力与体力决定领导者人力资源的现实形态，而品德决定领导者领导行为的可能形态。体力与智力决定领导者能做什么和会做什么，而品德决定领导者愿做什么与想做什么，也决定着领导行为的方向。尤其是领导者的权力的使用方向和是否恰当运用权力，领导者是用手中的权力为个人谋取私利，还是为了组织的使命和众人的福祉；领导者是合理有节制地运用权力，还是滥用权力；领导者是通过正当的权术，还是不择手段达成目的，这些都与领导者的道德规范有关。那些中层和高层领导者的价值观，尤其是道德规范和道德水平应该对组织内的整体道德气氛承担主要责任。如果一个组织充斥着自私自利的领导者，那么这个组织的政治气氛就会浓厚，人们之间勾心斗角，官僚主义盛行，破坏性的冲突不断，人与人之间丧失信任和合作，信息流动受阻，组织日渐保守并失去活力，因此领导者需要认识到自己的行为对周围其他人的道德含义。

---

① 肖鸣政：《试论品德的资本性及其测评》，《中国人民大学学报》2002 年第 5 期，第 63 页。

领导是展示崇高道德的行动，法定的权力永远是相对的、短暂的，唯有道德影响力是永恒的、稳固的。子曰：其身正，不令而行；其身不正，虽令不从。服人者，以德服为上，才服为中，力服为下。三国时，刘备临终前说："唯贤唯德，能服于人。"《大学》八条目曰：致知在格物，物格而后知至，知至而后意诚，意诚而后心正，心正而后身修，身修而后家齐，家齐而后国治，国治而后天下平。① 意思是说：从一个人内在的德智修养，到外发的事业完成，构成一贯不断开展的过程。尤其是意念诚实，内心才会端正而无邪念。内心端正，然后才能提高自身的品德修养。自身的品德提高了，家庭才会整顿好。家庭整顿好了，然后国家才会治理好。国家治理好了，推而广之，然后才能使天下太平。可见品德在领导活动中的关键地位。领导关系是领导者与追随者之间的深度信赖关系，而领导者的道德品质决定着能否在领导者与追随者之间建立这种信赖关系。实施道德的领导是对领导者的重要要求。如果不能实施道德的领导，领导者会失去他人的尊敬、信任，甚至会失去权力。反之，优良的思想品德能够为领导者铸造厚实的影响力基础，增加权威的可接受性，扩大领导者在组织内外的影响力，提高下属的服从度，进而提高领导效率，并最终对其领导绩效产生影响。

四　认知差异

个体在认知类型方面存在差异。认知类型是指个人如何感知、处理、解释和利用信息。每个人都有自己的认知方式，并形成自己的认知风格，有两种最被人们广泛了解的认知差异理论是麦尔斯—布瑞格斯类型指标（Myers—Briggs Type Indicator，MBTI）和尼德·赫曼（Ned Herrmann）的全脑理论。人们的认知差异实质也是思维方式的差异。

麦尔斯—布瑞格斯类型指标是最为普遍使用的人格分析框架之一。这一人格测验包括100道问题，用以了解个体在一些特定情境中会有什么样的感觉和什么样的活动。根据个人的回答，可以把他们区分为外向的或内向的（E 或 I）、感觉的或直觉的（S 或 N）、思维的或情感的（T

---

① 王国轩译注：《大学·中庸》，中华书局2006年版，第14—15页。

或 F）、感知的或判断的（P 或 J），在此基础上组合成为十六种人格类型。

表 4—1　　　　　　　　　　麦尔斯—布瑞格斯类型指标

E 外倾 – – – – – – – 建立关系 – – – – – – – 内倾 I

S 感觉 – – – – – – – 产生信息 – – – – – – – 直觉 N

T 思维 – – – – – – 做决策 – – – – – – – 感情 F

J 判断的 – – – – – – 选择优先性 – – – – – – 感知的 P

E　外倾偏爱	或	I　内倾偏爱
偏爱和他人和事物一道生活		偏爱自制和个人设计事物
S　感觉偏爱	或	N　直觉偏爱
把重点放在事实、细节和	或	把重点放在可能性、想象力创造
具体知识上		性上，并把事物看作一个整体
T　思维偏爱	或	F　感情偏爱
把重点放在使用逻辑和理性分析上	或	把重点放在人类价值、建立个人
		友谊、主要依靠信念为基础的决策和是否喜欢上
J 判断偏爱	或	P　知觉偏爱
把重点放在达到决策和解决问题		把重点放在收集信息和获取尽可能
的秩序上		多的资料上

有学者研究了 13 位当代企业家，他们均是著名公司的创始人，包括苹果电脑公司、联邦快递公司、丰田汽车公司、微软公司、索尼公司，等等。调查发现这 13 个人物均为直觉思维型（NT）。这一结果十分有趣，因为直觉思维型人仅占总人数的 5%。美国教授曾对参加商学院短期课程的 849 名经理进行研究，结论是：在中高级经理中，"STJ" 型人占了最大部分，最爱好社交的 "SEP" 型人比例最低，ST 型经理占 52.8%，SF 型经理占 14.8%，NF 型经理占 10%，NT 型经理占 22.4%。另外，有学者研究不同类型的人偏爱不同类型的组织。那么，这意味着不同类型的领导者应该也各有自己的组织偏爱倾向，各个不同类型的组织意味着组织的领导情境不同，有效的领导者应该是适应组织情境的人。换句话说，各个不同类型的组织也各有自己偏爱的领导者。

表4—2 不同类型的人对组织的偏爱

范围	人的类型			
	实际型（ST）	社交型（SF）	理想型（NF）	理论型（NT）
结构	实际的科层制，层峰制，中心性的领袖	友好的，层峰制，但足够开放	完全分权化的，职权无清楚界限，无中心性的领袖	复杂组织，灵活、变化着的职权，特别工作组
互动中的重点	任务取向，完全控制，具体性，固定的规则	作为个体去做工作的人员的品质	对员工发展的人道主义的、普遍的关心	目标客户环境的影响
组织目标	生产率工作流	良好的人际关系	个人的和人道主义的	宏观经济的，理论的

　　赫曼（Ned Herrmann）的全脑思维模型定义了不同思维模式的四个象限。尽管全脑理论从生理学上来说也不是完全准确的，但它对于理解不同思维模式是一个很有价值的比喻。

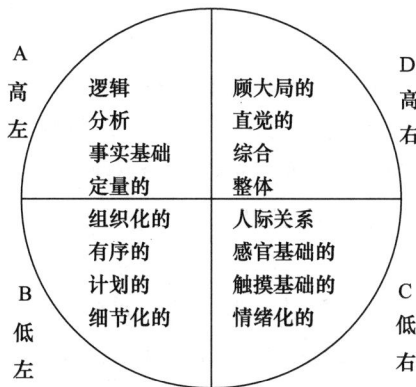

A
高
左

D
高
右

逻辑
分析
事实基础
定量的

顾大局的
直觉的
综合
整体

组织化的
有序的
计划的
细节化的

人际关系
感官基础的
触摸基础的
情绪化的

B
低
左

C
低
右

图4—1　赫曼的全脑思维模型

资料来源：Ned Herrmann, *The Whole Brain Business Book*, New York：McGraw - Hill, 1996, p. 15。

象限 A 与逻辑思维、事实分析和数据处理有关。由象限 A 支配的人通常比较理性和实际，能评判性地思维，喜欢处理数字和技术问题。象限 A 主导思维的领导者倾向于发号施令和掌握权威。他们专注于任务和活动。对他们来说，意见和感觉通常没有事实重要。

象限 B 与计划、组织、事实以及细节回顾有关。强烈偏好象限 B 进行思维的人有较强的组织能力，十分可靠和整洁。这类人喜欢设定计划和程序，并按时完成事情。象限 B 的领导者一般比较保守和高度传统。他们倾向于规避风险，力求保持稳定。因此，他们会坚持遵守规则和程序，不管环境情况如何。

象限 C 与人际关系有关，影响直觉和感情思维过程。处于象限 C 的个人对他人较为敏感，喜欢和别人互动和指导别人。他们通常感情丰富、善于表现、外向和支持他人。象限 C 思维的领导者很友好、信任并能进行移情。他们关心员工感受胜过任务和程序，强调员工个人发展和培训。

象限 D 与概念化、综合性以及整体化事实和模式有关，总是看到全局而不是只关注细节。偏好象限 D 思维的人富有愿景，充满想象力，喜欢推测，打破规则，愿意冒险，还有可能冲动。这类人比较好奇，喜欢试验和有趣的事。象限 D 领导者具有全局观念，富有想象，喜欢冒险和变化，给予下属极大的自由和灵活性。赫曼认为，那些成为组织最高领导者的人总是有比较平衡的大脑思维。较广范围的思考模式对组织高层来说尤其重要，因为这些领导者需要面对各种不同的人，处理各种不同的复杂事件。[①] 本尼斯曾说"左脑文化是一种逻辑的、分析的、技术的、有控制的、保守的、行政的文化"，"右脑因素是直觉的、认知的、综合的、艺术的因素"，"右脑型领导也意味着信赖自己的思想的一种能力。有了思想，信赖了自己的思想，接着就要敢于把思想变为行动，所以，右脑型领导也意味着把思想付诸行动的信心和勇气"。"在任何公司，管理人员起着左脑的作用，而科研人员起着右脑的作用，但是总裁必须两者兼而有之，既有行政管理才能，又具备想象天赋。"[②] 根据

---

① ［美］理查德·L. 达夫特：《领导学原理与实践》，杨斌译，电子工业出版社 2008 年版，第92—93页。

② ［美］华伦·本尼斯：《怎样成为领导》，吴金根、吴群译，九州图书出版社 1999 年版，第98—103页。

领导与管理区别的研究成果，用赫曼的全脑思维模式来表达，领导是右脑，管理是左脑，在组织中担负高级领导职务的领导者犹如需要兼具领导力和管理力一样，应该学会利用"全脑"，而不应仅仅依赖于某个或某两个象限思维方式。

五　情绪智力

情绪智力（或情感智力）这一概念是美国耶鲁大学的彼得·沙洛维（Peter Salovey）教授和新罕布什大学的约翰·梅耶（J. D. Mayer）教授于1990年提出来的。1995年美国哈佛大学教授丹尼尔·戈尔曼（Daniel Goleman）博士在《情感智力——划时代的心智革命》一书中介绍了梅耶的研究成果，把情绪智力概括为五个方面的内容：（1）自我觉察，即了解自我，能充分认识自己的情感，具有理解自我及心理直觉感知的基本能力。自我知觉是情绪智力的核心，是人类对心灵的自我感受，是心理顿悟的根基。（2）自我约束。管理和控制自我的感情，是建立在自我觉察基础上的自我控制和自我安慰。（3）自我激励，是主体为趋向某一目标而激发自我动机，并使自己情感专注的能力。（4）共情，即对他人情感的感知，能识别他人情绪。（5）人际关系技能，是调控与他人相处的情绪反应技巧，受社会欢迎程度、影响力、人际互动效能等是人际关系技能是否有效运用的衡量指标。

领导者通常需要做一个360°的全方位领袖，从各个角度去影响其他人，影响上司、影响同僚，也影响自己的部属。[1] 领导者与追随者之间的相互影响关系遵循人际关系的一般原则，领导需要一种与各种类型的人成功交往的能力，他必须凝聚和激发他人与自己一起完成目标，而这种能力就来自于领导者的情感智力。有研究证明，"自我中心的、缺乏合作精神的、不合群者、缺乏社交性的、冷酷无情的、易怒的"这些情感特质是在各种文化中具有普遍意义的、影响领导效力的消极因素。反之，如果领导者有共情能力、关系建立能力和沟通能力，那么，他们就有可能具有关系型领导风格，这种领导者最关心的是人的因素，能有效地修补团队成员之间的裂痕，创造出和谐与合作的氛围，能担负起团

---

[1]　[美]约翰·麦斯威尔：《360°全方位领导》，陈金璋、刘忆萱译，英柏尔全球领导力股份公司2009年版，第13页。

队关系或组织关系维系的责任。如果领导者善于自我觉察，共情能力强，乐于帮助他人发展，那么，他们很有可能具有教练型领导风格，这种领导能有效帮助员工改善绩效，支持、帮助员工获得发展，指导员工怎样为未来的发展完善自己。①

正如高盛前总裁桑顿所说："领导力开发对个体的依赖性很强，因为它本质上是一个自我意识、自我反思和自我发展的过程。"② 作为领导者要提高自我控制水平，保持情绪的稳定性。自我控制是成为一位出色领导的基本素质，因为只有通过大量自控练习，你才可以保持平静安稳，继续评价来自不同层面、不同方向冲着你而来的各种资料——从刺耳的声音到出奇的安静。唯有通过操练，才能克服冲动，才能使你得以保持平衡，而不是感情用事，才能使组织在你的决策下达到效益最大，才能不因为自己的情绪失控，伤害与员工的感情和关系。作为领导者尤其要关注不断提高自己的情感智力，通过对追随者的移情以赢得追随者的信任，从而赢得更多的追随者；通过与追随者的情感交融，把大家凝聚在一起；通过理解、冲突解决与协商来发展一种积极有利的人际关系。

第二节　追随者

所谓追随者，是指在领导活动中与领导者有相同利益和共同价值追求，享有共同组织目标，并与领导者一起为之奋斗的人。追随者与领导者共同构成领导活动的主体，他们一起积极主动追求共同的利益，实现共同的价值观念，是充满生机和活力的主人翁。下属（即被管理者）是天然存在的，是管理者职权范围内的所有成员，但追随者是靠领导者的人格魅力、学识、能力、友情和努力争取来的，是领导者的影响力使追随者心悦诚服，对领导和组织形成承诺，自愿追随领导者。下属的范围是基本固定的，由职权和管理者在组织中的层级决定，但追随者的范围是模糊的，也是广泛的，追随者概念比被管理者概念的外延更广，不

---

① Daniel Goleman, *Leadership that Gets Results*, Harvard Business Review, March – April, 2000, pp. 82-83.

② 刘卫平、王莉丽：《全球领导力》，清华大学出版社 2005 年版，第 272 页。

仅来自领导者的下属，还可能来自其他部门的成员，甚至可以来自领导者的上级；不仅仅来自组织内成员，也可能来自组织外成员。

一　有效追随者的特质和行为

（一）责任感

有效追随者对组织及其使命富有责任感和主人翁精神。无效的追随者对领导者有过分依赖心理，他们认为领导者就应该像英明的长辈一样，应该对下属负责，应该教会部下工作，应该保护他们不致受到野心勃勃的同事的排挤，他们需要一个像父母似的领导关心他们，给他们提供发展机会。然而，有效的追随者为自己的行为及其行为对组织的影响承担责任，他们并不认为领导者或者组织应该为自己提供保护、全部的安全感、行动许可或个人发展机会，相反，他们会挖掘自我潜能，自我激励，创造性地大胆工作，在自己的职位职责范围内主动拓展工作，即使在没有领导监督的情况下，也能自我管理，按时完成任务，并持续进行自我开发，寻找机会促进个人发展。

（二）服从意识

作为下属应该遵循的一个基本组织规则或职场规则就是服从上司的领导，这是组织结构的规定性所决定的，也是一个组织成员应该有的基本职业修养。组织中的现实是下属常常不得不依赖当权者，无效的追随者常常有一种强烈的反依赖心理和行为。当他们的许多选择受到领导者的制约时，当他们对领导者的依赖无法获得满足时，就会产生强烈的挫折感，有时甚至是愤怒情绪，从他们的角度看，领导者是他们前进道路上的障碍和绊脚石。于是，他们愤世嫉俗，经常与领导者唱反调，对着干，对领导行为进行讽刺和批评。然而，有效的追随者能准确领会领导的目的和意图，当工作需要时，能迅速行动，能够接受领导者的指导和领导，能够积极仿效领导行为，并对领导提供积极支持；当领导出现了失误，能够给予及时妥当的弥补；有效追随者当意见与领导最终的决策结果不同时，总是能保留意见，坚决执行决策，并在公众场合控制自己的情绪，为了组织利益支持领导者。

（三）为组织服务的精神

有效追随者了解组织的需要并积极行动去满足这些需要。追随者因为认同组织或领导者的宗旨、使命、价值观，因此，追随者不是为了个人的利益而努力和行动，而是为了组织的共同使命而竭尽全力地为组织服务。追随者可以通过支持领导者的决策给领导者强有力的支持，也可以通过在领导者管辖的工作范围内努力工作，通过自己的工作数量和质量给领导者强有力的支持，也可能通过影响他人，凝聚团队成员，形成使命联盟给领导者强有力的支持。

（四）有效地提出建议

有效的追随者是有独立思考能力的人，能够为领导者提供信息和知识支持，能提出创造性和建设性的观点，展示出独立的批判性思维能力。有效追随者服从领导者，服务和支持领导者以及团队其他成员，但他们绝不会为了一团和气而牺牲个人的正直或组织利益，他们对不合理的决策和计划敢于提出异议，以自信的、非情绪化的方式与领导者沟通意见和表达不同观点，积极地并富有建设性地对领导施加影响，从而帮助领导避免错误。当代有效的下属或追随者并不是"只会说是的人"或是"小绵羊"，而是与领导者以及其他同事建立合作的、相互支持的建设性的工作关系。

（五）参与变革

无效的追随者害怕组织的变化和变革，对组织的变革会有极强的不安全感，害怕失去原来的优势和权力，试图阻止具有威胁性的变化的出现，在变革过程中通过控制信息或其他资源来保护自己的个人利益。有效的追随者把组织的改变和变革看作是对组织的基业长青有利的行动，是对每个人适应未来有利的选择和机会，因此，他们会积极适应变化，并参与到重塑组织的工作之中去。

（六）适当的权谋个性和较高的自我反馈

权谋个性过高的追随者很难获得领导者和其他团队成员的信赖，很有可能为了个人利益来影响决策进程，在组织中利用手中权力大展权术。权谋个性过低的追随者，会把组织内的政治活动感知为一种威胁而不是一种机遇，他们常常以自我防卫行为回应组织内的政治活动，即用反应性的和保护性的行为来回避行动、进行指责或做出变化。适当权谋个性和较高自我反馈的追随者，能够识别组织内人们多样的利益需求，能够理解组织中"如何进行"以及"为什么进行"的政治活动，能够敏感意识到组织环境中的变化和领导者的意图、风格，因此，能够有效地积极参与组织的变革，而又能避免自己陷入组织内的人际冲突和政治旋涡。

二　追随者领导领导者：帮助领导者变得更优秀

组织中的上下级关系是依据职位的高低和职权的大小划定的。在人们的一般观念里，组织中领导者和追随者的关系一定是：领导者是指挥者，追随者是不得不服从者。传统的关于领导的观点，认为持有职权的人才是领导、才能进行领导，没有职权的人就不是领导者，把领导者与职务、"官位"联系起来。但是，自从 20 世纪 90 年代国际学术界把管理和领导区分开来，认为只要一个人根据自己的目的运用权力改变了他人的动机和行为方向，领导现象就发生了。"领导能力是人与人之间的影响，而管理是职位与职位之间（上级对下级的影响）。管理的职权在组织结构图上有严格规定；而领导能力的影响的产生就像一张相互作用的蛛网，把想要参与的人们联系起来。领导者—追随者的相互作用是基于信任；经理—下级的联系是依靠行政命令，经理的影响则来自等级制度下的经理职位。领导者激励别人愿意去支持或与他/她保持一致；经理则要求别人遵照组织机构所明确规定的经理权限的要求去办事。当然，经理也能表现领导者的影响。"① 由此可见，领导关系不是上下级关系，而是人与人之间为了达成特定目标的相互影响关系，追随者可以领导领导者。

"领导的核心内容，就是通过引导和影响而建立的追随关系。"② 可以说领导反映的是一个领导者与一位乃至更多追随者之间相互作用的动态的工作关系，是领导者和追随者相互影响和互动的过程。"领导权力的实质与其说是他们在风格、作用等方面在多大程度上符合一般看法，倒不如说是他们能在多大程度上满足——或者看上去可满足——追随者的特殊需要。""需要""有力地将追随者带进领导程序之中"③。因此，"领导者不能一味地向下属发号施令，而应当去了解下属被支配所应具

① ［美］沃伦·布兰克：《领导能力的 9 项自然法则》，夏善晨等译，上海人民出版社 1997 年版，第 19 页。

② 朱立言、雷强：《领导者定义及职责新探》，《行政论坛》2002 年第 6 期，第 50 页。

③ ［美］詹姆斯·麦格雷戈·伯恩斯：《领袖论》，刘李胜等译，中国社会科学出版社 1996 年版，第 351—352 页。

备的各种条件。"① 另一方面，追随者并不是完全被动地听令于领导者，"领袖为追随者提供心理上的需要，正如追随者也为领袖提供这方面的需要一样"②。"领导者绝非单身一人，独行侠并不是领导者。领导是通过领导者和追随者共同完成的。我们必须在两者之间的关系中，在他们一起努力实现共同目标的过程中，去寻找成功与失败的真正原因。"③实际上，在组织中，领导和追随者是一对相互作用、相互依赖的关系，双方都需要对方的协助与合作才能出色地完成各自的工作，有效的追随者要善于领导领导者，帮助领导者变得更优秀。

在现实的领导实践中，人们经常能看到追随者影响领导者的领导现象。"爱德华·马什爵士是丘吉尔的私人秘书，几乎每当丘吉尔调换职务时，马什也调换职务。他是丘吉尔最有用的忠实追随者，也是丘吉尔结交过的最亲密的朋友之一。"马什是丘吉尔的"一个值得信赖的支柱，能在逆境中提供支持，在信心有动摇的危险时恢复这种信心。遵照文官的优良传统，他主张稳健，当他发现他的主人情绪急躁时，他就对主人施加影响，使其采取克制态度"。丘吉尔其他的朋友也"向他提供意见；他们提供有效的支持；他们常常克制自己不发脾气，因为他们真正爱他，尽管他有令人不安的和考虑欠周的怪念头；他们常常成功地使他信服而改变自己的计划，特别是军事方面的计划"④。通过以上的描述，我们可以看到丘吉尔的朋友们在恢复丘吉尔的信心，抚平他的情绪，改变他的决策和计划等各个方面发挥着领导作用，这种生动和真实的描述说明在某种特定的情境下发生了追随者领导领导者的领导现象，这也的确符合基本的人与人相处之道，也符合"领导过程实际上是领导者和追随者互动的过程"这一命题。

追随者领导领导者的形式既有公开的也有隐蔽的，既有正式的也有非正式的，既有直接的也有间接的。第一种情况，在一个组织中，正式领导者都是有职务的管理者，当追随者在某时某事上获得了授权或领导

---

① 丁杰：《领导科学》，华中科技大学出版社 2003 年版，第 13 页。

② ［美］詹姆斯·麦格雷戈·伯恩斯：《领袖论》，刘李胜等译，中国社会科学出版社 1996 年版，第 305 页。

③ Dean W. Tjosvold、许潘、栗芳：《领导——适合中国企业的领导模式》，上海远东出版社 2004 年版，第 187 页。

④ ［英］约翰·科尔维尔：《丘吉尔及其密友》，周珍、方华译，新华出版社 1985 年版，第 18—22 页。

角色分担，成为团队里临时的负责人、召集人时，这是直接的公开的形式，也是正式的形式。第二种情况，追随者享有较为丰富的个人权力再加上较为强烈的领导动机，他可能会对领导者施加影响，领导者公开认可并支持了他的行为。这是间接的公开的形式。第三种情况，追随者对领导者施加影响，通过领导者（以领导者的名义）推进了追随者的想法，从而对团队目标的实现有促进作用。这是间接的隐蔽的形式。第四种情况，追随者直接运用个人权力，对其他下属或追随者施加影响，从而对群体或团队目标的实现有促进作用。这是直接的隐蔽的形式。追随者呈现出随机领袖的特点，"一是这些人往往有领导作用或对现任领导决策或管理有很大影响，但却没有正式的名位；二是因事情或情况不同会有不同的这类人物存在，即这是一种非正式的、游离的人物"①。伯恩斯（James MacGregor Burns）在《领袖论》一书中认为"在大多数社会中，领袖并不局限在少数一群有无限权力的杰出人物的范围内，而是还包括人数众多但尚不明确的人员的行为在内"②。看来，领导者无处不在，我们对领导活动和领导现象的复杂性认识还远远不够。

三　下属领导上司命题的提出

从学术研究的角度，笔者把领导与管理、下属与追随者作了区分，为突出领导范式视角，在前文中笔者主要选用领导者与追随者概念，但在现实的组织生活和领导实践中，领导行为与管理行为往往集于正式领导者一身，此时的领导者概念与管理者、上司、上级概念等同。同时，追随者的角色也是动态的，根据追随的强度和持久性不同而演变，在现实的组织生活中，人们很难对下属的追随程度做清晰的识别，下属、被管理者、追随者、下级、部下经常也混用。因此，许多文献甚至是经典文献都表述为"下属领导上司"，这些概念经常混用。为了与领导活动的现实更为贴近，在下文中笔者也沿用这种表述，对相关概念并不做严格区分。

下属领导上司的基础主要是下属拥有的权力基础导致的领导者对下属的依赖，以及下属的领导动机。马克斯·韦伯提出的理想的官僚制组

---

① 席酉民、井润田：《领导的科学与艺术》，西安交通大学出版社 1999 年版，第 227 页。
② 姜法奎、刘银花：《领导科学》，东北财经大学出版社 2002 年版，第 13 页。

织，是完全以符合理性的法律制度为依据的，所有的权力都有明确的规定，而且是按照完成组织任务所必需的职能加以仔细划分的，组织有一套严格的等级控制的体系，按照地位的高低规定成员间命令与服从的关系。时代的局限导致韦伯对权力认识的局限性，韦伯的官僚制组织只强调上司对下属有一定的支配权，而忽视了作为一个社会群体，人不可能像机器一样完全被设定，有人群存在的地方，就有人与人之间的相互作用。尤其在当今的时代，组织成员的权力来源更为广泛，组织内不仅仅只有一种权力，即法定权力。组织内的权力来源很丰富，而且权力不是上司所独有的，组织内部各个层次的个人和组织外部的人，如公众、顾客、供应商、媒体、非政府组织等，也能影响管理者的行为和态度。虽然组织里的上下级关系是依据职位的高低和职权的大小划定的。上司可以管理下属，但下属并不是完全被动地听令于上司，上司要依赖下属完成工作，下属虽无职位权力或者职位低于上司，但可以运用自己的个人权力来影响上司的思想和行为，以达成团队或组织的目标，这实际上就是发生了下属领导上司的现象。上司管理下属是必然之义，但未必在领导下属；优秀的上司既在管理下属，又在领导下属。下属绝不可能管理上司，这是必然之义，但下属可以领导上司；优秀的追随者既被上司管理，同时，又在需要的时候领导上司。

权力类型不一样，权力有效使用后产生的效果也不一样。基于来自组织的法定权力的有效运用为控制力，它表现为下属的不得不服从。上司管理下属从本质上说是一种有职权支持的控制力的展现，实施管理具有强制性特征，必须以获得法定权力为前提和保证。下属领导上司的本质是下属个人权力的运用。下属没有职权去管理上司，只能依赖个人权力领导上司，基于来自某些个人权力的有效运用为领导力，人们往往会发自内心地认同这种影响力，从而产生承诺和追随，下属领导上司是个人影响力的展现和结果。在实际的社会活动和组织生活中，我们常常可以发现，一些下属具有较高的威信与才能，在某种特定的情境中发挥事实上的领导者作用。

依赖性是权力的关键。如果下属拥有和控制着上司达成组织目标所需要的专业知识和技术、信息、关系、资源、优秀的品行和崇高的威望等时，尤其是当下属拥有的上述这些资源是重要的、稀缺的且不可替代的，上司对下属的依赖性就会增加，下属的权力就更大。当然，仅仅有上司的依赖性还不够，下属要有运用权力的动机。因为权力只是一种潜在的能量，一个下属可以拥有丰富的权力来源，但不运用权力。而且，权力必须被有效地运用。一个拥有丰富权力的人可能不会对他人的行为产生影响，因为权力不加以有效运用是形不成影响的，只有当权力拥有人有使用权力的动机并加以有效运用时，才会达到某种特定结果或局面，即有效使用的个人权力才能成为领导力。只有当一个下属具有运用其个人权力的动机，并具备了个人权力运用的技能或方法并对上司产生了实际的影响，个人权力才由一种潜在的能量转化为实际的领导能量。优秀的上司可以也应该给下属灌能；优秀的下属可以也应该给上司灌能。

四　下属影响上司的七种策略

"下属领导上司"与"下属影响上司"不同。"下属领导上司"的目的指向性一定是为了组织目标的实现；而"下属影响上司"的目的指向性不一定是为了组织目标的实现，也许是为了组织目标的实现，也许是为了与组织目标背道而驰的个人或小团体利益。考虑到下属运用权力的动机和指向，在这一部分我们探讨的是"下属影响上司的策略"问题。

（一）赞美、奉迎和友情

赞美就是赞扬别人的优点，惹人喜欢，使别人觉得自己有洞察人的眼力。奉迎是指作为下属在向上司提出请求之前，先进行赞美、表现得亲切而谦恭、对上司友好，即依赖甜言蜜语来加强与上司的友好关系。这并不是一种单纯献媚的方法，而是指当你需要得到对方的支持和认可的时候，如果做出一些使对方感到高兴或能改变其对自己印象的行为，则这个影响的过程会变得更加容易。友情一般是指人与人在长期交往中建立起来的一种特殊的情谊。下属可以通过善尽职责、避免上司犯错、替上司排忧解难、真诚地赞美上司、积极主动地与上司交往等为上司提供奖赏的办法建立友情。通过使用赞美、奉迎和友情的方法，吸引上司的情感、理想或价值观而建立对下属主张事务的热爱，使上司积极主动地支持、帮助与配合下属的工作，实际上就达成了影响上司的效果。如果运用此方法的动机是良好的、正面的，是出于真心或者是出于想搞好人际关系的赞美、奉迎和友情，能够让大家有一个其乐融融的工作环境。另外，这样做也是对上司某些良好行为的一种肯定和鼓励，在一定程度上也是对上司的尊重。运用赞美、奉迎和友情方法需要奖赏权力和参照权力的支持。

（二）结盟和高层领导施压

所谓结盟是指争取组织中的其他人对自己的拥护，以使他们支持自己的要求，并对上司施加影响。因为有时通过单独行动来影响某个上司或管理层是有一定难度的，所以下属就有必要与别人组成联盟以产生力量。"针对某一件事而建立一个非正式的群体联系，以获得积极的效果。"① 结盟背后的逻辑基础是"人多力量大"，结盟可以把资源整合起来，从而提高各自的收益。结盟往往是动态的，也可能是相对稳定的。所谓动态的，是指他们可以迅速组合起来以实现他们的目标，然后又可以迅速消失。这种结盟往往是只要规模达到足以实施必要的权力来实现自己的目的即可。结成联盟的一个主要因素是个人魅力、价值认同和利益相关。假如你以你的个人魅力和领袖气质影响他人，他们就有可能加入你的联盟；如果他人认同你的价值主张或与你有共同的利益，他们就有可能加入你的联盟。所谓高层领导施压，是指下属从上司的上级那里获得支持，以强化自己的要求，即借助更高层的权威影响上司以达到自己的目的。运用结盟和高层领导施压的方法，下属必须拥有丰富的关系权力和参照权力来源。

（三）知识依赖

知识依赖指上司依赖下属的专业知识或专业技术，下属运用自己的专业知识或专业技术影响上司的目标达成。"随着组织专业化和技术化的程度越来越高，组织各层次成员的专家权力正变得越来越重要，一些组织已经正式认可了这一点，它们特意安排一些低层级的具有专家权力的员工参加组织高层的决策会议。"例如，英特尔公司的前 CEO 安德鲁·葛洛夫说："我们每天都将'知识权力者'和'职位权力者'聚在一起，共同制定影响我们未来前途的决策。"② 上司不可能具备所有的与工作有关的知识和技术，要达成工作目标必须要仰赖具备专业知识或

---

① W. B. Stevenson, J. L. Pearce, and L. W. Porter, *The Concept of "Coalition" in Organization Theory and Research*, Academy of Management Review, April, 1985, pp. 261 – 263.

② ［美］弗雷德·鲁森斯：《组织行为学》，王垒等译，人民邮电出版社 2009 年版，第 288 页。

专业技术的下属，尤其是那些拥有关键技术和知识的人。如果某个下属的知识和经验能使上司尊重，在一些问题上会服从于这个下属的判断，这个下属就实现了对上司的影响。如果下属想通过让上司依赖自己的专业知识或专业技术实施对上司的影响，就需要不断地学习和积累与工作相关的知识和技术，不断提升工作技能，谋求在某一领域的一技之长，使自己拥有丰富的专家权力。

（四）信息依赖

信息依赖指通过为上司决策提供有价值的信息而影响上司的策略。准确充分的信息对管理至关重要，上司在决策时离不开信息，信息的数量、质量以及获得信息的速度直接影响决策水平。这就要求上司在决策之前以及决策过程中尽可能多地收集信息，作为决策的依据。下属在某些方面有其独特的信息优势，一是下属往往最清楚普通员工们的所思所想，而组织有关价值观和愿景的决策需要领导者从群众中来到群众中去，了解普通员工的心声。二是在充满变化的时代，一个组织必须抓住转瞬即逝的机遇，才能很好地生存和发展，而要做到这一点，组织的领导者就要随时了解组织内部与市场外部情况的变化，及时做出相关决策；另外，下属传递有关信息的及时性，有利于组织加强与服务对象的沟通，更好地了解和满足服务对象的需求，能提升组织整体快速应变能力。而这些信息往往掌握在工作在第一线的下属手里，他们能够及时掌握关于市场和客户需求变化的信息、客户对产品和服务的反馈信息。三是下属还拥有关于突发事件的信息、工具和技术的信息、员工人际关系和矛盾冲突的信息，等等。下属可以通过是否给上司提供信息、提供什么样的信息、提供信息的速度等办法影响上司的决策方向和决策质量，这种影响方法的实施需要信息权力基础的支持。

（五）理性说服

通过理性说服影响别人的传统方法仍不失为一种重要的策略。理性说服涉及使用符合逻辑的观点、以事实为依据、用数据分析来使上司相信一条建议或要求是可行的。如果上司的文化水平比较高，如果上司有时间和精力来了解下属的意图和目的，下属一般应该用理性说服办法影响上司。在进行理性说服时，下属需要自信、仔细地研究，用词也要恰当、逻辑要清晰，要列数据、画图表，最好还要有目录等，要注意用事实和细节说理，而不是空讲大道理。运用理性说服影响上司，需要下属具有专家权力和信息权力的基础。

（六）人格魅力影响

有证据表明，人们对不同的权力类型的反应是不一样的。专家权力、参照权力的运用能产生承诺、认同和追随。下属可以运用丰富的专家权力和参照权力对上司进行人格魅力性影响。人们更愿意接受和认可那些他们崇敬的人或拥有他们所期望的知识的人，诸如以崇高的品德赢得敬重、以自己的价值信奉来赢得认同、以广博的学识取得信赖、以卓越的能力为人所钦佩、以主动的协作获得同事的亲近、以良好的心理素质博得信服、以优良的工作作风为上司所称道。下属可以从思想、品德、学识、才能、作风等各方面对上司产生全方位的影响，使上司对下属发自内心地认同。

关于下属影响上司的策略，有三点需要注意：一是技术和方法本身没有对错和道德的评判问题，关键是要看方法和技术使用的方向和目的，即评判的标准要看这些方法的使用是否有利于组织目标的实现，是否侵害他人的权利，是否公正和公平。二是下属影响上司策略的使用要考虑到上司、组织文化等情境因素，有的组织文化鼓励下属使用友情策略，有的组织鼓励下属使用理性说服策略，"人们在不同情境下常常使用不同的影响策略。例如，如果老板是位极权主义者，下属一般会采用奉承策略；如果老板是位民主主义者，下属则常采用理性说服"①。三是在直接影响上司的过程中，个人权力和影响策略实际上是两个不同的调节变量。如果下属没有足够丰富的个人权力，则必须采取更多的影响策略，才能达到影响上司的目的；反过来说，如果下属有很丰富的个人权力，即使没有采取多少主动的策略，上司也许会追随、帮助或支持下属。

五 追随者领导领导者的价值和启示

研究下属领导上司问题或者研究追随者领导领导者的问题不是庸俗的人际关系研究，也不是为了方便下属在组织中谋取私利而大搞权术，搞清楚下属领导上司的权力基础和策略，对领导者、下属和组织都有重

---

① 张劲松：《组织内部领导与下属影响力互动模型研究——以宁波大红鹰教育集团为例》，硕士学位论文，电子科技大学，2005 年，第 13 页。

要的价值和启示。

（一）对领导者的价值和启示

1. 领导者要认识到权力来源不是单一的，职位权力不是万能的，权力不仅仅来自职位，还来自知识、品行修为、信息、人际关系、感情因素、人格魅力等诸多方面。如果把职位权力看作硬性权力，把个人权力看作软性权力的话，作为领导者应该积极培育、积累和使用软性权力，使下属心悦诚服和积极追随，才能增强职位权力的合法性和可接受性。下属是被管理者，在一般情况下下属都不得不服从上司，但下属不一定是追随者，追随者是靠领导者的魅力和努力争取来的。作为领导者不要滥用职位权力，要恰当地使用职位权力，要学习采用非强制手段来确保追随者就各种问题保持意见一致。管理的力量可以控制人的行为，可以控制外在的目标，却无法控制人的思想和情感。控制员工的行为要依赖职位权力，而对价值、理念、信仰、情感等文化层面、精神层面、思想层面的引领和凝聚要重视个人权力即软性权力的运用。

2. 领导者应该意识到领导范式时代的到来，学会在必要的时候追随下属，建立新型的上下级关系。在人们的传统观念里，组织里的上下级关系是依据职位的高低和职权的大小划定的，组织中的上下级关系是：领导者是指挥者，下属是不得不服从者。实际上，在组织中，领导者和下属是一对相互作用、相互依赖的关系，双方都需要对方的协助与合作才能出色地完成各自的工作。在组织里不只是领导者拥有权力，下属也有自己的权力来源。领导者要正确认识权力关系和上下级关系，权力不仅仅是从上至下地发挥作用，也可以从下至上地发挥领导力。有效的领导者应该学会在必要的时候追随下属，比如当下属的信息更丰富和准确、当下属的建议和决策方案更好的时候，当下属的言行作风、理念和精神代表了组织的新价值观的时候，领导者应该通过各种方式积极支持下属的建议和决策方案，大力宣传下属的典范行为，积极倡导新的组织价值观，从某种角度说，这时的领导者成为了下属的追随者。在现在和未来的组织里，权力距离和上下级关系不再是绝对的、一成不变的，领导者应该建立新型的良性互动的上下级关系，上级和下级相互作用、相互依赖共同形成领导的过程。

3. 领导者要注意评估下属影响力使用的方向、性质以及影响力大小。积极的下属影响力的使用方向和目的应该是组织或团队的利益。如果下属是为了自己个人的利益,领导者要注意评估下属的个人利益与组织或团队的利益是否一致,是否尊重所要影响的其他人的个人权利,其行为是否符合公正或公平的原则。在现实生活中,一些下属或利益相关者为了个人或团体的利益对掌握职位权力者进行逢迎或美色、金钱等诱惑,实际上就是利用利诱影响策略以达成自己的目的;有的是利用手中掌握的当权者的把柄,施以威胁的影响策略以达成自己的目的,因此,作为领导者要警惕下属运用个人权力、使用影响策略的不正当目的。

(二)对下属的价值和启示

1. 下属需要重新定位自己的角色。新时代的领导范式赋予下属新的角色,给普通员工以巨大的鼓舞。在组织中,下属不再是完全被动听令的服从工具,下属应该更自信地发挥自己的主观能动性。上司可以管理下属,但下属并不是完全被动地听令于上司,上司要依赖下属完成工作,下属虽无职位权力或者职位低于上司,但可以运用自己的个人权力来影响上司的思想和行为,在组织中做出更卓越的贡献。在组织生活中,下属不要再被动和悲观,因为下属可以利用个人权力主动地对上司和组织施加积极的影响。一些管理大师级的人物甚至说:下属可以管理上司、可以领导上司。德鲁克说:管理上司是下属经理人的责任和成为卓有成效的经理人的关键(也许是最重要的因素)。虽然下属常常无法选择上司,但可以学习管理上司,使上司成为自己的最佳盟友、良师和支持者,使自己的工作更富有成效,使自己的职业生涯更为成功。这里虽然涉及对管理、领导、影响等基本概念的准确界定问题,但并不妨碍我们看出德鲁克对下属角色新的认知和洞察。

2. 下属要成为成熟的追随者。领导范式需要敢担当的下属,需要成熟的追随者。成熟的追随者不是把领导的责任完全推给领导者,而是能够意识到自己在领导过程中的责任,当上司做得对时,下属肯定上司,使上司获得鼓励和支持;当上司做错时,下属帮助上司改正;当上司需要下属的帮助和支持时,下属能给予上司相应的支持和帮助;当上司有短处时,下属能用自己的长处弥补之。总之,上司和下属的良性互动就是领导者和追随者的互动过程,实质上是二者相互影响的领导过程,在这样的过程中,上司和下属都获得了成长。

（三）对组织的价值和启示

1. 积极发挥下属的替代作用，建设良性组织生态，提高组织适应性。组织是一个系统，系统里的各要素是相互作用、相互依赖的，良性的组织生态应有一个自我修复和互补的机制。任何人的角色都是为了团队或组织的目标实现而作为的，当领导者不能很好地履行角色时，下属这个要素应该适时修正和替补，当领导者管理无效时，下属可以成为弥补或替代上司的有益资源；当领导者还有更重要的事情需要做的时候，下属的替代可以使领导者有时间和精力做更重要的事情。一个良性的组织生态能大大提高组织的适应性，更好地面对内外部的变化和竞争的加剧。在外部适应性强的组织生态中，权力距离和上下级关系不再是绝对的、一成不变的。任何人的角色都是为了组织的目标实现和员工的成长服务的。一个好的组织生态能使每个员工的潜能发挥出来，能使每个要素都是有机的，当领导者不能很好履行领导角色时，组织自动启动自我修复的机制，下属适时修正和互补领导者角色的缺失，从而使组织有一个持续有效运行的有机领导系统。

2. 下属领导上司是工作丰富化的一种表现形式。组织可以通过组织设计和工作策略，例如运用授权、领导角色临时替代、领导者与员工更多的互动、跨组织层级的团队合作等方法，使普通员工的个人权力得到充分利用和积累，使他们的工作更丰富、更有趣、更有意义，使广大员工施展才华，富有成就感；通过积极运用普通员工的个人权力，使他们的能力得到锻炼和培养，员工素质普遍提高，广大普通员工的成长也为组织储备了后备干部，全面成长的员工对时刻变化和变革中的组织有更强的适应性；组织创造使广大普通员工充分运用个人权力的环境和机会，可以激发广大员工的潜能，释放出巨大的人力资源能量。

第三节　领导情境

一　概念界定

一些领导学文献用"领导环境"概念，一些领导学文献用"领导情境"概念，还有一些用"领导情景"[①] 概念。环境，英文是 environ-

---

① 吴维库、富萍萍、刘军：《基于价值观的领导》，经济科学出版社 2002 年版，第 9 页。

ment，有环境、外界之意。领导环境是更大的范畴，包括组织内部环境和外部环境，包括更为宏观、全面、长期的各种领导活动影响因素，如自然、政治、法律、社会、文化、科学技术等各种外部环境因素。如果称为领导环境，那么涉及的变量实在是太多，甚至包括一些对领导行为选择和效果影响极为微弱的因素。根据 80/20 原则，领导环境中有大量因素是琐碎的多数，如果把所有的领导环境中的因素都做系统分析，这样既把领导问题复杂化，也是人类有限理性无法承载的任务，而且实在是对领导有效性的助益不多。情境，英文是 context，有上下文、文章脉络、事件的来龙去脉、背景的意思，指在一定时间内各种情况的相对的或结合的境况，"情境"的"境"是指构成和蕴涵在情景中的那些相互交织的因素及其相互之间的关系，领导情境是指一种具体的当下的直接影响领导活动有效性的因素。情景的英文是 circumstances，指具体场合的情形或景象，"情景"的"景"是具体、直观和吸引人的。"情景"和"情境"之间是有区别的，从内涵看，情境要比情景丰富、复杂得多。与领导环境概念相比，领导情境概念仅仅关注一些关键的少数因素，可以把过于复杂的问题简化到足以满意地分析领导问题，这是人类的实际能力可以达成的，而且这些关键的少数情境因素可以决定绝大部分的领导有效性。与领导情景概念相比，领导情境概念更符合领导学系统化的理论分析特征，而领导情境分析就是分析领导行为选择和实施时周边的那些相互交织的因素的需求或影响。领导情景的概念适用于领导案例描述、展现领导场景时，或者适合于文学化的领导行为描述时，或者进行领导角色扮演活动时。根据本书的任务，笔者选用领导情境概念。

二 主要的领导情境因素

领导情境主要包括下属、工作任务、工作团队、上级领导者、组织结构和组织文化等，这些情境因素影响着领导者领导追随者的反应、行为选择和效果。

（一）下属

下属是领导情境诸因素中最重要的一个，以至于经常把下属从领导情境因素中提取出来进行研究，把下属因素与其他情境因素并列。所以，人们经常看到许多领导学文献资料这样表述：下属以及领导情境。

如果把下属并入领导情境因素，还有一种价值取向的嫌疑，即完全把领导者视为领导活动的主体，把下属视为领导活动的客体。所以，在本章第二节，单独讨论了追随者，此时是把追随者作为狭义的概念使用。如果把追随者和下属进行区分，我们可以认为下属有广义和狭义之分，广义的下属等同于广义的追随者，包括狭义追随者和狭义的下属，狭义的下属指领导者的被动服从者，具有更多管理活动客体的倾向；而狭义的追随者既是领导活动的客体，也是领导活动的主体。此节的下属概念是广义的下属概念，等同于广义的追随者的概念，故这两个概念有混用现象。

下属作为领导情境因素，我们主要关注下属的价值观、个性、工作态度、工作动机、权力来源、技能、成熟度、下属与领导者的关系，等等。

（二）工作任务

通过工作任务特征，分析工作任务的挑战性、复杂性或危险性，等等。比如工作的压力大小、重要与否、枯燥乏味还是充满乐趣，有无意义，自主权大小，是否需要直接面对顾客，工作行为是复杂还是单一，工作程序是否规范清晰，工作是容易还是充满挑战，是传统的还是创新的，是完成生产型的还是问题解决型的，等等。这些任务的特性不仅影响着下属的心理、行为和绩效，而且也影响着领导者领导行为类型的选择。

（三）工作团队

这里主要涉及工作团队的规模、组建时间、角色分配、领导者与群体成员的人际关系状况、其他群体成员间人际关系状况、沟通模式、内聚力大小、绩效规范和团队规范性等。这些工作团队特征不仅影响着团队成员的心理、行为和绩效，而且也影响着领导者领导行为类型的选择。

（四）上级领导者

上级领导者即领导者的上司是影响领导者领导行为的一个重要情境特征，一般关注上级领导者的领导风格、给予支持的大小、授权与否、绩效压力等，这些因素对领导者和下属的心理和行为都有影响。

（五）组织结构

对组织结构的关注主要涉及组织的结构是较为机械还是较为有机

的，研究组织所处的发展阶段、组织制度等，所有这些组织结构方面的情境因素都不仅影响着下属的心理、行为和绩效，而且也影响着领导者领导行为类型的选择。

（六）组织文化

关于组织文化的分析，主要是通过研究组织的文化状况和文化类型、组织的传统和组织的使命，发现这些因素对领导者和下属的心理、行为和绩效的影响。

三　领导情境的需求决定领导者领导行为的供给

根据我们对领导活动三个主要构成要素的分析，领导活动的一个基本矛盾是领导者的主观领导与客观领导情境之间的矛盾。领导情境的需求产生并决定着领导者。领导是领导者个人、下属（追随者）以及他们共同面对的情势所产生的要求，这三者共同施加影响的结果。这意味着领导过程是一个三因素相互作用的动态化的过程。美国主管职业棒球运动的副主席桑迪·奥尔德森说："经理人员不是因为能力不胜任而被开除，他们被开除的原因是领导情境在变化。"情境因素对于有效地达到领导行为的预期效果通常都极其重要。一些情境因素实际上增强了领导者对追随者的影响；另一些情境因素会降低领导者对追随者的影响；还有某些情境因素会取代追随者对特定领导行为的需要，因为在这样的情形下，常常有其他因素给追随者支持、指导、工作动机和满足。总之，领导情境需求决定领导行为的供给是否有效，领导者对领导情境的作用主要体现在主动适应、有限地改造与影响上。

第 二 篇

领 导 理 论

　　本篇通过系统回顾领导理论的变迁，梳理学者对领导现象逐步加深认识的过程，发现学者从关注领导者个体，到关注组织领导的有效性；从研究领导特质，到研究领导行为，进而系统研究领导情境对领导者的需求；研究焦点从交易型领导转换到变革型领导；从关注基层和中层领导者到聚焦愿景型等战略领导；从关注技术、任务、目标等物的因素，到关注员工心理需求的社会因素，进而关注组织和领导者的价值观等精神因素；从关注任务一维领导，到构建任务和关怀二维领导，探索发展维度的第三维领导，到当代领导理论的全人领导；研究焦点从领导者亲自实施的领导行为，到发现下属、其他组织情境的替代领导现象。总之，全景扫描早期和当代领导理论，为我们统合领导活动的复杂性，形成有效的领导思维方式奠定了基础，使我们有可能把复杂的领导活动降低到一种易于理解的水平，并在此基础上建构第三篇领导行为情境适应性分析的简化模型。

第五章　早期领导理论

从本章开始是针对实践中的领导者和领导活动进行研究，而在领导活动和领导实践中，是无法或者很难分清领导与管理的，因此，更多是从广义的视角来运用领导和管理概念，即二者是相等的；关于领导者的研究，也更多从组织途径着眼，研究对象基本是组织中的正式领导者，即管理者。领导者与管理者两个概念经常会出现混用的情况。同样，时常也不把追随者（被领导者）与下属（被管理者）作严格的区分。另外，限于当时时代背景和认知的局限，早期的领导理论均没有把领导与管理概念作区分。

第一节　领导特质理论

一　领导特质理论研究的历程

对领导的研究首先是从对领导者（leader）的研究开始的。对领导者的研究从古代已有，如荷马的《伊利亚特》和《奥德赛》为我们提供了伟大领导者的传记，还有我国的老子在《道德经》中阐述过有关领导的问题。① 在领导者研究中，人们首先关注的是伟人，所以早期关于领导者如何成功的研究主要关注领导者的个人特质，探讨领导才能是先天生成还是后天造就的问题。有人认为是遗传基因注定了一个人能否成为领袖人物，有人却认为是后期的生活经历缔造了领导者。直到20世纪之初，占主流的观点还是前者。所谓领导特质是指领导者区别于他

① 王芳：《领导力早期发展的初步探索》，博士学位论文，华东师范大学，2010年，第2—3页。

人的个人特征。这一理论的假设是：领导从根本上说是天生的，有些人天生具备某些特质使他们自然而然成为领导者。随着 20 世纪四五十年代心理学的发展，研究者开始通过智力和心理测试来扩大对个人特质的研究。一直到 20 世纪中期之前，领导特质理论是领导研究的主流观点。研究者关注的领导者的特质要素主要有：自然特征（包括行动、能量、精力、年龄等）、社会背景（包括流动性、教育等）、智力与能力、个性、任务—关系特性、社会特性等。在确定与领导关系密切的特质方面的研究，得到的结果相当瞩目。研究者发现领导者有七项特质不同于非领导者，它们是进取心、领导意愿、正直与诚实、自信、智慧、与工作相关的知识和高自我监控。斯道格笛尔（Stogdill）在 1948 年考察了 100 多项有关领导特质理论的研究，他指出具备某些特质确实能提高领导者成功的可能性，但没有一种特质是成功的保证，某一特质的重要性是与情境相关的，拥有某些特质并不能保证领导者获得成功。他的研究使许多研究者终止了对领导特质的研究，而把注意力转向领导者行为和领导情境的研究。

总体而言，这个时期的特质论在解释领导行为方面并不成功，众多分离领导特质的研究努力以失败告终。这是因为：第一，许多的研究是区分领导者和非领导者而未区分有效领导者和无效领导者。第二，研究者没有就哪些领导特质最终达成一致的意见，也没有指明各种特质之间的相对重要性。第三，没有对因与果进行区分。一个人是因为某些特质成为领导，还是在领导的岗位上的锻炼生成和增长了某些特质。第四，忽视了下属等情境因素的需要。所谓的领导特质，就像组织所有可能的需求一样，是无穷无尽的，具体领导情境的"需求"决定领导者应用的个性特征，"从领导者的职位所要求的期望和满意程度的角度来说，能够使一个人成为领导者的个性特征，是由追随者们的观点决定的，而不是靠给个性打分的方式决定的"①。"领导并不是一种心理现象（植根于人的特性之中的东西）；相反，领导本身应该是一种社会现象。人们所处的形势创造了需求，正是这些需求决定了人们所需要的领导类型，进而决定了由谁来领导。墨菲认为：领导是根据局势设立的，而不是为

① ［美］乔恩·L. 皮尔斯、约翰·W. 纽斯特罗姆：《领导者与领导过程》，北京华译网翻译公司译，中国人民大学出版社 2003 年版，第 29 页。

哪一个人量身定做的。"①

　　虽然从 20 世纪 40 年代中期领导特质论已经不再是主流领导理论，但一些学者坚持领导特质研究。近年来，对领导特质的研究兴趣再次兴起，代表性的研究者是 1991 年克尔克帕瑞克（Kirkpatrick）和洛克（Locke）。另外，关于情商的研究成果也显示特质理论受到关注。研究者发现：（1）有些特性在特定情境下显然能使领导者变得更有效率，尽管不同情境下最重要的特性会有不同。（2）有某些特性在很多情境下都会使领导者变得更有效率。比如像流畅的演说、自信、对社会的洞察力以及适应性等。（3）研究表明，一些所谓的领导者的特质是后天学来的能力和技巧，而非领导者与生俱来的生理或个人特征，讲话的流畅性和管理能力就是很明显的例子。（4）培训可以增强参与者的自信和成功欲。

二　领导特质理论研究的主要结论

　　下表给出了研究者高度关注的领导者的特性及其所属的类别。其中关键的领导者个人特质包括自信、诚实和正直，还有动力。

表 5—1　　　　　　　　　　　　**领导者的个人特质**

生理特征： 精力充沛 有持久力 个人特性： 自信 诚实、正直 热情、积极 有领导愿望 独立 智慧和能力： 聪慧、良好的认知能力 有知识 具有判断和决策能力	与工作相关的特性： 成就驱动，有超越自己的欲望 有完成目标的责任心 在困难面前坚持不懈，坚韧 社会特性： 善于交际，良好的处理人际关系的能力 易于合作的 获取支持的能力 机智、灵活的交际手段 社会背景： 教育 流动性

　　资料来源：Bass and Stogdill's, *Handbook of Leadership*: *Theory*, *Research*, *and Management Applications*, 3rd ed., New York: The Free Press, 1990, pp. 80—81; and S. A. Kirkpatrick, and E. A. Locke, *Leadership*: *Do Traits Matter*? Academy of Management Executive, 5（2）, 1991, pp. 48–60。

---

　　① ［美］乔恩·L. 皮尔斯、约翰·W. 纽斯特罗姆：《领导者与领导过程》，北京华译网翻译公司译，中国人民大学出版社 2003 年版，第 12 页。

（一）自信

自信是指相信自己的判断、决定、想法和能力。领导是富有挑战性的活动，因为领导者面对的不是过去，也不是现在，而是未来，他每时每刻都要准备应对变化，因此他无法全部依赖以往的经验和完善的知识结构，许多时候要在信息不完备和不确定的情况下做出判断和决定。一个人在不确定的状态下，他自己如果是诚惶诚恐的话，很难带领很多跟他一样诚惶诚恐的人。在变动年代或乱世你会发现人最容易受到别人的影响，这是因为变化给人们造成不确定感，人们在不确定状态下的时候，自己不了解自己以及周边的环境了，因为突然的变故使原来依托的结构遭到破坏，原来的经验模式失灵了，人们失去了方向，不知道自己该干什么能干什么。人们的心理上产生强烈的不确定感，而人们在心理不确定的时候，最容易受别人的影响。但是，一个有信心的人是不一样的，信心对一个人能不能成为一个优秀领导人有很大的影响。在多变的环境中，领导是以敢于承担责任作为最重要的标志，领导是一种具有前瞻性、预测性、冒险性的活动，这一切要求领导者必须自信，只有这样他们才能面对这些不确定性的挑战，并能在追随者中培养信心，带来希望，灌注能量，使追随者产生信赖，并热诚地投入到实现新愿景的努力中去。

（二）诚实和正直

诚实意味着领导者的开放性的态度，没有谎言和欺骗。正直应该是公正的和言行一致的，即有成熟的道德原则，其行为与这些原则保持一致。从多种类型的领导行为中都可以看到"正直"的字眼，如支持型领导的道德问题，参与型领导的让人信任的问题，奖惩型领导让人服气的问题。当领导者通过日常行为树立了诚实和正直的形象时，就会博得尊敬、钦佩和忠诚。诚实和正直的领导者才有可能赢得信任，领导是信任之学，没有信任，就没有追随。没有信任的组织，一切都包裹着不确定性，任何人都不能信任，人们和组织将失去正确预知结果的能力。这是因为在很大程度上，正确预知结果的能力，是任何信任最要紧的含义。信任因素是一种社会万能胶，能够使各种力量结合在一起。1995年11月12日的《纽约时报》上的一篇文章说："'拉宾拥有领导者最可贵的品质之一——忠诚可靠。他不说空话，光明磊落，言行一致，表里如一.' 以色列人民对拉宾无限信任, 对他指明的方向决无半分猜疑。如果没有这种高度的信任, 拉宾就不可能在同巴解组织的会谈中, 代表以色列人民作出高度风险的必要的让步, 更无法推动中东和平进程向前发展。"① "信任是感情的万能胶, 将领导者与群众紧紧黏合在一起。因此, 信任的程度也是领导行为成功与否的重要标志。信任不能强求, 也无法拿金钱去购买; 你只能去赢得。信任是构成所有企业组织的基本要素, 是保证企业机制顺利运行的润滑油; 而且, 正如我们早先谈到过的那样, 它同'领导行为'一样, 是一个很神秘的、难以用语言来表述的概念。这些都是很重要的。"② 其实, 中国先贤早就对这个神秘的概念进行了深刻的剖析。《中庸》说: "诚之者, 天之道也"; "诚之者, 人之道也"。《说文解字》说: "诚, 信也。" 这里的 "诚" 既是自然化的, 也是道德化的。自然界的一切都按规则运行, 天道不偏不私、光明磊落、表里如一, 这就是诚。③《中庸》认为, 诚就是天按照规则运行, 人应按规矩办事, 不能随心所欲, 规矩既含有自然法则, 也包含道德规范。

（三）动力

动力是指领导者努力工作的一种强大推动力。有工作动力的领导者往往有强烈的成就驱动感, 通常有更为远大的目标, 有高标准完成目标的责任心; 当他们遇到困难和挫折时不是退缩和放弃, 而是在困难面前坚韧不拔; 往往有强烈的领导意愿, 愿意拥有和运用权力, 对工作的推动和组织发展享有影响力。具备动力的年轻人往往会设置远大的目标, 有明确的努力方向, 同时, 他们会设置一些阶段性目标, 并采取具体的行为策略, 通常他们会持续学习, 希望借此实现自己的提升目标。

三 科特关于领导特质的观点

目前领导科学的研究成果已经突破了传统的伟人论, 即认为领导者不再是天生的, 任何人都有成为领导者的可能。但是, 从事实状态来看, 并不是所有的人都能成为领导者, 这当然与领导职位的稀缺以及领

---

① ［美］华伦·本尼斯、伯特·耐纳斯:《领导者: 成功谋略》, 柴贺译, 九州图书出版社 1999 年版, 第 9—10 页。

② 同上书, 第 166 页。

③ 骆建彬:《卓越领导国学讲堂 (二)》, 北京大学出版社 2008 年版, 第 34 页。

导情境要素的需求有着密不可分的关系。不过，如果把领导特质排除在领导学的研究范围之外，显然是不可取的。一个领导者究竟是"生就而成"，还是"造就而成"？"就这些有成就的领导者而言，现实生活比这两种观点中的任何一种都更为复杂。成功的总经理似乎既是'生就'于一个适合总经理特性要求的环境，然后又是经历了几十年各种事件'造就'而成的。绝没有任何一个事件单独孤立地是绝对关键的因素。环境作为整体因素为造就应付难以达到的总经理工作条件要求所必需的个人特性是必不可少的。"① 特质与后天的环境因素是有机地相互作用造就了领导者，这样的观点似乎还是说明不了任何人都能够成为领导者的主张。另外，关于特质研究的结论也无法说明，为什么有的人能成为一个伟大的领导者，有的只是一个较为平凡的领导者？科特的研究结论回答了我们许多人的疑问。

科特认为领导者是需要某些特质的，正是这些特质使一些人比另一些人更优秀更成功。是"因何原因，有的任职者比另一些任职者更为成功？优秀工作行为的关键是什么？并不像传统观点认为的那样，是良好的教育和训练，对经营管理理论上最新知识的了解掌握，个人智力水平和分析能力，而是具有众多适应这项工作职位极为复杂的条件要求的个人素质特征"。科特认为："至关重要的个人因素特征很多，其中包括志向抱负、成就感、权力欲、性格的稳定性和乐观态度、对所在企业和行业经营中的详尽知识以及在该企业和经营中与其他人之间的合作关系程度。"② 总之，领导者也许"具有15到20个共同点，其中4个可能是天生或是早期生活中大致定型的"，它们是：（1）魄力、野心和精力。领导者往往要承担繁重的工作任务，很难想象，如果不具备如此强大的内在动力，如果精力不充沛，没有持久的精力，又如何能持续长时间超负荷地工作。（2）某种形式的智力。智能对经营方向的拟定至关重要。众所周知，要吸收大量不同信息，找出信息间的相互联系，是一项颇具难度、相当复杂的艰巨任务，需要领导者具备良好的智力。（3）精神和心理健康。领导者需要化解社会压力的能力，很少的心理负担，有参

---

① ［美］约翰·P. 科特：《总经理》，李晓涛、赵玉华译，华夏出版社1997年版，第67页。

② 同上书，第151、150页。

与群体活动的能力，能够准确把握他人的情感和价值观，这对开发愿景和凝聚、激励组织成员非常关键。（4）正直是领导者的一个重要品质。①

科特认为，是特质的组合差异造成了大小领导者的差异。他认为：（1）"先天的不足和早期生活经历排除了一些人，可能还是大多数人"。②（2）某种特质的水平不能过低，需要达到一定的水平之上。"智力、动力、心理健康和正直，这四种品质都只需达到一定水平之上即可，但若四种品质中某种未能达到最低水平，就会削弱领导行为的效果。"比如"缺乏巨大的内在动力，变革中时常会遇到的困难会挫伤人们进行领导的信心。如人们认为某个人缺乏正直，多数人不会听从他的领导，至少不会长期服从他"。（3）很少有人能同时具备这四种关键的领导者特质。"尽管列出的主要品质平平常常，却极少有人能四者同时具备，世界上往往是聪明人有心理毛病，心理健康的人激励他人的能力又普普通通，正直的人则智力平平。"③（4）科特还认为有"后天培养"的一些重要因素，比如一位非同寻常的占支配地位的母亲；在家庭小孩中为老大；有一个在较高层次上获取成功的父亲（他能有效地使其小孩仿效于他）；被某位学校老师选定进行特别的后天培养等。与之相反，有一些人却没有获得发展自己领导力、养成某些领导特质的机会。基于以上分析，科特认为："如把领导角色从大到小看作一个统一连续体，责任重大、范围广泛一端的领导职责，对领导者的要求非常严格，而向统一体的另一端移动时，责任愈小、范围愈具体的领导角色，对担任角色的人员的要求愈低，对一个人童年影响和基因遗传的要求也趋于温和。"从大领导到小领导这个连续体估计应呈正态分布，可能只有12%的人具备大写的"Leader"级一端所要求的遗传素质和童年的经历，相信领导者是天生的人，其出发点是统一连续体的"大"端。移

---

① ［美］约翰·P. 科特：《变革的力量——领导与管理的差异》，方云军、张小强译，华夏出版社1997年版，第134页。

② ［美］约翰·P. 科特：《现代企业的领导艺术》，史向东、颜艳译，华夏出版社1997年版，第46页。

③ ［美］约翰·P. 科特：《变革的力量——领导与管理的差异》，方云军、张小强译，华夏出版社1997年版，第134页。

到小写的"leader"级时，比例逐渐增大到50%多，而介于这两端之间的领导角色比例范围在10%—30%之间。① 由此可见，领导者并不是组织塔尖上仅有的几颗明珠，在组织的各个层次都有领导者，只不过是由于每个人的特质类型和特质组合不同，又由于组织情境对领导角色的需求不同，在从影响力大的卓越的领导者到影响力小的普通领导者这个连续体中，组织有各种各样的领导者，影响力特别大的领导者是比较少的，影响力特别小的领导者（包括非正式领导者）是大量的，组织中存在着较多的有一定影响力的领导者。

科特关于"大领导"特质和"小领导"特质的解释基本回答了先天因素对领导者的影响。那么，后天因素或者说环境因素对个人的特质又有怎样的影响。研究者对一个人的个性变化与否是有争论的，有的人认为"个性是相对不变的"，"相对"指当环境许可时，个性也可能发生适应环境的变化，但是，一般而论，这种变化与个体主要特征是一致的。换言之，如果一个人已经是一个好交际的个体，那么，在他或她身上发生的任何变化，只能是在"好交际"范围之内，尽管变化程度不一。有的学者认为个性不变：我们就是原来的我们，我们的行为就是原来的行为。② 笔者认为，领导者的人格特质有三个区域（见图5—1）：第一个区域是行为"舒适区"，"舒适区"指源于自然的行为，由于反映个人特质而显得轻松的行动范围。第二个区域是在"舒适区"之外，行动起来是非常困难的，然而我们总是在自己的"不舒适区"学习成长，这个区域是可变的区域，是领导者挖掘自我潜能，从而能改变和发展自己的区域。第三个区域是不可改变的区域，在某些情况下，比如完全超越个体主要特质时，进行一种"区外"练习似乎也不可能。因此，在一个人的遗传基因确定的前提下，通过后天的努力，比如锻炼的机会、领导者经历和经验、不断地学习、反思修炼，人的领导特质是会有变化的，人的领导力会增强，但一个身高150厘米的男生想成为姚明那样富有影响力的篮球球员似乎也是不可能的。没有一点天赋，成不了一

---

① ［美］约翰·P. 科特：《变革的力量——领导与管理的差异》，方云军、张小强译，华夏出版社1997年版，第135页。

② ［英］S. 泰森、T. 杰克逊：《组织行为学》，高筱苏译，中信出版社1997年版，第19页。

流的运动员，但有了极好的天赋，没有科学的训练和赛场经验也成不了一流的运动员。从 l 到 L 对个体的特质要求不一样，一个人的先天特质决定了领导力提升的基础框架和可作为的范围，换句话说，一个人的领导力是可以提升的，但不是可以无限提升的。因此，科特的观点既在理论上有说服力，也符合生活实际和领导活动的现实情况。

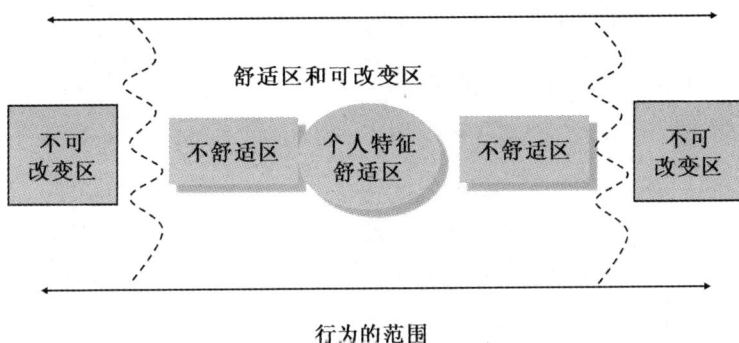

图 5—1　个人特质与行为

第二节　领导行为理论

　　由于对领导特质研究途径的不满意，从 20 世纪 40 年代开始，领导特质理论就已不再占据主导地位了。从 40 年代末至 60 年代中期，研究者将他们的研究重点从个体领导转换到组织上。在组织途径上，领导更被看作是领导者的行为（或领导风格）以及这些行为如何影响组织中的追随者或者被追随者所影响，例如"观察领导者的行为及其对效率的影响和对下属的生产率和满意度的影响"①，领导理论的研究进入行为理论（behavioral theories of leadership）阶段，希望了解有效领导者的具体行为是否有什么独特之处。行为理论的理论假设和行为理论的实践意义在于，如果行为研究找到了领导行为方面的关键决定因素，则我们可

---

　　① ［美］詹姆斯·L. 吉布森、约翰·M. 伊凡塞维奇、小詹姆斯·H. 唐纳利：《组织学——行为、结构和过程》，王常生译，电子工业出版社 2002 年版，第 188 页。

以培养、培训领导者，即设计一些培训项目，通过训练把有效的领导者所具备的行为模式植入个体身上，使人们成为领导者。这种思想比特质理论显然前景更为光明，它意味着领导者的队伍可以不断壮大，通过培训，我们可以拥有无数有效的领导者。但领导特质论和领导行为理论都是以不正确的和过于简单化的领导概念为基础，因此常常被称为"错误的开始"。

一 俄亥俄州立大学的研究

美国俄亥俄州立大学的亨普希尔和孔斯（Hemphill and Coons）等研究者从 1945 年起，对领导行为问题进行了广泛的研究。研究者希望确定领导者的行为特点，以及它们与工作绩效的关系。他们通过领导者行为描述问卷的形式收集了大量的下属对领导行为的描述，开始时列出了 1000 多个行为因素，最后归纳出两个大类，即领导行为可以利用两个构面（dimensions）加以描述：（1）关怀（consideration）；（2）结构（initiating structure），称之为关怀维度和结构维度。在小部分的书籍中把 initiating structure 翻译为"定规"。这个理论一般称之为"俄亥俄学派理论"或"二维构面理论"（two dimension theory）（图5—2）。

所谓关怀维度，指的是领导者尊重和关心下属的看法与情感，更愿意建立相互信任的工作关系的程度。从高度关怀到低度关怀，中间可以有无数不同程度的关怀。高关怀特点的领导者帮助下属解决个人问题，友善而平易近人，公平对待每一个下属，并对下属的生活、健康、地位和满意度等问题十分关心。这是与人有关的维度。结构维度是涉及目标和任务的维度，包括设立工作、工作关系和目标的行为，领导者更愿意界定和建构自己与下属的地位、角色与工作方式，以及是否制定规章或工作程序，以达成组织目标。结构维度可以有高度的结构和低度的结构，高结构特点的领导者向下属分派具体工作，要求员工保持一定的绩效标准，并强调工作的最后期限。二维构面可构成一个领导行为坐标，大致可分为四个象限或四种领导方式。

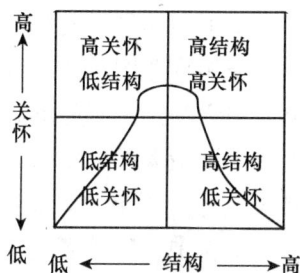

图 5—2　二维构面理论

　　研究者试图发掘这些领导方式与一些绩效指标，例如旷职、意外事故、申诉、流动率等之间的关系。他们发现，在生产部门内，工作绩效评定结果与结构程度呈正相关，而与关怀程度呈负相关。但在非生产部门内，这种关系恰恰相反。领导者的直接上级主管对其进行的绩效评估等级与高关怀成负相关。一般来说，"高—高"领导者常常比其他三种类型的领导者更能使下属取得高工作绩效和高满意度。但当工人从事常规任务时，则不然。虽然其他人的研究未必都支持上述结论，但这些研究激发了日后对于领导行为问题愈来愈多的研究和探讨。

二　领导行为连续体理论

　　坦南鲍姆（R. Tannenbaum）和沃伦·施密特（Warren H. Schmidt）于 1958 年 3—4 月号《哈佛商业评论》上发表《如何选择领导方式》一文，提出了"领导模式连续分布场"这一新概念。他们认为，组织的领导者在决定何种行为最适合处理某一问题时常常产生困难，不知道是应该自己做出决定还是应该授权给下属做决策。为了使领导者从决策的角度深刻认识领导行为方式的意义，他们提出了领导行为连续体模型。

　　领导风格与领导者运用权威的程度和下属在做决策时享有的自由度有关。坦南鲍姆和施密特主张按照领导者运用职权和下属拥有自主权的程度把领导模式看作一个连续变化的分布带，从高度专权的左端到高度授权的右端，划分七种具有代表性的典型领导模式。在连续体的最左端是以领导者为中心的专制型领导，领导者自己决定一切，高度专权，对下属实行严密的控制，要求他们完全按照上级的命令行事。这种领导方式无视下属的意见和要求，使下属几乎没有任何自由和自主权，很难调动下属的积极性，但却能保证领导意图不折不扣地贯彻执行。在连续体的最右端表示的是以下属为中心的民主式领导，领导行为的典型表现是将决策权授予下属，授权代表了最大程度的参与管理，领导把决策问题分派给一个或更多的下属去决定。领导可能提供全面的指导，或保留对下属决策的否决权。在领导工作中，领导者使用的权威和下属拥有的自由度之间是一方扩大另一方缩小的关系。一个专制的领导掌握完全的权威，他不会授权下属；而一位民主的领导在制定决策过程中，会给予下属很大的权力，民主与独裁仅是两个极端的情况，这两者中间还存在着许多种领导行为，使用一定程度的参与管理。如领导从单个下属或整个团队那里获得意见或评价，运用这些信息资源做出决策；商议的方法，领导常常获得下属对决策可选方案的反应；下属和领导者共同决策的领导方式，参与管理的程度进一步深入，下属常常和领导对结果有相同的影响力。参与型领导方式在决策阶段不一定会取得较高的工作效率，但下属对于决策的执行承诺是高的。

1973年《如何选择领导方式》一文在《哈佛商业评论》5—6月号上重新发表，坦南鲍姆和施密特又根据时代的发展和认识的深化，对原理论进行了补充和修改，打破了原理论模型的封闭性，加入了外界环境的影响因素和领导者与被领导者之间的互动因素。他们认为，不能简单地从七种模式中选择某一种模式作为最好的，或者认为某一模式是极差的，应该在一定的具体情况下考虑各种因素，采取最恰当的行动，有效的领导会变化着使用这些不同形式的参与管理，使它们适应每一种情境和团队。因坦南鲍姆与施密特在研究领导作风与领导方式时摆脱了较为绝对的"两极化"倾向，反映出领导行为模式的多样性与情境因素，研究成果显示出了良好的适应性与生命力，该理论也从领导行为理论演变为权变领导理论。

三　密歇根大学的研究

美国管理学家利克特（Rensis Likert）的"工作中心"与"员工中心"理论。1947年以后，利克特及密歇根大学社会研究所的有关研究人员，曾进行了一系列的领导问题研究，研究对象包括企业、医院及政府各种组织机构，其中有对人际关系项目的研究，通过界定内部相互关联和与绩效标准的关联，回答领导或监控风格问题。

1961 年，他们把领导者分为两种基本类型，即"以工作为中心"（Job – centered）的领导与"以员工为中心"（Employee – centered）的领导。前者的特点是：任务分配结构化、严密监督、工作激励、依照详尽的规定行事，更强调工作的技术或任务事项，主要关心的是群体任务的完成情况。后者的特点是：重视人际关系，总会考虑到下属的需要，并承认人与人之间的不同，重视人员行为反应及问题，利用群体实现目标，给予组织成员较大的自由选择的范围。以工作为导向的领导行为基本上等同于俄亥俄州立大学的结构型领导行为，以员工为导向的领导行为基本上等同于俄亥俄州立大学的关怀型领导行为。

他们研究的主要结论是员工导向的领导者与高群体生产率和高工作满意度成正相关；而生产导向的领导者则与低群体生产率和低工作满意度联系在一起。研究结论与研究者选取的研究对象即组织情境有关。后来又有学者研究认为生产部门的效率与高结构成正比，与体谅（关怀）成反比；在非生产部门情况恰恰相反。但无论在什么部门，高任务、低关怀的领导方式都会造成员工的不满情绪和对立情绪。这些结果再次证实了行为科学对以泰勒为代表的科学管理的责难。据此，利克特倡议员工参与管理。他认为有效的领导者是注重于面向下属的，他们依靠信息沟通使各个部门像一个整体那样行事。群体的所有成员（包括主管人员在内）实行一种相互支持的关系，在这种关系中，他们感到在需求价值、愿望、目标与期望方面有真正共同的利益。因此利克特认为，注重员工参与管理的程度以及在实践中坚持相互支持的程度，是领导一个群体的最为有效的方法，在制定目标和实现目标方面是最有成绩的。

四　管理方格论

在俄亥俄州立大学和密歇根大学的研究成果的基础上，美国得克萨斯州立大学心理学教授布莱克（Robert R. Blake）和莫顿（Jane Mouton）在 1964 年出版的《管理方格》一书中提出了二维领导理论——管理方格论，充分概括了上述两所大学的研究，并发展了领导行为的二维度观点。在这个巧妙的管理方格图上，令人醒目地表示了领导者对生产关心程度和对人的关心程度。横坐标与纵坐标分别表示对生产和对人的关心程度。每个方格表示"关心生产"和"关心人"这两个基本因素以不同程度相结合的

一个领导方式。对生产的关心表示为领导者对工作、生产、任务、目标等
事物所持的态度，例如政策决定的质量、程序与过程、研究的创造性、职
能人员的服务质量、工作效率及产品产量等。对人的关心含义也很广泛，
例如个人对实现目标所承担的责任、保持员工的自尊、建立在信任而非顺
从基础上的职责、保持良好的工作环境以及有满意感的人际关系等。这和
俄亥俄州立大学和密歇根大学的二维构面理论极为相似：（1）它也是采
取二维构面来说明领导方式：对人的关心程度（Concern for people）和对
工作的关心程度（Concern for production）；（2）它也以坐标方式表现上述
二维构面的各种组合方式。不过它把领导行为的程度划分得更为细致，两
种领导行为各有九种程度，因此可以有八十一种组合，形成八十一种不同
的领导风格，其中有五种典型的组合表示典型的领导风格。不过方格理论
只是为领导风格的概念化提供了框架，对领导情境并没有考虑，未能提供
新的知识以澄清领导方面的困惑，并且，也缺乏实质证据支持所有情境下
9·9风格都是最有效的方式。

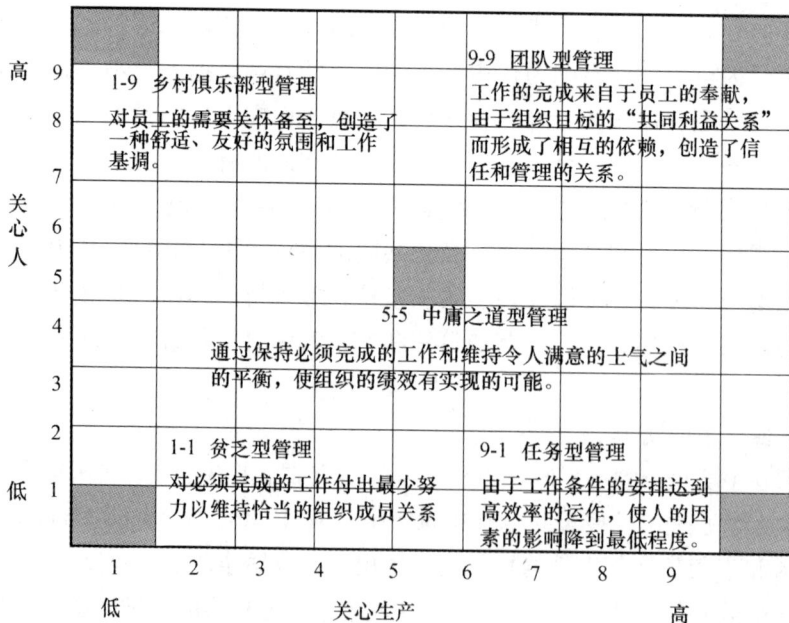

图5—3　管理方格图

五种典型的领导风格："9·1型"领导—偏重任务型。这种领导方式也被称作"权威—服从型管理"（authority - obedience）。这一种类型的领导方式只注重任务的完成，而不注重人的因素，下属变成了"机器"。这种领导是一种独断型的领导，下属只能奉命行事，一切都受到领导者的监督和控制，使下属失去进取精神，不肯用创造性的方法去解决各种问题，并且也不愿施展他们所学到的本领。最后的结果是，领导者同下属可能转向1·1型领导方式。

"1·9型"领导——一团和气型。这种领导方式也被称作乡村俱乐部型管理（country club management）。与偏重任务型的领导方式遥遥相对，即特别关心员工与下属。这种领导方式的假设是：只要员工快乐，满意度高，工作绩效自然很高。认为不管工作绩效好不好，都要首先重视员工的态度和情绪。这种领导风格的结果可能是很脆弱的，万一和谐的人际关系受到了影响，工作绩效就会随之降低。而且也没有充分的证据表明：只要员工快乐，工作绩效就一定高。

"5·5型"领导—中间型（organization man management）。它是一种不高不低、不偏不倚的领导方式，既不过分偏重人的因素，也不过分偏重任务，努力保持和谐的妥协，以免顾此失彼，碰到真正的问题，总想敷衍了事。它虽比"9·1型"领导和"1·9型"领导强些，但是，由于该领导风格回避问题和挑战，没有较高的目标追求，固守传统的习惯，没有激发员工的工作激情，从长远的观点看，会使组织逐渐落伍。

"1·1型"领导—无力型（impoverished management）。它对工作任务的关心和对员工的关心都做得很差。这种领导风格是领导者和整个组织的失败根源。在临近退休、无所事事、浑浑噩噩、极弱领导能力的领导者身上可以看到这种领导风格的影子。

"9·9型"领导—团队型（team management）。它对任务的关心和对员工的关心都达到了最高点。这种领导方式注重团队关系的维系，组织内部的人际关系处于和谐状态，能鼓励员工运用智慧和创造力进行工作，并能发挥整个团队的整体效能。这种领导方式可以获得如下良好结果：工作效率高；增强了组织的发展能力；改善了组织内部员工之间的相互关系，增进员工之间的相互了解、谅解和合作；充分发挥了团队整体力量；促进了员工的创造力和对工作的责任感。

根据管理方格论开发的管理方格培训，倡导用方格图表示和研究领导方式和风格。这种培训试图通过让领导者分析、反省和认知自己的领导行为类型以及相应的结果，通过有意识的学习、模仿和训练，把自己发展成为"9·9型"领导者，即热衷于通过高度关心生产和高度关心人两方面来取得成效的领导者。这种管理方格培训计划的假设是：具有这样一种风格就使你更容易与下属、上司以及同事一起分析小组、群体之间以及组织的问题，并有效设计解决这些问题的行动步骤。

五　斯堪的纳维亚学者的研究

学者自从 20 世纪 60 年代就把研究的视角转向对领导行为与领导情境的适应性问题，但也有学者一直关注领导行为的研究。前面的三种行为观点是在 20 世纪 40—60 年代提出来的，那个年代处于世界发展较为稳定且可预测的背景下，观点不能反映 70 年代以后变化极快的现实，斯堪的纳维亚学者假设：在变化的世界中，有效的领导者应该表现出发展导向的行为，这些领导者重视尝试的价值，寻求新方法，发动和实施变革。斯堪的纳维亚学者重新研究了俄亥俄州立大学的原始试验数据，他们发现下属对有效领导行为的描述中包括了发展因素，如"做事总愿意采用新方法"，"运用新观点解决问题"，"鼓励下属采取新活动"等。但是，这些领导行为，在当时并不能很好地解释有效的领导。斯堪的纳维亚研究者认为这是因为在那个时代里，开发新观点和实行改革并不是十分重要的，学者的研究视角也会自觉不自觉受到时代的局限，影响对研究资料的解读。然而，在 70 年代后，情况发生了根本的改变，在动态的环境中，开发新观点和实行改革十分重要，应该把第三个维度即发展维度（development orientation）（发展导向）的领导行为作为一个分离和独立的维度。具有发展导向的领导者更令下属满意，被下属评价为更有能力。

第三节　权变领导理论

犹如特质理论寻找领导者的特质一样，行为理论试图寻找一些有效的领导行为，它们欠缺的是对影响成功与失败的情境因素的考虑。情境变化时，领导风格也应相应发生变化，行为理论观点却未能看到这些情境的变化。权变理论（contingency theories）弥补了先前理论的不足，并将各种研究发现综合在一起，最重要的是把领导情境因素考虑在内，把客观情况与领导行为的相互作用视为领导活动能够成功的关键所在。"权变理论是一种关于领导过程的更加丰富的、更加互动性的概念，能够把这些分隔开来的观点（特质和行为理论）引向更加深入的研究。"①权变理论是根据系统理论的发展，从对领导情境的研究开始。最早在20世纪40年代后期，斯多格笛尔提出"权变"概念，亨普希尔于1949年出版了《领导中的权变因素》一书，但当时他们还不能完全说服领导行为研究者，权变领导理论在20世纪50年代形成，但直到60年代中期，权变研究方法才得到全面发展，并开始成为主流领导学术研究领域，权变领导理论极大地促进了领导问题研究的发展速度和发展规模。

　　所谓权变是指行为主体根据情境因素的变化做出适当的调整，意味着一事物依赖于其他某些事物。从领导学看来，权变领导是指领导者应该根据情境因素选择有效的领导方式，领导者要进行有效领导，必须在领导行为/风格和领导情境之间找到平衡。权变领导模型框架往往分为三大部分：第一部分是研究领导行为类型；第二部分研究主要的领导情境，不同的研究者有不同的关注视角；第三部分是领导行为必须适应特定的领导情境的需要才可能有效，即研究领导行为与领导情境的匹配性问题。领导风格与有效性之间的关系表明，X（风格）—A（情境条件）—领导有效；H（风格）—B（情境条件）—领导有效；L（风格）—C（情境条件）—领导有效，即在A情境下，X（风格）有效；B情境下，H（风格）有效；C情境下，L（风格）有效。这说明了三点：（1）领导的有效性依赖于情境因素。（2）这些情境条件可以被分离出来。（3）这些领导行为可以被发现。如果把领导有效性作为因变量，领导行为作为自变量，领导情境作为调节变量的话，在权变理论的发展过程中，人们经常使用的调节变量有：工作的结构化程度、领导者与组织成员关系的质量、领导者的职位权力、下属角色的清晰度、团队、组织规范、上司、组织结构、组织文化等。

---

　　① 乔恩·L. 皮尔斯、约翰·W. 纽斯特罗姆：《领导者与领导过程》，北京华译网翻译公司译，中国人民大学出版社2003年版，第29页。

一　费德勒权变领导理论

（一）费德勒权变领导模型

从 1951 年起，经过 15 年的调查研究，费德勒（F. E. Fiedler）在这期间发表了一系列的研究成果，提出了"有效领导的权变模式"①。权变模型（Fiedler contingency model）指出，有效的群体绩效取决于以下两个因素的合理匹配：与下属相互作用的领导者的风格；情境对领导者的控制和影响程度。

1. 确定领导风格。费德勒对领导风格的分类是在俄亥俄州立大学和密歇根大学研究成果的基础之上进行的，把领导风格分为任务取向型和关系取向型。他认为一个人的领导风格是固定不变、与生俱来的。费德勒开发了一种工具，叫最难共事者问卷（least preferred coworker questionnaire，LPC），用以测量领导者个体是任务取向型还是关系取向型。费德勒相信影响领导成功的关键因素之一是个体的基础领导风格，LPC通过领导者对最难共事的同事的态度，区分领导者的领导风格，即描述领导者对妨碍目标完成者的情感反应。如果把最难共事的同事描述得比较积极，LPC 的分数将会比较高，费德勒称 LPC 高的为"关系取向型"，表明对不好相处的员工的态度更容忍些，也表明领导者很需要好的社会关系，是"以人为中心"的领导者。领导者与下属共同决策，领导者的主要角色是为下属提供便利条件与沟通。

如果领导者对最难共事的同事的看法比较消极，领导者可能主要感兴趣的是生产和绩效，LPC 得分会比较低，LPC 低的表明对不满意的员工会很抵触，并且表明这位领导者非常需要任务的完成、赏识和回报。领导者告诉下属干什么、怎么干以及何时何地去干，其强调指导（指示）性行为。费德勒把这种领导风格称为"以任务为中心"，也称"任务取向型"。根据费德勒的研究约 16% 的人处于中间水平，即处于"关系取向型"和"任务取向型"的中间状态。

2. 确定情境的"有利性"或"可控性"。费德勒列出了三项维度对领导情境进行评估，他认为这是确定领导有效性的关键要素。它们是领

---

① 姜法奎、刘银花：《领导科学》，东北财经大学出版社 2002 年版，第 64 页。

导者—成员关系（leader – member relations），指领导者对下属信任、信赖和尊重、喜爱的程度；任务结构（task structure），指工作任务的程序化程度；职位权力（position power），指领导者拥有的法定权力变量（如聘用、解雇、训导、晋升、加薪）的影响程度。费德勒对每一种情境都进行"有利"和"不利"两种分类，这样共组合出来八种情境，这八种情境可归类为有利、中等、不利三种情境。有利性情境或高度控制的情境表现为：领导者—成员关系越好，任务结构程度越高，职位权力越强，则领导者拥有的控制和影响力也越高。领导者的话就是"法"，下属人员期望领导者告诉他们去做什么，工作非常程序化，而且领导者能很容易地给追随者解释这套程序，因此它能很有效地得到实施。如果没有领导者的主动干预和控制，工作小组就会瓦解。不利的情境或控制程度低的情境：领导者既不能雇人也不能解雇人，要做的工作是非常规化的。

3. 领导风格与情境的匹配。费德勒的研究结论是：在有利和不利的领导情境下，任务取向型的领导风格有效；在中等领导情境下，关系取向型的领导风格有效。按照费德勒的观点，个体的领导风格是稳定不变的，因此提高领导者的有效性实际上只有两条途径：第一，可以替换领导者以适应情境。第二，可以通过调整下属、改变任务结构、调整职位权力等措施改变情境，以适应领导者。

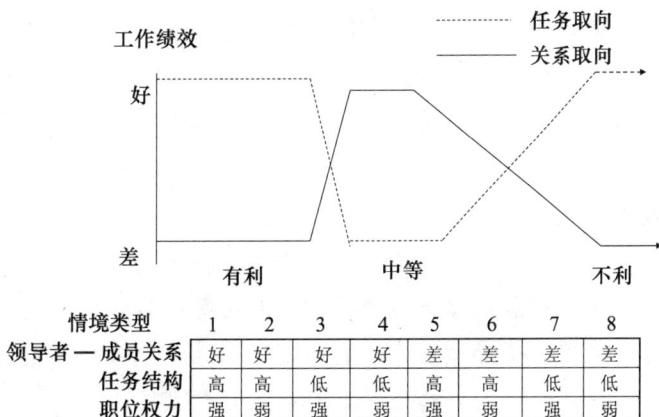

情境类型	1	2	3	4	5	6	7	8
领导者—成员关系	好	好	好	好	差	差	差	差
任务结构	高	高	低	低	高	高	低	低
职位权力	强	弱	强	弱	强	弱	强	弱

图 5—4　费德勒权变领导模型

领导者匹配培训指训练领导者如何确定自己的领导风格并适应特定领导情境的一种培训计划。这项培训基于以下的假设：领导者能够控制局面的程度决定了到底是采取"以人为中心"的领导风格合适，还是"以任务为中心"的领导风格合适。培训从三个方面展开：首先，测定领导者的 LPC 分值，使他们知觉自己的领导风格；其次，评估他们的领导情境状况；最后，如何改变领导情境使之与自己的领导风格更匹配。

从某种意义上说，费德勒权变领导模型属于过时的特质理论，因为 LPC 问卷只是一份简单的心理测验。然而，费德勒走得比忽视情境的特质论和行为论远得多，他将个性评估与情境分类联系在一起，并将领导效果作为二者的函数进行预测，要比领导特质论和领导行为论更符合复杂的领导实践，这是费德勒的最大贡献。后来的一些研究者发现 LPC 比较稳定，一些研究者则发现同一领导者的这个分值在不同时间变化很剧烈，让领导情境去适应领导可能会像打移动靶，代价高。还有些证据表明，团队的业绩可以比其他途径更有效地影响领导者的 LPC 分值和领导—成员关系。

（二）认知资源理论：费德勒权变领导模型的新发展

1987 年费德勒及其助手乔·葛西亚（Joe Garcia）认为大多数流行的有关领导问题的理论忽视了领导者的智能、技能和经验这样一些变量。他们提出了认知资源理论，试图解释领导者通过什么而获得了有效的群体绩效这一过程。所谓认知资源是指智能、技能以及经过正规培训或从工作中得到的与工作有关的知识。认知资源理论基于两个假设：第一，聪明而有能力的领导者在制订计划、决策和行动战略上要比那些智力和能力较差者更有效。第二，领导者通过指导型行为传达他们的计划、决策和行动战略。在此基础上，费德勒和葛西亚进行了三项预测，阐述了压力和认知资源对领导有效性的重要影响：第一，在支持性、无压力的领导环境下，指导型行为只有与高智力结合起来，才会导致高绩效水平；第二，在高压力环境下，尤其在人际关系压力下，工作经验与工作绩效之间成正相关；第三，在领导者感到无压力的情境中，领导者的智力水平与群体绩效成正相关。

领导者认知资源理论印证了科特的"年轻干部晋升太快，容易出现权力空隙"的权力观点，年轻干部往往凭借很好的教育背景、杰出的智力和能力、突出的业绩获得快速晋升，即凭借智力/专业技术类认知资源晋升，但他们往往越少足够的工作经验、人际交往能力、丰富的关系网络和足够的资历、威望等个人权力（工作和社会经验类认知资源），而为完成职责不仅需要法定权力，还需要丰富的个人权力，但年轻干部恰恰缺乏这些丰富的个人权力，由此形成了个人权力空隙。在高压力环境下，尤其在人际关系压力下，问题的解决恰恰更为依赖这些个人权力或社会经验类认知资源，那么快速晋升的年轻干部由于缺乏这些认知资源或个人权力，往往遭遇危险的权力陷阱。

二　情境领导理论

保罗·赫塞（Paul Hersey）博士与肯尼思·布兰查德（Kenneth Blanchard）博士于 1981 年提出了情境领导理论（situational leadership theory）。赫塞于 1985 年在美国出版了《情境领导者》，该书是美国 1985 年的畅销书。这一理论是对卡曼于 1966 年创立的生命周期理论的发展。生命周期理论的背景是取自俄亥俄州立大学二维构面模式中的"四分图"，同时吸取了阿吉里斯的成熟—不成熟理论。

表5—2　　　　　　　　　　阿吉里斯的成熟—不成熟连续体

不成熟的表现	成熟的表现
消极	积极
依赖	独立
对工作的兴趣肤浅	对工作的兴趣浓厚
有限的行为（办起事来方法少）	多样的行为（办起事来办法多）
目光短浅	目光长远
低的、从属的职位	高的、显要的职位
缺乏自知之明	自我意识强

有效率的方式

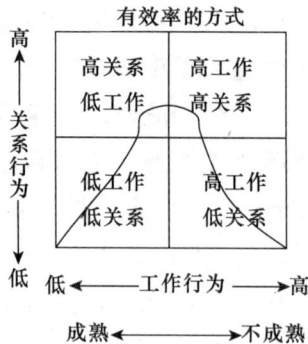

图5—5 卡曼的生命周期理论

（一）四种领导风格

情境领导理论使用的两个领导行为维度与费德勒的划分相同，即任务行为和关系行为。任务导向型行为着重确保被领导者利落有效地完成他们的工作。关系导向型行为着重于倾听、鼓励、支持和关心追随者的福利。但是，赫塞与布兰查德更向前迈进了一步，他们认为每一维度有高有低，从而组合成四种具体的领导风格：指示、推销、参与和授权。（1）指示（高任务—低关系）：领导者定义角色，告诉下属干什么、怎么干以及何时何地去干，其强调工作指导性行为。（2）推销（高任务—高关系）：领导者同时提供指导性行为与支持性行为，也称"说服式领导方式"。（3）参与（低任务—高关系）：领导者与下属共同决策，领导者的主要角色是给下属提供便利条件和沟通，领导者与下属有大量的关系互动，但下属在完成工作时有较大的自主权。（4）授权（低任务—低关系）：领导者提供极少的工作指导和关系支持，由下属独立完成工作。

（二）领导情境分析

在组织中调整任务结构和权力因素不容易，但调整下属相对较容易。领导活动的关键是下属们接纳还是拒绝领导者，最终，无论领导者做什么，其效果都取决于下属的活动。然而这一重要维度却被众多的领导理论所忽视或低估。情境领导理论是一个重视下属的权变理论，下属的成熟度水平是该理论关注的唯一一个权变变量，根据个体完成任务的能力和意愿的程度，将下属成熟度划分为四个阶段：

R1：下属对于执行某任务既无能力又不情愿，他们既不胜任工作又不能被信任。

R2：下属缺乏能力，但却愿意从事必要的工作任务，他们有积极性，但目前尚缺乏足够的能力和技能。

R3：下属有能力却不愿意干领导者希望他们做的工作。

R4：下属既有能力又愿意干他们做的工作。

（三）下属成熟度与领导风格的匹配

在 R1 阶段中，下属需要得到明确而具体的指导。在 R2 阶段中，领导者需要采取高任务和高关系行为。高任务行为能够弥补下属能力的欠缺，高关系行为则试图使下属在心理上"领会"领导者的意图。在 R3 阶段中出现的激励问题运用支持性、非指导性的参与风格可获最佳解决。最后，在 R4 阶段中，当下属的成熟度水平较高时，领导者不但可以减少对活动的控制，还可以减少关系支持行为。领导者不需要做太多事情，可以给予下属充分的授权，因为下属既愿意又有能力承担责任。

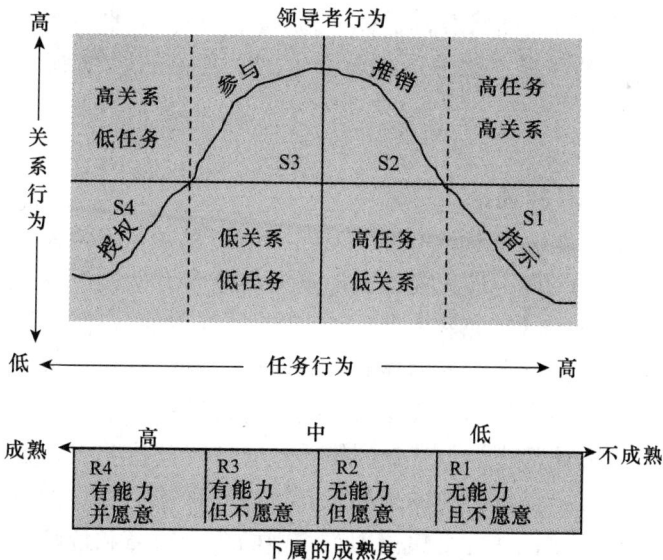

图5—6　情境领导模型

一方面，学术界对情境领导理论多有批评，有学者称情境领导理论是一个最弱的权变模式，认为情境变量少，仅仅关注下属，成熟度的概念界定不清，结论缺乏实证支持。后来的研究证据也比较混杂，有的研究认为关于 S1 的研究结论是对的，关于 S4 的研究结论是错的；有的研究认为授权型和指示型行为都呈现低满意度和低忠诚度。也有的评论认为，在现实的组织生活中，很少有员工完全缺乏能力或特别有能力和工作意愿，以至于不需要监督，这意味着最普遍的领导风格应该是推销型或参与型。赫塞博士也曾经说：如果你仔细审视一下情境领导模式图，你会注意到各种行为永远不会为零。领导者通常的行为都是关系行为和任务行为的组合，而四种领导模式的区别就在于这两种行为在具体应用中的比例。但是，另一方面，正如赫塞所说，理论是供学者分析的，但是情境领导是一个可以操作的模式，拥有非常友好的界面。有的学者认为，关于下属成熟度的分析很有见地，直觉上的吸引力强，容易为领导者所接受，对领导者很有启示，情境理论对实践产生的影响超过了其他许多理论。情境领导理论被广大领导培训专家所推崇，并常常作为主要的培训手段而应用。目的是让受训者在训练的过程中学习通过员工的年龄、入职时间、职业生涯阶段、员工的工作任务和目标变化等因素逐步准确判断出员工的成熟状态，了解"领导风格是他人眼中的你，而不是自我感觉"[1]，从而采取相适应的领导方式，提高自己的领导力，最终提高工作绩效。

三　路径—目标理论

路径—目标理论（path - goal theory）由加拿大多伦多大学教授埃文斯（Evans）于 1970 年最先提出，加拿大多伦多大学教授罗伯特·豪斯（Robert House）加以扩充和发展，于 1971 年开发的一种领导权变模型，这一模型从俄亥俄州大学的领导研究和期望理论中吸收了重要元素。路径—目标理论已经成为当今最受人们关注的领导观点之一。

路径—目标理论认为，有效的领导者通过明确指明工作目标和实现工作目标的途径，提供必要的指导和支持以确保他们各自的目标与组织的总体目标相一致，并为下属清理路途中的各种路障和危险，帮助下属顺利达到他们的目标。该过程的期望结果包括成功绩效、工作满意、认可领导者和更强的工作动机。该理论涉及三个主要因素：

第一，设置目标，建立目标方向。目标在路径—目标过程中扮演着

---

① 章义伍：《共赢领导力》，北京大学出版社 2004 年版，第 133 页。

一个重要的角色。目标设置（goal setting）的基本假定是人类行为是目标导向的。组织成员需要感觉到他们的目标是有价值的，并且可以在现有的资源和领导条件下达到该目标。如果对目标缺乏共识，不同的成员会走向不同的方向。目标设置是取得成功绩效的标的，包括短期的和长期的，它可以用来检测个体和群体完成绩效标准的情况。

第二，领导过程即路径改善。目标设置的步骤代表了路径—目标领导过程的一半。另一半就是实质的领导过程，也是通向目标路径改善的过程，以确保实现目标。领导者不仅要明确路径，即领导者工作的重要部分就是向下属明确指出什么样的行为有可能导致目标的实现，而且还要根据一些权变因素的需要选择领导行为，提供有效的工作绩效所必需的指导、支持、参与、鼓励和奖励，领导者的工作就是利用组织结构、帮助组合资源、预算、权力、消除环境限制和心理支持等手段，消除达成绩效的障碍，建立有助于员工实现组织目标的工作环境。

第三，满足下属需要的奖励。使下属的需要满足与有效的工作绩效联系在一起。领导者确认员工的需要，提供合适的目标以后，通过明确期望与工具的关系，将目标实现与报酬联系起来。领导者通过奖励把下属的个人目标和组织目标结合起来，必须引导下属走上一条能够使下属和组织双方都满意和受益的道路。

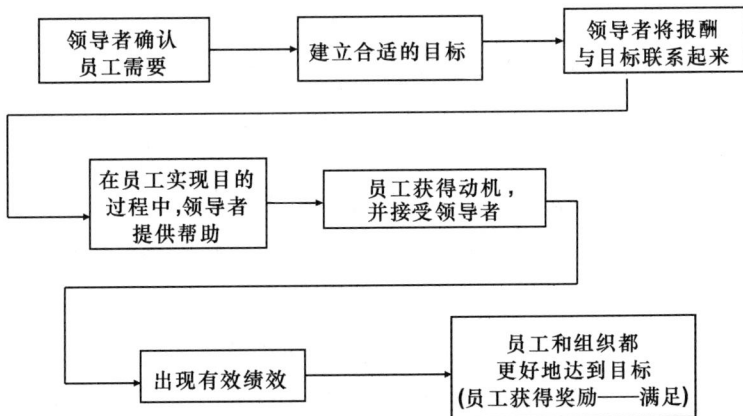

图5—7　路径—目标领导过程

资料来源：刘建军：《领导学原理——科学与艺术》，复旦大学出版社2001年版，第46页。

（一）四种领导风格

豪斯确定的四种领导行为是：

1. 指导型领导，让下属知道期望他们的是什么，以及完成工作的时间安排，并对如何完成任务给予具体指导，减少角色的模糊性。这种领导类型与俄亥俄州立大学的结构维度十分近似。

2. 支持型领导，领导十分友善，增强下属自信，提高下属个人在工作中的价值，并表现出对下属需求的关怀。这种领导类型与俄亥俄州立大学的关怀维度十分近似。

3. 参与型领导，与下属共同磋商，并在决策之前充分考虑下属的建议，减少模糊性，阐明期望值，提高下属与组织目标的一致性，增强对组织目标的参与和承诺。

4. 成就取向型领导，设置有挑战性的目标，增强下属的自信心，并期望下属实现自己的最佳水平，体现和增强个人在为组织目标努力中的价值。

（二）权变因素

作为领导行为与结果之间关系的调节变量，路径—目标理论的两类权变因素是：

1. 下属控制范围之外的情境，如任务结构、正式权力系统以及工作群体特征。

2. 下属个体特征，如知觉控制点、经验和感知到的能力。下属的个人特点决定了个体对组织环境和领导者的行为特点如何解释。

（1）知觉控制点，是指人们对于发生在他们身上的许多事情的原因有不同的观点，外控者把他们生活中的事件看作是一种外部压力作用的结果。比如员工对自己成就来源的不同观点，如果员工认为自己的成就是来自于个人努力，这是内部知觉控制点，这种个性的员工更适合于参与风格；如果员工认为自己的成就是来自外部力量，这属于外部知觉控制点，这种个性的员工更适合于指导型方法。

（2）经验与员工接受他人影响的意愿有关。如果员工的经验不足，往往愿意接受他人的影响，则指导型领导行为更能取得成功；如果员工经验丰富，往往愿意接受他人影响的意愿较低，则更适合于参与型领导风格。

（3）感知到的能力即自我觉察的任务能力，相当于自我效能感，对自身能力更加自信的员工适合于支持型领导；相反，对自身的任务能力缺乏自信的员工更易受到成就取向型领导者的影响。

（三）领导风格与权变因素的匹配

路径—目标理论指出，要想使下属的产出最多，情境因素决定了作为补充所要求的领导行为类型，当领导者行为的提供与情境因素的需要相比重复多余或领导者行为与下属特点不一致时，效果均不佳。

1. 领导风格与工作环境类情境因素的匹配。与具有高度结构化和安排完好的任务相比，当任务不明或压力过大时，指导型领导会带来更高的满意度；当任务结构不清时，成就取向型领导将会提高下属的期待水平，使他们坚信努力必会带来成功的工作绩效；当下属执行结构化任务时，支持型领导会带来员工的高绩效和高满意度；组织中的正式权力关系越明确、越官僚化，领导者越应表现出支持型行为，适当减少指导型行为；当工作群体内部存在激烈的冲突时，指导型领导会带来更高的员工满意度。

2. 领导风格与下属特征的匹配。内控型下属对参与型领导更为满意；对于能力强或经验丰富的下属，指导型的领导可能被视为累赘多余；外控型下属对指导型领导更为满意。

自路径—目标理论提出后，支持型和指导型领导术语开始流行。后来学者对豪斯结论的验证性研究的结果通常是十分积极的。这些证据支持了理论背后的逻辑实质，即当领导者行为与环境结构相比是多余的或者与下属特性不一致时，领导效果均不佳。当领导者弥补了下属或工作环境方面的不足，则会对下属的绩效和满意度产生积极的影响。但是，当任务本身十分明确或下属有能力和经验处理它们而无须干预时，如果领导者还要花费时间解释工作任务，则下属会把这种指导性行为视为累赘多余甚至是侵犯。豪斯认为领导者是弹性灵活的，同一领导者可以根据不同的情境表现出任何一种领导风格。

1996 年豪斯[①]修正发展了路径—目标理论，新理论关注的因变量

---

① House, R. J., *Path - Goal Theory of Leadership*: *Lessons*, *legacy*, *and a Reformulated Theory*, Leadership Quarterly, 7, 1996, pp. 323 - 352.

从影响下属工作满意度、动机和个人绩效，扩展到影响下属的授权、满意度、能力、绩效及工作团队绩效等因素。修正后的模型提出了阐述型、参与型、成就导向型、工作便利型、支持型、交往便利型、团队决策型、代表和网络型、超凡魅力型、共享型等十种领导行为，并将领导行为分为基本的领导者行为和具体的领导者行为，陈述了二十六项建议。他将不同类型的领导者行为和情境特征与个人和团队的工作结果联系起来，包括考虑领导行为对追随者的即时（短期影响）和长期效果。

四　领导者参与模型

1973 年维克多·弗罗姆（Victor Vroom）和菲利普·耶顿（Phillip Yetton）提出了领导者参与模型（leader – participation model），90 年代弗罗姆和亚瑟·加哥（Arthur Jago）对该模型又做了修订，并运用计算机程序简化了模型的复杂性。该模型关注决策这一重要的领导行为，他们发现解决问题的情境因素不同，领导的决策模式应该不同，他们为领导者开发出一个结构化或标准化的处方，用来考察十二个主要的权变因素差异并且做出合适的决策模式反应。

（一）五种可供选择的决策模式

1. 独裁Ⅰ（AⅠ）：领导者使用自己手头现有的资料和信息独立地解决问题或做出决策。

2. 独裁Ⅱ（AⅡ）：领导者从下属那里获得必要的信息，然后独自做出决策。在从下属那里获得信息时，领导者可以告诉或不告诉他们相关的问题。在决策中下属的任务是向领导者提供必要的信息而不是提出或评估可行性解决方案。

3. 磋商Ⅰ（CⅠ），即分别磋商：领导者就决策问题与有关的下属进行个别讨论，获得他们的意见和建议。领导者所做出的决策可能受到或不受下属的影响。

4. 磋商Ⅱ（CⅡ），即团队磋商：领导者与下属们集体讨论有关问题，收集他们的意见和建议，然后领导者所做出的决策可能受到或不受到他们的影响。

5. 群体决策Ⅱ（GⅡ）：领导者与下属们集体讨论问题，一起提出和评估可行性方案，并试图获得大家一致认可的解决办法。

（二）十二个权变因素

1. 决策质量要求：这一决策的质量有多重要。

2. 承诺要求：下属对这一决策的承诺有多重要。

3. 领导者的信息：领导者是否拥有充分的信息以便做出高质量的决策。

4. 问题结构：问题是否结构清楚。

5. 承诺的可能性：如果是领导者自己作决策，下属是否肯定会对该决策做出承诺。

6. 目标一致性：解决此问题后所达成的组织目标是否是下属所认可的。

7. 下属的冲突：下属之间对于优选的决策是否会发生冲突。

8. 下属的信息：下属是否拥有充分的信息做出高质量的决策。

9. 时间的限制：是否时间紧迫而限制了领导者发挥下属的能力。

10. 地域的分散：把地域上分散的下属召集到一起的代价是否太高。

11. 激励与时间：在最短的时间内做出决策对领导者来说有多重要。

12. 激励与下属发展：为下属的发展提供最大的机会对领导者来说有多重要。

（三）评估权变因素，选择决策模式

领导者通过依次评估并回答 12 个权变因素的相关问题，检测决策面临的一系列情境问题，然后确定下属的参与程度。举例说明：第一个问题是：这个决策对组织有多重要？如果答案是"重要"，领导者就继续回答下属对这一决策的认同、承诺和参与有多重要？如果答案是"重要"，下一个问题就是领导者掌握的信息量是否能保证高质量的决策，如果答案是"不能"，下一个问题就是需要解决的问题的结构是不是清楚，如果答案是"不清楚"，领导者下一个需要检测的问题是下属的承诺可能性，如果答案是"是，可能性大"，那么领导者选择磋商Ⅱ（CⅡ），即团队磋商的决策模式即可。

QR 质量要求：这一决策的技术质量有多重要。
CR 承诺要求：下属对这一决策的承诺有多重要。
LI 领导者的信息：是否拥有充分的信息做出高质量的决策。
ST 问题结构：问题是否结构清楚。
CP 承诺的可能性：如果是你自己做决策，你的下属肯定会对该决策做出承诺吗？
GC 目标一致性：解决此问题后所达成的组织目标是否是下属所认可的。
CO 下属的冲突：下属之间对于优选的决策是否会发生冲突。
SI 下属的信息：下属是否拥有充分的信息做出高质量的决策。

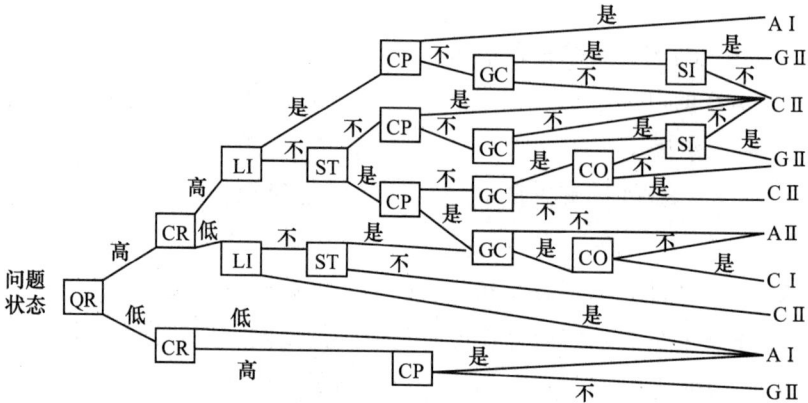

图 5—8 修订的领导者参与模型

领导者参与模型的可用性是基于至少三个假设基础之上。（1）假设领导者可以按照标准对实际问题进行准确的分类。（2）它假设在每个重要决策时，领导者能够并且愿意调整领导风格以适应权变情境。（3）它假设下属可以正式接受应用于不同问题的不同领导风格，以及领导者对当前情境分类的有效性。如果以上假说都是有效的，则该模型可以极大地帮助领导者选择合适的决策模式。

权变理论的产生，起源于系统理论的发展。奥地利人贝塔朗菲（L. Von. Bertalanffy）于 1945 年发表《关于一般系统论》，系统是指相互作用着的若干要素的复合体，系统具有整体性，并受环境影响。系统理论强调从整体出发而不是从局部出发去研究事物。弗里蒙特·卡斯特（Fremont E. Kast）、罗森茨韦克（James E. Rosenzweig）和约翰逊（Richard A. Johnson）等美国管理学家在一般系统论的基础上建立起来的系统管理理论应用系统理论的范畴、原理，对企业和其他组织的管理活动和管理过程进行全面分析和研究。权变理论的基本观点认为，不存在一成不变、普遍适用的最佳管理理论和方法，组织管理应根据组织所处的内部和外部条件随机应变。权变领导理论主张对与领导活动相关的组织内外部因素进行系统分析，并把内部和外部环境等因素看成是自变量，把领导思想、领导方式看成是因变量，因变量随自变量的变化而变化。领导者应根据自变量与因变量之间的函数关系来确定一种最有效的领导方式。领导权变理论是继领导者行为研究之后发展起来的领导学理论，在其出现后即以它特有的魅力而使以往的领导理论黯然失色。这一理论的出现，标志着现代西方领导学研究进入了一个新的发展阶段。权变领导理论的四大贡献在于：

第一，权变领导理论统合了领导活动的复杂性，更符合领导活动的现实。领导者特质研究和领导者行为研究皆以领导者为出发点，而以领导者个人之内在素质或行为来探究领导现象，不同程度地忽略了与领导活动相关的领导情境的重要作用，尤其是忽略了被领导者在领导过程中的作用。20 世纪 60 年代初，人们逐渐地认识到，要找到一个适合于任何组织、任何性质的工作和任务、任何对象的固定的领导特质、领导行为和领导风格类型是不现实的，明白了组织的领导活动应根据组织所处的内部和外部条件随机应变，普遍认为领导过程是领导者、追随者及其情境因素的方程式，即领导的有效性 = f（领导者、追随者、情境）。权变领导理论研究把领导者个人特质、行为者行为及领导环境相互联系起来，从而创造了一套比较完善的领导理论体系。[①] 由于领导活动相关的环境因素可能成千上万，由于人的有限理性、时间等因素的限制，人们不可能穷尽所有的环境因素评估，于是把复杂的领导活动降低到一种易于理解的水平，权变领导理论不是捕捉领导问题的所有复杂方面，而是抽取其中的重要特点，并在此基础上建构简化的模型。换句话说，不评估所有的环境因素，而只是重点关注即时的、具体的、直接与领导行为相关的一些情境因素，经常被研究者关注的情境因素有下属、工作和任务、职位权力、团队、上司、组织结构、组织发展阶段和组织文化等。

第二，权变领导理论为人们提供了有效的领导思维方式。由于领导本身是一种极为复杂的社会现象，加之研究者的观点和研究方法的不同，不论是领导者特质研究还是领导者行为研究，所得研究结果都矛盾

---

① 郑晓明：《领导权变论：西方领导理论的主流》，《中国人才》1999 年第 11 期。

丛生，使实际领导工作者有无所适从之叹。权变领导理论的突破之处在于："领导者的素质、领导方式是组织的环境及其要求决定并引出的，而且由组织环境来评价"①，由于权变领导理论以统合之方式和权变之观点解释了领导现象的复杂性，吸收了前人的有益研究成果，从而为人们提供了研究领导现象的新途径和提高领导效能的新方法，这就在很大程度上拉近了领导理论与领导实际的距离，满足了组织中的领导者对领导理论的需要，为他们提供了有效的领导思维模式，即任何一个领导者都需要首先分析下属特征和其他领导情境，评估下属和情境对领导行为的需求，然后提供恰当的直接领导行为，或者调整情境和下属因素，以使他们适应领导行为，或者利用情境和追随者的特征对追随者产生影响，用这种间接的领导行为替代领导者的直接领导行为。

第三，权变领导理论使领导具有更强的艺术化色彩。领导者特质研究重点在于分析领导者应具备的各种特质，以此作为选拔领导者的依据，而没有涉猎领导方法之领域。领导者行为研究虽已涉足领导方法领域，但其研究旨趣是企图从众多的成功领导者的行为中概括出一套放之四海皆适用的领导方式。而权变领导理论则以领导者个人特质、领导者行为及领导情境交互影响来解释领导现象，否认有普遍适用的领导方式的存在，认为任何领导方式在与领导情境作适当搭配下，均可能成为最有效能的领导方式。另外，领导者能借助很多情境和追随者特征去有效地影响追随者，这意味着领导者可以自己有所作为，也可以调整下属和其他情境特征适应自己的领导行为，也可以用下属和情境特征去影响下属。总之，权变领导理论可以指导领导者对领导者、追随者特征和领导情境进行修正，可以采用更为广泛的途径和艺术化的领导方法去处理追随者问题却仍能取得有效结果。

第四，权变领导理论使人们对领导的判断不再局限于个人经验和个人的价值标准，而更为强调领导的有效与无效之分。领导者特质研究重点在于分析领导者应具备的优秀特质，这些特质非领导者是不具备的，以此作为选拔领导者的依据。领导者行为研究试图找到最好的领导行为模式，在实际的组织生活中，人们也往往用"好的领导者"、"坏的领

① ［美］乔恩·L. 皮尔斯、约翰·W. 纽斯特罗姆：《领导者与领导过程》，北京华译网翻译公司译，中国人民大学出版社 2003 年版，第 29 页。

160

导者"、"喜欢的领导"、"讨厌的领导"或"道德的领导"、"不道德的领导"等这样的个人经验和价值偏好来评价领导者。然而，权变领导理论则以领导者个人特质、领导者行为及领导情境交互影响来解释领导现象，否认有普遍适用的最好的领导方式存在，认为任何领导方式在与领导情境作适当搭配下，均可能成为最有效能的领导方式。因此，自权变领导理论产生之后，领导方式便无好坏之分，只有有效与无效之分，这使领导理论更切合实际领导工作者和组织的需要。

第六章　当代领导理论

第一节　变革型领导

一　变革型领导理论的提出

知识经济和全球化使组织处于高度竞争和动态的环境中，组织从具体型目标向战略型目标转变，从规模发展向组织创新转变，从事本管理向人本领导转变，从集权式管理向授权式领导转变，领导面临的挑战是如何使大多数人感觉到自己与工作有关或热情百倍、满怀激情地投入工作。传统交易型领导的观点是"你接受报酬，做我让你做的事，怎样干和为什么干与你无关"。但在竞争较过去远为激烈的今天，这种员工为了获得报酬而工作的交易性观点正日益成为过时的东西。全新的领导概念与时代是紧密联系的，在这种时代背景下，变革型领导理论应运而生。

尽管系统地开展领导理论的研究可以追溯到 20 世纪初，但是在 20 世纪 80 年代提出来的变革型领导理论却引发了领导理论研究的革命，成为近 20 多年来领导理论研究的热点问题，且已成为领导理论研究的新范式。1978 年，政治社会学家伯恩斯（J. M. Burns）在其经典著作 *Leadership* 中，对政治型领导进行定性分类研究的基础上，提出领导过程应包含交易型和变革型两种领导行为，指出领导是一个连续体，连续体的一端是变革型领导（Transforming Leadership）（又译为转换型领导），另一端是交易型领导（Transactional Leadership），他认为前者的特征是强调改变，后者的特征是强调交换。这一分类为领导行为的研究开辟了新思路。1985 年，伯纳德·巴斯（Bass）发展了伯恩斯的概念，正式提出了交易型领导行为理论和变革型领导行为理论，指出变革型领导和交易型领导并不是一个连续体的两端，而应该是两个独立的概念。变革型领导通过让下属意识到所承担任务的重要意义，激发下属高层次需要，建立互相信任的氛围，促使下属为了组织、团队和部门的利益而牺牲自己的利益，并达到超过原来期望的结果。变革型领导对与其一起工作的人的基本态度是：我相信你并对你的专业能力和敬业精神充满信心，我们将共同分享关于我们的理想、目标和业绩表现的信息，在你对我们共同的成功做出有意义的贡献时，你将获得愉悦和自我实现的满足。

二 交易型领导行为理论

20 世纪 80 年代以前创立的领导行为理论和权变理论都是以交易型领导行为为基础，领导行为常被理解为一种交易或成本—收益交换的过程。交易型领导行为理论的基本假设是：领导与下属间的关系是以两者一系列的组织制度规定的交换和隐含的心理契约为基础。该领导行为以奖赏的方式领导下属，当下属完成特定的任务后，便给予承诺的奖赏，整个过程就像一项交易。交易型领导行为的主要特征有：（1）领导者通过明确角色和任务要求，指导和激励下属向着既定的目标活动，领导者向下属阐述绩效的标准，意味着领导者希望从下属那里得到什么，如满足了领导的要求，下属也将得到相应的回报；（2）以领导者和组织管理的权威性和合法性为基础，完全依赖组织的奖惩来影响员工的绩效；（3）强调工作标准、任务的分派以及任务导向目标，倾向于重视任务的完成和下属的遵从。由此可见，交易型领导行为更像狭义的管理范式。

伯恩斯认为，交易型领导行为建立在一个利益交换过程的基础上，主要包括权变与非权变性两种奖励行为和权变与非权变性两种惩罚行为，实施不同的奖励和惩罚会导致不同的结果。所谓权变性奖惩是指根据下属的绩效进行奖励和惩罚；非权变性奖惩是指领导进行奖罚时不依据下属的绩效。巴斯则将交易型领导行为分为权变奖励领导行为（contingent reward leadership）和例外管理（management by exception）领导行为两种，并随着领导者活动水平以及下属与领导相互作用性质的不同而不同。所谓权变奖励领导行为是指领导和下属间的一种主动、积极的交换，领导认可下属完成了预期的任务，下属也得到了奖励。例外管理领导行为则指领导借助于关注下属的失误、延期决策、差错发生前避免介入等，与下属进行交换，并按领导者介入时间的不同分为主动的和被动的两种类型。主动型的例外管理领导者，在下属开始工作时，就向下属说明具体的标准，并以此标准监督差误，一般在问题发生前，持续监督下属的工作，以防止问题的发生。同时，一旦发生问题，立即采取必要的纠正措施，当然也积极搜寻有可能发生的问题或与预期目标偏离的问题。被动型的例外管理领导者，则往往在问题已经发生或没有达到规定的标准时，以批评和责备的方式介入。一般情形下，领导者一直等到任务完成时才对问题进行确认，并以此提醒下属，也往往在错误发生后才说明自己的标准。当下属所处的工作以及环境已不能为下属提供激励、指导和带来满意感时，这种领导行为才具有效率。

交易型领导行为理论已得到了广泛的验证，如路径—目标理论、领导—成员交换关系理论。这些理论都强调环境因素对领导行为产生缓冲效应的重要性，也注意到了领导—下属这对关系，并认为应运用综合性指标对其进行测量，以便能预测领导行为对个体的作用。

三　变革型领导行为理论

变革型领导行为是一种领导向下属灌输思想和道德价值观，并激励下属的过程。在这一过程中，领导除了引导下属完成各项工作外，常以领导者的个人魅力，通过对下属的激励、刺激下属的思想、对他们的关怀去变革下属的工作态度、信念和价值观，使他们为了组织的利益而超越自身利益，从而更加投入于工作之中。该领导方式可以使下属产生更大的归属感，满足下属高层次的需求，获得高的生产率和低的离职率。变革型领导行为的前提是领导者必须明确组织的发展愿景和宏大的目标，下属必须接受领导的可信性。变革型领导行为的主要特征有：（1）超越了交换的诱因，通过对下属的愿景感召和人格魅力感染，鼓励下属为组织的目标以及组织愿景超越自我的利益，激发个人潜能，实现预期的绩效目标；（2）集中关注较为长期的目标，强调以发展的眼光，改变和调整整个组织系统，为实现预期目标创造良好的氛围；（3）鼓励下属发挥创新能力，通过工作指导和智力激励，引导下属不仅为了组织的发展，也为了自身的发展承担更多的责任，在达成组织目标的同时，实现个人的成长；（4）以领导者的领导力为基础，依赖领导者和组织的感召来影响员工的绩效。由此可见，变革型领导行为更像狭义的领导范式。

巴斯不仅进一步明确了变革型领导的内容，而且建立了相应的评价工具，即编制了测量变革型领导的问卷——多要素领导行为问卷 MLQ（Multifactor Leadership Questionnaire），1996 年曾修订该问卷。巴斯和 Avolio（1994）提出变革型领导行为应包含以下四个维度，即"四个 I"。

1. 理想化的影响（idealized influence）。指的是领导者为追随者提供有魅力的角色榜样，通过使下属产生崇拜、尊重和信任的一些行为，包括领导者承担风险、良好的道德品质以及考虑下属的需求。变革型领导在领导下属时，以伦理和道德为准则，与下属共同分担风险，考虑下属的需求胜过自己的需求。他们还向下属提供思想观念，解释任务的意义，引发自豪感，由此获得下属的钦佩、尊重与信任。因为领导者具有令下属心悦诚服的特质或行为，下属对领导怀有强烈的认同，领导者与下属之间存在深厚的情感关系，下属敬佩、尊重，并信任这样的领导者，他们认同这些领导者，拥护这些领导者，并认同和拥护领导者的愿景与价值观，因而领导者成为被下属崇拜学习的理想对象，下属心甘情愿地遵照其指令完成任务，并有尽力仿效的行为倾向。

2. 感召力（inspirational motivation）。为下属提供清晰的、有感染力的、能对他们产生激励作用的目标和愿景，领导者善于用简单方式表达重要含义，包括使用一些强有力的象征以增加说服力。为追随者提供有意义与挑战性的目标，用言行来激励他们，指导他们的行为。通过为下属提供有意义且富于挑战性的工作、明确告诉对下属的工作期望、展示对组织总体目标的承诺、采取积极和乐观的工作态度等方式，激发下属的工作动机，使下属在乐观与希望中展望未来的发展，并因之产生强烈的向心力和团队精神。

3. 才智的启发（intellectual stimulation）。领导者不断用新观念、新手段和新方法对下属产生智力刺激，他们提出新主意，从下属那里得到创造性的回应，启发下属发表新见解和从新的角度或视野寻找解决问题的方法与途径，鼓励下属采用崭新的方式完成任务，通过问题假设和挑战自我使下属的创造力获得积累。变革型领导认为员工能力的发挥是组织发展的关键，所以他们鼓励下属采用全新的思想和革新性的方法解决问题。

4. 个性化的关怀（individualized considerations），指领导者仔细倾听并关注下属的需求，体恤与支持下属的个人需要，但更关注满足每一个下属的成就与成长需要。变革型领导注意听取下属的心声，尤其关注下属的成就和成长需求，针对下属的能力、个性等个别差异，区别性地对待每一个下属，赋予他们责任，使其觉得深受重视而更加努力。领导者充当教练角色，给下属以个别的关心，提供培育和指导，促进下属的思想与行为的改变。

四　交易型领导和变革型领导的比较研究

变革型领导制定明确的愿景，与下属的有效沟通使愿景深入人心，引导他们为了达成组织的目标而超越自身利益，激发下属更高层次的需求。有相当多的证据支持变革型领导优于交易型领导，变革型领导的下属工作绩效更好、对工作的满意度更高、角色冲突更少、离职率更低，其领导效果也远比交易型领导好。在联邦快递公司中，那些被下属评估为更具变革型领导的领导者，被他们的直接上级主管评估为更高成就的人和更应晋职的人。

巴斯在《领导行为手册》一书中写道：许多经验性的研究都集中于交易型领导行为的研究，这是非常遗憾的，其实真正的原动力和撼动者是变革型领导。这是因为以往的领导行为研究都把下属的绩效和满意度作为评价领导效能的结果变量，而变革型领导理论则把下属对工作任务的情绪反应、自尊、价值观以及领导者的信任和信心等作为变量。正因为此，在下属的眼中，变革型领导更具领袖魅力。单纯领袖魅力的领导仅仅是想让下属适应领袖魅力的世界就足够了，而变革型领导者则试图逐步培养下属的能力，使他们不但能解决那些由观念产生的问题，而且完全能解决那些由领导者提出的问题。因此，变革型领导又比超凡魅力型领导的适应性更为广泛，也更符合现代社会的更为独立的知识型员工的需求。

我国学者彭建华、段万春、陈朝良（2004）列表比较了交换型领导和变革型领导的一些区别（见表6—1）；姚艳虹、陈丹和李果（2005）介绍了国外学者关于交易型与变革型领导认知图式差异的研究（见表6—2）。我们可以发现在对人的假设、思维方式、个性和行为方式方面上，交易型领导与狭义的管理相似，变革型领导与狭义的领导相似，正如管理和领导既有区别，也有联系一样，区分交易型和变革型领导行为，并不意味着两者是不相关的。伯恩斯认为，这两种领导行为是同一连续体的两个极端，而巴斯认为它们是两个分开的维度，一个领导者可能既有变革型的一面，同时又具有交易型的一面，变革型领导行为以交易型领导行为为基础，但反向则不然。变革型领导行为可以说是交易型领导行为的一种特例，可以同时与一些目标和目的的实现相联系，这两种模式的不同主要表现在领导激励下属的过程中和目标设置的类型上。显然，这两种领导方式都是必要的，我们不应认为交易型领导与变革型领导是采取截然对立的方法处理问题，而应该说变革型领导是在交易型领导的肩膀上形成的，它导致的下属努力水平和绩效水平比单纯的交易观点好得多。"变革型领导的目标是彻底地'改造'人和组织——改变他们的思想与灵魂；扩大视野、增长见识、加深了解；澄清目标；使行动与信仰、原则和准则保持一致；实行生命力持久的变革。"从另外一个角度看，"变革型领导必须是母体，因为互动（指交易型领导——作者注）要在它所提供的参照标准和战略界限内进行的"①。

表6—1　　　　　　　　交易型领导和变革型领导的一些区别

交易型领导较强调	变革型领导较强调
计划	愿景/使命
分配责任	传达愿景
控制和问题解决	引起动机和激发鼓舞
创造例行事项和均衡	创造变革和革新
权力维持	赋予成员自主力
创造顺从	创造承诺
强调契约性责任	刺激额外的努力
重视理性、减少领导者对成员的依附	对成员感兴趣并靠直觉
对环境的回应	对环境有前瞻做法

资料来源：彭建华、段万春、陈朝良：《变革型领导理论述评》，《经济问题探索》2004年第9期，第107页。

---

① ［美］史蒂芬·柯维：《领导者准则》，阮江平等译，中国青年出版社2003年版，第292页。

表6—2　　　　　　　　　　　认知图式差异

项目	交易型领导认知图式	变革型领导认知图式
组织愿景 下属认知 自我认知 激励图式	具体；平庸；短期性 经济人；被动；交易性 管理者；监控；规避风险；强调效率 指导；角色澄清；任务分配 权变奖励；外滋激励	简洁；理想化；长远性指导性 社会人；自尊；独立；主动；创新 领导者；温和；考虑周全；冒险 授权；魅力影响；个人化考虑 智力刺激；内滋激励

　　资料来源：姚艳虹、陈丹、李果：《基于认知图式的领导行为及其有效性的实证研究》，《湖南大学学报》（社会科学版）2005年第5期。

　　在竞争远较过去激烈的今天，研究变革型领导行为尤为必要。但变革型领导理论实质上属于领导行为理论的范畴，虽然大大发展了斯堪的纳维亚学者的观点，拓宽了传统的领导行为理论的范围，也更好地回应了时代对变革领导力的需求，但关于变革型领导的组织内多层次理论框架以及情境适应性，仍有待进一步的研究。

第二节　愿景型领导

一　愿景型领导的提出

　　愿景的英文是vision，目前在学术界，愿景这个词有多种译法，如远景、景象、前景、理想等，但只有愿景较能贴切地表达出人们愿意追求的景象。愿景分为共同愿景（shared vision）和个人愿景。前者是指组织成员共同拥有的愿景；后者是指个人对工作、生活所持有的向往和希望。对这两者的关系正如彼得·圣吉（Peter M. Senge）所指出的那样，"个人愿景的力量来自自身对愿景的深度关切，而共同愿景的力量则来自一种共同的关切"[①]，是他们内心渴望能够归属于一项重要的任务、事业或使命。愿景型领导者是共同愿景的设计者和传播者，愿景型

---

　　① ［美］彼得·圣吉：《第五项修炼——学习型组织的艺术与实践》，张成林译，中信出版社2009年版，第203页。

领导行为是领导及其成员间的动态的、互动的过程。该过程的本质是心智互动。

　　愿景型领导这个概念是在西方领导理论和战略管理理论的基础上发展产生的。一方面，传统的组织行为文献中，领导理论关注个人与工作群体间的关系，大量研究集中于中层或基层领导，而很少关注战略型领导和愿景型领导。① 同时，战略管理研究中也忽视了企业家及其高层管理团队在战略形成、实施和控制过程中的作用。② 20 世纪 80 年代学术界③和实践界④把战略与领导相结合产生"愿景型领导"概念。1989 年 Westley 和 Mintzberg⑤ 分析了愿景领导的四个构面，即心智能力（mental capacity）、战略过程（strategic process）、战略内容（strategic content）和外部因素（external context）。他们认为愿景化过程由三个阶段构成：领导对未来组织状态的想象；领导有效地描述愿景并传递给追随者；授权使追随者能有效地演出愿景。区别于单向模型，即"愿景 vision（想法）→沟通 communication（文字）→授权 empowerment（行动）"，Westley 和 Mintzberg 把愿景型领导比作一出戏，并给出了三阶段的动态模型："练习 repetition（想法）→表演 representation（愿景）→互动 assistance（情感与行动）"。1990 年彼得·圣吉致力于学习型组织的理论与实践，认为学习型组织的领导应该是愿景型领导。1994 年詹姆斯·G. 考林斯和杰瑞·I. 波拉斯（Collins，Porras）⑥ 对 18 家愿景型企业（visionary company，又译为目光远大公司、高瞻远瞩公司）和 18 家对照企业进行了长达六年的研究，探究为什么"愿景型企业经历着一代又一代产品、一代又一代领导人却能长盛不衰"，并构建了关于愿景规划

　　① Bass，B. M.，in R. M. Stogdill's *Handbook of Leadership：A Survey of Theory and Research*，New York：Free Press，1981.

　　② Mckiernan，P.（Ed.），*Historical Evolution of Strategic Management*，Aldershot：Dartmouth Publishing Company Limited，1996.

　　③ Mendell，J. R.，and Gerjuoy，H. G.，*Anticipatory Management or Visionary Leadership：A Debate*，Management Planning，33，1984，pp. 28－31.

　　④ Kiechel，W.，*Visionary Leadership and Beyond Hold the Charisma：Boldly Setting A Course Toward Excellence May Be Bad for Your Organization's Health.*，Fortune，21（June），1986，pp. 127－128.

　　⑤ Westley，F.，and Mintzberg，H.，*Visionary Leadership and Strategic Management*，Strategic Management Journal，10，1989，pp. 17－32.

　　⑥ ［美］吉姆·柯林斯、杰里·波勒斯：《基业长青》，真如译，中信出版社 2009 年版。

的框架，描述了共同愿景化的行动步骤。

二　愿景规划框架

目前，许多组织的管理实践对愿景的理解还停留在表面分析上，如有的从特点出发，说明愿景的未来性、形象性、激励性；有的从阶段性出发，说明经过形成、沟通共享、指导行动、促进组织发展等愿景的发展性阶段；有的从组织价值和文化的角度说明，愿景是一种实现使命、融合价值的管理思路。不过，这些观点在很大程度上也促进了人们对愿景的认识和理解。愿景实质上是一种融合了组织文化、价值观和使命的、对未来发展的聚焦性展望。其本质在于愿景的个体性。不同组织的文化、价值观、发展的动力机制不同，这些因素就会必然使组织选择不同的发展道路和战略聚焦性。但许多组织处在愿景管理的低级阶段，多数组织愿景描述不够清晰，过于关注阶段性目标，把短期目标、组织文化、战略规划、战术对策当作愿景的现象比比皆是，使组织到了一定阶段后必然进入发展的高原期。

愿景领导是不确定条件下塑造未来的战略方法。可是不同的人对愿景规划有着不同的理解，根深蒂固的价值观、出类拔萃的成就、令人振奋的目标、心理契约、激励力量、存在的理由，都是人们常听到的与愿景规划相关联的词汇。考林斯和波拉斯提供了一个规范性的概念框架，能够给这个时髦但又模棱两可的概念补充明确性和严谨性，并且为清楚阐述组织中的具有凝聚力的愿景规划提供实用指南。这个规范性框架包括两个主要成分：核心经营理念和生动的未来前景。

（一）核心经营理念

核心经营理念体现的是组织的支持和主张，以及组织存在的根本原因。它是一个组织在不断发展的过程中又能保持其核心不变的动力，它界定了一个组织的经久不衰的特征——这种特征是组织的稳定标志，它超越了产品或市场的生命周期、技术突破、管理时尚和个人领袖。事实上，对于建构远见卓识的组织具有贡献的那些因素中，核心经营理念是最持久、最显著的因素。[①] 惠普公司的员工早就知道，经营活动、文化

① ［美］詹姆斯·G.考林斯、杰瑞·I.波拉斯：《构建公司的愿景规划》，《哈佛商业评论》1996年第9/10期。

规范和企业战略方面的巨大变化，并不意味着失去了惠普之道（公司的核心原则）的精神。强生公司不断地对自己的组织结构提出质疑，并改进和修补其生产程序，但同时又维护着自己体现在经营信条中的理想。1996年，3M公司廉价卖掉了自己的一些大型成熟产业（这一举措震惊了商业新闻界），为的是重新把重点集中在其永恒的核心目的上：创造性地解决那些悬而未决的难题。核心经营理念包括组织的核心价值观和核心目的。

　　1. 组织核心价值观，指一个组织的重要和永恒的信念。组织核心价值观代表组织的一系列基本的信念：从组织的角度来看，某种具体的行为类型或存在状态比与之相反的行为类型或存在状态更可取。这个定义包含着判断的成分，这些成分反映了一个组织关于正确和错误、好与坏、可取和不可取的观念。任何组织都是许多重要矛盾的综合体，比如成本与服务、成本与质量、操作与创新、常规与非常规、以制度为本与以人为本等等，诸如此类。值得我们注意的一点是，优秀组织的价值体系往往相当明显地偏重于这些矛盾中的一方。每个组织都持有若干价值观，这些价值观因其对组织的重要程度不同而有一个层次性，这个层次的排序形成了每个组织的价值系统。如中国国际航空公司的价值观系统主要是：服务至高境界；国航之旅：放心、顺心、舒心、动心；爱心服务世界，创新导航未来；满足顾客需求，创造共有价值。索尼公司在50年代时的核心价值观体系是：日本文化和国家地位的提升；成为时代先锋——不追随别人，做不可能的事；鼓励个体的能力和创造力。迪士尼公司认为核心价值观是企业的重要信条，其核心价值观体系包括：不冷嘲热讽；培养和传播"充满生气的美国价值观"；创造、梦想和想象；执著地追求持久永恒和细致入微；对迪士尼神话的保护和控制。

　　组织的核心价值观具有以下特征：（1）即使当这种价值观成为竞争劣势时，组织也会坚守它。强生公司的首席执行官拉尔夫·拉森这样说道：体现在我们经营宗旨中的核心价值观可能是竞争优势，但这并不是我们拥有它的原因。我们之所以拥有它，是因为它界定了我们的支持和主张，即便当它成为竞争劣势时，我们也会坚守它。

　　（2）没有一种放之四海而皆准的核心价值观体系，核心价值观对于组织内部成员有着内在的价值和重要性，它无须外界的评判。社会上有许多很好的价值观念，也有很多时髦的价值观，并不见得一个组织非把这些好的价值观念作为自己组织的核心价值观。例如索尼公司就没有把为顾客服务作为核心价值观，沃尔玛公司就没有把质量第一作为核心价值观，惠普公司没有把市场关注作为核心价值观，诺思壮没有把团队工作作为组织核心价值观。可以使组织生存和发展的信念有许多，组织独信什么，是来自组织内部成员，尤其是创建者的信念。迪士尼公司的"丰富想象和有益健康"，并非来自于市场要求，而是来自于创建者的内在信念。

（3）关键不在于组织应当拥有什么样的核心价值观，而在于组织是否真的拥有和信奉这些核心价值观。有的组织把"顾客是上帝"、"员工是内部顾客"作为组织核心价值观，组织的领导者认为这是正确的价值观念，但这个组织及其领导者并没有行动、制度设计和工作支持系统去体现这种价值观念，反而屡屡发生组织成员与顾客的冲突，组织领导者对员工的不尊重事件，那么这就是组织及其领导者知道什么是正确的，但自己内心并不真正信奉、拥有和践行这些价值观。

（4）组织一般只有几条核心价值观，常常是三到五条。组织核心价值观应该是经过高度概括的组织生存和发展的终极状态和如何实现之的行动原则，是组织关于存在以及如何存在的信仰和行动准则。如果一个组织信奉的价值观有几十条的话，也就谈不上是核心价值观了。

（5）价值观必须经得起时间的考验，甚至永恒不变。组织活动、经营战略、管理模式、结构、流程、行为规范等都可以随时改变，但组织不应该为了迎合市场的变化而改变自己的核心价值观；相反，如果有必要的话，应该改变市场以保持核心价值观。为顾客服务甚至达到俯首帖耳的地步，这种诺思壮的生存之道可以追溯到 1901 年。宝洁公司"对卓越产品的关注"，并不仅仅作为获取成功的战略，而是近乎一种宗教信条，这一价值观在宝洁人中传递了 150 年之久。

2. 核心目的是组织存在的根本理由而不是具体目标或组织战略。大卫·卡帕德 1960 年在给惠普员工所做的演讲中指出，企业目的触及的是一种除了赚钱之外的，公司存在的更深层理由，其深层的驱动力在很大程度上来自于要做一些事情的渴望：创造一种产品，提供一种服务。概括而言，是要做一些有价值的事情。目的永远不可能完全实现，它就好像是地平线上的启明星——是一种永远的追求，但永远也达不到。华为的追求是在电子信息领域实现顾客的梦想，并依靠点点滴滴、锲而不舍的艰苦追求，使华为成为世界级领先企业。华为以产业报国和科教兴国为己任，以公司的发展为所在社区做出贡献；为伟大祖国的繁荣昌盛，为中华民族的振兴，为自己和家人的幸福而不懈努力。① 迪士尼公司的核心目的是让人们快乐，索尼公司的核心目的是体验发展技术造福大众的快乐。追求这种快乐是永无止境的，你可以达到目标或实现战略，但不可能彻底实现目的，目的至少应该维持 100 年，具体目标或组织战略在 100 年里应该多次变化。不过，虽然目的本身不变，它却激励着变化，因为"目的永远不可能完全实现"这一事实，恰恰意味着组织不可能停止变革和发展，组织必须要在变革和发展中不停歇地追求自己的核心目的，因为这才是这个组织存在的价值和理由。

核心的目的主要作用是指导和激励。"使股东财富最大化"常常并不能激励组织中各个层级的人员。创造性地解决那些悬而未决的难题，这个目的常常把 3M 公司带进新的领域；麦肯锡公司的目的不是进行管理咨询，而是帮助企业和政府更为成功；惠普公司并不因为制造电子计量仪器而存在，而是要通过技术贡献来改善人民的生活——这个目的使他们远远偏离了最初的制造电子仪器的思路；如果迪士尼把公司的目的确定为制作动画片，而不是让人们快乐幸福，我们可能就不会有米老鼠、迪尼斯乐园；惠普人谈论的是激动人心的技术创新，他们对市场的技术贡献，对人类生活的影响；当波音公司的工程师在谈到一架令人振奋的、具有重大突破的新飞机试航时，他肯定不会说："我把全身心都投入到这项工作中，因为它将使我们的股票每股增长 37 美分。"德鲁克曾指出，面对社会的流动性日益增加、对组织生活的悲观与怀疑、经济上日益扩大的创业成分，组织比过去更需要明确地了解自己的目的，以使工作更有意义，从而吸引、激励和留住出色的人员。最好的和最具有奉献精神的员工，是彻底的志愿者，因为他们有机会做一些除了谋生之外的事情。② "一个表述得很好的宣言，往往是想象力丰富的（把人带到月球上）或者是格外简单的（成为世界上最受欢迎的航空公司）。这

---

① 《华为基本法》，2012 年 12 月（http：//baike.baidu.com/view/398119.htm）。
② ［美］约翰·P. 科特等：《变革》，中国人民大学出版社 1999 年版，第 36 页。

种宣言成为行动的指南和行动的焦点。"① 一家市场调研公司在发现自己的核心目的时，认为公司的存在是"尽我们所能，提供最好的市场调研数据"，但觉得这似乎还不是公司存在的理由，于是，他们进一步推敲，发现自己内心究竟想要的是什么，"尽我们所能提供最好的市场调研数据，可以使我们的顾客更好地了解自己的市场"，这是我们根本的目的和我们存在的价值吗？我们最终的使命是什么？我们让顾客更好地了解自己的市场又是为什么？最终他们发现了自己内心真正觉得有价值的使命是"帮助顾客了解自己的市场，从而为顾客的成功做出贡献"。当头脑中有了这种目的，这家公司现在进行产品决策时就不是基于"它能卖得出去吗"这种问题上了，而是基于"它能为顾客的成功有帮助吗"这种考虑了。这将大大激励调研公司的员工，将指导公司员工的行为模式和思维模式，当他们拿出的数据帮助顾客成功的时候，他们将感到自豪，有一种成就感。

核心经营理念是组织在成长和变革的过程中把组织聚合起来的黏合剂。在组织成员多样化、组织的规模不断扩大、跨国组织、分权、全球扩展、实行产品多元化、开发工作场所多元化的过程中，核心经营理念是一种把日益复杂的组织聚合起来的黏合剂。它犹如一个组织的信仰，把组织的各个要素凝聚在一起，"我们可以把它类比为犹太教义，若干个世纪以来，它把没有自己祖国的犹太人凝聚在一起，尽管他们分散在世界各地的犹太人居住区里"②。

核心经营理念必须是真实的，你不能伪造它。发现经营理念不是一项智力活动，不要问："我们应该持有什么样的经营理念？"而要问"我们真正充满热情地持有什么样的核心价值观？"不要把你认为组织应该拥有（而实际上却没有拥有）的核心价值观与真实存在的核心价值观混为一谈。这就比如一个人，你究竟喜欢做什么工作，而不是社会上这个职业最风光；你究竟喜欢谁，而不是别人都说他好。正如电视剧《走过幸福》中的爷爷对在两个男人中迷茫的小北所说："你要尊重自

---

① ［美］特蕾西·高斯、理查德·帕斯卡尔、安托尼·亚瑟斯：《企业彻底改造的"过山车"，以今天的冒险换取强有力的未来》，约翰·P. 科特等：《变革》，中国人民大学出版社1999 年版，第 97 页。

② ［美］詹姆斯·G. 考林斯、杰瑞·I. 波拉斯：《构建公司的愿景规划》，《哈佛商业评论》1996 年第 9/10 期。

己的内心，要坚守自己的内心"，组织通过观察内部环境来发现核心经营理念，核心经营理念只需要对组织内部的人员有意义和激励作用，而不必令外部人员激动不已，因为只是内部人员对组织的经营理念进行长期的承诺。

核心经营理念的作用在于指导和激励，而不是为了区分。两个组织可以有同样的核心价值观或核心目的，关键是在于核心经营理念的真实性、约束性和持久性。把具有远见卓识的公司与其他组织区分开来的，不是经营理念本身的内容，而是对经营理念的真诚和坚持。很多公司都有着为大众做出技术贡献的目的，但能像惠普公司那样怀有强烈激情的不多；很多公司都拥有创新的核心价值观，但很少有公司能像 3M 那样形成一整套激发创新的有力机制。

不要把核心经营理念本身和对核心经营理念的阐述混为一谈。一个组织可以有非常强的核心经营理念，却没有对它的正式表述。关键在于对组织的核心价值观和目的的深入理解、真正的信奉和切实的践行。如耐克公司并没有明文表述核心的经营理念，但处处表现出体验竞争、获胜和击败对手的感觉。耐克英雄、运动员的巨幅照片满墙都是，还有以他们名字命名的建筑。事实上，耐克是古希腊的胜利女神，公司的名字也反映了他们的竞争意识。美国西南航空从来没有以正式文件写出自己的重要原则，但在组织的每个环节都体现着高收益、低成本、主人翁精神、传奇式服务、个性化、风趣、家庭观、爱心、平等观、简捷、良好的判断、努力工作、助人为乐的主要价值观。可见，确认核心价值观和核心目的并不是一项遣词造句的练习，而是发自内心的信奉，不打折扣地践行和执著的坚持。

（二）生动的未来前景

生动的未来前景主要是有一种"气吞山河"的态势，它要回答下面这些重要问题：它是否令组织成员激情澎湃？它能够激励员工吗？它能否鼓舞组织成员勇往直前？它能调动组织成员的积极性吗？生动的未来前景需要的是一种宏伟的承诺，使组织成员看到实现目标后的收益。它包括两个部分：一个是10—30年实现的大胆目标，另一个是对实现目标后将会是什么样子的生动描述。

1. 需要用10—30年的时间努力实现的大胆目标。这是一个宏伟、惊险、大胆的目标，并要经过大家齐心协力的长期的努力才能实现。

"一个在对领导过程的研究中经常被遗漏的问题是领导者确定组织目标的行为。……伯克（1966）发现：如果在一个讨论小组中，领导者不能提出正确的目标和方向，这个小组的成员之间会产生矛盾，而且会松散混乱、人心不齐。"① "我们可以把核心目的视为地平线上的启明星，它是一种永远的追求；而把大胆的目标视为一座要攀登的高山，一旦你登上了它的顶峰，又会向另一座山峰进军。"② 人们都喜欢瞄准终点线冲刺，这个共同努力的目标就是明确的终点线，因此，组织能够知道什么时候自己达到了目标。尽管组织的不同层级上有很多目标，但愿景规划需要的是一种特殊类型的目标——愿景基础上的目标，它可以应用于整个组织中，是团队精神的催化剂。

2. 对实现目标后将会是什么样子的生动描述。"生动的未来前景"这种表达有一点儿自相矛盾的感觉。一方面，它传递了具体有形的信息：一些可见的、生动的、真实的东西；另一方面，它又包括了还没有到来的时间，诸如梦想、希望和渴求。所谓生动形象的描述，是用一种形象鲜明、引人入胜和具体明确的描述，来说明实现大胆目标后会是什么样子。"你可以把它视为对愿景规划从文字到图画的翻译，它形成了一种人们可以装在自己头脑中随处携带的形象。"③ 例如亨利·福特用生动形象的描述给"使汽车大众化"这一目标赋予了生命：我要为大众生产一种汽车……它的价格如此之低，不会有人因为薪水不高而无法拥有它，人们可以和家人一起在上帝赐予的广阔无垠的大自然里陶醉于快乐的时光中……当我实现它时，每个人都能买得起它，每个人都将拥有它。马会从我们的马路上消失，汽车理所当然地取代了它……（我将会）给众多的人提供就业机会，而且报酬不薄。

核心经营理念界定了组织的主张是什么以及组织为什么存在，这一部分是一百年不动摇，甚至是永恒不变的。变化的是生动的未来前景，它是组织渴望变成、渴望实现、渴望创造的东西——是那些需要经过明

---

① ［美］乔恩·L. 皮尔斯、约翰·W. 纽斯特罗姆：《领导者与领导过程》，北京华译网翻译公司译，中国人民大学出版社 2003 年版，第 30 页。

② ［美］詹姆斯·G. 考林斯、杰瑞·I. 波拉斯：《构建公司的愿景规划》，《哈佛商业评论》1996 年第 9/10 期。

③ ［美］特蕾西·高斯、理查德·帕斯卡尔、安托尼·亚瑟：《企业彻底改造的"过山车"，以今天的冒险换取强有力的未来》，约翰·P. 科特等：《变革》，中国人民大学出版社1999 年版，第 97 页。

显的改变和发展才能达到的东西。相比较而言，"更重要的是知道你是谁，而不是你要去何方。因为随着我们周围世界的变化，你将要去的地方也会改变"①，也就是说，更重要的是核心经营理念，它界定了组织是谁、组织的使命、存在的意义和价值，未来前景是我们实现的具体目标，不同的阶段不同的时代，我们的目标是会改变的。那些能够持续成功的组织，都保持着稳定不变的核心目的和核心价值观，尽管它们的经营战略和实践活动总是不断地适应着变化的外部世界。真正优秀的领导者"知道自己的组织哪些东西永远不应该改变，哪些东西应该自由地改变；知道哪些东西可以慷慨地牺牲，哪些东西需要永远珍爱"。"这种能够在'保持'和'变革'之间进行协调的不可多得的能力是与构建愿景规划的能力密切相关的。"②

愿景型领导如同变革型领导、魅力型领导一样，也是人人一致肯定的"真正"领导，他满足了我们发现和解释"英雄"的需要。这些领导类型有很强的直觉概念上的吸引力。这些领导理论的一个主要局限性在于它明显地提出了存在一种最好的领导方式。该理论没有考虑任务、组织和下属的特征等情境因素，在何时、什么状况下需要这种领导也不明确。

第三节　价值领导

一　价值领导的提出

研究者在研究领导问题时关注到了群体或组织价值观的问题，如伯恩斯曾谈到"衡量群体的成功和领导者的效率的标准不仅是看任务完成与否，而且还要看在多大程度上该任务体现了群体的价值观并有效地深化了群体的根本目标"③。考林斯和波拉斯关于宗教般的组织文化和永恒不变的企业经营理念的阐述，都包含了价值观为本的领导思想。柯维

---

① ［美］詹姆斯·G.考林斯、杰瑞·I.波拉斯：《构建公司的愿景规划》，《哈佛商业评论》1996年第9/10期。

② 同上。

③ ［美］詹姆斯·麦格雷戈·伯恩斯：《领袖论》，刘李胜等译，中国社会科学出版社1996年版，第352页。

通过研究世界六大宗教和美国建国史①发现人类应该持有的一些基本核心信仰，而成功者也是基于这些基本的伦理规范和道德标准而获得成功，因此柯维提出了原则领导的理论。豪斯1996年提出路径—目标理论的新版本时，描述超凡魅力型领导者的具体领导行为"使用象征性行为来强调价值观"②。2001年豪威尔和科斯特利认为超凡魅力型领导者"描绘的使命或愿景包含道德精神因素并且符合下属的需要和价值观"③。吴维库、富萍萍、刘军于2002年、2003年④也研究了以价值观为本的领导问题。价值领导作为国际公认的新的领导力模式诞生于国际领导力研究组织2009年年会，主旨为"领导力基建在价值观之上"。

价值领导与原则领导是怎样的关系？柯维在《领导者准则》和《要事第一》中谈到原则与价值观的不同，雷强（2005）曾在文章中分析柯维的原则领导中的原则。"原则与价值不同，它是客观的、外来的，依据自然法则运作，无视周围环境。价值是主观的和内在的，好像地图一样。地图不是实际的疆域，只是用来描绘或代表疆域的主观意图。"⑤"价值是地图，原则是罗盘。在当今世界中，领导者需要以原则作为罗盘，因为罗盘的作用要胜过地图一筹。地图会随着时间的改变而过时，但罗盘总是为人们确定坐标、指明道路和方向。"⑥ 笔者认为，柯维的"原则"是"罗盘"，或"真北"价值观，包括绝对正确的自然法则和人类应该持有的一些基本核心信仰。柯维的"原则"与老子的天道和人道的思想是一致的。柯维的"价值观"概念强调个体的主观偏爱，以及把价值观看作是为如何实现终极目的的手段选择，是从工具价值观的层次上讨论的。考虑到在组织的领导实践中，很难进行如此细致的区

① 黄卓伦：《斯蒂芬·柯维谈原则领导》，《领导文萃》1995年第9期，第10页。
② ［美］乔恩·P. 豪威尔、丹·L. 科斯特利：《有效领导力》，付彦等译，机械工业出版社2003年版，第49页。
③ 同上书，第226页。
④ 吴维库、富萍萍、刘军：《基于价值观的领导》，经济科学出版社2002年版；《价值观为本的领导行为与组织绩效在中国的实证研究》，《系统工程理论方法应用》2003年第1期，第8页；《以人为本的真正内涵是以价值观为本》，《清华大学学报》（哲学社会科学版）2003年增刊1期。
⑤ ［美］史蒂芬·柯维：《领导者准则》，阮江平等译，中国青年出版社2003年版，第15页。
⑥ 雷强：《柯维的领导艺术理论——原则领导》，《中国人才》2005年第10期，第48页。

分，另外，在谈论价值观领导时，此处有一个潜在的假设，即价值领导所倡导的价值观不管是终极价值观还是工具价值观都应该是符合自然法则和人类基本道德规范的。采用价值观概念，符合目前的学术通用语言，也与人们的日常生活语言是一致的，因此便于实践中的领导者掌握。所以，笔者认为称为价值领导是可行的。

价值领导理论代表了最新的领导理论进展。变革型领导、超凡魅力型领导和愿景型领导等新型领导理论与领导特质理论、领导行为理论与领导权变理论等经典理论存在明显的区别，其中一个根本的区别在于这些新型领导理论普遍关注领导者对员工价值观、信仰、需要、自尊、自信心和情感的影响，以及员工对领导者的价值观和愿景的认同。组织价值观反映了一个组织关于正确与错误、好与坏、可取与不可取的看法和观念，从根本上决定着组织成员的生活方式、行为准则和价值判断。价值领导是"领导和下属共同分享一种强烈的、内在化的愿景，通过价值观的激励使所有成员发挥最大效能而达成组织目标"[1]；是"领导者通过对组织成员实施所信奉的价值观的影响，使其强烈认同和坚定共享这样的价值观，双方在共同拥有的价值观的基础上，来实现组织目标的活动过程"[2]。概括而言，价值领导是指有意识地运用组织核心价值观去引导、整合和规范组织成员个体价值观，使组织成员认同并奉行组织核心价值观，通过价值观的激励使所有成员发挥最大效能从而实现组织目标的过程。

二 价值观与组织文化

组织成员共享的价值观体系是组织文化的内核。组织文化体系是一个系统，其灵魂是组织成员共同拥有的价值观。两个组织可以有同样的核心价值观，把具有远见卓识的组织与其他组织区分开来的，不是核心价值观本身的内容，而是与核心价值观一起并存的东西——真实性、约束性和持久性。正是组织价值观的真实性、约束性和持久性使组织文化起着与其他组织划清界限的作用，正是各个组织拥有不同的组织文化，

---

① 吴维库、富萍萍、刘军：《以价值观为本的领导行为与组织绩效在中国的实证研究》，《系统工程理论方法应用》2003 年第 1 期，第 8 页。
② 傅树京：《中小学以价值为本的教师领导方式》，《中国教育学刊》2007 年第 11 期，第 29 页。

使组织具有了独特的个性和风格，从而把一个组织与另一个组织区别开来。当一个人选择了一个组织时，实际上是选择了一种生活方式或一种存在的状态。在个人价值观多元的今天，人们越来越表现出不只是寻找职位，而且是寻找在文化上同他们的个人价值观相和谐的工作场所。

组织文化系统中的价值主张对组织成员有导向作用。组织文化都有自己的某种价值取向，组织在培育组织价值观的过程中，有一个组织核心价值观与员工个人价值观融合以及员工对组织价值观的认同过程，"组织认同包含了价值观的重合性，个人更可能认同与自己价值观相似的组织"，"而价值一致也能通过个人价值观向组织价值观的方向改变而发生，也就是通过组织价值观影响个人价值观、个人模仿和接受组织价值观的过程而形成"[①]。组织的强烈价值取向能够代替权威机构来协调组织成员的行为，在组织寻求组织与员工个人价值一致的过程中，把组织整体及组织成员的价值及行为取向引导到组织的既定目标上来。

组织文化系统中的价值主张对组织成员有凝聚作用。"组织是价值观认同的人聚集并且实现各方价值的场所"[②]，当一种组织文化的价值观被该组织成员认同后，培育出组织成员的认同感和归属感，建立起成员与组织之间的相互依存关系，组织成员认为大家都是持有共同价值观、追求同一个梦想的同道中人，形成组织成员志同道合的心理反应，从而能产生巨大的同心力和凝聚力，把组织成员聚合团结起来。

组织文化系统中的价值主张对组织成员有激励作用。组织通过它所倡导的价值观和宗旨来满足组织成员高层次的精神需要，来激发组织成员指向组织目标的工作动机与潜在能力的发挥。当价值观实现了组织成员共享后，员工认为自己是集体历史画卷中的有价值的一员，自我效能感会提升，员工有强烈的自我实现欲望，感受到自己的激情和无限的潜能；因为工作的意义感而愿意暂时牺牲个人利益而追求组织利益的最大化，产生自我牺牲、做出超出岗位所需的努力、合作、提高集体功效等组织公民行为；当组织价值认同与明确的组织目标结合在一起时，员工将这种内在愿望与组织目标结合起来，员工自我管理和自我激励的水平

---

① 苏雪梅：《组织文化与员工认同：理论与实证》，中国社会科学出版社2012年版，第76页。

② 吴维库、富萍萍、刘军：《以人为本的真正内涵是以价值观为本》，《清华大学学报》（哲学社会科学版）2003年增刊1期，第58页。

大大提升。

组织文化系统中的价值主张对组织成员有规范作用，也可称为造型或约束作用。尤其是强文化，由于组织的核心价值观得到强烈和广泛的认同和共享，在组织内部创造了一种很强的行为控制氛围，产生强大、持久、深刻的约束作用，以"看不见的手"操纵着组织的管理行为和实务活动，引导和塑造着组织成员的态度和行为，使其行为合乎一定标准。

组织文化系统中的价值主张对社会有辐射作用。组织文化不仅在组织内起作用，而且还不断通过各种渠道向社会扩散和辐射。例如组织通过其活动、产品、服务，向社会产生文化辐射，实际上就是一种价值观辐射，影响组织外的社会公众的价值观、生活方式及社会文化的其他方面，从而丰富、完善和发展着社会文化。

三　组织文化管理与价值领导

组织文化是组织成员所共同持有的基本信念、价值观及其表现出来的行为方式。简言之，组织文化是指组织成员共享的一套价值体系。组织文化管理实际上是组织核心价值观落地的过程。组织文化是使组织基业长青的关键因素，真正的领导者是组织文化的领导者，组织文化的领导者是价值观领导者。组织管理大体上经历了三个阶段：经验管理阶段、科学管理阶段和文化管理阶段。经验管理阶段的特点是"人治"，即管理者主要依靠个人的直觉和经验进行决策和管理。科学管理阶段是"法制"，即主要靠科学的制度体系实现高效率。文化管理不是对"法制"制度管理的否定，而是建立在"法制"管理基础上的文化管理，是软管理与硬管理巧妙结合。文化管理的核心是以人为本，人应该成为组织管理的出发点和归宿点。"人们对于组织的认识和理解逐步体现出明显的文化关怀。正如华伦·本尼斯所言，较之于以往，组织的变化表现在：基于一种共同合作与合乎情理而产生出新的权力模式，从而代替了专制的与威胁的权力模式；基于人性的民主理想而产生出人格化的有机的价值系统，从而代替了非人格化的机械的价值系统。"① 人是有思想和感情的，人的行为受思想、理念和感情的驱使，文化管理重点由行

① 朱国云：《组织理论：历史与流派》，南京大学出版社 1997 年版，第 257 页。

为控制转到价值观念塑造和精神激励，组织文化管理与其他管理方式的最大差别是一种基于价值观的管理，其本质是基于价值观的领导，因此，文化管理的关键是下工夫培育组织共同价值观。

四　组织文化管理与价值领导实现

组织文化管理过程就是员工适应和认同组织文化的过程，是组织文化维系的过程，实质上就是价值领导实现的过程。

"文化是一种信念，一种文化要起作用，首先要使组织成员相信它。文化更是一种行为，如果文化仅仅停留在一种口号上，那么这种文化是不会起作用的。"[1] 组织文化管理应主要运用行为科学的方法，具体说一定要重视组织行为学方法的应用，做出与组织核心价值观体系相吻合的战略、制度安排、组织结构、人员晋用、考核激励、符号、器物形式等因素协调一致的组织系统设计，使组织理念具体化、可操作化。领导者要用组织核心价值观去判断组织工作中的问题，使共同的价值体系体现和落实在实际工作的各个方面和各个环节，使组织的价值观念真正成为组织成员的行为指导，最终使组织成员真正认同和共同拥有组织核心价值观。

价值观塑造的关键是知行合一，尤其是组织中的价值领导的基本目标是致力于组织的有效性和赋予组织成员工作的意义和价值，外化为组织成员在组织中的工作生活方式，因此，一系列的行为实施是实现价值领导的关键，价值领导是把理念系统外化为可操作化的行为系统并发生实际的作用。价值领导是"一个自觉的管理系统、它的行为系统的形成也是自觉的，是依据理念的个性要求和行业特征的要求，自觉进行设计和推行的"[2]，只有通过一系列的行为操作工作才能完成由价值观的理念系统到行为体现系统的飞跃，使组织价值观不仅产生规范员工思想的作用，而且产生规范员工行为的作用，切实实现价值领导。由此可见，价值领导实现的过程，就是组织文化管理的过程，组织文化的领导者就是价值领导者。实施价值领导的行为技术，将在第四篇领导技能部分介绍。

---

[1]　张维迎：《大学的逻辑》，北京大学出版社2004年版，第136页。

[2]　黎伟、黎永泰：《论企业文化行为模式的自觉设计与推行》，《理论与改革》2006年第3期，第106页。

第四节　全人领导

卓越的领导者往往在精神或价值观层面、情感方面、才智方面、行为方面都对下属产生影响，呈现出全方位多维影响的模式。近年来，国内外心理学、领导学学术界关于"全人心理学"、"全人思维"的理论兴起，北京市社会科学院应用心理学研究中心执行主任许金声从 2003 年起，倡导"身、心、灵"的"全人心理学"概念，认为人应该是全面的成长。柯维 2004 年提出"完人思维"，认为身体（生活）、头脑（学习）、心灵（关爱）和灵魂（意义和贡献）是人类共同的四种需求，领导者要关注这些因素，激发和满足人的四项需求。大卫·达特里奇、彼得·卡罗和斯蒂芬·莱因史密斯（David L. Dotlich, Peter C. Cairo & Stephen H. Rhinesmith）在 2006 年的著作《头脑、决心和胆识：世界顶级公司如何开发完美领袖》中第一次定义全人领导模式：要想成为一名领导者，你需要运用你的头脑，展示你的决心，并且表现出胆识。[①] 有一些领导培训专家开始开设"全人领导"训练课程，高露洁、巴宝莉和强生都采用了不同形式的"全面领导力"模式，这些公司没有去一个一个地研究应对技巧，而是同时运用头脑、心灵和胆识，形成一个整体的框架，去解决组织面临的复杂性和不确定性问题。

笔者用身、心、智、灵四个维度构建人类的全人需求，认为领导者不仅应该注意满足下属的身、心、智、灵四种需求，而且明确提出领导者的理想领导模式是全人领导模式即从身、心、智、灵四个维度实施全方位的领导。这种领导模式的另一个重要价值是：全人领导实施的过程是领导者和追随者成长为全人的过程，也是人类更丰富更宽广的生命之旅，全人领导模式和领导境界应该成为领导者的一种价值追求。

时代需要新型的领导者，领导者要从控制型的一维领导走向四维"全人领导"，即针对下属的全人需求，从身、心、智、灵四个维度进行领导。领导者要做全人领导者，首先要知道为什么需要满足下属的"全人"需求；其次，了解领导者与"全人领导"的差距，使自己在

---

① David L. Dotlich, Peter C. Cairo, and Stephen H. Rhinesmith, *Head, Heart and Guts: How the World's Best Companies Develop CompleteLeaders*, San Francisco: Jossey Bass, 2006.

身、心、智、灵四个方面全面成长；最后，要掌握"全人领导"的基本框架，从四个维度满足并激发下属的需求，让下属也能获得全方位的成长。

一　时代需要领导者满足下属的"全人"需求

（一）人的地位变化使领导者不得不照顾下属的"全人"需求

即使在封建专制的时代，皇帝们也要听取民声，以巩固自己的统治。现代社会里，员工有更好的受教育的机会，他们拥有更多的知识；各种电子通信、网络技术使一般员工也能及时接收各种资讯和知识；由于流动性和自由，他们有丰富的经历；员工可以很快建立自己的联系网络；员工拥有财富和流动自由；员工的文化水平和技术水平日益提高……总之，他们拥有更多的知识权力、信息权力、人际权力等个人权力。领导者不能再像对他们的前辈那样简单地命令行事，他们的工作也不是随便什么人都能顶替下来的。在当今的全世界各地，任何地方的领导者都不得不对自己的下属表示敬意，领导者越来越尊重下属的个人权利、品位、观点和个性。

（二）人的需求的变化使领导者不得不照顾到下属的"全人"需求

现代员工的需求是丰富多元的，越来越多的人不仅仅把工作当作谋生的手段，越来越多的员工更加注重成长和发展的机会，是否被领导者所尊重、认可，工作是否有趣、有意义和有价值，工作是否有相对的自主性和富有挑战性，工作环境是否有利于人的健康，同事关系、上下级关系是否友好，等等。

（三）对人的认识变化使领导者不得不照顾到下属的"全人"需求

伴随着工业经济的高度发展和知识经济的到来，人力资源的开发和管理变得越来越重要，因而与人相关的领导活动也变得越来越重要。仅仅有资金、土地、厂房、技术已经远远无法使组织制胜和永续发展，领导者处理的更多是与人有关的知识、信息、概念、情感、思想、价值观等。人不再仅仅是一种劳动工具、生产资料，人就是人，人是有尊严、有价值的。时代不同了，以人为本的理念深入人心，组织文化是以人为本、生动和平等的，员工被视为有价值、有自主意识的重要资产。尊重员工个人的尊严和每个人的独特价值，释放员工的潜能，创造机会使员工成长，这是知识经济时代领导者的基本哲学。员工成为合作伙伴而不再仅仅是雇员的时代已经到来，领导者必须学会倾听下属的心声，学习在与员工的互动过程中共同成长。

（四）工作性质的变化使领导者不得不照顾到下属的"全人"需求

科特把工作分为个体性工作、管理性工作和领导性工作等三个发展阶段。个体性工作指与工作职责相关的主要任务由任职者个人完成。管理性工作指任职者指派其他人完成工作，同时对关键人员拥有较大的支配权。领导性工作指任职者让他人帮助自己，相互合作，但与管理性工作不同的是，任职者并没有对关键人员的控制权。这就是说，从事管理性工作的人是拥有法定权力的，但从事领导性工作的人并不拥有法定权力，为什么会这样呢？导致人们的工作发生变化的趋势主要有以下几方面：第一，在知识经济时代，越来越多的工作是脑力劳动，脑力工作更多处理的是无形的抽象的知识、信息、概念、情感、价值、理论问题。对脑力工作者来说，依赖职权的外部行为监控无疑是低效的或无效的。对脑力劳动者的激励应该是内在的，例如来自工作本身的乐趣和挑战，来自对他们专业精神的认可，对他们的真诚相待。员工的文化水平和技术水平日益提高，对他们领导者不能再像对他们的前辈那样简单地命令行事，他们的工作也不是随便什么人都能顶替下来的。第二，现在的领导者要依赖更多职权控制范围以外的人们去达成组织目标，例如，政府部门、消费者团体、新闻媒介、重要的客户、供应商、组织内部相关的部门、精通专业技术的人士，等等。这些趋势使领导者在工作中失去了自主权和决定权，变得越来越依赖他人，这些趋势逐步将原来由个人独立承担的工作和管理工作变成了领导工作，对这些人靠外部行为控制的手段是无效的，必须通过价值认同来凝聚他们，运用情感和身体力行去影响他们，创造更有意义更有趣的工作吸引激励他们。世界和时代已经发生了急剧的变化，就好像整个世界都已经在踢足球了，而我们的一些领导者仍然在打乒乓球。这不仅是规则发生变化的问题，而是这根本就是两种不同的运动了。我们的领导者不得不适应从"事本主义"向"人本主义"转变的要求，组织也在科学管理的基础上步入文化管理和价值观为本的价值领导的新阶段，"全人领导"成为新的领导范式。因此，任何人在学会领导之前都必须先了解这个陌生的新世界和陌生的下属了。

二　领导者与"全人"领导者的差距

培养领导者的课程只能是教人一些技巧，但人生和事业的追求、价值观养成、品德等个性品质和远见卓识是教不出来的。而培养个性品质和见识正是塑造领导人的最佳办法。事实上，成长为"全人领导"的过程和完善人生的过程是一样的道理，只有领导者本人有意识地进行"全人"修炼，才能觉察和照顾到下属的"全人"需求。但目前我国领导力的现状让人堪忧，一部分正式领导者要求下属很多，自己却在价值观锤炼、人格修养、精神生活、情商、学习和成长、严格律己、身体力行等方面存在不少的问题和缺失，并导致失信于普通组织成员，鲜见真正的追随者，多见不得不服从者。这种状况的后果就是导致组织中的社会资本贫乏。"社会资本主要由人们之间积极的联系构成，它包括相互信任、相互理解以及共同的价值观和行为理念，这样的联系可以把人际网络或是各种社群中的每一个成员紧密地团结在一起，进而使社群合作变成一种可能。"① 人与人之间缺乏信任和相互理解以及共同的价值观和行为信念，使组织和社会涣散，使人与人之间、团队之间的合作难度增大。

（一）"灵"的差距

在组织中，"灵"涉及的是有关共享的意义或价值观部分。一些领导者在"意义"的领导上出现了问题。有的是在政治上失去信仰；有的是对事业缺少追求；有的是对工作缺乏正确的价值指引和长远目标；有的是失去了做人的准则。"你是准备替党说话，还是准备替老百姓说话？"群众反映某地方经适房用地被开发商用来建别墅，记者前往采访时，竟然受到当地规划局有关领导如此质问。"权为民所用、情为民所系、利为民所谋"，为广大人民谋利益是中国共产党的价值信仰，这体现了中国共产党立党为公、执政为民的本质特征，也体现了对党员干部牢固树立正确的权力观、地位观、利益观的现实要求。党和政府的宗旨是为人民服务，党和人民的利益从根本上讲是一致的，可为什么在一些领导者眼里，党和百姓却成了对立的双方？"你是准备替党说话，还是

---

① ［美］唐·科恩、劳伦斯·普鲁萨克：《社会资本——造就优秀公司的重要元素》，孙健敏等译，商务印书馆2006年版，第5页

准备替老百姓说话？"这句话不仅反映出一些官员在感情上与人民的疏离，更反映出一些领导者在价值观层面存在的问题。如果一个组织的领导者把自己放在与员工对立的位置，这是非常危险的原则性问题。

（二）"心"的差距

在组织中，"心"涉及的是真诚朴素的情感和心灵关爱。一些领导者在"心"的领导上出现了问题。有的领导对生活、对未来，尤其是对事业和工作没有激情，而没有激情的领导者是无法感染他人的；有的领导不够坦诚和正直，缺少让群众信任的基础，而群众是不会追随自己不信任的领导者的；有的领导擅长场面话、大话、套话、假话、官话，失去了生动的鲜活的人的真情实感，而失去朴素的人之常情的领导者是无法让群众产生情感共鸣的，是无法让群众亲近的。一位相关部门领导不点名批评一位冬奥会冠军，认为运动员得奖感言"心里面也要有国家，要把国家放在前面，别光说父母就完了，这个要把它提出来"，并表示要加强对运动员的励志教育、德育。似乎这个批评没有错，为什么会一席话激起千层浪，各路人士对该官员的批评不绝于耳？"人法地，地法天，天法道，道法自然"，或许就是这训导有悖人之常情。一个贫困家庭的十几岁青少年，通过艰苦的训练和超人的勇气，为国家争得了荣誉，她的行动本身就是爱国。她在勇夺冬奥会女子短道速滑 1500 米金牌后，感慨地说"拿了金牌以后会改变很多，更有信心，也可以让我爸我妈生活得更好一点"。家贫出孝女，该运动员这一番真诚、朴素、实在的话语，令电视机前的观众无不为之动容。孝道是我们中华民族的美德，一个不知感恩父母的人又怎么能深爱自己的国家？一句特定情境、特定情感状态下非常符合人之常情的话，用真诚、率真、朴素的心灵打动亿万人民群众的心，给人们带来感动、温暖、希望和力量，却遭到个别领导者思想政治教育教条化的苛责。这是不是反映出有一些领导者的基本的朴素的人类情感的缺失呢？是不是一些领导者已经失去了将心比心、设身处地的共情能力呢？如果一个组织的领导者在心灵上无法与员工理解、沟通和共鸣，心灵和情感上的疏离绝不可能形成组织成员与领导者之间的追随关系，那么，谁与领导者一起同甘共苦、努力奋斗并致力于组织目标的实现呢？

（三）"智"的差距

在组织中，"智"涉及的是才智、能力、学习和组织成员的成长问题。有的领导在"智"的领导上有差距。一是领导者缺少与时俱进的求知欲和不断完善自己的动力。中共北京市委党校姚桓教授批评目前干部学习中的吃喝宴请唱歌跳舞游山逛水娱乐化、秘书代劳贵族化、脱产学习搞关系庸俗化、考核程式化的新形式主义。一些领导者忙着"求学",却不出勤听课,装点门面"不真学",急功近利"不深学",他们看中的是一纸文凭,给自己裹个有知识的学位金身;一些领导者碌碌无为、爱玩、"不爱学",中共海南省委书记卫留成曾在《人民日报》上发表署名文章,批评干部玩风过盛,不学习、不研究、没干劲;一些领导者"不信学",存在严重的事务主义现象,不能正确处理学习与工作的关系,缺乏对学习的足够重视和认识;一些领导者是决策前"拍脑袋"、决策时"拍胸脯"、出了问题"拍屁股"走人的"三拍干部"。党的十七届四中全会提出要建设马克思主义学习型政党,现实与要求存在相当大的差距。一些领导干部的思想观念、知识、能力、个人的修养跟不上社会各个方面日新月异的发展,无法适应人民群众丰富多彩的实践创造,难以胜任他们所肩负的重大职责,无法更好地为人民服务,距离党、国家、人民群众对新时代学习型领导干部的要求甚远。二是领导者对下属重使用,轻培养。领导用人是一个包容性很强的概念,也是一个发展的概念。领导者用人不仅仅是如何充分合理使用下属的体力、智力、情绪智力的问题,还有一个充分合理地培育、开发、激发下属的才智问题。领导者对下属不仅重在使用,更应该重在培养教育。对员工重使用、轻培养教育,或者只使用、不培养教育,是领导者缺乏战略眼光的表现,是领导者的失职。

（四）"身"的差距

从领导学的视角看,此处的"身"主要指领导者的角色示范,即领导者的职位要求的一套行为模式,包括领导者倡导的价值观的行为体现,领导者要求下属工作行为类型的行为示范。在组织的领导实践中,有的领导在"行为"的领导上出现了问题。一些领导者写文章反腐败、大会小会信誓旦旦反腐败,但自己却在生活中奢靡腐化堕落,追求极端物质享受;有的要求、教育员工的是一套,自己做的是另一套,自己的行为与要求员工的行为是背离的;有的倡导、号召、教育、灌输员工一些价值观、信仰、理念、道德规范,自己并不身体力行。在中央电视台播出的一段三分钟左右的关于水灾情况采访的电话连线里,一位领导干部置央视主持人强调询问的百姓安全问题于不顾，争分夺秒、有板有眼、有名有姓有职务地指出了 5 位高级官员的"重要指示"。期间，提到书记 3 次、省长 2 次，部长、厅长各 1 次。有消息称，这位干部是临时替代他人接受了这个电话连线的任务，稿子是原来准备好的，这个干部是个不错的干部，等等。不过，这个事件却映射出组织领导实践中的一些不良现象。一些领导者嘴上说是人民群众至上，但具体行动上体现出的是"只唯上"的价值取向，已经失去了敢于坚守正确的价值准则的勇气。现在的一些官员自己讲官话、套话、口号话，而且视不会讲这些话的人为政治上不成熟。说官话、套话、口号话已经成为一些领导者的习惯，甚至已经成为一部分领导者的人格特征。言行不一，言过其实，反映出部分领导者的价值取向迷失、人格异化、道德堕落和语言腐败，[1] 这种现象最大的危害是传递组织运行状态的信号严重失真和领导者出现了很大的信用差距，使得下属不再信任领导者，导致组织走向的高度不确定和不可预测性，因此，一些组织表面稳定和谐，事实上危机四伏，随时都可能出现突发事件。

三 "全人领导"的基本框架

（一）灵——价值观的领导

价值观领导指有意识地运用组织核心价值观去引导、整合和规范组织成员个体价值观，使组织成员认同并奉行组织核心价值观，从而实现组织共同愿景的过程。价值观领导，也简称为价值领导，是意义领导者，意义的领导者能够为员工提供清晰的、有感染力的、有意义与挑战性的目标和愿景，并善于用简单方式表达重要含义，包括使用一些强有力的象征以增加说服力。当代的领导者面临着新的考验，例如，如何凝聚和激励在价值观、个性、教育背景、成长背景等各个层面呈现出很大差异的员工，从精神上、从心底深处激发他们的工作激情，使他们找到工作的意义和价值？如何领导那些不归他直接管理的人——其他组织的人，在日本、欧洲或美洲的人甚至是竞争对手？如何在这个新观点层出不穷、组织间相互依靠的环境中进行领导？如何使上司、下属、同事、

---

① 张维迎：《语言腐败的危害》，2012 年 5 月，人民论坛网（http://www.rmlt.com.cn/News/201205/201205081614052254_1.html）。

顾客、合作者、其他相关利益者支持组织目标的实现？彼得·德鲁克指出，领导的主要目的是产生一个为了共同事业而团结在一起的团体。意义的领导能够使各方利益相关者追随组织的核心价值体系，使组织成为价值观认同者聚集并且实现各方价值的场所。新型的领导要凝聚、团结和领导差异很大的更加独立的新型的员工以及不在自己职权控制范围内的人，需要一套基于观念、用人策略和价值观之上的完全不同的方式。正如通用电器公司总裁杰克·韦尔奇所说：昨天的老板、昨天的管理者是那些比手下员工懂得多一些的人，而明天的经理、老板是通过远景规划、共同的价值观、共同的组织目标来领导组织的。领导是跟人打交道而不是跟物打交道，所以没有价值、承诺和信仰的领导是没有灵魂的领导，是无法对人实施有效领导的。

（二）心——情感的领导

情感是指个体对外界刺激肯定或否定的心理反应，如喜欢、愤怒、悲伤、恐惧、爱慕、厌恶等。情感领导是指领导者通过一系列的行为或活动使员工对领导者、对组织、对工作产生关切、喜爱的心情，与领导者拉近心理距离，建立良好的组织关系。情感领导的信条是：道理是说明的，而情感是共鸣的，为员工多花一点钱进行感情投资绝对是值得的。如果员工对工作、组织和领导者具有了一种积极情感，一定能激发员工的工作动机，使其有更佳的绩效表现。实际上，感情投资花费不多，但可以换来员工的积极性。它所产生的巨大创造力是任何一项别的投资都无法比拟的。

情感领导者体现出对员工的尊重、认同、关心、体贴，会给予员工适当帮助、给予员工更多期许与信任、与员工换位思考，理解员工需要，待员工公平，用同心圆的方式与员工相处，而不是把员工划分为圈内人圈外人。情感领导做得好的组织，一是领导者与员工有大量的人际交往和情感互动活动。二是有具体的制度、机制和工作程序设计体现情感领导。如日本麦当劳的社长藤田把员工的生日定为员工个人的公休日，让每位员工在自己生日的当天能够有足够的时间和家人一起庆祝。这样的制度设计体现了"以人为本"的理念，饱含对员工的关怀和尊重，从而创造心心相印的工作氛围。三是领导者能够有勇气接纳并表达自己内心的真实感受，创造一个真诚开放的氛围，让组织的"心"的能量因为彼此的理解、交流、欣赏、感谢而流动起来，这时候的员工对领导怀有强烈的认同，产生尊重和信任，心甘情愿地遵照其指令完成任务，组织和团队就不只是因为任务的目标在一起，而是真正作为关系紧密的真心伙伴而共同努力。

（三）智——才智的领导

才智的领导，或者称为学习的领导，这里的学习是广义的学习，尤其是指关于与工作有关的知识、技能、经验、行为的学习。全人领导应该扮演教师、教练、导师的角色。第一，全人领导者应该体现对下属成长的个性化的关怀。领导者仔细倾听并关注下属的成就和成长需求，针对下属的能力、个性等个别差异，区别性地对待每一个下属，赋予他们责任，使其觉得深受重视而更加努力，领导者充当教练角色，提供培育和指导，促进下属的思想与行为的改变。第二，对下属进行才智的启发，即领导者启发下属发表新见解和从新的角度或视野寻找解决问题的方法与途径，鼓励下属采用崭新的方式完成任务，即不断用新观念、新手段和新方法对下属产生智力刺激。第三，创造机会培养下属的自我管理和自我领导技能，培养下属自觉和自知的能力，以便进行自我纠正，其最终目标是让领导者可有可无，实现员工的自我领导，包括自我激励和自我控制。第四，指导和反馈下属的工作。明确下属角色，明确工作目标和确定工作方法，并适时对下属的工作进行建设性的反馈。反馈能给下属带来角色的明确感，能使他们了解工作的结果，产生成就感；反馈引导行为，帮助下属认清他们已做的和要做的之间的差距；反馈比无反馈能带来更高的绩效。第五，运用参与型领导方式创造机会并鼓励下属参与管理。参与型领导方法是一种与下属分享决策权力的行为，在不同程度上让下属参加组织的决策过程及各级管理工作，在适当的条件下让下属与管理者处于平等的地位研究和讨论组织中的重大问题，尤其使下属在与他们相关的事务的决策上享有一定的发言权，为满足他们的社会需要和自我实现、自我发展需要提供机会。

才智领导者特别注意加强对人才的教育培训，热衷于构建终身化、网络化、开放化、自主化的终身教育体系，积极开展创建"学习中的组织"的活动，促进学习型组织社会的形成；把人才的教育培训纳入单位发展规划，建立带薪学习制度和经费保障制度，建立健全教育培训的激励约束机制；推行公开选拔、竞争上岗和职务聘任制度，增强人才的职业竞争意识和风险意识，激发终身学习需求；注意在提高各类人才思想政治素质和履行岗位职责能力的基础上，重点培养人才的创新精神，开发人才的创新能力；以人才的全面发展和可持续发展为目的，根据各类人才的不同特点，研究提出人才资源能力建设的标准框架，有针对性地进行教育培训；加强对人才的管理监督，加大对人才资源开发的投入，鼓励和支持各种形式的人才在组织内部开发事业。

（四）身——行为的领导

行为的领导强调领导身体力行自己所倡导的理念、宗旨、信仰、价值观、规范等，概括地说，行为领导者要身体力行组织核心价值观。第一，领导者的身体力行和以身作则是一种积极的行为示范，领导者应该也必须是一个熟练而鲜明的角色榜样。根据社会学习理论，下属不仅通过直接经验进行学习，还通过观察或听取发生在他人身上的事情而学习。下属特别关注领导者言行，并且不断解释领导者的行为透露出的信息，发现领导者真正的喜好和意图等。上行下效，领导者有什么样的行为，下属就会模仿什么样的行为。因此，一个组织风气的养成、价值观的落地以领导人的积极倡导和身体力行最为关键。领导者不仅应该是组织核心价值观的第一设计者和第一宣传者，更应该是第一践行者。第二，领导者言行一致，能大大增加领导者的可信度。在组织中，下属会倾听领导者关于价值、道德问题的论述，但这些言语必须得到相应行动的支持。因为无论信息是用多少话语或是用多么精心选择的符号来传达，都不一定因被理解而被接受。领导者是否言行一致最容易影响信息内容的可信度。只有当领导者做出行动时，下属才能真正信服。相反，如果领导者通过行为传递的隐含信息与正式沟通渠道传递的官方信息相矛盾，即领导者言行不一致，就会造成信用差距，那么领导者就会在下属中丧失信誉。没有信任就无法建立领导和追随的领导关系，所以，高效的领导者，必须从建立信任出发。

在知识经济的新时代，面对新型的员工，控制型的领导者（管理范式）和任何一维的领导者都失灵了或低效了。新型领导者需要不仅看到"事"，还要看到那个正在做事的活生生的"人"。这个活生生的"人"是多维的立体的完整个体。一维领导者无法统合和激发自己和下属的行为、才智、情感、灵魂四维的全部能量，而全人领导者能把自己和下属看作拥有身体、才智、情感和灵魂的完整个体，从行为、才智、情感、意义四个维度对下属实施全方位的四维影响，能够整合和激发下属的全部能量，并投入到实现组织愿景和达成组织目标的过程中去。全人领导的本质是施加影响而非管控，是兼顾理性与感性地影响他人的技能，努力释放每个人天生就有的创造潜能，培育全身心投入于组织目标的员工。实施全人领导的过程，也是领导者和下属不断成长为全人的过程。

第五节　领导替代理论

一　领导替代理论的提出

领导者并不总对下属的行为和结果产生影响，有大量的变量，如态度、个性、能力、群体规范都会对下属的工作绩效和满意度造成影响。而领导理论的支持者们在解释和预测行为时，却忽视了这些变量，仅单纯考虑到领导者行为对下属实现目标的影响，认为下属需要存在正式的领导者提供任务方向、结构和报酬，以及关心和支持他们的需要。但是，这些领导角色有时会导致下属对领导者的不健康的依赖，从而阻碍了下属的成长和自立；领导者可能缺乏有效完成领导活动所必需的特质、知识和技能，或者不可能同时具备这些方面；某些情境因素可能起着缓冲器的作用，对领导的有效性产生干扰。

不少研究资料表明，在许多情境下，领导者表现出什么样的行为是无关紧要的，某些组织成员、任务和组织变量可能成为领导者的替代因素，或者使领导者对下属的影响无效。1977年史蒂文·克尔和约翰·杰迈尔（Steven Kerr & John Jemier）[1] 提出略带权变色彩的全新的领导理论——领导替代理论。他们认为下属希望从工作环境中得到指导并具有良好的感觉，虽然组织中必须具有这些因素，但是不一定要由领导者来提供，其他资源（工作本身、技术、工作环境）同样可以提供指导与认可。指导可来自于角色任务的结构化，而良好的感觉则可以来自任何形式的认可。在此情况下，人们对于正式领导的需求就会下降，"领导替代"就会发生。[2]

---

[1]　Kerr S. , *Substitutes for Leadership*：*Some Implications for Organizational Design*, Organization and Administrative Science, 8（1）, 1977, pp. 135 – 146.

[2]　2012 年 3 月（http：//wiki. mbalib. com/wiki/% E9% A2% 86% E5% AF% BC% E6% 9B% BF% E4% BB% A3）。

二 领导替代理论的主要观点

"领导替代理论强调正式的层级领导之外的个体、群体、任务和组织因素对下属行为的影响，这是它与其他领导理论最大的不同之处。"① 该理论将情境变量分为两组：领导的抵消变量（leadership neutralizers）是指在某些情况下正式领导者的影响力会受到阻碍或者削弱，使其不可能产生作用。例如，领导者缺乏对较佳业绩进行奖励的权力，就是抵消作用的一种情境变量；而下属如果对领导者的激励毫无兴趣，也会导致领导行为没有任何意义。而领导的替代变量（leadership substitutes）是指在某些情况下正式领导者的影响力可以被取代，不仅使领导者的作用不可能而且使其变得没有必要。概括地说，替代因素会使领导行为变得多余和不重要。这些因素涉及下属、任务和组织自身存在的一些特点。如下属清楚了解自身职责，知道如何工作，具有较强的工作动力，并对工作感到满意。在早期的理论模型中，克尔和杰迈尔主要热衷于为关系型领导和任务型领导确定替代因素和抵消因素。（见表6—3）

表6—3　　　　　　　　　**领导的替代因素和无效因素**

特点	关系取向领导	任务取向领导
个体：		
经验/培训	无影响	替代
专业	替代	替代
对奖励的淡然态度	无效	无效
工作：		
高结构化任务	无影响	替代
提供自身反馈	替代	无影响
满足个体需要	替代	无影响
组织：		
正式明确的目标	无影响	替代
严格的规章和程序	无影响	替代
内聚力高的工作群体	替代	替代

资料来源：［美］斯蒂芬·P. 罗宾斯：《组织行为学》（第7版），孙健敏、李原译，中国人民大学出版社1997年版，第335—336页。

———————

① 耿晓伟、郑全全：《领导替代理论》，《人类工效学》2007年第3期，第70页。

有研究者根据情境因素对领导行为的影响不同，对情境因素进行分类研究，即提高领导者有效性的情境因素、降低领导者有效性的情境因素和替代对领导的需求的因素。

1. 提高领导者有效性的情境因素，即领导行为增强因子——可以增强领导者的直接影响的追随者和情境特征。也有学者把这类情境因素称为领导放大器（enhancers for leadership），指放大领导者对员工影响的因素。例如通过加强领导者的地位或报酬权力，或在危机下使用的领导风格，可以强化领导的指挥导向。通过鼓励更多的团队工作活动和增加决策中的员工参与，可以放大参与型领导风格。放大器则是建立在领导者的长处之上的。

2. 降低领导者有效性的情境因素，即领导行为中和因子——能降低领导者的直接影响的追随者和情境特征。有的学者把这类情境因素称为领导缓冲器（neutralizers for leadership），指下属、任务和组织中干扰或减弱领导者影响下属的努力的特性。有的学者认为还有一类无效因素，它使领导者的影响失效，使领导者的行为对下属的工作产生不了影响。这是降低领导者有效性的一种极端状况。

3. 替代对领导的需求的因素，通过影响追随者的心理反应和行为结果来替代对领导的需求。有的学者把这类情境因素称为领导替代品（substitute for leadership），指通过利用其他资源代替领导，从而使领导角色成为多余的因素。替代因素则不仅使领导者产生不了影响，而且没必要产生这种影响，它可以代替领导者的影响。领导的替代品在某种程度上补偿了领导者的弱点。

表6—4　　　　　　　　　潜在的领导缓冲器、替代品和放大器

缓冲器（中和因子）	替代品（替代因子）	放大器（增强因子）
领导者与员工之间的物理距离	同事的评价/反馈	超常的目标
对报酬的漠不关心	收益分享的报酬系统	增加群体地位
不灵活的工作规章	群体（团队）成员共同处理问题	增加领导者的地位和报酬权力

续表

缓冲器（中和因子）	替代品（替代因子）	放大器（增强因子）
刚性的报酬系统	重新分配的工作可以产生更多的反馈	领导者是供给信息的中心来源
团结的工作群体	员工具有较强的能力、经验或知识	强化下属对领导者的技能、影响和形象的看法
（下属或主管）做出回避管理者的行动	自身可以产生工作满足感	通过危机表现领导者的能力
内部可以产生工作满足感	团结的工作群体员工的独立需要	

三　领导替代理论的价值

有的领导者以前认为自己是相当重要的，现在却发现被部分地取代了，这可能损害他（她）的自尊。因此，作为领导者应该察觉自己感情因素的危险性，认识到领导缓冲器、替代品和放大器方法的价值，尤其需要客观理性地正确看待领导替代品的积极意义，并积极运用这些因素为领导的有效性服务。

第一，当组织不能更换或培训领导者，或是不能寻找领导者和工作的更好搭配时，组织仍可以有多种解决办法去解决这个问题。因此，明确认识到领导是组织行为总体模型中的自变量之一这一点非常重要。但是领导的替代者并不排除组织对领导的需求。他们只是减少或解除了领导做某些事的必要性，而这些事占用了领导很多时间。

第二，提供了提升领导有效性的一套思维模式。领导行为的供给如果能满足领导情境的需求就可以保证领导的有效性。因此，领导者运用权力和施加影响过程中的第一个任务就是分析追随者特征和其他情境因素，仔细判断它们对特定领导行为的需要类型和需要程度，了解能使追随者自我控制的因素，评估和调整那些能使领导行为失效的因素，然后提供追随者等情境需要的领导行为，或者调整降低因子为增强因子，使之能增强领导行为的效果。

第三，作为组织的领导者应该通过建立更多的自我管理，完善制度设计和工作设计，建设组织文化，充分利用这些替代因素，使组织成员和组织有成长的机会。

第四，领导者可以运用替代情境因素发挥领导作用，自己可以有时间思考一些涉及全局和未来的事情，有更多的时间做那些重要但不紧迫的或者其他因素很难替代的工作，例如组织所需的跨越组织边界的领导行为、组织文化的领导、接班人的培育、制度建设、战略制定等。

第 三 篇

核 心 领 导 行 为 及 其
情 境 适 应 性 分 析

　　关于领导行为的分类很多，我们选取实际领导活动中运用最为广泛的支持型、指导型、参与型、奖惩型和超凡魅力型等五种核心领导行为进行情境适应性分析，以使领导者和希望提升领导力的人们掌握实施有效的领导行为的基本过程，掌握情境分析和评估情境需求的基本框架和方法，了解领导行为的广泛性，学习运用直接领导行为和间接领导行为。直接领导行为包括领导者亲自实施的领导行为和调整情境因素以适应其领导行为的行为。利用情境因素替代领导者领导行为发挥领导作用为间接领导行为。领导过程通常可以分为四个步骤：第一步，评估领导情境，确定领导情境对领导行为的需求。通常需要评估的主要领导情境有下属、工作任务特征、团队、上司、组织结构、组织性质、组织文化等。第二步，提供领导情境需要的直接领导行为。第三步，调整领导情境并实施与调整后的领导情境相适应的领导行为。第四步，运用领导情境因素中的替代因素发挥领导作用。

第七章　支持型领导行为及其情境适应性分析

第一节　支持型领导行为

一　支持型领导行为的含义

此处所讨论的支持型领导行为，已有很长的发展历史，与俄亥俄州立大学领导关系研究项目中的关怀维度、密歇根大学的员工导向术语同属于一种领导行为类型。从 20 世纪 70 年代豪斯用了支持型领导行为开始，这个术语便流行开来。支持型领导是一种涉及关心、接纳、关怀、尊重和促进下属成长等行为的领导方式。通过实施这些行为，有助于建立员工之间的协调性和凝聚力，从而保持工作团队的完整性。

二　支持型领导行为类型

支持型领导行为包括领导关心下属身份地位、健康幸福、困难和需要；支持型领导待人友善，对下属的问题持一种友善、体贴、理解的态度；他们信任和尊重下属，并且通过某种方式向下属表示信任和尊重，使下属感觉到自我价值和重要性得到了提高；支持型领导见识广博，鼓励开放式的双向沟通，满足下属对社会支持的需要；支持鼓励下属，帮助下属提高专业水平、工作能力和进行职业发展；保持下属有关工作的足够的信息，对那些更换新岗位或新进组织或工作不确定性强的下属来说，对信息的需求尤为重要。

表7—1　　　　　　　　　部分支持型领导者的典型行为表现

1	在下属工作完成好时给予赞赏和表扬。
2	对于下属的要求不超过他力所能及。
3	帮助下属解决其个人问题。
4	不在他人面前批评下属。
5	即使这样做并不普遍，也仍然支持下属。
6	不坚持一定要按自己的方式去做事情。
7	不拒绝有关变更的建议。
8	努力使下属与那些具有较高职权的人愉快相处。
9	愿意解释自己的行动。
10	公平对待所有的下属。
11	愿意采取变革。
12	友好并且容易接近。

虽然所有这些行为所关注的只是给予下属关爱和友善，但这却是支持型领导的基石。不同国家和文化中的领导者所采用的支持方式有所不同。英国的支持型领导喜欢和下属共享信息，欢迎他们多提建议。日本和中国香港的领导则注重工作时间内外同团队成员之间的相互沟通。日本的领导下班后，花大量时间和下属一起吃饭、喝酒，倾听下属的忧虑，塑造团队团结精神。在美国，领导通常在工作时间内支持下属，实行"敞开大门"和"管理人员在公司内部走动"的方针。中国大陆的"个性化关怀不仅强调对员工的工作和个人发展的关注，而且还强调对员工的家庭和生活的关注。中西方管理者对员工关怀的差异由此可见一斑：西方管理者关心的范畴主要是员工的'工作'范畴，而我国的管理者除了关心员工工作之外，还关心员工的生活以及家庭。在西方，员工的家庭和生活属于个人的私人生活，管理者不会也不便去关注员工的私人生活；而在我国，管理者为了更全面体贴地关心员工，更会关心员工的家庭和生活"[1]。

---

[1]　李超平、时勘：《变革型领导的结构与测量》，《心理学报》2005 年第 6 期，第 809 页。

三 支持型领导行为的作用

支持型领导之所以有效，是因为它满足了下属渴望被爱和被欣赏的需要，因为才能和价值而受人尊重的需要以及不断进步的需要。"领导权力的实质与其说是他们在风格、作用等方面在多大程度上符合一般看法，倒不如说是他们能在多大程度上满足——或者看上去可满足——追随者的特殊需要。"正如有的美国人说：我们不是爱布什，是我们怕恐怖主义；我们害怕没有安全感的时候，我们需要勇敢的敢于扳动手枪的人；我们不喜欢布什的智商，但我们喜欢领袖与我们普通人亲近随和。领导活动需要"有力地将追随者带进领导程序之中；如果领导者最终必须使追随者的需要得到满足，那么，领导者不仅在大的群体中而且在小的群体中都将起到从发动、鼓动到实施各项任务的作用"。"群体型领导者对追随者的需要满足得越多，他们在政治市场上积累的政治资本也就越多。"① 维廉姆·怀特（William F. White）的经典性饭店研究证明，大多数人喜欢与地位等级与自己相同或高于自己的人相处。无论领导者与下属谈论沟通什么，下属都能产生被关怀被重视的感觉，对于满足下属的这种特殊需要来说，最重要的是沟通本身而不是沟通的内容。对世界上大多数被领导者来说，他们眼中的支持型领导应该是体贴周到、善于倾听、乐于帮助他们实现愿望和解决问题的。当领导者亲近关怀体贴下属时，尤其是在权力距离大的国度里，下属会深受感动，他们会更愿意亲近领导，对领导忠诚，对工作也会更为满意；因为领导的肯定和关注，他们的自信会增强；在一种愉快情感的力量支持下投入工作，工作压力会减轻。

许多组织都有内部问题，表现为员工之间不能有效合作，纷争不断、关系紧张。在组织中，支持型领导行为有助于提高个人和群体的情绪健康并改善下属和领导的关系，领导者通过支持型行为来团结员工，提高员工的凝聚力，防止员工关系疏远，建立和维持健康向上的个人或团队关系。由于领导者的支持型领导行为，群体能够形成一种支持性环境，而不是防卫性环境。成员们鼓励灵活性、实验性和创造性，由于领

---

① ［美］詹姆斯·麦格雷戈·伯恩斯：《领袖论》，刘李胜等译，中国社会科学出版社1996年版，第351—352页。

导者的理解和支持而不惧怕失败；成员们聆听、理解和分享彼此的观点和价值，公开地讨论相互的问题，自由地和诚实地表达观点，并不急于给出解决办法或坚持一致意见，没有一种必须改变他人的需要；成员们之间关系平等，尊重他人的立场并且没有人感到低人一等；讨论问题时，是问题取向和描述性的，即沟通清晰并公开地描述情况。如果一个组织里缺少大量的支持型领导行为，取而代之，是蛮横无理，武断专行，对人漠不关心，不尊重下属，那么这个组织中的沟通容易被视作领导者操纵下属的某种企图；团队成员和领导者会把团队中的其他人的意见、建议和观点视作对自己的批评或判断；大家彼此猜疑，成员们被看成从隐藏的动机出发去运作、玩游戏、伪造情绪、扣留信息等；一部分成员传达一种对他人有优越感的态度；成员们坚持认为自己的观点是最佳的，并且试图把它们强加给团队。可见，领导者的行为类型影响群体或组织的氛围，支持型领导行为有利于营造信任、支持性的和谐氛围，减缓紧张、冲突、对抗的压抑氛围。

第二节　有效的支持型领导的特性、技巧和权力来源

一　支持型领导的特性
（一）以人为本的价值信仰

一个领导者的领导哲学对支持的程度影响至深。如果一位领导认为人重于一切，信奉以人为本的价值观，能从帮助下属成长中得到发自内心的乐趣，那他很可能使用支持型方法。培养这种乐于帮助下属、用平等的态度对待下属、乐见下属成长的心态，对建立长期有效的正面支持是至关重要的。反之，一位领导喜欢独断专行，居高临下地指挥下属，那他很少用关注、关心、鼓励的方法去支持下属。

（二）移情能力

支持型领导需要具备移情能力。领导者根据下属对世界的看法理解他们的感受，就是所谓的移情。领导者与下属沟通时，要给予下属全部的关注，认真地聆听并竭力超越一己的经历，设法从下属的角度看事物。领导者要做到这一点并不容易，需要领导者的勇气、耐心和内心的安全感；意味着领导者乐意学习新的东西，乐意改变；意味着领导者，乐意了解一个平凡人的心灵，愿意深入下属的思想和内心，以他们的方

式看世界。领导者的移情的态度极为吸引人，对下属有强烈的影响，这是因为它让领导者敞开心扉，让下属感觉领导者正在向自己学习，感觉领导者是可以被影响的。领导者对别人有影响力的关键就在于别人感觉到他们对领导者有影响力。当领导者终于学会倾听，首先试着理解下属时，领导者就更深地了解沟通的含义。

二　有效的支持型领导的技巧

（一）沟通技巧

支持型领导通常运用良好的沟通技巧，向下属有效地传达思想感情，尤其是善于运用支持性沟通的技巧，对下属与工作相关的问题、不满和个人问题做出反应。对有关工作的信息，支持型领导喜欢交流和公开有关信息，愿意解释自己的行动理由，从容听取下属的意见，支持下属按自己的方式做事；采用语言和非语言的方式肯定下属的价值；善于运用非口头语言传达关心、信任和支持，以保持与口头信息的一致性，从而赢得信赖；善于倾听和运用建设性的批评技巧。同时，因为他们在与下属的交往中有适度的自我披露，更培养了组织内一种公开、平等和坦诚的人际关系互动模式和氛围。

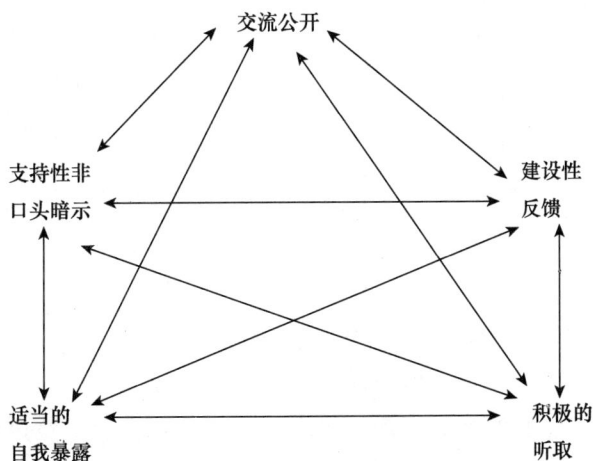

图7—1　促进沟通的技能与行为网络

支持型领导需要掌握的主要沟通技术有：支持型沟通、积极听取、建设性反馈。

1. 支持型沟通。支持型沟通针对问题，而不是针对人；语言是具体的描述性的，而不是笼统性的评价性的；语言和行为信息是一致的；态度是鼓励沟通对象而不是批评沟通对象；信息的流动在沟通者之间双向流动，而不是一方是传递者、另一方是接受者的单向流动。支持型沟通传递信息准确，有助于加强沟通者与被沟通者之间的关系，使用支持型沟通技能能够帮助领导者扮演工作团队中的支持者—维护者的角色，担负起建设和维护一个群体的职能。例如"老李，我不认为小张的看法真的那么不同！"这样的说法可以调停冲突，缓和紧张的气氛，使群体关系保持和谐；"小王，就你没有发言了，我们很想听听你的想法"，这样的表达能够确保所有成员都有机会表达自己的理念和感情；"小冯，我认为你开始谈到的东西很重要，请继续往下谈"，这样的沟通技巧营造接纳的氛围，鼓励和帮助他人阐明观点。

表7—2 　　　　　　　　　　支持型沟通和非支持型沟通

支持型	非支持型
问题导向	人员导向
描述性的	评价性的
一致的语言或行为	不一致的语言或行为
鼓励	批评
具体的	笼统或模糊的
双向的（倾听）	单向的（说教）

资料来源：［美］乔恩·P. 豪威尔、丹·L. 科斯特利：《有效领导力》，付彦译，机械工业出版社2003年版，第63页。

2. 积极听取。支持型领导认真地倾听，引导下属谈论自己的想法，抒发自己的感情。倾听下属谈话和理解其谈话内涵的能力，是领导表示接受和体谅下属的关键。听和倾听是两回事。听主要是对声波振动的获得，倾听则是弄懂所听到的内容的意义，它要求对声音刺激给予注意、解释和记忆。倾听是一种在搜寻意思和理解中将身体、情感和思维的投入合在一起的过程。当接收者按原意理解发送者的信息时，听才是有效的。积极听取对鼓励最大水平的反馈和公开是必要的。积极地听取具有以下特点：

（1）领导者要寻找下属所说的话的价值和意义。

（2）需要注意下属发送的整个信息而不是根据所表述的最初几个观点就形成评估。积极的听包括暂停判断，至少是在最初时要暂停判断，防止自己的主观和武断。

（3）抵制外部环境因素的干扰，集中注意力，避免分心的举动或手势。否则会使下属感觉到你很厌烦或不感兴趣，产生一种不被尊重的感觉，从而大大降低下属与你沟通的意愿。更重要的是，注意力不集中，很可能会遗漏一些说话者想传递的信息。

（4）对下属所谈信息做出反应之前，需要有适当的停顿和思考。

（5）提问和复述。提问保证了理解的准确，并使下属知道你在倾听。用自己的话重述下属似乎在说的内容和情感，尤其是当信息是情感型的或不明确时。"我听你说的是……""你是否是这个意思？"首先，这是核查你是否认真倾听的最佳监控手段。其次，它是精确性的控制机制。用自己的语言复述下属所说的内容并将其反馈给说话的人，可以检验自己理解的准确性。最后，提问和复述可以使听者与说者的角色顺利转换。

（6）根据信息的总体内容和感觉寻求下属的谈话主题。

（7）使用思考速度（每分钟 400 字或 500 字）和讲话速度（每分钟 100—150 个字）之间的时间差对内容进行思考和搜寻意思。

（8）展现赞许性的点头和恰当的面部表情。积极的目光接触，向下属表明你在认真倾听和有听的兴趣。这是因为虽然你用耳朵听，但是下属却是通过观察你的眼睛判断你是否在倾听。

（9）避免中间打断说话者。在你做出反应之前先让说话者讲完自己的想法。在下属说话时不要去猜测他的想法，当他说完时你就会知道了。

（10）避免争论或批评。争论与批评会使下属处于防卫状态。

3. 建设性反馈的技能。促进对话的建设性反馈的主要准则：

（1）在给予反馈时，领导者与下属共同分享他们的想法和感觉。反馈可能涉及个人感情或抽象思维，需要领导者有较高的情绪智力和思维能力。

（2）建设性反馈基于领导者与下属之间的信任基础。如果是以极度的个人竞争性为特征的组织，人们往往强调使用惩罚和控制的权力，强调强硬的上下级关系，这样会缺乏一种对建设性反馈的信任。

（3）建设性反馈是具体的而不是泛泛的。领导者应使用清楚和最近的例子，用描述型的语言描述问题。例如说下属是一个支配一切的人不如这样说有用："刚才我们在对这个争议做出决定时，你没有听别人发表的意见。我感觉其他人不得不接受你的观点，否则将面临你的攻击。"

（4）建设性反馈是在一个下属准备好接受建议和批评的时候给予的。当一个人生气、不安或存有戒心时，那大概就不是该提出其他的新的争议的时候。

（5）进行建设性反馈，要与接受反馈的下属核实所传递的信息和意思以确定它是否有效。领导者可以请下属重述或重申反馈以检验它是否与领导者的意图相一致。

（6）反馈应该是支持性的（增加正在进行的行为）或纠正性的（表明行为变化是不合适的）。当下属有能力对某件事情做点什么的时候，再给予反馈和建议，往往更有可能看到下属的行动和行为改善。

（二）人际关系技巧

人际关系技巧和沟通技巧紧密相连，同样也是有效的支持型领导的基础。注重社交的领导，通常具有良好的人际关系和沟通技巧，他们大多数友善开朗、热情体贴、乐于助人。社交能力强的领导喜欢和下属在一起，去了解他们，去发现他们的兴趣所在。社交能力差的领导很难给下属有效的支持。社交能力强且和蔼可亲的领导善于通过正面的关注和认同来表示支持，正是通过积极的、友好的人际关系，领导才得以和下属建立信任关系。当下属有思想包袱、心中焦虑不安时，领导可以运用良好的人际技巧给他们提供支持，表示对下属生活的理解和关注。支持型领导运用人际关系技巧，不但增加了下属的自信，同时也使自己接受并理解了下属的不同想法。

（三）技术和专业技能

支持型领导者对下属的工作非常精通，精通下属的工作以便能用知识技巧来支持下属的工作。只有领导者具备与工作相关的技术、专业知识和专业能力，才能解决各种问题，才有足够的自信增强他们支持下属的欲望，才有能力培训下属和指导他们发展，才能够对下属的工作提出有用的反馈意见，产生有效的决策。

三　有效的支持型领导的权力来源

（一）专家性权力

让下属知道领导的专业能力是一个可靠的力量源泉。运用其专业能力为下属提供其所需要的知识、技术性建议，帮助他们解决工作中的问题，解释操作过程，给下属指明做好工作所需信息的出处，这样既能减轻下属工作中的压力，还可以帮助下属职业发展和个人成长。、

（二）参照性权力

具有个性、成就、正直特性的领导者能够得到追随者的尊重和认同，因而也就具有了参照性权力。追随者对富有参照性权力的领导者会有情感上的认同和喜爱，他们会认为是领导者给他们创造了积极的动力，他们渴望得到领导者的赞同，他们会把领导者一些微小的且有明显含义的动作（如微笑、友好的手势等）看作是对他们的鼓励和社会支持。同时，支持型领导行为使领导者富有同情心、善良、友好、平和等特征，这种支持性行为反过来也会增强领导者的参照性权力。具有参照性权力且能够增强这种参照性权力的支持性行为包括：向下属表示尊重和认同；帮助他们解决问题；对他们感兴趣和给予支持。

（三）奖励性权力

领导者必须拥有一定的资源支配权和奖励权力，才能通过实际的行动去体恤下属，满足下属的需求和欲望，解决下属的一些工作和生活的实际困难。奖励性权力高的领导通常为下属所亲近，他们把有奖励性权力的领导者的支持看得非常重要，这是因为奖励性权力能够为下属带来实实在在的好处，例如为下属提供所需要的资源、一个更好的工作计划、高额费用报销或各种建议。另外，根据操作性条件反射学习模型，行为是结果的函数，人际支持也是最直接可用的刺激或奖励，是一种积极强化物，当下属的某些行为得到领导的赞赏和表扬时，那么这些行为更有可能重复发生。

第三节　支持型领导行为情境适应性分析

一　增强支持型领导行为有效性的情境因素

（一）下属特征

1. 缺乏自信、安全感、自尊感的下属会增强支持型领导的作用，面临新的或不熟悉的工作的下属在支持型领导下也能提高工作效率。具有上述特征的下属会把能体谅人、理解人的领导看作是安慰和鼓励的源泉，对领导者的安慰和鼓励会产生积极的反应。从 2004 年至 2009 年，笔者和一些大学生调查了 694 名大学生最喜爱的大学生干部领导行为类型，其中支持型领导行为排在第二位。① 大学生是经过激烈的高考竞争脱颖而出的佼佼者，似乎本应该属于自信的、具有安全感和自尊感的下属类型，但实际上许多大学生在与来自全国各地的佼佼者比较之下，一下子变得很普通了：高中阶段是单一的考试成绩评价标准，大学阶段突然变成风度气质、演讲、文体特长、领导能力、学术水平等等综合素质和能力的较量了，许多大学生一下子感觉到自己已经不再是最优秀的那一个，不再是别人关注的焦点了。"大学生作为一个刚刚走出高中校园和家庭的群体，原来的竞争优势丧失，在一定程度上缺乏安全感和自信心"（问卷资料 LH—216），② "大学生对大学学习生活环境及方式、方法的不适应是他们心理危机的另一个重要原因"③。大学四年，无数的学生为学业、资历积累、考研、就业焦虑不安，一些学生"处于恐惧和担心状态，对学习和生活中的压力及未来的发展不知所措，害怕产生不良的结果"，"做事缺乏自信"④。正如有的大学生所说："面对就业、考试种种压力（每个年级的同学都有很大的学习压力），感到困惑和茫然，因此需要学生干部的支持，在生活上、学习上给予同学极大的关心。"（问卷资料 LH—216）可以说，大学生普遍多多少少都有缺乏自

---

① 徐莉：《大学生偏爱的学生干部领导行为研究——以 z 大学为个案》，《中国青年政治学院学报》2012 年第 5 期。

② 开放式问卷资料编码，字母为问卷填写者姓名首字母，数字代表问卷序号。

③ 李大维、张团囡：《大学生心理危机产生的原因及调适对策》，《现代教育科学·高教研究》2012 年第 2 期，第 136 页。

④ 同上。

信、安全感和自尊感的特征，他们会把能体谅人、理解人、尊重人、鼓励人的支持型领导看作是安慰和鼓励的源泉，对领导的安慰和鼓励会产生积极的反应。而支持型大学生干部待人友善，关心同学们的身份地位、健康幸福和需要；对大学生的问题持一种友善、体贴、理解的态度，鼓励开放式的双向沟通；发挥自己的沟通技巧，对同学们与工作相关的问题、不满和个人问题做出反应，采用语言和非语言的方式肯定同学们的价值，向他们表示信任和尊重，从而使他们感觉到自我存在的价值和重要性。

2. 那些对成功、自主、自尊有着强烈欲望的下属也希望得到领导的支持。下属之所以喜欢这种领导行为是因为它满足了他们渴望被爱和被欣赏的需要，因为才能和价值而受人尊重的需要以及不断进步的需要。通过这种领导方式能够建立和维持健康向上的个人或团队关系，有助于提高个人和群体的情绪健康并改善下属和领导者之间的关系。使下属感到受到尊重，受到接纳、认可。支持型领导者还关注下属的职业发展和成长成才，喜欢鼓励下属积极创新和尝试，并给其积极创造机会，让其承担责任，促进了下属成长，有助于下属实现目标，满足了下属的自主和获得成功的愿望，因此下属的满意度也很高。支持型领导通过这些行为建立了下属之间的协调性和凝聚力，保持了工作团队的完整性。

（二）工作任务特征

1. 下属从事满意度差或压力大的工作，对支持型领导的友好、体谅、理解尤为敏感。具有危险性或不体面的工作、不能满足下属需要的工作、下属要面对不友好的顾客的工作、难以如期完成的工作，这些都是常常被公认为满意度差、工作压力大的工作，当你的下属从事这样类型的工作时，那么，他们就特别需要您的体贴、关怀和理解。《南方周末》曾刊登原黑龙江七台河矿业精煤集团有限责任公司党委书记、董事长侯仁的事迹，在对他的领导行为的描述中，可以发现他有非常显著的支持型领导行为特征，这些领导行为是符合其领导情境的需求的，因为在这个企业里我们会发现大量的支持型领导行为的增强因子。2001 年 9 月 24 日，侯仁从鸡西矿务局副局长调任七煤集团总经理时，面对一个庞大而破落的局面。1999 年，七煤集团亏损 7058 万元，累计拖欠职工工资 2.1 亿元。集团下属煤矿最长的 12 个月发不出工资。"七煤"还发生了雪上加霜的事故。1999 年春节前夕，新建矿发生特大瓦斯爆炸，

48 名矿工死亡。侯仁就是在这样的大背景下走马上任的。"干部的办公室不在井上，而是在井下。"这是侯仁教育中层干部的口头禅。集团"强硬"规定，各矿主要领导每月平均要下井 25 次以上，领导们都下井了，才能熟悉生产，不搞瞎指挥，也让时刻处于风险中的一线矿工心里踏实了。侯仁上午从不在办公室，也从来不开会，上午的工作就是下井。有什么问题，现场解决。过去将近三年里，他把所有矿区哪怕是最窄小的巷道都踏了一遍。这里才是侯仁经常光顾的、真正的"办公室"。另外，侯仁做了一件他认为很重要的事情，就是每个澡堂都拨了几百万元进行改造装修。"采煤工在潮湿的井下待 10 个小时，又脏又累，最渴望的就是洗个热水澡。可是以前澡堂池子里的水真是又黑又臭，有时还没热水。尤其是大冬天，累完了上来还洗冷水澡，你说矿工们心里是啥滋味？"现在的澡堂，按矿工们的说法都达到了宾馆里的装修标准，宽敞干净，24 小时热水。因为煤层薄，矿工们经常要跪在地上或趴在地上挖煤。侯仁特别叮嘱过，在工作服的膝盖和手肘的地方要特别加厚。七煤集团的党委副书记贾继铎提起自己的这位同事，就用了"非常钦佩"这个词。[①] 侯仁的领导有效性也证明了许多促进支持型领导的因素就产生于下属有困难和有压力的情况。我们也会注意到国家领导人会在"非典"时期看望医护工作者，会在春节期间看望油田工人和煤矿工人，甚至在巷道内与工人一起吃饺子。这些领导行为都属于支持型领导行为，员工会对领导者的同情和关怀产生感激之情，心里会受到很大的震动。但下属的压力和困难并不仅仅存在于煤矿、油田、特殊时期的医院这样的组织，领导者必须要认识到压力和困难在各类组织中是普遍存在的。

2. 高度结构化的工作会增加支持型领导的效果。高度结构化的工作包括执行简单的、重复性的工作，或者有明确的规章制度要求应该有什么样的工作行为，有严格的统一的工作标准和工作程序。这类工作枯燥无味，而且机械的组织生活容易使下属感觉自己像机器一样，工作环境毫无人的生气和情趣，而领导的关怀和理解通常使工作环境更具有人情味。

3. 具有创造性的或需要不断学习的工作也会增加支持型领导的影

---

① 卢嵘：《侯仁"变法"》，《南方周末》2004 年 7 月 1 日 A3 版。

响力。进行复杂决策工作的团队在支持型领导者领导下通常工作很出色，面临新的或不熟悉的工作的员工在支持型领导者领导下能提高工作效率。实践表明，通过鼓励和向员工表示信心，支持型领导能够帮助他们克服因新的复杂工作而产生的焦虑，促使他们发挥潜在的能力，做好工作。

（三）团队特征

所处工作团队的某些性质影响力颇大。例如与组织内外的其他团队存在强烈冲突的团队，对支持型领导的反应是非常热烈的，团队非常感谢领导的安慰、关心和鼓舞。新成立的团队受支持型领导的影响也很大。在新团队中，目标和职位都是刚刚确定，团队成员比其他团队更需要领导的支持，一旦领导给予了支持，团队的合作精神和凝聚力就会大大加强。这样，新团队的反馈过程也就形成了。领导的支持提高了团队凝聚力和进取心，这种凝聚力和进取心反过来又会促进和响应领导的支持。可以这么说，新团队为支持型领导提供了沃土。在销售、体育、军队、大学生组织等各类组织中经常会存在这样的领导情境，在这样的组织中，竞争和集体荣誉感在下属和团队中占有极其重要的位置，工作团队往往面对来自其他团队和其他组织的竞争，存在一定的或比较强的竞争因素，群体和组织成员往往对支持型领导的反应是非常强烈的，非常感谢领导的安慰和关心。同时，这样的组织中的团队成员流动性强，组织中不乏新成立的团队，特别需要支持型的领导者迅速地把大家团结和凝聚起来，以便更好地面对外部竞争。

（四）上级领导者和组织特征

1. 上级领导者特征。当领导者的上司是一个独断专行者，上司坚信领导需要制度和权威，并倾向于控制下属时，下属将非常渴望领导的安慰，因为它能缓解更高级的独裁型领导所造成的压力。在这种情况下，领导者的支持对团队工作的影响可能会增大。

2. 组织特征。组织的宗旨和文化等某些总体特征也会促进一个领导者的支持性。在冷冰冰的、"机器"般的组织中，领导的关心和关怀犹如一股甘泉，会大大提高他们的进取精神。组织或部门的使命也会增加支持型领导的影响力。如创造性很强的小工作团队、受教育程度高的组织、拥有以人为本的领导哲学的组织、服务性组织和部门、有志愿者参加的组织、与员工利益关系密切的组织、健康和人文组织以及制造业组织服务部门都会增加支持型领导的影响力，有利于支持型领导发挥作用。因为这些组织的领导哲学往往信奉以人为本，认为人重于一切，可以从帮助人的成长中得到乐趣，那么这些组织中的领导者很可能使用支持型方法。例如，大学生普遍认为大学校园里的各类大学生组织不是生产性组织，这些组织的使命是服务于同学们更好地学习、工作、生活和锻炼成长的，或者是服务于社会的公益性组织，培养大学生的公民意识和社会责任感，具有这样的组织宗旨和使命的组织，领导者的关怀和关心对那些为他人服务的下属来说是非常有效的，这是因为只有下属感受到领导者的关怀，才更加体会到给予他人关怀的重要和美好。

二　降低支持型领导行为有效性的情境因素

（一）下属特征

思想僵化的下属，固守于经验和以往的行事模式，顽固不化，难以接受新信息，通常崇尚正式的权威，喜欢强有力的直接领导。他们对支持型领导的反应迟钝，领导的支持、关心、关怀会被他们看作是懦弱的表现，这大大削弱了支持型领导的积极影响，所以支持型领导行为对这些下属的影响十分有限。

（二）工作任务特征

下属的工作范围很广，涉及大量对组织来说很重要的各种活动，或者下属从事的是组织上层的工作。这样的工作更具有变化性，更为丰富有趣，更富有挑战性，处在这种职位上的下属会沉浸于工作之中，工作本身就会使其感到满足，工作本身就给予负责的下属极大的激励，对领导者给予鼓励的需求较弱。同时，这些工作具有重要的地位，负责的下属也会受到更高级别领导的关注和组织广大员工的关注，因此，领导的支持对这样的员工来说就有些微不足道了，作用是不明显的。

（三）团队特征

1. 大型工作团队会降低支持型领导行为的影响力。在小团队中，领导和成员接触的机会多，领导和成员之间关系密切，支持型领导非常有影响力。而在大型团队中，领导很少有机会和成员亲自接触，领导的精力和时间资源是有限的，领导分到每个成员身上的时间太少了，这样就从总体上减弱了支持型领导对下属工作和态度的影响。有些领导能够克服这种不利条件，但这需要花费大量的时间和精力与大型团队中的每个成员接触。

2. 凝聚力强的团队能够提高支持型领导的作用。但这必须是在团队的规范对支持型领导有帮助的情况下。凝聚力强的团队团结的程度和成员一致性都很高，和其他领导方式相比，支持型领导的作用依赖于有凝聚力的团队规范。团队规范是成员应该做什么和不应该做什么的共同信念。如果团队规范支持支持型领导风格，那么支持型领导行为所产生的凝聚力将长久存在。如果规范和支持型领导行为相抵触，那么团队就会不喜欢或抵制支持型的领导行为类型，团队的氛围将会降低支持型领导的正面作用。

（四）组织特征

1. 领导和下属在地理位置上相距很远。空间距离阻碍了领导和下属的充分接触，影响领导和下属的双向沟通，也使领导无法及时支持和反馈下属的工作，不能及时为下属的职业发展提供帮助，当下属遇到困难和压力时，领导也很难及时关心体贴他们。

2. 领导缺少奖赏性权力或缺少用于奖励的资源。领导对组织奖励的控制力弱，或者无法控制组织奖励，手中也缺少奖励资源，这样的领导会被下属忽视，因为他们没有能力解决下属在工作中遇到的资源、信心、机会、成长的困境。但总体来说，降低支持型领导有效性的情境因素比较少，这说明支持型领导行为在组织中有比较广泛的适应性，在领导方法中是非常重要的一种类型。

三　替代支持型领导有效性的情境因素

在某些情况下，支持型领导会变得多余，即有些情境和下属特征能够直接提高下属或团队的工作态度和工作能力，替代支持型领导发挥领导作用。

（一）下属特征

当下属把组织的物质奖励看得非常重要时，也可以替代下属对支持型领导的需求。如果下属是现实主义者，他们会把实际的利益看得非常重要，精神、情感上的关心对他们是不会有太大的影响力的。特别是当现实主义者受到组织的物质奖励（如涨工资、升职、奖金等）支持时，他们通常会对领导的人际支持、鼓励、关心的态度不屑一顾。对这些人来说"实际利益是支持最好的证明"，他们会认为一个领导只讲关心、支持、感情、精神鼓励，而没有物质的奖励，是"玩虚的"，没有实际意义的。

（二）工作任务特征

1. 工作本身能够满足下属对支持型领导的需要。当人们觉得他们的工作很有趣，感到很满意时，他们能从工作中获得鼓励和极大的满足，他们会沉迷或陶醉于工作之中，工作本身能满足他们对支持的需求，就会很少期望从他们的领导那里得到个人支持来维持积极的工作态度。但是即使喜欢自己的工作的下属也会遇到暂时的困难和挑战，当他们偶尔遇到挫折时，领导的支持就会起作用，这时候就需要领导的适当鼓励来帮助他们克服困难。

2. 某种工作完成后的反馈所带来的成就感。如果这种反馈直接来自于他们的工作，则这种反馈通常是非常迅速、明确、具有满足感和激动人心的。那么他们就能从工作的即时反馈中找到自主和成就感，他们也会在工作中找到满足感，从而替代了支持型领导的激励作用。

四 总结：评估支持型领导行为的情境动态

一个领导者可以通过评估下属、工作特征、团队、上级领导者、组织特征等情境条件，尝试发现有利于支持型领导的增强因子。如果有若干支持型领导行为的增强因子，则宜采用支持型领导方式。如果存在削弱支持型领导的情境因素，领导则应考虑运用其他的领导方式。领导者也可以调整情境因素，改变降低因子使其成为增强因子，以适用于支持型领导行为。例如，领导可以把大团队拆分；孤立或改变思想僵化的下属等。宽泛的工作范围和高层次的工作本身能够支持下属，很少有领导会愿意改变这种情况，而使下属对支持型领导更加敏感。这个时候，领导应依赖于其他领导手段来影响这样的下属。这些领导行为是直接领导行为。

领导者也可以创造替代支持型领导需求的因素，例如设计挑战性的工作、建立工作反馈、让下属做不同的工作、建立在下属工作基础上的报酬制度等，运用替代因素作为间接领导方法，运用替代情境因素的间接方法会对下属产生很好的长期影响，是促进下属成长的方法，也能使领导腾出时间去从事其他重要而不紧迫的领导工作。有些领导可能会根据其空余时间的多少或工作繁忙程度及下属数量，把直接领导方法和间接领导方法结合起来。在领导考虑是采用直接支持还是间接支持的决策过程中，下属的行为是一个很重要的因素，使用直接方法可能会比使用间接方法更快地产生效果。所以，如果下属是在一个压力非常大的情境中工作，采用直接方法可能会更好一些。但是采用间接方法，更有利于下属的成长，有利于工作制度、工作机制、组织文化等组织因素的成熟和完善。

第八章 指导型领导行为及其情境适应性分析

第一节 指导型领导行为

一 指导型领导行为的含义

指导型领导行为是指包括领导指示行为和使团队成员行动结构化，以帮助他们完成工作和为团队做出贡献的领导行为。指导型领导者更愿意界定和建构自己与下属的角色，以达成组织目标。

此处所讨论的指导型领导行为，已有很长的发展历史。早在 20 世纪初泰勒的科学管理中就有过描述。后来俄亥俄州立大学领导关系研究项目中还被作为原始模型。一些术语如"生产导向"、"关注生产"、"任务行为"、"工作简化"、"强调目标"和"工作导向式领导"等术语在 20 世纪 50 年代就已普遍使用。"指导型领导"这个术语，随着路径—目标领导理论的发展，在 20 世纪 70 年代开始流行。需要注意的是，一些早期被看作是指导型领导的领导方式，现在看来，与真正的指导型领导是有差别的。早期的领导方式更为专制和粗暴，其中之一是对员工不断地施加压力，迫使他们多生产产品。其二是对工作效率低下的员工进行威吓和惩罚。在当今社会中，基于人们关于人的认识和价值观的变化，长期地压迫下属是不道德的行为。尤其是在发展中国家，员工受教育水平也已经大大提高，员工自尊、自信和能力水平大大提升，领导者更加依赖于员工去实现组织目标，员工享有更多的权力和主动权，已经很少有员工能忍受这种专横粗暴的专制的领导方式。所以，我们所说的指导型领导行为是没有过度惩罚和施压的。

二 指导型领导行为类型

指导型领导行为包括设立工作任务、工作关系和工作目标的行为，还包括明确团队成员角色、期望、计划和安排，解释工作方法、监督和跟踪工作执行情况，以及激励和教导下属改变和改善工作，教授下属工作技巧，包括新技术和新工作程序。所谓明确角色，即告诉下属为了实现特殊的工作目标需要做的工作、工作标准、应有的工作行为模式等。指导型领导行为经常表现为："领导者要告诉下属做什么? 为什么做? 什么时候完成，在哪里找到资源，谁可以提供帮助，怎么去做，花多少钱等。"① 设立目标是指导型领导激励下属工作的有效技巧。指导型领导行为还包括：经常和下属讨论与工作相关的问题；让下属知道需要做什么，工作做得如何以及怎样改进；讨论下一年的工作目标和实现目标的行动计划，包括给团队成员分配工作和说明要承担的职责；建立和维持一种与员工之间的沟通方式，对各种安排、原则、规章制度进行诠释；运用他们的专业知识，给下属指导正确的或改进员工的工作方法，帮助他们克服困难；对待没有良好工作行为素养的涣散的群体，需要领导者手把手地指导。指导型领导者的关键是强调建立结构，把人、财、物、技术、信息等资源组织起来，给下属提出忠告，并监督工作的进程，以保证预期目标的实现。

指导型领导者是基于领导者有责任帮助下属更有效地开展工作的信念。因为领导通常比下属拥有更高的权威、经验和专业知识，他们经常为下属提供有关管理预期、工作计划、规则方面的信息，以增加下属信息量，提高下属的理解力和处理工作的能力。指导型领导的目的是帮助个人或团队有效地工作，不需要过分强调正式的权威，允许下属参与决策工作。

三 指导型领导行为的作用

指导型领导有助于下属明确自己的角色。下属对其在完成工作中的角色以及对其和领导、同事之间的工作关系的深刻理解是他们做好工作的基本条件。从某种意义上说，领导为下属的工作构建了基本的框架，

---

① 章义伍：《共赢领导力》，北京大学出版社 2004 年版，第 135 页。

这种框架能够使下属把重心放在关键的事情上，也明确了下属在工作中的角色，能够对未来有所预见。领导的指导行为犹如"提供一张说明其需要做些什么的图片"，这幅图片通常能够解除下属的疑惑，帮助下属非常明确地知道自己该做什么。

大多数下属在成功的道路上都需要指导，非指导型领导者通常对派谁去完成某项特殊的工作，该做些什么以及如何有效地完成工作犹豫不决。只有当下属询问他们的时候，才会提出建议，并且要在考虑得非常周详后，才让下属去执行。而有效的指导型领导可以增加下属信息量、提高下属的理解力和处理工作的能力；避免了下属浪费精力，使他们的注意力集中在有效的工作方法和关键的地方，从而提高他们的工作效率。但是，指导过度也会使下属产生不满，从而导致下属抱怨、旷工，甚至辞职。指导的时机和方式是否得当是非常关键的，尤其当管理的目标或工作方法不明确时，特别是在发生危机的情况下，下属就会认识到指导型领导的重要性。

指导型领导行为能降低下属的工作压力。有效的指导型领导者是精力充沛的、信息灵通的，是信息的认真传递者，而且还是坦率公开和鼓励双向沟通的。领导者通过关于工作的双向沟通和反馈大大降低了下属的工作压力，促使下属产生积极的态度，提高工作效率，提高下属满意度。现代的指导型领导抛弃了惩罚和专制，往往和激励领导相结合，他们向下属提供信息、专业知识和指导，从而降低了下属的压力水平，增强了下属克服压力的能力。支持型领导是更多在心理和精神上对下属的支持，指导型是工作上给予下属直接的指导和帮助，如果使用这两种手段和途径，不会使下属在工作中精疲力竭。

指导型领导对下属的工作和生产率的影响通常是积极的，还能提高"集中于实现组织目标"的团队心理动机。在管理层次多的大组织中，指导型领导者比非指导型领导者获得的成绩评定更高。这在下属在有限的时间内工作的经营性组织中尤为突出。在强调人文服务质量的组织中，指导型和支持型领导相结合是最有效的。

有些领导相信，如果和下属保持一定的心理距离，指导会更有效。但是，如果指导型的领导对下属不太信任，就会对下属加强控制，甚至走向独裁和专制。

第二节　有效的指导型领导的特性、技巧和权力来源

一　指导型领导的特性

（一）工作经验

为了有效地指导下属的行为，领导可求助于相关的工作经验。工作经验可以为领导提供指导和规范下属工作的相关知识；工作经验还有助于领导对下属进行工作过程和程序方面的培训；领导的经验对解决工作中的问题，排除生产过程中的障碍，达到优秀的标准都有很大的意义。相关的工作经验包括：能够提高领导对工作的胜任能力、沟通能力、自信心以及决断力的工作经验、教育背景及高级培训。例如中国 U19 国青男篮的主教练范斌就是多年征战，走出了从土八路到正规军，从基层团队打到军旅第一阵容，从八一男篮打成全国篮球明星的传奇经历，在执教生涯中创造了辉煌成绩，这些经历和履历都是其工作经验、胜任能力的证明，他有充分的资源以指导型领导行为的方式把知识传授给队员。这也说明了为什么专业性和技术性很强的工作，需要在领导者的具体指导下下属才可以进行和完成的工作，往往需要富有工作经验的领导者。

（二）自信和果断

指导型领导者要具有自尊、决断力和对自己能力的信心。领导有高度的自信就会试图去影响下属，就敢于挑战困难的工作，领导的自信还能够提高下属执行指示的信心。领导者自信才可能相信自己的判断，果断有助于领导解决棘手问题和克服困难。领导者自信和果断，才能勇于帮助下属更正错误，指导下属的工作行为和规范下属的工作行为，敢于实现较高的工作期望以及制定合理的工作质量标准。

（三）较高的成就需求

高成就需求者有追求卓越的渴望，喜欢设立具有适度挑战性的目标，不喜欢凭运气获得的成功，他们不满足于漫无目的地随波逐流和随遇而安，而总是想有所作为。高成就需求者喜欢能立即给予反馈的任务。目标对于他们非常重要，所以他们希望得到有关工作绩效的及时明确的反馈信息，从而了解自己是否有所进步。一个有较高的成就欲、通晓下属的任务且有着高度支持性的指导型领导对下属个人绩效、团队绩效和下属明确其任务尤其有着有利的影响。我们可以想象，熟悉下属的

任务、关心下属并表现出对优秀成绩的强烈渴望的领导者在指导下属时会是多么有效。有研究者指出，相对适度的指导和支持（而不是两者都很高）可能是很多情境下两种领导行为的最优组合。

二　有效的指导型领导的技巧

（一）沟通技巧

指导行为的展现就是有关工作的信息、观点和工作价值观在领导者和下属之间交互发送的过程，所以沟通技巧是明确工作目标、明确下属角色、确定沟通形式和确定工作方法的基础。沟通技巧也是安排工作任务、讨论工作计划和方法、指导下属如何完成工作时必不可少的工作技巧。另外，指导型领导还必须建立和维持一套工作沟通系统，对工作安排、规则及程序进行解释，协调所有的下属和相关的资源系统，以保证组织成员步调一致，共同致力于工作目标的实现。指导型领导的沟通技巧不同于支持型领导的沟通技巧，指导型领导的沟通主要涉及与工作、任务、目标相关的信息的流动，致力于下属对工作相关信息的理解，通过沟通就有关工作的问题与下属协调一致。而支持型领导的沟通主要涉及与员工的个人需求相关信息的流动，致力于领导者与下属关系和团队关系的维系。

（二）技术和专业能力

熟悉下属工作，掌握与工作有关的技术，掌握专业知识，具有胜任下属工作的能力，这样才能保证领导者能妥当地制订计划、安排和分配任务；才能监控下属的工作过程，以保证他们采用正确的方法完成工作；才能准确判断工作中出现的问题，指导下属解决工作中的复杂问题。

三　有效的指导型领导的权力来源

（一）法定性权力

在正式组织中，法定权力通常依附于某一职务，而担任该职务的人则有权对某一特定领域的人或特定范围的活动施加影响，即下属的服从是建立在上司有职务权力指导和下属有义务服从的信念基础上的。下属之所以服从是因为他们承认领导者作为权力拥有者位置的合法性。正因为组织中的领导者拥有法定权力，他们有权力也有责任和义务确定工作目标、制订工作计划、分配工作、安排工作时间、确定工作方法和监督工作，下属也认为自己有义务服从领导者的指挥和接受领导者的指导。

（二）专家性权力

拥有相关领域的知识、信息、技术和工作资历，能够帮助领导者制订优良的计划和战略，能够帮助下属解决问题和达到预期目标。只有下属相信领导有做好工作的知识、技巧和能力，下属才会依赖于领导的建议或需要领导的帮助来解决问题。

（三）资源/关系性权力

团队需要各种各样的资源来完成工作任务，包括人力资源、资金、设备、材料、供给品和顾客等，拥有资源权力的领导可以通过提供这些资源帮助下属实施工作计划，完成工作目标。关系网络是重要信息的传播渠道，没有它们团队就缺乏开展工作必需的信息依据。关系网络作为获得重要信息的一种形式，也有助于领导的指导，因为领导可以通过它提供给下属数据和支持信息来调整其指导行为。拥有资源/关系权力的领导可以给下属提供一些关于过去工作情况、市场需求、组织运作状况、新技术以及其他能够影响下属工作和成功欲望的信息。

（四）奖励性权力

指导型领导需要对下属的工作绩效进行评估，对下属的工作行为是否得当进行评价，掌握奖励性权力的领导者可以在评价、评估、反馈后对下属好的行为给予物质的、荣誉的、心理的各种奖励。相信下属更愿意接受有权力给予金钱、良好的绩效和评估、晋升、有趣的工作任务、友好的同事、重要的信息、有利的工作转换等奖励的领导者的指导。

（五）强制性权力

领导者的指导行为包括对下属工作行为的监督和监控，防止下属的懒惰、错误等行为，如果领导者没有权力或没有魄力对不良的现象、行为进行惩戒，无法使屡屡出现问题的员工惧怕，例如没有权力以停职、降级、分派不喜欢的工作、扣发奖金等方式，给予表现不好的员工以惩罚，那么领导者就无法有力和有效地实施对工作过程和员工行为的监控。

第三节　指导型领导行为情境适应性分析

一　增强指导型领导行为有效性的情境因素

（一）下属特征

1. 具有强烈成功欲望的下属欢迎领导给予有助于他们完成任务的指导。具有强烈成功欲望的下属希望通过完成任务、达成目标来证明自己的能力，实现自我价值，尤其是当他们完成了富有挑战性的任务、达成较高的目标时，他们会产生强烈的成就感。指导型的领导能够为他们的工作提供相应的指导、帮助，能够提供他们工作所需要的信息和资源，或者能够协助他们，为他们完成困难的任务助一臂之力，从而确保他们达成理想的目标。

2. 下属对工作明确性的渴望意味着他们需要也欣赏领导的解释和指导。下属对工作明确性的渴望就是对工作角色明确的渴望，他们喜欢领导者能对目标和任务明确定义，有清晰的工作行为标准，有工作计划和工作路线图，这样他们就可以朝着既定的目标努力。希望工作明确的下属最担心的就是任务不清晰、角色模糊和工作环境的不确定感，而指导型的领导者因为有明确目标、清晰的工作重点、工作路线图和行为标准，并能向下属进行清楚的解释和指导，从而能使渴望工作明确的下属对自己的工作有很强的确定感。

3. 信任具有男子气概的领导者的下属更乐意指导型领导的监督。指导型领导更多关注任务因素，有很强的目标感，果断指挥，严格监控，确保工作目标的达成，呈现出强有力的富有男子气概的领导风格。有的下属喜欢强有力的领导者，虽然这样的领导者有武断的家长作风，但他们可以像有气魄的果断的父亲一样照顾员工，或许是因为这样的领导者更多关注任务和目标的强有力的作风，能够给没有方向或者有些软弱的员工带来明确的、自信的力量感；有的下属自身就具有男子气概和军人作风，他们会认为支持型的领导者"婆婆妈妈"、软弱无力，他们欣赏有魄力的男子汉作风，或许是基于对自己的肯定而喜欢与自己类似的领导者。这些下属会更信赖和欣赏指导型领导者，这些下属特征能提高指导对他们绩效的影响。

（二）工作任务特征

1. 下属的工作任务高度结构化。所谓工作任务高度结构化，就是下属完成工作任务需要一系列特定的工作程序。例如在各种体育团队，就普遍可见工作任务的高度结构化和指导型领导的存在。"范斌指导的训练课要求非常严格。范斌指导的训练课一般是分成三个步骤，比如这是一堂三小时的训练课，他的第一小时会非常耐心，并且非常细致地给大家讲解，反复要求队员的动作，先把动作要求的要领讲清楚。"① 尽管下属可能不太喜欢对明确的结构化任务进行指导型的领导，这可能是因为结构化的工作任务往往枯燥乏味，员工很容易厌倦。但当有领导指导的时候，他们的工作成绩会不断提高。这是因为任务结构的存在给领导者提供了一套清楚正确的步骤，从而方便领导者去指导下属。而很多竞技体育项目恰恰会有一套技术规范和行为规范，下属需要在领导者的悉心指导下，并通过反复的练习掌握这些技术要领，因此，在体育行业会有大批的指导型领导存在。

2. 下属之间高度的工作相互依赖性。下属间的相互依赖程度同相互依存方式有着密切关系。下属之间如果是顺序型相互依存关系，即一个人的输出项部分地或全部地构成了另一个人的输入项，即后者在实现自身目标时依赖于前者的协作。比如一个负责制订培训计划的员工与一个负责教务的员工之间就构成了单向型依赖关系，在这个序列中，后者的输入量受到前者的输出量的制约，如果前者的输出量不能满足后者的需求，则会妨碍后者完成其工作目标。"独立状态指的是并非双方都对对方有控制权（双方不相互依赖）。而是单方面的独立（或控制），即其中一方对另一方有控制权，则另一方则不能反过来支配对方。"② 下属之间如果是互惠型依存关系，即两个或两个以上下属之间在行为及行为结果方面存在着对流交换式的输入、输出关系，即自己一方的输出部分地或全部地构成了对方的输入，同时对方的输出亦部分或全部构成自己一方的输入。例如在一个企业中，产品开发部门的员工和销售部门的员工之间就存在这种双方依赖关系，产品开发部门向销售部门提供试销

---

① 宗和：《范斌认错求复职，称不会与国青队员秋后算账》，2011 年 4 月 14 日，《羊城晚报》（http://www.ycwb.com/ePaper/ycwb/html/2011—04/14/content_1086636.htm）。

② ［美］约翰·P. 科特：《权力与影响》，华夏出版社 1997 年版，第 18—19 页。

产品，销售部门则将销售结果作为重要参数反馈给开发部门。"互赖性是指两方或多方由于在某种程度上相互依赖，从而对其他各方拥有一定控制权的情况。当工作环境中存在高度的互赖性时，单边行动几乎是不可能的。相互依赖则是指这么一种状态：两方或多方彼此对对方有控制权，因为他们在某种程度上要依赖对方。"① 下属间的相互依赖程度决定着下属间协调工作的程度，对于下属之间高度的工作相互依赖性，最重要的是如何协调来提高其成效，保证组织运行及其目标的实现。为此，作为指导型的领导者必须通过指导使每个下属都必须知道自己应该干什么，目标必须清楚；细节跟进，保证相关的下属必须进行协作；制定工作规划，因为下属间的衔接必须有统一的仔细的规划，并付诸行动。总之，指导型领导能够确保组织运作过程中的各个重要环节、团队成员和团队之间的工作步调协调一致，并能及时、果断地化解团队成员和团队之间的推诿、冲突。

3. 下属和顾客之间的直接沟通。直接与顾客打交道的下属的工作结果和成效能够立刻见分晓，下属和顾客之间也容易因为细微的工作行为导致冲突和紧张，工作压力大，这些都决定了直接与顾客打交道的工作情境条件很可能增加下属正确完成任务的重要性，因此它能提高下属对领导指导的响应度。直接与顾客沟通的工作往往有一些沟通的工作流程和具体的沟通技巧，也需要领导者的指导，从而使员工能掌握足够的人际沟通和人际互动技能。另外，下属和顾客直接打交道的工作情境也容易出现一些冲突和紧张的关系状态，需要领导者及时地介入和指导，以便尽快化解危机。

4. 富有高压力的工作。工作存在很高的压力也使指导型领导对下属有很强的有利影响，这是因为指导型领导能够帮助他们及时正确地完成工作任务和实现工作目标。压力的来源包括来自于工作自身的压力、上级领导的压力、团队内部冲突、角色冲突和竞争环境等。例如竞技体育具有竞争激烈、绩效高标准等压力很大的任务特点，有经验的指导型的教练能够在工作方面指导队员应对这种巨大的竞争和成绩压力，甚至超过了那些聪明的指导型领导。大学生面临考研和就业的压力，他们经常寻求考研成功和求职成功的师哥师姐的指点，传授他们的心得和成功

---

① ［美］约翰·P. 科特：《权力与影响》，华夏出版社1997年版，第18—19页。

的经验，这能很好地说明有经验的指导者经历过各种压力情境，他们有足够的经验和技巧应对这些压力，经验是指导型领导者指导下属应对压力的很好的认知资源。

（三）团队特征

1. 相对大的团队。当工作团队的规模比较大，必须通过指导行为协调团队成员的工作行为，从而可以使他们不会采取彼此目标相反的行为。团队规模越大，协调工作越困难，包括工作分工、工作行为、工作标准、工作衔接、工作时间等都需要统筹协调，以保证团队目标的实现。因此，在大的团队中，领导必须重视对成员的指导以保证能够实现协调。

2. 积极的团队绩效标准。积极的团队绩效标准也可以加强指导对下属工作成绩的影响。当一个团队有着积极的绩效标准时，团队成员有强烈的做好工作的愿望，对自己的工作有高的工作标准，团队的一个共同的愿望就是要帮助领导实现工作目标，因此，团队成员会积极响应领导者对工作的指导行为。

（四）组织特征

1. 机械组织结构中职位较低的领导者。当领导者在一个机械的组织结构中工作，并且他的职位相对较低时，他的指导会增强下属满意度。这是因为在机械型的组织中，员工之间有清晰严格的职位等级之分，许多决议都由上层制定并往下传递，下级接受上级指挥，下属要坚决执行上司的指示，因此，下属完美完成任务的压力非常大，他们通常期望领导者能指导他们以保证决议的实施和任务的完成，从而减轻他们的工作压力。由于指导型领导满足了他们的期望，使他们有工作安全感，所以他们会以相对高的满意度加以回应。在机械型组织里，每一成员的权力和责任都有明确规定，组织内部排除私人感情，成员间关系只是工作关系，组织内部有严格的规定、纪律并毫无例外地普遍适用，组织用规则体系统一和协调组织成员，保证组织的稳定性和持续性，集权政治的官僚氛围和集中化决策也会促使领导者进行指导型领导，即这些组织环境带来了上级和下属的期望：领导者应当指导下属。

2. 组织高压管理。领导者通常通过指导型领导行为来应对威胁和高压。许多情况下领导者无法控制的组织因素会促进或阻碍其提供指导型领导行为。高压很可能是上层领导因一些紧急情况施加的，如组织高层的管理人员或低层的下属工作失误、组织利润下滑、上级领导者的检查等。组织要求领导者要加强组织的规章制度、目标和工作期限或者要使下属行为与其他部门协调，这些组织要求都会影响指导型领导行为的数量增加。

二　降低指导型领导行为有效性的情境因素

（一）下属特征

有经验、有能力、期望自我管理的下属可能抵制指导型领导行为。当下属很有经验时，他自己完全可以很好地处理工作中的问题，那么领导者的指导行为作用不大，或者是没有多大必要，或者可以说有些多余。当下属在他们的任务方面非常有能力时，他们在领导者少量指导下就能够很好地完成任务。如果下属期望独立工作，进行自我管理，更愿意自己尝试解决工作中的问题，自己能很好地应对角色的不确定性，或者说下属对角色不确定性的适应性强，这将使指导型领导行为对下属的角色不确定性方面的影响力下降。

（二）工作任务特征

高结构化的任务在增强指导行为对下属工作成绩的影响方面更容易些。但是任务结构对指导型领导和下属满意度的关系的影响则不同。当下属面对事先确定好程序和步骤的任务时，他们不喜欢领导通过指导来重申这些程序，即使这类重申能帮助他们的工作。这是因为清晰的工作程序和步骤给下属提供了清晰的工作路线图，一旦下属初步掌握了这些工作程序和步骤，他们就会觉得指导型领导啰唆多余，这将导致下属的厌烦和满意度降低。

（三）团队特征

团队既可以加强也可以削弱指导型领导的效果。在这里团队成员的凝聚力是一个关键要素，凝聚力可以使团队成员共同行动，但行动的方向可以是与领导合作，接受领导者的指导行为；也可以与领导者对抗，抵制领导者的指导行为。凝聚力是一个中性的概念，决定凝聚力指向的关键因素是团队中所发展的绩效规范或绩效标准。低绩效标准意味着团队成员根本没有积极性努力去完成领导的工作目标，当然对领导者对工作的指导行为不会有积极的响应。尤其是当一个非常富有凝聚力的团队，但却有很低的绩效标准时，团队成员根本不会响应领导者的指导行为，领导者的指导作用将大大降低。反之，一个富有凝聚力同时又有高的绩效标准的团队，团队成员持有争取达成优秀业绩的共同的愿望，指导型领导对工作的指导行为，有助于团队达成优秀业绩，团队成员当然会积极响应指导型的领导行为。

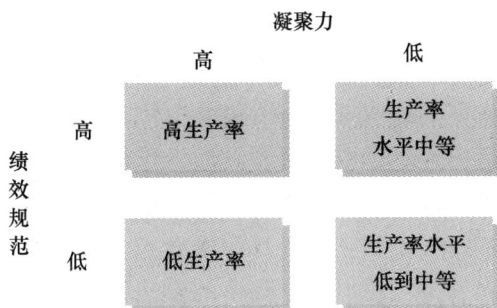

图 8—1　群体凝聚力、绩效规范与生产率的关系

三　替代指导型领导行为有效性的情境因素

（一）下属特征

1. 常年跟随一个领导者工作的下属。常年跟随一个既定的领导者工作能够带来下属的高工作绩效，并使领导的指导行为没有必要。因为跟随领导者多年的下属非常熟悉领导者的期望和领导风格，对领导者的要求和行事模式有很好的预见，下属工作起来已经得心应手，能够独自很好地履行职责并达成领导者期望的工作目标。另外，与领导者相处的年限可能是衡量下属经验、信心、工作能力或工作悟性的有效途径，下属与领导者之间形成了如何工作的默契，有这些特征的下属可以进行自我指导而很少或不需要领导的指导。在组织中，我们经常能够看到随着领导者的工作调动，领导者会带着跟随自己多年的秘书、副手或满意的下属一起到新的部门赴任。从领导替代理论的视角分析，这些跟随领导多年的下属因为熟悉领导的领导风格和行事模式，领导又相信这些下属的经验、能力和人品，这些下属往往不需要领导者的指导就能很好地处理公务，甚至领导者完全放心授权给这些下属，替领导者分担一些角色，这样就大大减轻了领导者的负担，克服了领导者的精力和时间的局限性，使领导者有时间和精力处理一些更为重要而又无法委托或授权的

事情。

2. 如果一个下属既有经验，又有能力，同时又渴望自我管理，不喜欢领导者的干预，那么，具有这些特征的下属大大降低了领导者对下属指导的效果，使领导的指导几乎没有影响力，甚至这样的下属完全可以替代领导者的指导角色。

（二）工作任务特征

1. 有明确工作流程或者可以预见流程的工作。一些例行公事的、重复的工作都是典型的有明确工作流程的工作，一旦下属熟练掌握了那些工作流程，或者一旦例行的、可预见的工作被掌握，下属就能根据工作的流程或一些工作常规、常识进行工作，他们完全可以自我管理，在工作的过程中就不需要得到领导的具体指导了。例如和平时期的军队给养、仓库的存储和管理工作、工作场所的保洁等工作。

2. 来自于下属任务的内部反馈。这种类型的绩效反馈常常由计算机显示的个人或团队生产率来提供。它不断向下属提供关于其工作方法有效性和完成指定目标进展方面的最新消息。这种反馈可以减轻领导监督和指导的需要。有能力的下属可以根据直接来自于任务的反馈而采取及时的行动。例如诺思壮卖场计算机绩效管理系统可以对员工每小时的销售业绩和应该获得的奖励进行即时反馈；电子反馈系统可以记录分析球类运动员的投球命中率和一些技术指标。有能力的销售员和运动员可以根据这些反馈获得鼓励，并分析查找自己的工作行为存在的问题，采取新的措施，改善工作行为。

（三）团队特征

替代指导型领导需要最强烈的情境特征是自我管理的工作团队。这种新型团队是真正独立自主的团队，它们注意问题的解决，不仅负责识别问题并进行决策，而且执行解决问题的方案，并对工作结果承担全部责任。这种团队通常由10—15人组成，他们承担着以前自己的上司所承担的一些责任。一般来说，他们的责任范围包括确定重要的团队目标、制定预算、订购材料、控制工作节奏、决定工作任务的分配、安排工间休息。彻底的自我管理型团队甚至可以挑选自己的成员，并让成员相互进行绩效评估。在团队中，每个成员经常学习必须由团队来履行的所有工作，团队成员分享领导角色，团队成员既要承担个人的责任，也要承担共同的责任，人员、部门间行政权力的淡化，人员之间关系的平等化和协作的自动化，团队成员之间经常相互交流，鼓励开放式的讨论，知识共享，并从同事那里为自己的任务获得指导和投入。这样，团队上级领导者的重要性就下降了，团队甚至替代了团队的上级领导者。实际上，自我管理团队的采用典型地消除了一个或更多的管理阶层，由此创造了一个平面组织。从20世纪90年代末，在大型组织中，这种类型的团队结构越来越常见。《财富》前1000家公司中几乎所有的公司都使用项目团队；绝大部分公司使用平行团队，即在常规的组织结构之外还平行存在的问题解决或质量团队；大部分使用永久性工作团队，即负责产品制造和提供服务的自治的工作单元。

（四）组织特征

一个替代指导型领导需要的重要情境特征是组织的高度正规化。正规化，即正式化，是指组织中的工作实行标准化的程度，组织总是期望员工以同样的方式投入工作，能够保证稳定一致的产出结果。如果一种工作的正规化程度较高，就意味着做这项工作的人对工作内容、工作时间、工作手段没有多大自主权。在高度正规化的组织中，有明确的工作说明书，有繁杂的组织规章制度，对于工作过程有详尽的规定。由于个人权限与组织对员工行为的规定成反比，因此工作标准化程度越高，员工决定自己工作方式的权力就越小。工作标准化不仅减少了员工选择工作行为的可能性，而且使员工无需考虑其他行为选择。那么，当组织把明确的计划、程序、目标和责任分派给特定的下属；当任务、工作策略和方法以书面的形式进行了详细说明时，就很少需要领导的指导了。

四　总结：评估指导型领导行为的情境动态

依据诊断情境、提供得当的领导行为和修正情境这三个关键的领导步骤，当领导者诊断情境时发现一个以上增强指导型领导效果的特征时，说明下属需要领导者的指导，下属会积极地响应指导型领导者，领导者即可提供指导型领导行为。当领导的指导使下属产生愉快的心理反应和行为时，下属会受到鼓励，那么请领导者继续使用这种策略。当领导情境诊断认为某些情境因素会减弱指导的效果，那么提供其他类型的领导行为可能是领导者更好的选择。例如高度的任务结构可能会减弱指导对员工满意度的正面影响，因此领导者最好还要对下属进行支持性领导。

如果领导者实施领导行为后的结果不尽如人意，领导可以把注意力转移到下属的工作情境中。如果情境因素可以修正的话，领导也应该尝试去改变或修正削弱领导效果的因素，影响情境以便使指导更有效。例如，领导者可以通过努力钻研业务，拥有专长，使自己比下属更有学识和专业水平，并有效代表团队利益，从而增加自己指导的合理性，这也是有效的领导策略。可以通过工作设计计划为下属的工作任务建立清晰的、有步骤的方法和程序，扩大下属的工作团队的规模，领导可以通过奖励制度和与其他团队的友好竞争来影响团队绩效标准，招募需要高度明确性的下属等，这些调整情境因素的做法都会增加对指导型领导的需要，从而可能提高其影响。

然而，反其道而行之，选择替代的领导行为策略，建立替代指导型领导的因素，能给领导者额外的时间来做其他的工作。有时候，如果下属忽视或抵制领导者的直接指导，领导者必须运用其他的影响去指导和激励下属。例如帮助下属获得了经验和技术，使下属变成具有自我管理能力的员工，并授权他们自我管理、自我领导，使下属成为以工作为荣、以担负责任为荣的员工；发现哪些员工是博学的和乐于助人的，并鼓励他们辅导、指导熟练程度不高的员工，使这些下属成为在工作中乐于助人的人。这些可能是获得取代指导型领导的情境因素的最好方法。保留和领导者共事多年的很有经验和能力的下属是可以为缺乏经验的成员提供指导和结构的另一来源，从而能减轻员工对指导型领导的需要。设计可以预知工作流程的生产系统和制定用于完成任务的具体程序，建立关于工作任务的即时反馈系统，给下属提供直接的任务反馈和权力去做出和实行与工作有关的决议。当然，下属必须是有经验的、有能力的，他们会为了取得令人满意的效果而努力去完成任务。以上替代情境因素为下属提供指导和动力，并至少使指导型领导显得有点不太必要。有效的领导人经常能识别或建立为下属提供所需的指导和结构的情境和下属特征，这些因素会增加下属执行的能力而无须领导的持续指导。这样，领导能执行其他的职能，例如进行组织文化的建设、设计参与管理和奖励制度、获得关键的资源，或者培养组织接班人等。这些活动都需要大量的时间和努力，识别和创造可以替代指导型领导需要的因素是使这些活动有足够时间的重要保证。

第九章　参与型领导行为及其
情境适应性分析

第一节　参与型领导行为

一　参与型领导行为的含义

20 世纪 30 年代初，霍桑工厂实验主持者梅约提出"社会人"的假设，这种假设认为，人是社会人，人们的社会性需要是最重要的，人际关系、员工的士气、群体心理等对员工的工作积极性有重要影响。因而在管理上要实行"参与管理"，要重视满足员工的社会性需要，关心员工，协调好人际关系，实行集体奖励制度等。霍桑实验启发了越来越多的管理学家，使他们认识到员工工作积极性的发挥和工效的提高，不仅受物质因素的影响，更重要的是受社会和心理因素的影响。于是管理理论开始从过去的"以人去适应物"转向"以人为中心"，在管理中一反过去层层控制式的管理，转而注重调动员工参与决策的积极性。此后，坦南鲍姆和施密特的领导行为连续体理论、赫塞和布兰查德的情境理论、罗伯特·豪斯的路径—目标理论、弗罗姆的领导者—参与模型都提出了参与型领导行为类型。几十年前，在欧洲法律规定企业要建立工人咨询团为高层决策制定者提供建议，并要求工会代表列席董事会。可见，在学术界和管理实践中都把参与型领导行为作为一种核心的领导行为类型。

管理者和研究者采用的参与型领导行为有两种含义：第一种，参与型领导行为是指领导者让下属参与决策过程的不同方面、不同程度的众多行为，即让下属以某种方式参与领导者本会独立决定的决策。例如通过向下属咨询或召开下属团队会议讨论决策事件。领导者可能授权给下属独立做出决策，也可能与下属共同决策，但领导者往往保留最终决策权，不过，在最后决策时领导认真考虑下属提供的信息和意见。第二种，参与型领导行为是指领导者让下属参与决策过程（例如讨论决策情境或评估可选方案），并通过允许下属直接影响决策结果来和他们分享决策权。第二种参与型领导的含义强调下属一定与领导者分享最后的"拍板定案"的决策权，认为只有当下属和领导分享同等的决策权时参与行为才存在，否则就不是真正的参与型领导行为。我们的定义采纳第一种。

二　参与型领导行为类型

参与型领导的具体行为类型主要有：（1）从下属那里获得信息：包括和个别下属进行非正式的谈话以获取他们的看法，描述决策的问题，询问他们对领导制定的各种可选方案结论的意见。仔细倾听以理解他们，并把他们的信息融入决策方案。例如为了选任一个司局级干部，上级组织部门与每个处级干部谈话，听取他们对候选人的看法。（2）个人商议，比较正式地一对一地听取下属有关决策问题的建议。（3）群体商议，召开会议讨论有关决策问题。（4）和下属联合做出决策，下属拥有与领导者同等的决策权，即一人一票的表决权。（5）授权：把需要决策的问题完全授权给下属或团队，由他们独立做出决定。前四种参与型领导行为是下属参与了决策过程，最后两种参与型领导行为使下属分享了最后的"拍板定案"的决策权。另外，参与者不仅仅包括下属，还包括领导者直接的下属之外的个人，例如同事、上级领导或组织之外的个人。尽管这种类型的咨询有时有利于决策，尤其是在高技术的工作环境中。但是，传统的参与型领导行为的含义主要在于让领导者的下属参与决策。这是大部分研究者使用的关于参与的含义。

在实施参与型领导行为时，领导者应该使下属们确信，所有想对决策事件表达看法的成员都有足够的机会，并保证对下属的观点和贡献会给予认真的考虑。当下属的建议没有作为决策的一部分实行时，领导者应该向下属解释为什么没有包含他们的建议。当领导和下属的意见不一致时，参与型的领导可能会召开讨论会议公开双方的不一致，以更好地解决问题。决策做出后，也允许下属了解更多有关实施新计划和工作程序的问题。

当下属在描述理想的领导时，他们经常把参与型领导行为作为领导者最好的素质之一。许多人认为参与型领导行为是有效领导的一个主要部分。但领导者并不都是使用同种程度的参与管理，一个特定的领导者常常会在不同的情境中对下属使用不同类型和不同程度的参与管理。领导者的个人特点会影响他们使用参与管理，最近的研究表明，女性领导比男性领导倾向于更经常地使用参与的方法来决策。今天的组织中，灵活性、团队工作、信息共享和信任的特点迅速取代了僵化的结构、竞争的个体主义、控制和保密这些特点。最好的领导者认真聆听下属的意见，充分激励和支持下属，实行鼓励和影响而不是控制，很多女性做这些事似乎比男性更为出色，她们的社会技能允许她们更容易地让下属参与决策过程。另外，人们对女性的角色知觉导致当一个女性领导者专制时比男性领导更经常受到责难。研究还发现，有丰富的工作经验或受过高等教育的领导者更具有参与性，他们较高的文化素质、丰富的工作和领导经验、较强的竞争力使他们可以舒适无虑地面对自己的领导职位，很少有受到下属潜在威胁的念头，更有自信，不害怕下属的影响范围扩大。而且受过良好教育的他们能认知和察觉到下属参与的期待，并有能力回应其期望。

现在的趋势是各国的领导者感到应该赞同参与型管理的文化要求，尽管他们可能认为那不是最有效的方法。但在不同文化和国家中参与型管理的适当性很难确定，因为领导实践必须和每个社会的文化规范相一致。这些规范决定了在某种文化情境中员工参与管理的程度和类型。如果有专制的决策制定传统，那么下属并不期望参与管理，下属可能也不喜欢参与。可能在不同的文化中参与管理的含义也是不一样的。在日本，参与管理的意思是给下属向领导者表明自己观点的荣誉。在中国、日本和美国，下属参与的方法比欧洲更灵活和非正式，在这种情况下，领导者的参与型领导行为是基于领导和下属的私人关系，非正式的途径比立法的途径对个体和团队的生产率更有影响力。在美国，参与管理常常不仅意味着下属可以提建议，而且这些观点要体现在决策中。如果没有决策中含有下属意见的证据，那么美国工人更可能认为实际的参与管理并没有发生。这种差别是文化规范影响领导行为以及影响参与管理含义、期望和效力的表现。

三　参与型领导行为的效果

（一）参与型领导行为的积极影响

参与型领导对下属和团队的心理和行为产生一系列的积极影响：

1. 对下属的满意度有非常稳定有利的效果，这包括改善领导与下属之间的关系，对领导者和工作的满意度以及对组织状况的总体满意度。总体上说，实验研究和对真实组织的研究发现，下属更喜欢参与型领导而不是专制的领导方式，尤其是在一些特定的社会中，这种倾向更为突出。

2. 下属的能力运用、自我控制、独立性和个人成长需要的满足。员工的需求发生变化，次级需要的提升——更高的独立性、成就、影响力和个人成长的渴求；员工对平等感的增强；对更加灵活和有趣工作的广泛渴求，这些因素导致了许多员工要求更多参与的机会。在当今组织中，许多员工认为，他们有权参与与他们有关的决定。由于这些原因，领导们经常给下属提意见的机会，特别是当决策会在某些方面影响下属的时候，给予他们表达意见甚至分享最后的决定权的机会，他们就能够在影响领导决策中反映自己的兴趣和关注对象。让下属参与讨论去形成和评价决策方案发展了他们的决策技能，参与型领导行为给下属提供了利用他们未使用才能的机会，下属的决策能力和自我控制能力得到发展，这也有助于满足他们对能力发挥、自我实现和个人成长的需要。参与型领导行为允许下属为有价值的团队做出重大贡献，因此可以满足自尊和成就的需要。参与型的讨论可能还有助于统一下属和组织的目标，进而提高下属的自我管理能力。

3. 参与型领导行为可以提高下属对决策的动力和责任感，进而可以带来下属或团队的高绩效和生产率。这种责任常常表现在对决策导致的变化的抵制减少，决策选择的顺利实施以及完成决策工作的接受程度和动力增加。在正式的组织中，为了使领导的决策获得批准和实施，一些参与型领导行为可能在政治上是必要的。例如，参与型领导行为体现的价值取向符合时代精神，并与员工的价值主张一致；领导者可能需要确信下属致力于实施决策。那么，让下属参与制定决策可能对获得这种确信是重要的。有研究者说，导致参与式管理的原因在于人们会支持他们所建立的决定。通过参与决策，下属常常拥有和决策结果紧密相连的自尊，他们也可能认为决策结果对他们有利，比他们没有参与更可能理解决策背后的理由。的确，有大量的研究认为，参与型领导行为可以带来下属或团队的高绩效和生产率。

4. 提高决策的质量。领导者时时刻刻面临选择和决策，要对许多事情做出决定。决策面临不确定性、复杂性、竞争性、信息不对称、决策者自身的限制等，而实施参与型领导，领导者可以从下属那里获得更多的信息帮助识别和评价行动的可选路线，并且对决策情境和可能方案进行全面的讨论，从而提高决策质量。参与型领导行为影响决策质量，但是影响的类型和程度取决于具体的决策情境。

（二）参与型领导行为的消极影响

参与型领导也会产生一些不受欢迎的结果：

1. 参与型的决策通常比专制式的决策花去更多的时间。

2. 影响下属的本职工作。下属参加有关讨论会时，无法继续做自己的本职工作。尽管他们能从参与型的讨论中获益，但是也必须对讨论时耽误的其他任务的紧急性和下降的生产率进行评估，以决定哪一个更重要。

3. 较高的成本付出。培训领导和下属参与决策技能的成本，其他的支持成本还包括会议室和为保证那些参与决策人员可以获得必要信息的其他员工的付出。

4. 一些组织成员可能的不喜欢和抵制。一些研究表明，在文化中不包含平等主义和大众参与管理的某些国家和组织中，参与型领导是没有效的。一些领导者不喜欢参与型领导行为，一些员工不喜欢参与组织管理工作，如果上级领导者鼓励他们参与管理和决策，他们可能会抵制，抵制可能产生怨恨，并导致工作效率的损失。因此，是否投入参与管理的最终决策权可能还应该留给领导者和员工个人。

第二节　有效的参与型领导的特性、技巧和权力来源

一　有效的参与型领导的特性

（一）正直

关于参与型领导风格的一个重要的领导特征是正直。如果领导者表面上鼓励下属大胆发表见解，但听到下属的意见和建议后，不仅不感谢

下属的积极参与，而且对下属抱有不好的看法，甚至打击报复下属，或者讨论会议过后，没有任何反馈和行动措施，那么下属就会怀疑领导者"引蛇出洞"，或者认为领导者搞"政治游戏"和作秀，就不会再信任领导者，对领导者的参与型领导行为就不再会积极响应。当领导对下属真诚时，认为领导在下属团队内外的行为有道德时，下属相信领导者是正直的和可信的，信任领导者会采取与组织价值一致的行为，并会公平对待下属成员时，下属才会产生对领导者和组织的忠诚和责任感，才会逐步信任领导提供的信息和其他意见，在这种情况下，下属才会为了组织的利益，积极地与领导者和其他成员一起参与到问题的解决和决策中去。

（二）权力社会化需要

领导对权力的社会化需要是帮助他们有效地运用参与型领导行为的另一特征。有的学者从国家权力社会化的角度界定了权力社会化，"所谓权力社会化，是指在国家权力超越了权力与权利之间适当的份额比例之时，将过大的国家权力还原为社会的权利"①。有的学者从行政权力社会化的角度界定了权力社会化，"行政权力社会化，就是行政管理社会化，也即公共管理社会化，是指政府在社会管理和公共服务领域，改变传统的大包大揽的做法，通过转移或委托代理等方式，将一些职能让渡给政府以外的社会其他主体行使，以达到提高行政效率、降低行政成本等目的"②，并认为权力社会化问题是一个权力格局问题，"权力格局是政府权力和社会权力在运用及范围上的对比关系，细言之就是政府权力对企业、公民个人和其他社会组织的干预状况及反向影响能力"③。从组织管理的角度看，领导者的权力社会化需要是指领导者与员工分享部分组织管理权力的渴望。这种需要经常以赋予员工更多参与组织管理的权力和权利的形式表现出来。领导的特征含有乐意去影响和控制他们周围环境的强烈权力需要，传统的组织有组织法定权力的"集中化"倾向，传统领导者往往渴望自己获得更多的权力和控制力，而不会与下属

---

① 陈醇、李爱平：《论权力社会化》，《甘肃社会科学》2004年第6期，第166页。
② 黄晓晓：《行政权力社会化及其基本构想》，《中国发展观察》2007年第8期，第31页。
③ 孙开红：《论当代中国政府权力社会化》，《云南行政学院学报》2005年第2期，第49页。

分享权力，而有社会化的权力需要的组织领导者，有一种防止自己滥用权力的自觉，有权力丰富化和分权化的倾向，基本上并不好进攻或对下属进行支配，也很少进行防御，主张领导者的权力与下属的权利之间的适当份额标准，喜欢赋予下属更多的权力和权利，指导和发展下属的权力以形成下属对环境的影响。通过指导培育下属运用权力、行使权利的能力，来补充领导者"退出"所造成的"管理真空"和"权力真空"，在这一过程中下属的自我管理和自我领导能力逐步增强。

（三）自我监控

自我监控，也称为自我反馈，指的是根据个体外部情境因素调整自己行为的特质。高自我监控者在根据外部环境因素调整自己行为方面表现出相当高的适应性。具有高自我监控人格特质的人对环境线索十分敏感，他们更关注他人的活动，能根据不同情境采取不同行为。而低自我监控者则不能伪装自己，倾向于在各种情境下都表现出自己真实的性情和态度，因而在他们是谁以及他们做什么之间存在着高度的行为一致性。自我监控技能会帮助一个领导者更好地认知、分析和诊断周围环境，能从参与者的各种反馈那里学习，并逐步了解了自己的行为是如何影响下属和组织的。因此，具有自我监控技能的领导者喜欢从有相关知识的下属那里获得建议，以一种参与的方式获得下属的主意和合作，并有效地说明团队的问题和决策，能很好地听取、分析、诊断各类参与者关于决策问题的各种观点，能够了解到领导者的行为对组织和他人的影响，并基于来自其他组织成员的信号调整自己的行为。

二　有效的参与型领导的技能

（一）冲突管理技能

冲突指的是一方感觉到自己的利益或关心的事情受到另一方的反对或消极影响的过程，冲突的双方或多方的意见和利益的对立或不一致，以及有一定程度的相互作用。它包括了在组织中人们经历的各种各样的冲突，如目标不一致、对事实的解释存在分歧、在行为期望方面的不一致，等等。一方面，参与型领导者的冲突管理的技能包括激发冲突。"冲突推动了创造过程……受制度保障的冲突，是日本管理中不可分割的一部分……冲突需要人力、组织上的成本，但它同时也是自我质疑和重新激活企业的重要能源。"[1] 当组织内无人响应参与管理，组织成员不愿意发表自己的观点的时候，或者观点单一的时候，参与型领导者要善于激发讨论和不同的声音。另一方面，参与型领导者的冲突管理的技能包括控制冲突。领导仔细评估下属对组织的期望、资源充足度、相互独立程度、利益需求以及沟通等问题，可能对解决下属之间的冲突是重要的。如果出现两个以上的成员的兴趣或目标矛盾，冲突或意见高度不和会破坏有效参与管理所需要的建设性讨论，领导者应该能够驾驭争论，在事情发生时确定冲突的来源并主动积极地说出来是很重要的，冲突一旦被提出来，下属一般会回到共同问题的解决和决策上。下属之间关于价值观、信仰和目标的冲突常常通过鼓励协作和共享期望目标的战略而被有效地解决。

（二）积极倾听的技能

积极倾听对鼓励下属最大水平的反馈和观点公开是必要的，因此参与型领导也必须发展有效的倾听的能力。为了促进有效的下属参与管理需要的信任和合作，领导必须率先示范，通过自己的切实行动展现积极倾听的行为，下属才会愿意倾诉，愿意与领导者分享自己的见解。例如，不要根据下属所表述的最初几个观点就形成评估，需要根据信息的总体内容和感觉寻求下属的谈话主题，寻找下属所说的话的价值和意义；集中注意力，避免分心的举动，使用目光接触，展现赞许性的点头和恰当的面部表情，避免中间打断说话者，做个好的听众；运用提问和复述的技术，表达自己的关注和感兴趣，深入探讨问题，用自己的话重述下属似乎在说的内容和情感，尤其是当信息是情感型的或不明确时，这样能使自己的理解准确；避免与下属争论或批评下属，争论与批评会使下属处于防卫状态，或者使下属打消交流的意愿；集中、仔细、给下属提供口头的和非口头的反馈，等等。这些倾听技术的运用表明领导重视下属的意见，并鼓励他们更进一步的参与。

（三）决断技能

有效的参与型领导常常有高水平的决断技能。在实施参与型领导的

---

[1]　［美］特蕾西·高斯、理查德·帕斯卡尔、安托尼·亚瑟斯：《企业彻底改造的"过山车"，以今天的冒险换取强有力的未来》，约翰·P. 科特等：《变革》，中国人民大学出版社1999年版，第106—108页。

过程中，来自广大下属的各种各样的信息、观点、意见和方案大量涌现出来，领导者必须能够敏锐地抓住重要的环节和重要的信息，深入探讨和研究，能够意识到什么时候已经掌握了足够的决策信息和决策方案；了解什么是主要的矛盾，做出准确的问题判断；清楚最重要的决策标准，果断做出决策，但又决不是盲目的自负。参与型领导者不是敌对的、盛气凌人的和爱出风头的，他们不走极端，而是措辞简洁地和下属交谈。他们对自己的意见和情感做出诚恳的陈述，并表明他们乐意通过相互的讨论和问题解决来关注下属的意见。这些决断技能为下属做出示范，并鼓励下属相似的行为，为参与型的问题解决和决策创造了建设性的环境。

（四）移情理解力和社会洞察力

"心理学家多把移情界定为一种替代性的情绪反应能力，是既能分享他人情感，对他人的处境感同身受，又能客观理解、分析他人情感的能力，是个体由真实的或想象中的他人的情绪状态引起的并与之相一致的情绪体验。"[1] 洞察力的英文是 insight。有这样三个英文单词与洞察力相关，一个单词叫做"sight"，相当于见识，看过不同的东西；第二个词叫做"insight"，看东西比别人看得深，入木三分；第三个英文单词叫做"forsight"，不仅可以看到今天的东西，还可以知道明天会发生什么。作为参与型的领导者，应该能通过下属的言语、行为和非言语信息，捕捉和理解下属真正的内心在想什么，比如关于重大事件的态度、动机和需要，下属所共有的兴趣、目标和价值观；能够通过各种信息和线索，发现组织中存在的潜在问题，以及这些问题与现实和未来的联系。这种移情理解力和洞察力常常源于领导参与型解决问题的情境经验，领导者在不断的长期与下属深度的咨商和共情中习得的，他们运用理解来加强合作、推动讨论，在下属之间建立和谐的关系，通过参与型的讨论使下属追求团队或组织的目标。

三　有效的参与型领导的权力来源

（一）法定性权力

一个领导者必须拥有法定的权力或者来自上级领导者的某种授权，

---

① 刘野：《移情在品德形成中的作用与训练》，《教育科学》2010 年第 6 期，第 11 页。

下属知道领导者有权邀请他们参与决策，有能力实施下属参与得来的决策，下属才有可能对领导者的参与型领导行为积极响应。这种正式权力对在参与过程中获得下属信任是重要的，领导者的正式权力会给下属们信心，使他们相信他们的参与会带来有意义的和有用的结果。如果下属不确定领导者是否有权力利用他们的意见实施组织决策时，他们会认为参与是没有实际意义和作用的，徒然浪费他们的时间、精力、智慧和热情，可能会没有动力回应领导者的参与行为。

（二）资源/关系性权力

成员对稀缺资源的竞争是组织中冲突的一个非常常见的来源。能提供丰富资源的领导能够减少资源争夺的冲突，下属之间更加随和融洽，从而推动下属的互动；能够满足下属和工作有关的资源需要，可以使下属不为缺少资源而耗神，减少对自己的工作忧虑，可以集中精力解决问题和制定决策；拥有丰富资源权力的领导者可以为决策的实施投入必要的资源，有能力实施下属参与得来的决策。拥有关系网络的领导者，能够为下属的参与和群体决策提供丰富的信息来源和有关决策需要的相关的组织情况。而且，有着包含影响团队内外成员的关系和网络的领导可能会受到下属的高度尊敬。当领导者需要下属对决策的意见时，这种尊敬特别会带来下属乐意的合作和积极的参与。

（三）专家性权力

专家权力是参与型领导的财富。就如指导型领导一样，参与型领导需要专家权力。下属在参与决策的过程中，自然会涉及与决策问题相关领域的任务、技术、知识、能力和信息，而有专家权力的领导可以通过提供支持下属参与决策过程的知识、信息、技术、技能和能力，帮助大家分析和澄清问题，促进下属参与管理。拥有丰富专家权力的领导者可以是下属需要的知识和信息的来源，可以是技术建议的来源，也可以是帮助下属找到支持的来源。决策越重要，领导者的专家权力作为支持下属参与管理因素的可能性越大。

第三节　参与型领导行为情境适应性分析

一　增强参与型领导行为有效性的情境因素

在一定的情境或下属特征确定的条件下，领导者的参与型行为对下属的心理反应或是行为会有非常积极的影响。

（一）下属特征

1. 下属拥有工作能力、专长、知识和相关决策任务的信息。拥有工作能力、专长、知识和相关决策任务信息的下属是可以增强参与型领导的直接影响的追随者特征，是提高参与型领导者有效性的情境因素，即增强因子。① 那些有能力、有见识的下属常常期望能在自己感兴趣的问题决策中发挥一点作用。下属教育水平的提高，使他们能够拥有很多可以提高决策质量的经验、信息、培训和知识，又因为他们直接与产品、服务、市场和顾客打交道，他们经常拥有比领导更多关于工作的当前信息。这些都大大增加了下属参与的可能性。例如根据调查，大学生最喜欢的学生干部的领导行为类型就是参与型领导行为，其中一个原因就是大学生具有参与决策的能力基础。正如一名大学生所说："都是同龄人，又是朋友和同学关系，彼此之间的社会经历、学识、工作能力和水平相差不多。学生干部的一些专业知识和某些方面的工作能力或许并不如其下属"（问卷资料 YY—59）②，这就是说，大学生拥有可以提高决策质量的经验、信息、培训和知识，大学生干部从"下属"那里有可能获得更多的信息帮助识别和评价行动的可选路线，并且对决策情境和可能方案进行全面的讨论，从而提高决策质量。

2. 下属独立的需要和提升的需要。喜欢独立工作或在工作中寻求成就感和自我实现的下属，换句话说，对次级需要强烈的下属对于领导者欲将其纳入决策制定过程的努力响应积极。仍以大学生为例，他们是一群正在接受高等教育的较有才华的青年，次级需要较为突出，渴求更高的独立性、成就、影响力、个人成长、自我价值实现、社会地位，渴求更加灵活和有趣的工作，愿意承担社会责任。而参与管理恰恰是满足这些需求的重要途径，使他们有机会为自己所在的团队或组织做出重大贡献，可以满足自尊和成就的需要；给他们提供了利用才能、展示才华的机会；在参与讨论的过程中形成和评价决策方案，由此他们的决策能力和自我控制能力得到发展。总之，大学生干部参与型领导行为有助于

---

① ［美］乔恩·P. 豪威尔、丹·L. 科斯特利：《有效领导力》，付彦等译，机械工业出版社 2003 年版，第 31 页。

② 开放式问卷资料编码，字母为问卷填写者姓名首字母，数字代表问卷序号。

满足大学生对能力、自我控制、独立性、个人成长和自我实现的需要，大学生当然对参与型领导行为持非常赞赏和肯定的态度。同时，大学生的表现欲望强烈，渴望被别人认同和接受，他们可能把领导者的邀请看作是对其工作能力的赞赏，这使得他们的自尊心获得满足并得以增强。

3. 内部知觉控制点的下属。"内控型的人认为自己可以控制命运"①，有着积极的自我概念，"拥有积极自我评价的人同样认为他们对自己的工作有控制力，他们把积极的结果归因于个人的努力"②。具有内部知觉控制点人格特征的下属，倾向于认为自己拥有对生活和环境的个人控制力，他们不相信命运，相信通过自己的决策和行动能够把握命运和影响周边的环境。因此，当领导者请他们出谋划策时，他们自然非常高兴并积极响应。

4. 下属所期望的参与程度也能增强参与型领导行为对下属满意度的作用。组织中普遍存在的参与型领导的前例和传统会使下属形成对参与型领导者的期待。当组织里别的领导者在实行参与型领导时；当参与型领导行为被用于别的决策制定中时；或者当前一任领导者在决策制定中曾使用参与型领导行为时，都会使下属期望领导者实施参与型领导行为。而当领导者满足其下属的期望让他们参与到决策中时，下属会以更高的满意度和更好的业绩做出回应。

（二）工作任务特征

1. 重要任务。当下属的工作对于领导层或团队来说特别重要时，参与型领导会给下属绩效带来积极的强烈的影响。领导者与下属一起讨论有关工作问题，做出高质量的决策，对下属完成重要的任务非常有帮助。另外，执行重要任务的下属可能很有能力，他们具备参与决策的知识、信息和能力，有参与的能力基础。有能力的下属通常有进一步发展自己的需求，因此，他们愿意发挥和证明自己的能力，并通过参与管理进一步提升自己的能力。

2. 要求下属对决策的承诺。当下属的赞同和承诺对于决策的执行必不可少时，特别适合运用参与型领导行为。领导者在多大程度上向下

① ［美］斯蒂芬·P. 罗宾斯、蒂莫西·A. 贾奇：《组织行为学》，李原，孙健敏译，中国人民大学出版社 2008 年版，第 97 页。

② T. A. Judge, J. E. Bono, and E. A. Locke, *Personality and Job Satisfaction: The Mediating Role of Job Characteristics*, Journal of Applied Psychology, 85 (2), 2000, pp. 237–249.

属咨询和允许他们在决策的过程中提供意见影响着他们对决策的反应。尤其当决策问题涉及下属的利益时，邀请下属来参与决策制定的过程，有助于他们理解决策形成过程。通过参与决策，下属常常拥有和决策结果紧密相连的自尊，这会在决策出台时增加他们的"主人翁"意识，提高责任感，这种责任常常表现在支持他们自己所建立的决策，对决策导致的变化的抵制减少，并使他们对于决策执行的赞同和许诺变得更加容易。在大学校园中，大学生干部面临的工作任务既广泛涉及大学生利益又需要大学生赞成并积极投入才能顺利进行，如奖助学金评定工作、推优入党工作、文艺体育活动、春秋游活动、各类社会公益活动等。因此，大学生干部在多大程度上听取大学生意见，与他们商议，或允许他们在决策的过程中提供意见，影响着他们对决策的反应。大学生干部邀请他们参与决策制定的过程，有助于他们理解决策方案、依据和理由、决策过程，有助于统一他们和组织的目标，增强成功执行决策的动力，提高自我管理能力。

（三）领导者特征

1. 领导层和睦相处。领导层的状况对于参与型领导行为也很重要。领导层关系和睦是有利于参与型领导行为的情境因素。假设领导层有派别之分，意见分歧比较大，下属在参与时就会担心因为参与管理、发表意见而无意中支持了一部分领导者，反对了另一部分领导者，不知不觉卷入了领导层的内部人际冲突、矛盾纠纷之中，或者无意中似乎"伤害"了某一部分人的利益，从而卷入组织内政治的旋涡，甚至影响到自己的职业发展和工作生存状态。只有领导层和睦，下属没有被"站队"或被打压的顾虑，才会为了组织的利益，积极地与领导者一起参与到问题的解决和决策中去。

2. 领导者拥有良好的处理冲突的技巧。在团队和组织中，只要有差异和相互依赖存在，就有可能产生下属之间或下属与领导者之间的冲突。员工参与会凸显个体差异，增强团队成员间的拥互依赖，因此也可以说参与型领导方式是激发冲突的领导方式，然而，所有类型的冲突只要达到比较高的程度都对组织有不良的影响。关于任务的冲突在中等水平以下往往是有效冲突，关于如何完成任务的过程类冲突在较低的水平以下往往是有效冲突，这就需要参与型的领导者善于激发任务和过程类的冲突，但要控制在适当的水平，这就需要领导者具有冲突控制的技能。在人格、背景或价值观方面被察觉到的差别而引起的人际碰撞所构成的人际冲突往往都是不良的冲突，对组织的信任和关系的维系都有破坏作用，导致组织成员之间缺乏信任，人们之间的公开度大大降低，沟通的意愿降低，员工参与管理的积极性降低，那么良好的处理冲突技巧能够帮助领导者重建所需的信任和同志情谊，以便鼓励下属全身心地追随领导者参与制定决策。

（四）团队特征

下属信任其领导者，则这种状况能够加强参与型领导对团体业绩的影响。在下属信任领导者的情况下，下属的公开度增加，可以大胆地袒露自己的观点、意见和建议，他们相信领导者能够代表团队的利益和价值观，因此愿意帮助领导者做好工作。例如大学生群体成员关系的特殊性是大学生偏爱大学生干部参与型领导行为的群体基础。大学生普遍认为自己生活在一个相对单纯的校园环境中，利益冲突较小；大家互相交往比较密切，彼此熟悉和了解；大学生干部基本是民主选举产生，大学生一般非常信任学生干部。因此，大学生干部之间、干部和同学之间关系和谐，彼此比较信任，大学生不用担心因为参与管理、发表意见而引起很强的人际冲突或卷入组织内政治的旋涡，他们愿意为了团队的利益，积极地与大学生干部一起参与到问题的解决和决策中去。

（五）组织特征

1. 组织文化特征。领导实践必须和每个社会或组织的文化规范相一致，组织内的文化规范决定了在那种文化中下属参与管理的程度和类型。例如富有民主、科学、人文精神的大学组织文化是适宜具有强烈民主、人文色彩的参与型领导者生存的土壤。大学师生员工普遍持有自由、民主、公平、公正、平等的价值取向，相对而言，知识分子个性张扬，大学生有强烈的表现欲，这些决定了大学师生不想被压制和积极寻求个人空间的扩大，而参与型领导能为人们提供最大限度的权力和个人影响空间，从而使他们有充分的机会和权利为组织做出积极的贡献。反之，如果一个组织有专制的决策制定传统和文化，那么人们并不期望参与管理，下属可能也不喜欢参与。

2. 组织环境的不确定性。环境的不确定性是指环境的不可预测的性质。环境的不确定性也是一个参与型领导行为的增强因子，能够加强参与型领导对下属和组织业绩的影响。现在许多组织都处于一个复杂的环境中，有大量的各种外部因素对组织产生影响。通常外部因素越多，环境复杂性越高，不确定性越大。环境因素变化的速度和频率也有加快加大的趋势，环境条件越多变和越复杂，环境的不确定性越大，环境不确定性增加了领导者各种决策失败的风险。许多领导者需要面对这种环境的不确定性，不得不在没有获得足够的、有关环境因素的信息情况下做出决策。对于组织所面对的高度不确定性，下属的投入至关重要。这是因为下属处于第一线，往往与市场和顾客直接接触，他们拥有大量的即时的有关产品、服务、市场和顾客的信息，参与型领导行为使领导者能够从下属那里获得尽可能多的相关信息和建议的有效途径，能够帮助领导者分析某些不确定因素，帮助领导者将环境影响减少到能够理解和可操作的程度，是一种有效地应对不确定性环境的领导方式。

二　降低参与型领导行为有效性的情境因素

参与型领导并不是用得越多越好。对于一定类型的下属或在特定的情境下，参与型领导会非常有效；而在其他情况下，参与型领导可能低效或失效。因此，我们需要深入研究决定参与型领导者对下属影响程度的下属特征和其他情境特征，以及领导者如何影响情境来实现有效的参与。

（一）下属特征

1. 消极冷漠的下属。如果下属是消极的、冷漠的，这些下属对领导者和组织缺乏热情，根本不想卷入领导的决策制定中去。当领导者试图使他们参与其中时，他们的反应是对决策的低满意度和低投入。对消极冷漠的下属而言，领导者的参与型行为不会提高其在决策方面的满意度或忠诚度。

2. 权力主义型下属

西奥多·阿道诺（Adorno Theodor Wiesengrund）认为，权力主义是某些人格成分的核心，具有这种人格的人更多地关心权力，包括本身行使的权力和服从上司的权力，即权力主义者不仅仅包括独裁者，还包括"奴隶"。权力主义型下属由于不能忍受生活中的不确定性，更愿意把自己交给一个强有力的独裁者，让他替自己做决定。具有权力主义人格的下属喜好其行为被领导者控制，他们不喜欢被咨询或参与到领导的决策中去。一旦权力主义型下属从事的是重复性和结构性的工作，对参与型领导的抵消作用将特别强大。

（二）工作任务特征

下属工作中的高度任务结构能够降低由参与型领导带来的满意度和业绩。任务结构是指成功完成任务所需的可预见的和可靠的工作方法的存在情况。如果完成的任务有一套清晰可预见的可靠的工作程序、工作规程和工作方法，那么这个工作任务就具有高度任务结构的特点。参与型领导行为往往是集思广益，适宜解决不确定性高的工作任务类型，而对简单的可预见性很强的工作则是多余的领导方式。重复性的工作任务常常具有高度的任务结构，一些实证研究也表明，重复性的任务能降低参与型领导的影响力。

一些员工喜欢可预见的工作方式，喜欢从事重复性的工作，他们喜欢这种每天确定的按部就班的工作方式，不愿意参与不确定的复杂的决策工作。有经验的领导者知道，高度的任务结构会使参与型领导低效，从事具有这样特性工作的下属不想在领导的决策中发挥影响，他们在非参与型的领导下会有高的满意度和好的业绩。

（三）团队特征

一个大型团队的存在也能降低参与型领导对下属满意度的影响。大型团队的沟通难度加大，信息损失增大，如果想让所有下属共享信息难度太大，而下属没有足够的信息，就无法对有关问题发表看法。另外，团队规模太大，下属感到自己可以影响的范围有限，很难感觉到自己可以影响决策和组织的命运，这将会影响他们参与的积极性。

（四）领导者和组织特征

有一些领导者无法控制的组织因素会阻碍其提供参与型领导行为。例如，当领导者工作在高度官僚的组织中，组织中的控制模式是基于权威基础上的上下级关系，上级指挥和控制，下属服从命令听指挥，组织里盛行的是指导型领导和较为专制的领导风格；没时间做决策，短限期、紧急事件或立刻得出结论的需要也会降低参与型领导在决策有效性方面的影响；当领导和下属之间的权力距离过大，领导和下属间有很大的社会或职业地位的差异，领导可能对下属缺乏信心而很少让他们参与决策。

三 替代参与型领导行为有效性的情境因素

（一）下属特征和工作任务特征

1. 基于对下属特征和工作任务特征的研究，相信某些任务特征和下属个人特征混合起来，从而形成对参与型领导的替代，那就是当权力主义型或独立性小的下属从事具有高度结构性的任务时，就可能替代他们对参与型领导的需要。

2. 当经过高级培训的某一专业领域的专家下属从事高度复杂的工作时也可能替代参与型领导的需要。工作任务的复杂性是能削弱领导者的参与性在下属满意度和对决策的接受方面的影响力的一个因素。工作过于复杂，要求处理不寻常的信息和对付大量的不确定性，从事这类工作的下属一定是经过高级训练并富有经验的专家，领导者往往不及这些下属的知识、技术、经验丰富。结果是参与型领导对这些下属影响不大，因为他们可能不需要领导者太多的投入和商量。在这种情境下，领导者最好充分授权给这些专家，由他们独立做出决策，即专家型下属替代了领导者的角色。

（二）组织特征

组织的高度正式化能够替代下属对参与型领导行为的需要。组织高度的正式化意味着下属可以依据组织指导下属行为的规则、章程和程序，自主进行决策，处理与工作任务相关的问题。换句话说，组织的高度正式化就是支持下属决策的资源，这种资源替代了参与型领导行为对下属的支持。

总结：评估参与型领导行为的情境动态

"有效的领导者应根据不同的情况选择合适的领导行为方式，只有那些适合于特定情况的领导行为方式才是有效的。"[1] 因此，针对领导者的领导情境进行系统分析，探索在组织中是否存在能增强参与型领导行为对下属影响力的情境特征，是非常必要的。当领导者确定现存的情境和下属的特征会提高或增强参与型领导的效果时，说明参与型领导行为符合领导情境因素的客观需求，具有领导情境适应性，由此可以得出领导者可以提供参与型领导行为的逻辑结果，于是，领导者应当使用参

---

[1] 盛宇华：《论有效的领导行为》，《江苏社会科学》1991 年第 4 期，第 45 页。

与型领导行为使下属参与到决策的制定和问题的解决中来。如果参与型领导行为实施的结果体现出现实的领导有效性，那么，领导者就可以继续运用这种领导行为类型。

当领导者评估下属和其他情境因素后，诊断认定存在的下属特征和情境因素会降低或中和参与型领导行为的重要性和有效性时，领导者应该用其他的领导行为来影响和激励下属。例如在出现高结构化的任务特征和权力主义的下属时，领导者就可以运用指导型领导行为。面对新下属，他们具有较高的教育水平，但是没有任何在一个具体的组织中实施决策的经验，通常领导者能够以互补的方式共同使用参与型和指导型领导以实现有效的结果，领导可以在做出决策阶段和员工商议，其领导行为可以是参与型的，但还可以通过紧密跟踪共同决策的进度而成为指导型的领导，即在决策阶段邀请他们参与，在执行决策阶段对他们进行指导。

当然，领导者还可以影响情境以便使参与型领导行为有效。有能力的参与型领导者会评估情境和下属，如果领导者能识别这类情境，从而确定其是否可以被改变。那么他们也可以在需要的时候改变或改造这些降低参与型领导有效性的情境因素。如果领导者能够排除使参与方式低效的因素，或者创造能提高参与方式效果的因素，那么他们就会使得此情境更加适合于参与方式了。例如，组织可以通过训练、选拔和发展规划来培养下属的能力，使下属积累知识，获得信息；安排有能力的下属执行重要的任务，增加下属工作任务的责任、自主性和重要性的规划也可以提高参与型领导的效果；遴选程序也可决定一定的任务匹配什么样的下属类型，参与型领导应避免让权力主义型下属从事高度结构性的工作；通过裁员和遴选过程可以挑选更多的偏好参与型领导的下属，注意招募内控型的、渴望独立和自我实现的下属，可以提高参与型领导行为的价值；创设一个不确定的环境也能增强参与的效果，如领导者施行一项新的计划，即增加了不确定性的环境，让下属参与到决策的制定中来可能会非常有效；在某些情况下，领导者也许可以延长期限，或是提早了解到所需的决策，这样就会给参与型领导和下属提供更多的时间；把大团队分解成若干小组，这些小组可以自主运行，领导者可以实施授权程度的参与型领导行为；创造参与型领导行为前例，形成下属对参与型领导的期望，即当领导者在特定的情境中成功使用了参与型领导后，就会在下属中形成一种预期：将来领导者还会使用参与型领导；利用组织发展的技术和团队建设规划在下属的团队中营造和谐和信任，这种环境可以激发团队的共同努力并能增强参与型领导的效果。

如果存在的情境因素替代了参与型领导的需要，那么参与型领导的方式就没有必要再使用了。领导者就应该去满足其下属的其他方面的需要。如果工作需要，领导者也可以积极地创造替代参与型领导需求的因素。例如，受过高级训练的专家可能是处理复杂任务的唯一人选，领导者最好请他们替代一部分自己的领导行为；领导者也可以制定正式的书面指示，以指导决策制定者在没有参与型领导的情况下如何制定决策。替代参与型领导的情境因素的创建可以使领导者从某些工作中解放出来；可以在领导者不在场时，增加领导层的稳定性；而且还能使得下属增加更多的责任心并变得更加独立。但是，替代参与型领导的情境因素非常有限，领导者最好集中精力改变情境来增加参与型领导效果的因素，消除中和参与型领导作用的因素。

"激励法不仅被认为'用得越多越好'，而且它也同只强调一味参与一样，起到的是一种错误导向作用。"① 在组织的领导实践中，真正的领导会根据具体的领导情境要求变化着使用不同程度和不同形式的参与管理，而不是越多越好。

---

① ［美］约翰·P. 科特：《总经理》，李晓涛、赵玉华译，华夏出版社1997年版，第172—173页。

第十章　奖惩型领导行为及其
情境适应性分析

第一节　奖惩型领导行为

一　奖惩型领导行为的含义

奖惩型领导行为是领导者利用奖励和惩罚措施使下属做出有益于绩效和组织目标实现的工作行为的一种领导行为。

组织中的正式领导者通常都拥有大量资源用以奖惩下属。影响下属行为的奖惩措施的使用或许在"领导"这一概念本身出现时就随之开始了。强化理论对奖惩行为做出了理论的解释。哈佛大学心理学家斯金纳（B. F. Skinner）提出了操作条件反射的概念，也被称为强化理论。强化理论认为行为是结果的函数。结果是指对环境的操作，即操作者设置的奖惩。强化就是要通过不断改变（操作）环境的刺激因素（奖惩）来达到增强、减弱或消失某种行为的过程。获得奖励的行为，会增加其重复的可能性；获得惩罚的行为，会增加其减少的可能性。这一原则的基本原理是人们天生就有追求快乐而躲避痛苦的倾向。奖励会给人们带来快乐，从而使人们努力寻求去获得它们；惩罚会给人们带来痛苦、恐惧和不安全感，因此人们会避免其发生。许多相关的研究结论说明，奖惩措施会对动物及人类的行为产生强烈的影响，从而支持了这些行为准则。

二　奖惩型领导行为类型

组织使用的奖励资源非常广泛，领导者经常使用的有效的奖励措施包括：对工作表现出色的下属给予特别认可，对工作表现出色的下属建议提升他们的工资，对下属出色的工作表现给予积极的反馈意见，对下属的工作改善给予认可，对下属高于平均水平的工作表现给予表扬，或者向上级汇报下属的出色工作表现，等等。

表 10—1　　　　　　　　　　　　　组织使用的奖励

物质奖励	额外利益	地位象征	社会/人际间的奖赏
工资	汽车	办公室	表扬
提薪	健康保险计划	地毯	发展的反馈
优先认股权	养老金缴款	绘画	微笑、赞扬和其他非口头信号
利益分享	假期和病假	私人卫生间	请求建议
奖金/奖励计划	儿童保育支持		应邀吃饭
报销单	俱乐部特权		墙匾

来自任务的奖赏	自我实施的奖赏
成就感	自我祝贺
拥有更多责任的工作	自我承认
工作自主	自我表扬
履行重要任务	通过扩大知识或技能自我发展
	更大的自我价值感

　　有效的惩罚措施包括：对下属低于部门要求标准的工作表现表示不满，对反复违反规则的下属进行罚款，对工作一直不尽力的下属给予批评，建议对达不到工作标准的下属不提升工资，对迟到的下属委派其不情愿的工作任务，等等。

　　根据强化理论，奖惩型领导行为的具体应用原则包括：

　　1. 实施权变的奖惩。奖惩措施一定要视下属的具体行为以及具体的情境而定，奖惩措施的有效使用一定是某个特定下属的行为结果。例如下属一定知道其被称赞或者工资的提升直接原因是其特定行为表现。使下属认识到这一点会使他更努力重复这一行为以期再次获得奖励。领导者惩罚措施的使用也会有其相似的过程。当领导者对下属的差劲表现表示不满并指出继续这样下去会导致其被炒鱿鱼时，下属就会具备应有的意识以避免被处罚。在这两种情况下，视下属具体行为进行奖惩，并且使下属了解奖惩的权变性，这会提供给下属们一种动力和信息，使他们正确指导和规范其行为以期获得奖励而避免惩罚。苏轼与三人跳山涧的故事即说明了苏轼根据三个人个性特征和不同的需求实施奖惩领导的过程。唐宋八大家之一的苏轼，把三个人领到一个山涧边上，对三个人说："谁能跳过这个山涧，我就承认他胆子最大。"其中一个人想，跳过这个山涧就能得到苏轼的承认，一努力跳过去了，他得到了苏轼的赞美；剩下两人不跳，苏轼拿出一块金子对两人说"谁能跳过去我就给谁金子"。其中一个人想，人为财死，鸟为食亡，一努力也跳过去了，他得到了苏轼的金子；最后一个人想，金子虽可贵，生命价更高，我要是跳不过去摔死了怎么办，我不跳。正当他这样想的时候，突然发现身后有一头老虎正盯着他，这个老虎发现山涧边只剩下一个人了，可以吃他了，就要扑过去，这个人吓得一使劲也跳过去了。使人行为发生变化的原因之一是欲望。人的欲望有两个：追求快乐，逃离痛苦。人如果没有欲望，就成为行尸走肉。产生欲望的力量有两个：诱因和恐惧。就是我们通常说的正激励和负激励，也叫胡萝卜加大棒。前两个人因为诱因而跳，最后一个人因为恐惧而跳。

2. 奖励所期望的行为。领导者们必须非常谨慎地对待什么行为可以得到奖励以及下属们如何看待奖励。有大量的例子说明领导者给予奖励的行为和他们想要的行为并不一致。例如组织中的领导者可能说他们想要下属们具有独创性并能独立思考，但他们却对唯命是从的下属们给予奖励；组织倡导团队文化与合作精神，但薪酬设计仅仅考虑个人的绩效，奖励的都是富有竞争性的员工；领导者需要更好的成果，但却奖励看起来很忙、工作很久的人；要求和谐的工作环境，但却奖励那些最会抱怨且光说不练的人；希望对问题有治本的答案，却奖励快速的治标的方法；需要有创意的人，但却责罚那些敢于特立独行的人；需要事情简化，但却奖励那些使事情复杂化和制造烦琐的人。

3. 报酬必须紧密地和明确地与组织有重要意义的行为相联系。为了方向明确，可以加大组织期望行为与非期望行为之间的效价差值。如松下幸之助经常向员工提出非常现实的期望，使公司的员工在工作中有奔头。在"长期工的协定"中表明在1966—1971年的六年间工资增长一倍；同时，又提出了"生产率倍增"计划，这两个相对应的协定，大大刺激了员工的工作积极性。长庆石油勘探局15144钻井队认为司钻岗位是钻井队的关键岗位，于是提高司钻的奖金待遇，使之和队长、支部书记同等。对于大部分不能入选关键岗位的员工，为激励他们钻研业务，奋发向上，在全队设立了见习副司钻岗位，奖金系数提高到和副司钻同等，并积极为他们创造学习并获取司钻资格证书的机会。[①]"种瓜得瓜，种豆得豆"，你奖励什么行为，将得到更多这样的行为。你并不会得到你所希望、请求和需要的，你得到的就是你所奖励的东西。因为人的行为总是朝着他们认为对自己最有利的方向发展。

4. 使用建设性的惩罚来影响下属行为可能是非常有效的。例如领导者的惩罚直接针对的是下属的行为，而不是针对下属其人；惩罚措施在私下里进行；在实施惩罚措施时，用一种低调的非情绪化的态度；领导者对惩罚措施的实施承担直接责任，而不是把其归属于其他人；在出现不尽如人意的行为或差劲的工作表现时，立即实施惩罚措施；对于类似的不尽如人意的行为或差劲的工作表现，惩罚措施的使用应该是一致的；实施惩罚措施的同时应告知下属如何有效工作。运用建设性惩罚技术能使下属更好地改善工作行为，同时，又降低下属与领导者之间关系紧张的可能性。

5. 小步子前进，分阶段设立行为目标，并对目标予以明确规定和表述。《菜根谭》中有云：攻人之恶毋太严，要思其堪受；教人之善毋过高，当使其可从。意思是说，当责备别人的过错时，不可过分严厉，要充分考虑对方的承受能力，尽量不要过分伤害他的自尊心；当引导别人积德行善时，不要一下子就提出过高的要求，要充分考虑到对方是否力所能及。简明可行的目标能使下属角色明确，相信经过努力即可达到，这将大大增强下属的信心和一步步走向成功的可能性，从而能对下属产生强大的激励作用，也能切实保证领导的效果。

6. 及时反馈。行为改变的速度及其效果的持久性取决于强化的时机，及时的反馈，使下属更容易把领导者的指导、奖惩与自己的具体行为表现挂起钩来，更易于下属理解，也易于下属承认和接受，并更准确地纠正错误的或不当的工作行为，更富有针对性地采用正确的或适当的工作行为。

[①]　张庆：《民主管理凝聚人心，狠抓细节共担责任》，2012 年 5 月（http://www.oilnews.cn/gb/zhuanti/2004—11/05/content_592021.htm/—16）。

三 奖惩型领导行为的效果

（一）关于奖励型领导行为效果的讨论

认知评价理论认为，外部奖励的引入可能会降低动机的总体水平。从历史上来看，激励理论学家普遍的假设是：内部激励因素（如成就、责任和能力）独立于外部激励因素（如高工资、晋升、和谐的上下级关系和愉快的工作环境）。也就是说，二者互不影响。但是认知评价理论却不这么认为。它认为当组织把外部报酬作为对良好绩效的奖励时，来自于个人从事自己喜欢做的工作的内部奖励就会减少。换言之，如果我们给予一个从事自己感兴趣工作的人外部奖励，会导致他对任务本身的兴趣的降低。这是因为外部奖励使其失去了对自己行为的控制能力，所以以前的内部激励就消失了。更进一步说，外部奖励的取消会带来一个人关于他为什么从事一项工作的因果关系的看法发生变化，即从外部解释转变为内部解释。外部奖励和内部奖励的相互依赖关系确实是一种客观事实。但从整体来看，该理论对员工激励的影响可能远没有人们以前所认为的那样大。事实表明，非常高的内部动机水平可以抵制外部奖励的不良影响。而且，当人们出色地完成了他们认为非常有趣且具有挑战性的工作，领导者为此而奖励他们的时候，他们通常会感到非常高兴而且也有动力继续他们的出色表现。在另一个极端情况下，对单调乏味的工作的外部奖励好像可以提高内部激励水平。因此，认知评价理论对工作组织的应用是有限的，因为大多数低层次的工作实质上并不是令人满意到能够带来很高的内部兴趣，只有许多管理职位和专业职位可提供内部奖励。认知评价理论可能与那些既不十分单调也不十分有趣的组织工作相适应。

（二）关于惩罚型领导行为效果的讨论

一些早期的研究表明领导者对惩罚的强调削弱了下属对其领导者的满意度，并引发了敌对、旷工、不积极参与、不安和下属的消极情绪。一些研究者和实际从事领导工作的领导者相信惩罚措施会引发焦虑、被动性、退缩，或者会使下属对领导产生进攻性和报复行为。然而研究表明，惩罚带来的负面影响并不是普遍的，而且员工在行为方面的改善要比负面效果更明显；权变的惩罚行为并不能削弱下属的满意度或工作表现，这可能是因为下属认为权变的惩罚是公平合理的。事实上，一些学者研究发现，领导者权变的惩罚行为与大量权变的奖励行为的结合可以提高下属或整个团队的工作表现。

一些人曾经暗示惩罚措施是缺乏职业道德的，或者说是非人道主义的，它反映了一种"以眼还眼"的领导方式。这种论点把作为对过去业绩的"回报"的惩罚与"以未来为导向"抑制或者消除有害行为的权变惩罚相混淆。权变惩罚已经被有效地利用来抑制酗酒行为及具有破坏性的工作行为。领导者必须认识到当下属们在工作中制造冲突，不断地违反规定，充满敌意或者不听从命令，或者酗酒、吸毒、性骚扰，如果不对这种不令人满意的且具有破坏性的行为进行制止的话，将来会带来什么样的后果。在这些情况下，一些严厉的惩罚措施可能是最奏效的领导策略，对这些不道德的行为进行惩罚并阻止它再次发生是更具有人道主义的行为。一些领导者尽管希望这些破坏性和分裂性行为会消失，但却没有魄力大胆使用惩罚型领导行为，对这些不良现象睁一只眼闭一只眼，并允许冲突、敌意以及公开的反抗继续存在来干扰整个团队的活动。

在组织领导实践中也存在许多无效的惩罚的现象。当领导者奖惩措施的实施不是视下属的行为或表现而定时，它们的效果很小，或者说会产生有害的效果。当领导者实施非权变的惩罚措施时，这种有害的效果尤其明显。在惩罚无效的例子中，惩罚措施的实施不是视下属的表现而定，或者惩罚措施过于严厉，或者是经常性的惩罚，或者不是私下里进行。一位领导者不断地通过严厉的口头斥责、令人不快的工作安排以及额外的工作来惩罚其下属，并且下属会因为微不足道的行为而受到惩罚。那么，由于没有人会从这种惩罚中获得赦免，因此下属们渐渐把它们看成是工作的一部分。并且被惩罚的次数越多，这种惩罚措施对他们来说就更会失去其应有的影响力。有的领导者总是当众惩罚其下属，他们认为使下属们在其同事面前感到难堪是一种改变行为的有效方法。然而下属的反应却是非常怨恨领导者，并且在可能的时候他们会坚持自己的做法，以维护自己的尊严和面子。

严厉的非权变惩罚会削弱集体的凝聚力，而适度的缓和的惩罚措施就不会产生这样的效果。实施惩罚措施的通常理由是不按领导者的要求做事，或为了消除工作中的不努力现象，其实针对这种情况，温和的惩罚措施，如表示失望或给予否定的反馈，通常就足够了。领导者进行否定性反馈，即指出差劲的工作表现或者不恰当的行为，足可以使下属们感到不快，并使他们改变其行为。对于缺乏经验的下属们，告诉他们为什么他们的行为是不正确的，以及将来应该如何正确去做，对他们会特别有帮助。但是，同时也必须告知下属们，什么是他们所做的正确的行为，而且要告知他们，领导者已经意识到了并且非常欣赏这样的行为，并做出对优秀的表现会给予奖励的承诺。无论什么时候，领导者都要尽可能地把权变的奖惩行为结合起来使用。

（三）奖惩型领导行为的效果

1. 对角色和行为的明确。领导者的奖惩行为实际上表达了领导者对下属的角色期待，即下属担负什么样的职责、应该做出什么样的工作行为和不应该有什么样的工作行为。下属们普遍认为得到领导者想要什么和不想要什么的信息是很有用的，当下属们工作表现出色的时候给他们以有意义的奖励，会给他们带来有效指导他们自身行为的信息和动力。奖励措施告知下属们什么样的行为是为领导者所看重的行为，这样下属们重复这些行为以期今后获得奖励的可能性也会提高。当一个下属所做的事情是领导者所期望的，领导者一句及时的称赞是非常有用的，它可以确保下属知道领导者对他的行为是满意的。当某些这种非正式的奖励措施再伴有一些有形的奖励时（如提升工资），这会有效地鼓励下属今后不断重复这种被期望的行为。权变的惩罚行为提高了下属的组织责任感和工作分工的明确性。当下属们违反规则，工作不努力，或者表现差劲的时候，领导者的惩罚措施会提供给他们有用的信息，即领导者们不想看到什么样的工作行为。当下属们的工作有碍于组织目标实现时，领导者的惩罚行为会带来令人不快的结果（惩罚），或者带走令人愉快的结果。当领导者谨慎使用惩罚措施时，其实许多下属们就能够意识到这些惩罚行为的重要性。记住一点是非常重要的，那就是产生这些积极的效果是假设奖惩行为的运用是视下属行为，或者说是视其表现而定的。对于领导者不是视下属表现而定的奖励行为的研究通常表明，这种行为是无效的或者说会降低下属的心理反应及其表现。无疑，下属对其工作行为或表现无关的惩罚措施会做出消极的反应。当领导者的惩罚不取决于下属的工作表现时，就会经常导致降低下属对工作、领导者、合作者以及有时对绩效的满意度，削弱对组织的责任感以及团队的凝聚力。

2. 由于人们都喜欢得到认可，也喜欢从出色完成的工作中获得奖励，所以奖励措施会改善下属们的心理反应。在组织中，员工需要获得满足的重要途径是来自组织中有形和无形的各种奖赏。有效的领导者们认识到，他们所控制的有形和无形的奖励措施会有助于满足下属的需要，这些需要包括认可、自尊、成就感、安全感以及物质保障。哪怕是一句简单的称赞或是拍拍肩膀以示赞许或鼓励都是非常有效的奖励措施。因为这些措施可以被经常性的使用，而且可以当场使用，不会延迟。在一个管理有效的组织中，领导者们都在有意识地努力做到对于那些对组织有价值的组织成员的行为要给予奖励。下属因工作、情感和精神等内在奖励而产生被尊重、被认可的满足感，因物质等外在奖励而产生身体和生理上的安全感和满足感，当员工的需要获得满足，他们的身心处于一种平衡和舒适的状态，会产生对组织和领导的满意感，从而更愿意保持自己的组织成员的身份。

3. 当领导者兑现他们的承诺，对下属出色的表现给予奖励，对下属不良的表现予以惩罚时，这会增强下属们对领导者的正直及对组织的信心，会提升对领导者有效性的评价。管理学家和杰出的管理者都认为：员工能"信"的东西必须是亲眼看到和可能实现的奖惩，而不仅仅是拥有一种空洞的信念和认知。"对作为团队的和个人的优秀行为的奖励为人们对模范行为的正确认识的形成和加深提供了一个机会。"[①]"能够出色地完成公司指标，并且能坚持遵循优秀价值观的经理人，你应该利用一切机会表扬和奖励他们"，"同样重要的是，你必须让那些拒绝实施这种行为的人离开。还有一点非常关键：开掉这种违背公司价值标准的人不要在私下里进行"[②]。这样做将会增强领导者行为和组织行为的可预测性，增强员工的确定感和对领导者、组织信赖感，并相信"只要努力就会得到相应的认可；只要不尽职尽责，就会遭到惩戒"的组织生活规则，将会信服领导者和组织的号召和指示，并自觉地按工作标准行事。

4. 当下属受到很好的奖励时，他们通常会对其领导者及周围的人

---

① ［美］杰克琳·谢瑞顿、詹姆斯·L．斯特恩：《企业文化：排除企业成功的潜在障碍》，赖月珍译，上海人民出版社1998年版，第214页。

② ［美］杰克·韦尔奇、苏茜·韦尔奇：《赢的答案》，扈喜林译，中信出版社2007年版，第43、40—41页。

都非常友好。领导者所使用的奖惩措施一直以来被描述为是一种领导者与下属间的社会性交往过程。领导者有形的和无形的奖励措施能改善领导者与下属之间的人际关系并且增强下属们的满意度。领导者和下属对彼此都有角色期待，即认为彼此在一个特定的组织和工作情境中应该作出什么样的行为反应。如果领导者和下属之间彼此能满足对方的心理期待，就意味着双方达成了心理契约。心理契约应该被看作是组织行为的权威决定者。领导者对其下属的行为有特定的要求，这些要求主要有：出勤率、明确的工作任务、责任感或是出色的工作表现。下属希望领导者能够清晰定义目标和任务，完成任务能够获得自己所希望得到的奖励，希望领导公平，等等。这就在领导者与下属之间形成了一份非书面合同，使其各自都要对对方负责。这个合同通常是非正式的，而且也没有详细的规定。只要双方认为合同是公平的，而且各自的利益所得超出其成本付出，双方就会彼此满意并保持着有成效的关系。组织中的领导者更多使用无形奖励措施来影响下属行为。例如表扬、认可、友谊、立即表示欣赏，等等。每一个人都喜欢被称赞，当领导者诚恳地向下属表达赞赏和表扬时，下属会产生被喜爱、被认可、被接受的情感感受。根据人际行为模式"一方有行为，对方有反应"的原则，下属会对其领导者及周围的人都非常友好，对所在群体产生归属感。

第二节　有效的奖惩型领导的特性、技巧和权力来源

一　有效的奖惩型领导的特性和技巧

（一）有效的奖惩型领导的特性

在组织中，人们可以发现有的领导者可以时常做出奖惩型领导行为，但有的领导者几乎很少做出奖惩型领导行为，尤其是惩罚型领导行为，这呈现出领导者的特质差异。如果要做一个有效的奖惩型的领导者，必须更愿意自己做出决定，并勇于对其决定负责；同时伴随高度的自信。这些品质能够使领导者基于他们自身对情境和下属行为的评价来采取行动。原长治市委书记吕日周的"吕式舆论监督"、原宿迁"铁腕县官"仇和、被 U19 国青男篮联名上书要求下课的主教练范斌、原黑龙江七台河矿业精煤集团有限责任公司董事长侯仁、海尔的张瑞敏等等，在这些曾因大胆实施奖惩型领导行为的领导者身上可以发现这些个人特

质。实施奖惩型领导行为时，领导者要相信自己的经验和判断力，积极地监控下属的行为和表现，并且利用他们所获得的信息来对下属们进行奖惩，他们自信地基于自己的判断做出奖惩，并敢于对其决定负责。在他们实施奖惩的时候更关注任务是否完成、行为本身是否符合组织规范，不过多考虑人的相关需要和人际关系等干扰因素。

国内教练打骂球员对大多数职业球员来说是家常便饭，韩国体育界也屡屡发生虐徒丑闻，中国球员闯荡 NBA 的第一人马健说："国外的教练骂人是常常会有的。"[1] 教练打骂队员的行为实际上是一种惩罚型领导行为，不过某些具体的领导行为类型已经超出法规或组织制度的底线，长期使用往往具有无效性和破坏性。惩罚型领导行为类型之所以成为体育行业领导者的一种主要领导行为类型，除了体育行业存在诸多教练惩罚行为的适应性情境因素（增强因子）之外，教练的领导特质是不是也存在一种实施惩罚型领导行为的倾向呢？据观察和研究，许多教练的成功经验赋予过度惩罚型领导行为的正确性和有效性的光环。许多教练都是多年征战，他们大多有优秀队员或屡获战功的辉煌履历，他们在成功的道路上洒下的是汗水、泪水和血水，形成了"只有苦练才能成才"的理念。正如范斌说："我是作为运动员和军人走到今天的，也是在大运动量以及骂声中扛过来的。在我以前的经验中，只有扛过来才能出成绩，只有抗得住才能成为人才。"[2] 不少教练都有类似的成功经验，经过成功验证的经验不管是正确的、有偏差的还是错误的，往往都会因为成功的光环赋予它极大的生存空间和无比强大的威力。这就给过度惩罚型领导行为赋予了正确性和有效性的光环，那些反对"打骂成才论"的教练或许就成为了懦弱无魄力的教练。由此可以看出早年的经历和成功的经验会赋予奖惩性领导某些信念和特质。

（二）有效的奖惩型领导的技巧

奖惩型领导者必须掌握精确监控和测量下属绩效的技巧。这是因为善于准确监控和测量下属们的行为表现情况、工作的数量和质量，以便能利用他们获得的这些信息来有效地对下属们进行奖惩。有的领导者是

---

[1] 马健：《范斌这个都不叫事儿，美国教练也有打骂现象》，2011 年 4 月（http://sports. sina. com. cn/cba/2011—04—12/20585531068. shtml）。

[2] 范斌：《我的观念老了，老一套不适合现在的 90 后了》，2011 年 4 月（http://sports. eastday. com/s/20110413/u1a5836585. html）。

直接地与下属接触，即现场的指挥和管理，可以依赖自己的监控、测量和判断，如走动式的管理和教练式的指导；有的是利用舆论监督，如在吕日周自上而下地直接干预和推动下，《长治日报》成为了"中国舆论监督第一报"。从 2000 年 2 月至 2002 年 12 月，《长治日报》及其子报《上党晚报》共刊发舆论监督稿件 1100 余篇，日报日均一篇多，晚报两三日均一篇，涉及市级干部 35 人（包括现任的市委副书记和副市长），县处级干部 106 人，因此而撤职、免职、降级和经济处罚的干部 269 人，并有 15 人被移交司法机关处理；① 有的是设计一套有效的绩效评估机制以激发下属的信心。绩效评估的精确实施是一个众人皆知的艰难过程。员工的绩效评估在很大程度上依赖于知觉过程，这方面的很多工作是以主观方式进行评估的。主观性的测量更易于实施，并给领导者提供了更大的决定权，而且，很多工作本身也不适合客观测量。因此，绩效评估不仅仅是一个专业技术工作，评估下属绩效的技巧可以通过实践来培养，也可以通过正规的训练来培养。但是绩效评估涉及的知觉偏差和道德困境则需要领导者自身的修炼和自我控制。

二 有效的奖惩型领导的权力来源

（一）奖励性权力

当领导者拥有奖励的权力，他们就拥有一些资源和可以运用这些资源奖励别人的权力，例如奖金、培训和晋升的机会、福利、地位待遇、授予荣誉称号等，他们可以用这些奖励措施去鼓励某一特定行为或表现。尽管地位低的领导者也掌握一些有形的奖励权力，但地位高的领导者通常比地位低的领导者控制着更多的有形奖励的权力。任何一个等级的领导者都掌握一些无形的奖励权力，如认可、表扬、赞赏等，而且这些奖赏的资源是无穷的，往往不受组织刚性制度和成本控制的约束，可以即时给予行为得当的下属。

---

① 吕日周对报纸的批示发人深省："从这张报纸看，长治没有问题，大家都是好东西。可爱的总编，你骗得我多高兴，长治形势没问题，不需要监督。如再不纠正，谁看这张报？"《长治日报》的历史要追溯到 1947 年，当时是晋冀鲁豫地区的第一份党报。从 1975 年起，正式更名为《长治日报》。据社长王占禹回忆，从那时一直到吕日周来长治之前，《长治日报》在 20 多年的时间里发表的批评报道不过 30 余篇。

（二）强制性权力

一些组织中的领导者会比另一些组织中的领导者拥有更多的有形惩罚的控制权，例如降职、撤职、罚金等。但各个层次的领导者都拥有强制性权力，使他们可以通过惩罚行为用来影响下属的行为，如安排不体面的工作、增加额外的工作负担、不予晋升等。在许多竞技和技艺行业，教练或老师因不满队员或学员的表现，让其罚跑或增加训练量的惩罚性行为屡见不鲜。有效的教练会把参赛名单和比赛时间作为对付出最大努力和获得优秀成绩运动员的奖励，也可以作为对队员的不当行为的惩罚。即使是强制权力有限的大学生干部也可以通过否定性的工作反馈意见来影响其"下属"的工作行为。在当今时代，领导者使用体罚以及许多有形惩罚措施的能力受到了法律法规和组织内规章制度的严格限制，但是领导者仍有许多的强制权力。

（三）法定性权力

奖励权力和强制权力不仅仅来自组织，还来自个人，因此，一个在组织中没有职务的人，同样可以拥有奖励权力和强制权力，但其的运用未必能被其他组织成员认可和接受。正式领导者的合法权力，包括来自组织的那部分奖赏权力和强制权力，并且包括对工作的指挥、命令和监控、考核等权力。很明显，领导者的合法权力是一个重要因素，它可以帮助领导者有效实施奖惩措施，而组织成员基于传统、习俗和组织规章制度，都不得不接受和服从领导者的奖惩。在组织中拥有较高职位的领导者会有大量的合法权力，用以影响下属行为。而且，这些领导也通常控制着主要的奖惩权力，例如组织中各类资源的分配、重大的奖惩方案、下属的晋升和晋级等，而通常这些奖惩措施对于下属来说都非常重要。大多数的下属对那些高职位的领导者以及能对他们的请求及时给予答复的领导者都非常尊重，高职位领导者的少量领导行为要比低职位领导者的大量相同行为的效果更明显。

（四）资源/关系性权力

领导者也可以发挥资源/关系权力来帮助他们使用奖惩措施以影响下属行为。当领导者与高层领导培养了良好的关系，他们有时会从高层领导那里获得一些权力或资源来奖励其下属。下属的晋升和发展往往不完全决定于直接领导，如果直接领导在组织中拥有广泛的人际关系网络，那么，直接领导可以通过自己的人际关系网络施加他所需的政治影响来获得其对下属提升的批准和发展机会，或者获得自己团队成员完成工作所需要的资源。因此，领导者通常在组织中广泛发展人际关系网，当下属们意识到他们的领导者在组织中与上层领导有着广泛的联系时，他们通常会把潜在的惩罚看得更重要，因为上层的领导者很可能会参与进来。这就增加了直接领导者惩罚行为的潜在影响力。另外，有形的物质奖励为大部分员工所看重，一项调查资料①显示，中国的知识型员工认为工资报酬和奖励是排在第一位的激励因素；非知识型员工认为有保障和稳定的工作是处于第一位的激励因素，工资报酬和奖励是排在第二位的激励因素。可见在当今的中国大陆，员工较为广泛和强烈的物质需求是领导者实施奖惩型领导行为的有利条件。

第三节　奖惩型领导行为情境适应性分析

一　增强奖励型领导有效性的情境因素

（一）下属特征

1. 当领导者掌握的奖励措施为下属所重视和期待时，领导者的奖励行为特别有效。这里涉及下属知觉到或相信领导者有奖励措施，同时下属恰恰需要这些奖励，那么，为了满足自己的需求，下属就会依赖于领导者，领导者就拥有了实施奖励行为以影响下属态度和行为的可能性。

2. 当下属的业绩是由他们的技能和努力所决定时，一个领导者的适时奖励行为将对下属的业绩产生非常强烈的影响。如果下属的业绩是由天气、环境、设备、他人努力等外部因素决定或导致的，那么，领导者的奖励并不能充分证明其下属的能力、技能和努力，尤其对那些具有高成就需求和技术高超的下属而言，这样的奖励甚至是让他们沮丧和抱愧难当的。在许多组织中，员工所得的报酬是严格根据他们所生产的产品的数量和质量决定的。每一个员工所得奖金的数量是由他们个人业绩的一些指标决定的。员工知道将会因为他们自己的工作水平、技能和努力而获得报酬，所以工作非常努力，由此产生非常高的生产率。对那些

---

① 张望军、彭剑锋：《中国企业知识型员工激励机制实证分析》，《科研管理》2001年第6期，第90页。

高成就需求的员工，只有基于他们能力、技能和努力的奖励，才是对他们工作水平和能力的真正肯定，才能充分体现他们非同一般的价值，他们才会产生一种强烈的竞争、进取和获胜的渴望。

（二）工作任务特征

1. 有准确的业绩衡量标准，绩效评估与奖励相联系。期望理论认为，一种行为倾向的强度取决于这种行为可能带来的结果的期望强度以及这种结果对行为者的吸引力。具体而言，当领导者对下属使用科学、客观、准确的绩效衡量标准时，员工认为努力会带来良好的绩效评价。当领导者在评估之前清楚地解释了奖励和业绩标准时，下属相信一定水平的绩效会带来所希望的奖励结果，他就会受到激励进而付出更大的努力。反之，组织绩效评估体系设计可能是为了评估一些非绩效因素，如忠诚感、勇气、与领导的关系等，这意味着更多的努力并不一定带来更高的绩效评估结果和奖励，进而会降低员工的激励水平。因此，对于领导者来说，如何让下属相信绩效评估的公正客观，让其下属们知道有形奖励措施是什么以及怎样才能获得奖励是非常重要的，这样做可以使下属增强自己行为结果的可预见性，从而激发起卜属的工作动机。

2. 公正和及时地分配切实可行的奖励。及时性可以把奖励这种积极的诱因或者说积极强化物与下属良好的行为更紧密地联系起来，从而增强下属重复该行为的可能性。当领导者及时公平地分配奖励而不是武断地或者在下属做出成绩很久以后才分配奖励时，那么领导者所提供的切实可行的奖励对于下属的业绩就有着非常强烈的影响。相反，如果绩效—奖励的关系是弱的，除了绩效，组织还奖励其他许多东西。也就是说，当奖励基于资历、合作性、与领导者的关系等因素时，下属可能认为即使自己付出了最大努力，也不一定会在绩效评估中体现出来，也不一定得到应有的奖励，进而会降低下属的激励水平。这表明，下属激励水平高的一个源泉可能是他们的信念，即相信领导者能够做到公正和及时地给予他们应该得到的奖励。

（三）领导者特征

1. 领导者能够掌握下属所重视的重要的奖励措施，这些奖励措施就会因为下属相信领导者有能力提供已经承诺的有价值的奖励而成为一种非常高影响力的策略。这与增强领导者奖励行为有效性的下属特征是一个问题的两个方面，反映的是下属与领导者之间的依赖关系，或者说权力关系。下属对领导者掌握奖励措施的需要程度决定着下属对领导者的依赖程度,当下属的需求越强烈,下属就会越依赖于领导者,领导者的奖励行为就越具有强大的影响力,从而可以影响员工的工作态度和工作行为。

2. 领导者在组织高层工作或者社会地位高。一般来说,对实物奖励措施的掌握和在组织层级中的高级别能够增强领导者奖励行为对下属的影响力。组织中地位或等级高的领导者往往掌握更为丰富的资源和奖赏权力,而且通常是掌控稀缺的资源和主要奖赏权力。例如,职务就是组织中最稀缺的资源之一,而高层领导者往往掌握下属能否晋升的生杀大权。而通常晋升以及完成任务所需要的紧缺资源和人才对于下属来说都非常重要。现在的组织规模日益庞大,组织层级繁多,又基于组织命令链规范、权力距离和职能部门的间隔,普通员工除了直接主管和同事之外很少接触其他人,在这样的情况下,如果高职位的领导者能对普通员工的请求及时给予答复,如果普通员工能从高级别领导者那里得到赞赏性的评价,那么,对于一个普通员工来说,是非常令人满意和鼓舞人心的,领导者也会赢得员工的尊重和敬仰。

3. 领导者深谙下属的工作。如果领导者是该工作领域的专业人才,他们非常熟悉下属的工作,那么,一方面,领导者的专业技能能够增强下属对他们的尊敬,并且会增强他们对领导者影响力的敏感度。另一方面,下属会信服领导者基于专业素养的判断力,这种倾向就会增强领导者的成果奖励行为对下属心理反应的有效性,包括增加下属对组织的忠诚、对工作的满意和工作透明度。

(四)团队特征

一个享有高业绩规范的富有凝聚力的工作团队是增强领导者奖励行为有效性的团队特征。这样的工作团队制定有积极的团队业绩标准,团队成员团结一心,共享高的工作目标,认可高的产出标准,在组织中这样团队的工作业绩往往是突出的,领导者的奖励行为不仅认可了他们的价值和成就,也使他们在组织竞争中成为优胜者,享有了团队声誉,更增强了他们的身份感和自豪感。所以这样的团队对领导者奖励行为有积极的响应,并且能够激发更高的业绩,结果通常是令人满意的。

二　增强惩罚型领导行为有效性的情境因素

（一）下属特征

能够增强领导者惩罚行为效果的下属个性特征包括下属对公正世界的信仰、下属积极的自我概念以及下属有效的情感控制行为。

1. 下属对公正世界的信仰。只有下属相信这个世界是公正的，相信人们能够得到他们应该得到的事物。做得好，就能够得到他们应该享有的奖赏；做得不好，就应该承担后果和责任。相信人们终究会凭借良知和足够的判断力来评判他人，那么，下属就会相信绝大多数领导者是能够从组织利益出发，依据良知和判断力来指出下属的过失和不足的，从而能够理性地接受惩罚。

2. 下属积极的自我概念。"积极的自我概念意味着一个人对自我的认同与积极接纳和一个人对自我的不断完善和发展。"① 库利（Charles Horton Cooley）在其自我概念的理论中提出了"镜中我"的概念，他十分强调别人的态度、评价对自我概念形成的重要作用。他认为，"个体的自我概念就是他人态度或评价在自我头脑中的反映"②。"自我概念是个体对自身的认识和评价，这种认识和评价来自个体的经验及对环境的认知。自我概念的水平受外界重要人物的评价、强化以及个体对自身行为的归因风格的影响。"③ 具有积极自我概念的下属，会留意和关注领导者对自己的态度和评价，他们会把合理的惩罚当作有用的反馈，并且利用这些反馈来指导他们将来的行为，不会因为对自己的惩罚而完全否定自我的价值。

3. 下属有效的情感控制行为。"自我控制是个人对自身的心理与行为的主动掌握。它是人所特有的，是以自我意识的发展为基础，是以自身为对象的人的高级活动。是运用符号、记号乃至词、语言这些交流工具，通过自我意识从而达到对自身心理与行为的控制。"④ 那些能够有

---

① 吴琪：《略论大学生积极自我概念的培养》，《宁波大学学报》（教育科学版）2005 年第 1 期，第 58 页。

② 樊富珉：《大学生心理健康教育研究》，清华大学出版社 2002 年版。

③ 宋剑辉、郭德俊、张景浩、佟德、魏希芬：《青少年自我概念的特点及培养》，《心理科学》1998 年第 3 期，第 277 页。

④ 朱智贤：《心理学大词典》，北京师范大学出版社 1989 年版。

效控制自己情感的下属，往往能够悦纳自我，即无条件地接受自己的一切，无论是好的或坏的，成功的或失败的，有价值的或无价值的，凡自身现实的一切都应该积极悦纳。"积极的自我概念是建立在对现实自我全面客观认识基础上的一种积极态度，是一个人对自我的认同、积极接纳和一个人对自我的不断完善、发展。"① 他们能平静而理智地对待自己的长短优劣、得失成败，不消极回避自身的现状，在批评、否定面前，也不以哀怨、自责甚至厌恶来否定自己，在困难和挫折面前不灰心、不丧气，能够保持自信和乐观态度。总之，他们没有较多焦虑和负面的想法，不会自我否定，坚持乐观和有效的生活方式。因此具有这些个性特质的下属能够把惩罚作为有价值的反馈，把惩罚看作促进自我不断完善和发展的资源，而且能够控制自己的情感和行为反应，对自己的不当行为做出乐观的积极的调整。

（二）工作任务特征

1. 下属需要完成大量各种各样任务的情形也能够增强领导者适时惩罚行为的效果。下属从事的工作任务类型或工作行为类型繁多，当下属的工作出现问题时，领导者及时的偶尔惩罚可以帮助下属明确自己的哪些行为不当，并能够立即做出调整，对行为的改善会有很好的效果。例如体操运动员完成一套体操需要繁多的动作组合在一起，在教练的指导和队员训练过程中，如果队员的某个动作做错了或者不够准确，教练适时的惩罚措施对于他们在所做的各式各样的广泛的任务和行为中清楚分辨出适合和不适合的行为是非常有帮助的。当教练适时惩罚行为与适时奖励行为一起使用时，二者的效果都会被增强。

2. 单一的过高的富有竞争性的工作目标。这种任务情境在体育竞技等行业广泛存在。② 体育竞技活动通常都要分出胜负和输赢，比赛成绩、名次、奖牌是教练和上级组织、上级领导非常关注的事情，还有球迷和国人对比赛结果的关注也会转化为工作目标压力。总之，竞技体育决出输赢的特性、上级组织的目标施压、其他相关利益者的高期望等等，都容易导致教练对队员的高压，当队员出现令教练不满意的行为和

① 范凯：《大学生积极自我概念的培养》，《辽宁教育研究》2006年第7期，第40页。
② 徐莉：《从中国青年男子篮球队换帅事件谈教练领导行为》，《领导科学》2011年6月下期。

表现时，教练为保证高工作目标的达成更有可能对队员施以严厉惩罚行为，队员也更有可能忍受这种行为，上级管理部门也更可能宽容这种行为。范斌说："一心想把成绩搞上去，多出人才。出发点是对的，但操之过急了。"[①] 马健说："我觉得在球场上来讲，这些（打骂）都不叫事儿。只是为了能够让大家更好地打球，那就是没问题的。"[②] 他们的言论反映出一些教练不仅仅是存在领导方法的问题，实际上在他们的领导目标的设定上存在目标单一化的问题，即好的比赛成绩几乎是他们最看重的唯一目标。而且，从领导价值取向上看，有为达成目标可以不择手段之嫌。联名上书事件后，范斌能够官复原职、留任察看，"成绩过硬，是范斌保住帅位的最重要原因。他先后率队获得过 U16 亚青赛冠军，U17 世青赛第七以及 U18 亚青赛冠军"[③]。但如果教练仅仅或过多地关注任务而忽略队员的情感需求、工作满意度和团队关系的维系，超出一定的合理惩罚的限度，队员也会无法忍受。一个成功的体育团队一定是既有以任务为中心又有以关系为中心的目标，有效的团队将 2/3 或更多的时间用在以任务为中心的问题上，大致 1/3 或更少一点的时间用于以关系为中心的问题上，只追寻单一的比赛成绩目标，忽略团队关系的维系和对团队成员的心理支持，最终能够破坏团队表现，增加冲突，导致团队解散。

（三）领导者与领导活动特征

1. 领导者特征。当下属认为领导者有很高地位，并且很尊敬领导者时，相对于那些地位低和受尊敬程度较低的领导者而言，下属们通常会更愿意接受有较高地位的领导者的惩罚行为。地位高的领导者与下属之间的直接利益冲突和矛盾比较少，地位高的领导者在下属的心目中更具有权威性，下属对自己尊敬的领导者更为信赖和信服，下属不仅相信这些领导者的判断力，而且认为他们的批评是对自己的关注和关怀，不仅不恼怒领导者对自己的批评和惩罚，或许他们为此还感激领导者对自

---

① 友仁：《范斌首度谈国青兵变：出发点是对的，但操之过急》，2011 年 4 月（http：//sports. sohu. com/20110413/n280250293. shtml）。

② 马健：《范斌这个都不叫事儿，美国教练也有打骂现象》，2011 年 4 月（http：//www. taihainet. com/news/pastime/sports/2011—04—12/674391. html）。

③ 赵彦砚：《范斌"官复原职"》，2011 年 4 月《燕赵都市报》第 23 期（http：//epaper. yzdsb. com. cn/201104/23/26499. html）。

己的关心和帮助。因此，在这种情况下，领导者的地位和受尊敬程度增强了惩罚行为的有效性。当然，领导者过度使用惩罚措施可能最终会损害他们的地位和受到的尊重。2011 年 4 月 11 日，U19 国青男篮联名上书要求主教练范斌下课一事曝光，"我们国青男篮全体队员，因无法忍受主教练范斌在这三年来屡次出现对大家人格上的侮辱与打骂且从未改正，在此向中心领导提出抗议更换主教练"①。篮协副主席李金生说："范斌在训练过程中对队员采取了非常不恰当的方式，（篮管）中心虽早有察觉和警告，对范斌同志进行了多次批评教育，但收效不大，屡有反复"②，"范斌在执教上，打骂队员的现象的确比较严重，目前篮管中心已令其停职"③。U19 国青男篮队员联名上书要求主教练范斌下课事件，还有马俊仁教练的"马家军"团队解散事件，均验证了这一结论。

2. 领导活动特征。一些领导活动作为领导者惩罚行为的潜在增强因子。这些领导活动包括：（1）确认惩罚措施是与组织的规章和政策相一致的；（2）私下对惩罚措施进行管理，并且适当地严格一些；（3）允许下属表达他们的意见，也允许下属提出切实可行的惩罚措施；（4）确保领导者的行为方式能够让人接受。这些行为因素是与心理学方面的研究成果相一致的。范斌教练实施的惩罚性措施许多都违背了这些基本的原则，成为过度惩罚，而不是建设性惩罚。例如 2011 年 1 月，国青队在惠州的友谊赛中虽然队员认为自己尽了全力，但因为输球，范斌把所有球员留在更衣室痛斥许久，并处罚跑步，导致队员极为郁闷和愤怒。通过有关资料我们看到范斌教练骂得太凶，一些侮辱人格的惩罚、队员发烧不准假的低关怀行为等都会导致队员最终的反抗、教练威信和信赖感的丧失、群体凝聚力的下降。正如一位队员在微博中说："在你眼里，我们猪狗不如！我们年轻人哪有不犯错？"④ 可见，范斌的骂和罚的度都超出了队员的可接受性和可忍耐性。

---

① 林军明：《篮管中心暂停范斌工作》，《新京报》2011 年 4 月 12 日 A27 版。

② 谷苗：《软处理，篮协埋祸根》，2011 年 4 月 12 日，《文汇报》（http://sports. si-na. com. cn/cba/2011—04—12/09115529998. shtml）。

③ 潘天舒：《范斌口头承认错误，篮协安插领队杜绝闹剧再发生》，2011 年 4 月，CBA 官方网站（http://cbachina. 163. com/11/0412/08/71E5VITH00052UUC. html）。

④ 潘天舒：《范斌已口头承认错误，篮协承诺不处罚肇事队员》，2011 年 4 月 12 日，《京华时报》（http://sports. qq. com/a/20110412/000138. htm）。

三　降低领导者奖励行为有效性的情境因素

（一）下属特征

1. 下属对组织奖励的冷漠能够降低领导者的奖励措施对下属业绩的影响。如果下属并不重视领导者所提供的有形和无形的奖励，那么这些奖励措施对于他们的态度和行为将没有什么效果。因此，领导者必须根据每个下属的个人需要设置奖励。领导者要关注组织奖励满足个人目标或需要的程度，以及这些潜在的奖励对个人的吸引力。下属关注的是如果我得到奖励，我是否认为它们对我有吸引力？例如，下属努力工作以期望获得晋升，或者希望得到一个比较有趣和具有挑战性的工作，但得到的却是加薪。根据每个下属的个人需要设置奖励是十分重要的，报酬必须使个体感到有意义有价值，能满足当前的需要，报酬要尽量因人而异符合个体的主导需求。遗憾的是，许多领导者受到能分配的奖励资源的限制，使得奖励个人化比较困难。而且，一些领导者错误地认为，所有员工都想得到同样的东西，因此，忽视了差别化奖励的激励效果。在这两种情况下，下属的激励水平都是低于最高水平的。

一方面，领导者要吸引喜欢自己组织报酬体系的人。另一方面，领导者要注意进行多元的奖酬方案设计，以满足下属多元化的需求。这就涉及一个基础性的关键工作，即加强沟通，了解下属的需求。日本西武公司的制度化沟通的做法给我们很多启示。为了满足员工自我实现的需要，日本西武公司采取了"禀议制度"、"自我申报制度"等一系列措施。其中，"自我申报制度"尤为突出。公司每年都向职工发一份"自我申报表"，由职工自愿填写。在第一栏中填写三年来主要的工作成绩；第二栏中填写对于自己的现状是否满足；第三栏中对自己的能力进行估计；第四栏中填写今后一二年内是否打算变换工种，变换什么工作；第五栏中填写自己将来想担任的职务；第六栏填写自己希望受什么教育或想研修什么内容；第七栏中填写自己受过什么训练；第八、九栏要填写主管领导的意见和处理情况。根据员工的自我申报和公司的评估，公司尽量创造条件满足员工的需要。

2. 当下属并不相信他们能够做得足够好以得到奖励时，他们可能就不会对领导者所承诺的奖励做出响应。广泛被人们接受的对激励的一种解释是维克多·弗隆姆（Victor H. Vroom）的期望理论，期望理论认为，一种行为倾向的强度取决于这种行为可能带来的结果的期望强度以及这种结果对行为者的吸引力。这个理论着眼于三种关系：（1）努力—绩效关系。当下属认为努力会带来良好的绩效评价时，他就会受到激励进而付出更大的努力。（2）绩效—奖励关系。个人相信一定水平的绩效会带来所希望的奖励结果的程度。（3）奖励—个人目标关系。组织奖励满足个人目标或需要的程度以及这些潜在的奖励对个人的吸引力。这个降低因子说明的就是期望理论的前两种关系，如果下属的知觉判断领导者交给自己的任务难度太大，根本不可能完成，那么下属对领导者的奖励措施不会做出积极的响应；如果下属判断任务可以完成，但知觉告诉他领导者不喜欢他，不管他的努力程度如何，他也预期得不到一个好的评估结果，那么，下属对领导者的奖励措施不会做出积极的响应；如果下属判断自己能获得一个好的评估结果，但不相信领导者会公正公平地给予自己应得的奖励，那么他也可能不会对领导者所承诺的奖励做出积极的响应。这些例子表明，下属激励水平低的部分来源可能是下属的知觉、信念和对领导的信任度低。因此，作为领导者如何通过大量的倾听、交谈、沟通，了解下属的想法，整合下属的视角差异，以及自己言行一致，使下属信赖和信任，就很关键了。

（二）工作任务特征

1. 下属内在工作满意度降低了领导者偶然奖励措施对下属满意度的影响力。下属内在工作满意度是指与工作任务有关的内部因素导致的工作满意感。如工作富有成就感、工作成绩得到认可、工作本身有趣、可以担负责任、获得晋升、获得成长等。如果工作本身有意义、有价值、富有挑战性或有趣，员工感到自己是重要的，能产生成就感，因此对工作有极大的热情和兴趣，愿意全身心地投入到工作中去，那么，领导者的偶然奖励措施对担负这样工作任务的下属并没有太大的影响力。

2. 绩效由不可控制的原因决定。这个中和因子说明，一个领导者的奖励能够影响的只是下属能够控制的一些内部因素，例如下属的价值观、态度、工作的投入、能力和技能、合作精神等。当下属的业绩主要是由下属以外的外部因素决定时，如坏运气、恶劣的天气、机器故障或者其他人的错误等，那么领导者适时奖励行为的效果就有可能被削弱，因为这些因素不是下属的作为和努力所决定的。不过，这些外部情境因素的影响很可能是暂时的。我们认为，一旦业绩置于下属的控制之下，领导者的适时奖励行为在影响下属方面将重新变得有效。

（三）领导者特征

如果下属认为领导者是以反复无常和武断的方式，而不是根据他们的业绩的准确评估来提供奖励的，那么，他们可能也不会响应这些奖励行为。下属欣然接受奖励，被奖励所鼓舞；认可给予他人的奖励，被奖励他人所激励，一定是基于客观、真实和准确的绩效评估基础之上的，如果领导者是以反复无常和心血来潮的方式，或者是主观、武断的方式，而不是根据下属的业绩的准确评估来提供奖励的，那么这种奖励措施对下属工作态度和行为的影响力会大大降低。

（四）团队特征

与领导者唱反调传统的富有凝聚力的团队是一个降低领导者奖励行为有效性的团队特征。一个富有凝聚力的工作团队，意味着下属在一个团队中的工作伴随着团队成员彼此之间的相互支持和友谊，下属就可以从同事中而不是从领导者那里得到许多社会奖励，包括帮助、友谊、支持、赞赏、表扬和鼓励，等等。相比之下，下属就不那么重视领导者的投入。如果这个团队富有凝聚力的同时，与领导者持有不同的见解，处于与领导者不合作的状态，坚持低的团队绩效规范，那么将极大地降低领导者奖励行为的影响力。不过，当团队中的成员共同遵守一个积极的生产率标准时，一个有凝聚力的团队也能够增强领导者奖励行为的效果。

（五）组织特征

1. 巨大的空间距离能降低奖励型领导者对下属心理反应和工作业绩的影响力。一是工作地点离领导者很远的下属通常有很高的工作独立性，例如销售人员、军事人员、大学教师、专业技术人员，还有数量日益增长的在家里工作的员工。这些员工独立于他们的领导者，对自己的工作有很大的自主权和灵活性，独立在外期间需要很强的自我管理、自我领导、自我激励能力。二是因为距离的间隔使领导者通常很难定期、及时、准确地衡量下属的业绩并奖励他们。三是这种地理间隔的限制，尤其是对无形的社会奖励而言影响更为突出。只有领导者与下属之间有直接的沟通和互动，才有可能根据下属的状况，给予及时恰当的友情、支持、体谅和赞美，而空间的距离使领导者很难提供这些社会奖励和支持。

2. 高度正式化的组织。一个高度正式化的组织也能够降低领导者适时奖励行为对下属业绩的影响力。高度正式化是指组织中的工作实行标准化的程度很高，即高度正规化的组织。如果一种组织的正规化程度较高，就意味着做这项工作的人对工作内容、工作时间、工作手段没有多大自主权。由于个人权限与组织对员工行为的规定成反比，因此工作标准化程度高，员工决定自己工作方式的权力就越小。

（1）高度正式化对下属的影响：在高度正式化的组织中，有明确的工作说明书，有繁杂的组织规章制度，对于工作过程有详尽的规定。而这些成文的计划、目标和指导方针能够使下属自己清楚地知道任务需求并且有利于下属有效地完成任务，这些措施有时能够使下属产生满足感而无需领导者的肯定和鼓励。因而，这种情境特性是一个重要的奖励行为的中和因子或者替代因素，领导者在试图使用奖励措施影响下属时必须仔细考虑这一点。

（2）高度正式化对领导者的影响：一些组织因素可以降低或限制领导者控制重要奖励措施的能力。例如明确规定了员工工资水平的劳工合同及行政事务协议；组织中的奖励机制、政策已经明确规定员工奖励问题，领导者个人没有更多自主权；领导者给予下属奖励需要上级在一段时间内正式批准的程序。在这些情况下，领导者应该尽可能地强调无形的奖励措施以及在这些情形下的其他影响下属的领导行为。

四　降低领导者惩罚行为有效性的情境因素

（一）下属特征

1. 看到其他人不服从领导者。如果下属发现或看到有人不服从领导者的惩罚，或者其他人避免了惩罚，却对自己还要进行惩罚，那么下属会认为不公正不公平，会发出质疑：同样都是员工，为什么有的人能够免于责罚，而我必须要承受惩罚？于是产生抗拒惩罚的态度和行为。另外，看到其他人不服从领导者的惩罚，意味着有员工质疑或不服从领导者的权威，员工私下就会相互交流对领导者的看法，与领导者意见不一致或唱反调的声音有增长的态势，领导者权威的可接受性受到质疑，领导者惩罚措施的影响力就会降低。另外，看到其他员工不服从领导的惩罚型行为，团队成员很可能产生从众心理，自己也不愿意服从领导的惩罚，而且会怀疑领导惩罚型行为的正当性。

2. 下属对组织惩罚的冷漠。如果下属对领导者的惩罚行为是一种冷漠的态度，即不关心、不关注、不在乎的冷淡漠然的消极心态，对领导怀有戒心甚至敌对情绪，既不与领导交流思想感情，又对领导的惩罚行为无动于衷。这种冷漠通常是因领导者频繁的惩罚或错误的惩罚，下属又无力反抗而形成的一种心灵遭受创伤的表现——反正领导怎么也不满意，反正怎么做也不行，于是下属产生一种"死猪不怕开水烫"、"破罐破摔"的态度，领导爱怎么处罚就怎么处罚。在这种情况下，下属已经失去了对领导的信任，下属与领导的互动减少，沟通出现障碍，下属会逐渐失去应有的工作热情。所以，对组织惩罚的冷漠是领导者惩罚行为有效性的降低因子。

（二）领导者特征

1. 领导者特征也会限制领导者对权变的惩罚行为的使用。对与领导者有亲属朋友关系的下属，领导者使用惩罚措施的可能性更小；在跨文化背景下，对与领导者同民族的下属，领导者使用惩罚措施的可能性更小。我们经常看到见诸报端的一些消息，例如谈到一些家族企业，不少领导者的亲属都在同一个企业工作，导致领导者对亲属实施惩罚时，遭到亲属的强力反弹，其结果不是领导者的退让，就是领导者以断腕的勇气做出"亲属关系一律不得在企业内任职"的规定，以排除降低领导者惩罚行为有效性的这个情境因素。

2. 领导者的惩罚行为是否得当也是一个重要的情境变量。如领导者的惩罚措施与组织的规章和政策不一致、当众惩罚、不允许下属表达他们的意见、不允许下属提出切实可行的惩罚措施、惩罚的行为方式无法让人接受等这些领导者特性和领导活动都是惩罚行为的降低因子，这些行为的合法性存在问题，可接受性弱，因此都会减弱、干扰或抵消惩罚行为的有效性。通过有关资料我们看到范斌教练骂得太凶，实施了一些侮辱人格的惩罚，篮协领导的一再警告和批评说明范斌教练的惩罚型领导行为的确有与组织的规章和政策不一致的地方，这也使范教练的惩罚措施的合法性受到质疑。这些惩罚型领导活动的合法性存在问题，可接受性弱，因此都会减弱、干扰或抵消惩罚行为的有效性，领导者不仅无法从他们实施的惩罚行为中得到积极的结果，反而导致队员最终的反抗、教练威信和信赖感的丧失、群体凝聚力的下降，并成为自己职业生涯失败或遭遇重大挫折的导火索。范斌教练在执教女篮时矛盾没有激化到这个程度，推测是他考虑到女性的特点而其惩罚活动的频率、程度没有过高，时间持续性不太长，并且关怀体谅和体贴行为、奖赏行为会适当增加。惩罚行为一低，关怀体谅行为一高，其结果是很好地平衡了任务和关系两种领导行为的供给比重，很好地平衡和结合了惩罚和奖赏两种领导行为的供给比重，最后保持了团队的维系和工作目标的达成。

（三）团队特征

同领导者唱反调传统的具有高度凝聚力的下属团队对于领导者的适时惩罚行为同对领导者适时奖励行为一样起着抵消作用，降低领导惩罚行为对下属在工作满意度、工作动机提升、工作行为改善方面的影响力。单个下属的法定权力远远不如领导者的法定权力大，但当他们遇到一些事件时能够迅速建立一个非正式的群体联系，即下属的凝聚力使他们形成联盟，他们运用人际关系的权力及联盟的权术①来对抗领导者的法定权力，即所谓的"人多力量大"，从而出现一种影响与反影响、控制与反控制的局面。当下属在一个组织中的工作伴随着彼此之间的相互支持和友谊时，他们就可以从团队成员那里得到更多的社会奖励和社会支持，而且他们对领导的惩罚行为的反对由于是集体行动而使责任分散和组织内的政治风险降低。可以想象，如果这个团队富有凝聚力的同时，与领导者持有不同的见解，处于与领导者不合作的状态，那么将极大降低领导者惩罚行为的影响力。

（四）组织特征

1. 距离能够降低偶然惩罚措施对下属心理反应和工作业绩的影响力，其原因与巨大的空间距离能降低奖励型领导者对下属心理反应和工作业绩的影响力是一样的。所谓鞭长莫及，说的就是这种情形。

2. 以人为本的组织文化和社会文化环境。以人为本是当今时代的核心价值观，"以人为本"的管理是指在管理过程中以人为出发点和中心，围绕着激发和调动人的主动性、积极性、创造性展开的，以实现人与组织共同发展的一系列管理活动。作为一个领导要尊重下属的人格和个人权利，要了解下属的心理特点，重视下属的需要，以鼓励关怀为主，在组织达成目标的同时要帮助下属全面健康地成长。"专制型"的

---

① ［美］斯蒂芬·P. 罗宾斯、蒂莫西·A. 贾奇：《组织行为学》，李原、孙健敏译，中国人民大学出版社 2008 年版，第 404—405 页。

严厉惩罚型领导行为已不适应当今时代，当今时代更适合温和的惩罚措施。即使在以严苛训练和惩罚领导行为普遍存在的体育界，也不断出现员工反抗过度惩罚领导行为的事件。在 2004 年 8 月举办的雅典奥运会上，国际柔道联盟和国际奥委会把打运动员耳光的韩国徐姓助教赶出奥委会。现在"90 后"运动员正在慢慢成为主力，而与此前年代运动员相比，他们成长的社会文化环境已有了明显的变化，这样严厉的"打骂式"领导行为方式是违背这个社会基本价值观的，既不"合理"，也不合乎法规，是无效的。青年队员的主体性意识的发展这一特性一定是过度惩罚行为的降低因子，甚至到了一定的程度将成为抵消因子，那么对下属特性这种最最重要的领导情境判断的错误，导致教练和有关领导不了解这一最重要的工作情境的需求，不适应工作情境需求的领导行为的供给岂能有效？无独有偶，韩国速滑队几名女队员因不堪忍受教练员的殴打，集体出走；韩国男排主教练和助教因打骂队员付出了辞职和被停职的代价；马俊仁教练遭遇弟子反目、群体解散的厄运，职业辉煌烟消云散；范斌主教练付出被停职的代价。在篮协组织的媒体沙龙上，范斌通过李金生之口表示自己将进行反思，在以后的工作中尊重、爱护队员，杜绝打骂等不当行为，"我也吸取了教训，毕竟他们不是孩子了，长大了，我也应该平等地跟他们去看待问题分析问题，去帮助他们，这是非常重要的"[①]。在当今社会中，人们坚决反对领导者长期地压迫或过度惩罚下属，特别是在发展中国家，员工受教育水平已大大提高，在任何类型的组织中都不允许领导者超越法律对人权和人格尊严的保护底线。国青联合上书事件，能让更多的领导者认识到以人为本的社会文化环境是打骂式惩罚行为有效性的降低因子，使更多的领导者们深切地意识到时代的确变了，他们必须考虑如何领导新一代的组织成员和知识型员工了。

五　替代领导者奖励行为领导有效性的情境因素

（一）下属特征

1. 非常专业、受到广泛教育、有多年工作经验的下属。当一个很

---

① 范斌：《把弟子当自己孩子看，他们很单纯或被利用了》，2011 年 4 月（http://gb. cri. cn/20864/2011/04/13/1042s3216392. htm）。

长时间的培训或经历使下属产生从事一项专业工作的自豪感，并且产生要控制他们自己行为的愿望时，这种类型的替代就能发生。这些类型的下属不需要领导者来加强他们的工作动力和工作满意度。另外，专业人员对自己的专业领域有强烈的和持久的承诺。他们的忠诚感更多是针对专业而不是领导者，他们很少把领导者规定的时间作为自己的工作时间，对专业的投入可以超过领导者规定的时间，这是因为他们对自己专业的激情和喜爱。对专业人员的激励，金钱和提升不是最佳的选择，他们工作中的主要奖励是工作本身，是工作本身带给他们的乐趣、挑战和成就感，他们更倾向于把工作作为生活兴趣的中心。

2. 对组织奖励冷漠的下属。这可能涉及两类下属：一类是对组织或领导者的奖励完全不在乎或漠视的下属，具有这样心理或态度的下属将完全抵消领导者奖励行为的有效性。另一类是内在的工作满意度的下属。他们是从工作本身而不是从领导者或者组织那里获得工作动力和满意度，这些下属通常忠实于他们所做的工作并且从把工作做好的过程中得到愉悦。

（二）工作任务特征

能使员工产生内在满意感的工作任务能够替代领导者奖励行为有效性。哈克曼与奥德海（Hackman & Oldham）的工作特性模型（job characteristics model），认为工作任务特性各有不同，任何工作都可以用五个核心维度来描述：（1）技能多样性，即工作对不同类型活动的需求程度，以及由此决定的对任职者所应具备技艺和才干的多样性程度。（2）任务完整性，指职位对完成一整套条块分明的工作的需求程度，即自始至终完成一项能够看得见产出的任务。（3）任务重要性（意义性），指工作对别人的生活或工作有多大影响。（4）工作自主性，指任职者在安排工作内容、确定工作程序方面有多大的自由度、独立性。（5）工作反馈，指任职者在完成任务的过程中，在多大程度上可以获得有关自己工作绩效的直接而明确的信息。工作的特性影响着任职者的心理状态，进而影响任职者的工作行为和结果。技能多样性、任务同一性和任务重要性影响任职者对工作是否有意义和价值的感受；工作自主性影响任职者对工作结果所负责任的感受；工作反馈性影响着任职者对工作行为表现和工作结果状况的了解，影响任职者的角色的明确感。如果一个工作任务包含的特性数量和特性分数较高时，能提高任职者对自己所做工作富有工作意义性、工作价值、工作重要性的感受，能使任职者产生对工作结果负责的感受，能使他们了解工作实际结果，对自己的角色更有确定感，能使任职者产生较高的参与组织工作和活动的动机，能增进自我效能感，提升自信心，提升对组织和领导者的满意度，将使任职者产生较高的内部工作动机、高质量的工作表现、对工作的高度满意感、较低的缺勤率和离职率。可见有的工作富有更高的激励潜能，有的工作的激励潜能较低，激励潜能高的工作可以在某种程度上替代领导者的奖励行为，激励潜能低的工作不得不依赖于领导者的激励。

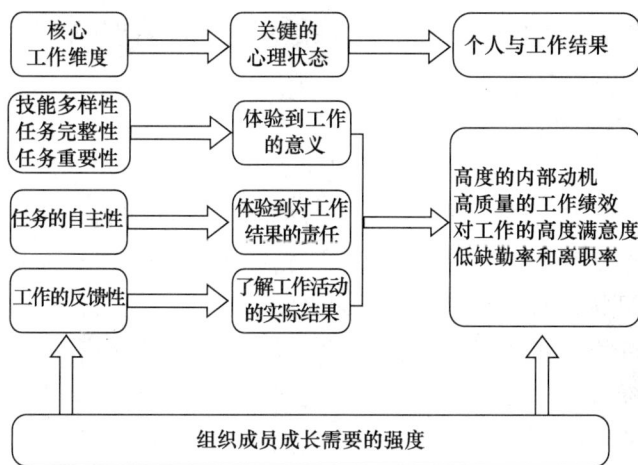

图 10—1　工作特性模型

资料来源：J. R. Hackman and G. R. Oldham, Work Design（excerpted from pp. 78—80）by Addison - Wesley Publishing Co., Inc. Reprinted by permission of Addison - Wesley Longman, Inc., 1980。

（三）领导者特征

有很高的专业技能或者具有很高级别的领导者能够替代领导者奖励行为有效性。这是因为这些领导者往往很有名望、地位和渊博知识，即拥有了专家权力和参照权力，这些权力能够使下属敬仰、尊重、心悦诚服地追随，领导者的自身人格魅力使下属认同领导者以及领导者倡导的事业，并满怀激情地投入到领导者倡导的工作之中，他们已经不需要因自身的行为而得到外在的奖励。

（四）团队特征

业绩规范高、凝聚力强的工作团队。团队不同于群体，往往团队具有这样的特点：团队成员认同于一个共同的高工作目标和一个能使他们彼此担负责任的程序，相处愉快，乐于一起工作，共同为达成高品质的结果而努力。团队成员往往对团队目标有高的承诺，既有个人责任也承担共同的责任，他们分享领导角色，角色和技能互补，鼓励开放式的讨论和积极地解决问题的会议，行政权力淡化，人员之间关系的平等化和协作的自动化，共享与工作相关的知识。可见在业绩规范高、凝聚力强的工作团队中，团队本身和团队成员彼此成为其他团队成员一个良好的工作指导、反馈、激励和情感支持来源，在某种程度甚至可以完全替代上级领导者的奖励行为。

（五）组织特征

广泛的组织奖励系统能够替代领导者奖励行为对下属满意度和业绩的影响力。在一些组织设计有广泛的富有弹性的组织奖励系统，这些组织奖励制度和奖励机制能够及时恰当地对员工的高业绩进行奖励，那么领导者的人为的非正式的奖励行为对员工工作态度和行为的影响功能可能就变得不太重要了。如在一些生产制造行业，计件奖励系统会明确地规定工人生产多少高质量产品即可获得多少奖励；人寿保险或房地产的销售人员，不管他们的领导者的行为如何，他们都能够根据他们的销售业绩赚取固定的佣金；教师完成基础工作量后，给予超课时奖励，等等。这些奖励措施是根据组织奖励系统的规定实施的，这些奖励系统替代了领导者的奖励行为，并对员工的满意度和业绩产生影响。

六 替代领导者惩罚行为领导有效性的情境因素

一些研究成果很少提到或几乎没有在调查中发现对领导者惩罚行为的替代因素。有的学者认为，许多能够替代领导者奖励行为的下属特征同样将会对无形的领导者惩罚措施产生替代作用。[①] 笔者认为，有三个情境因素可能部分和全部替代领导者惩罚行为领导有效性。

---

① ［美］乔恩·P. 豪威尔、丹·L. 科斯特利：《有效领导力》，付彦等译，机械工业出版社 2003 年版，第 211 页。

（一）非常专业、受到广泛教育、有多年工作经验的下属

这样的下属热衷于自己的专业或从事的工作，他们有经验和能力评估自己的工作行为是否得当，自己的工作结果是不是符合工作标准，基于对专业的强烈的和持久的承诺，他们会对自己进行严格的自我管理，当他们的工作行为不当、工作努力不够或工作结果不够理想时，他们会进行自我惩罚。

（二）高度专业化的复杂的工作

从事复杂而又专业化程度很高工作的员工都是经过长时间专门训练的高级专家，因为知识、技术等专业领域专门化程度很高，专业领域日益分隔，领导者也不熟悉这些高级专业人才所从事的工作，这在一定或相当的程度上影响了惩罚型领导行为的影响力。因此，组织往往让从事复杂的专业工作的员工有更多的自主性，采取更多员工自我管理的模式，包括自我的反思性绩效评估和自我奖惩。

我们以大学教师为例，大学教师的特性具有第一种替代情境特征，大学教师工作的特性具有第二种替代情境特征。大学教师作为专业人士具有如下特性：（1）大学的教师队伍是"由真正对研究和教学有特殊偏好，最具有使命感、责任心和创造力，最能做出原创性研究成果的学者组成"①。大学教师群体往往有强烈的学术价值追求，是有使命感、道德感、求索人类终极价值的一群人，大学精神是他们的信仰，这样的人最需要精神的感召和价值的认同。（2）大学教师是"对自己的专业知识和思想有一种庄严的敬意、不肯屈服于知识之外的压力并严肃追求科学、具有独立人格并以科学为是非准绳的知识分子"②。由于劳动的性质和对知识的占有，使大学教师追求人格独立、信奉多样化、具有创新精神，更具有强烈的批评精神、参与要求。（3）要求工作上的自主与不受监督。（4）要求同行评价他们的工作，拒绝非同行的管理者评价。（5）他们更多地期望从自己的工作中得到满足和激励，具有实现自我价值的强烈愿望，具有较强的成就动机，强烈希望得到社会的认可和尊重。

大学教师的工作特点主要有：（1）大学教师是典型的知识型员工，

---

① 张维迎：《大学的逻辑》，北京大学出版社2004年版，序言，第91页。
② 韩骅：《学术自治——大学之魂》，中国文史出版社2005年版，第152页。

工作内容大部分是处理抽象无形的知识、信息、概念、情感和价值观问题。（2）与体力劳动者简单、机械的重复性劳动相反，大学教师的工作多为创造性的复杂劳动，他们依靠自身的专业知识，运用脑力劳动进行创造性思维，并不断形成新的知识成果，他们的工作更多是无形的不可控制的。（3）以自由的自主的个体工作形式为主。"教师的专业自主权能使他们自由地确定自己的工作目标，并在工作中使自己的行为与自己确认的目标相一致，而教师一般都是单独完成教学任务的，所以在他们按照自己的兴趣、意愿和目标来进行工作时，几乎不会遇到什么困难"①。从大学教师以及他们的工作特点，我们可以看出大学校长依赖强制性的控制力量是很难管理复杂的无形的知识工作，管理的局限性决定了注重对大学教师表面行为和结果控制的惩罚型管理失灵或低效性。大学领导者必须使教师员工发自内心认同自己、认同组织并产生组织承诺感，认同专业，从内心产生工作的激情，能够在没有外部力量监督控制的情况下，积极地进行自我管理。

（三）业绩规范高、凝聚力强的工作团队

这与业绩规范高、凝聚力强的工作团队是替代领导者奖励行为领导有效性的情境因素的道理是一样的。团队成员之间对工作的互相反馈和批评在某种程度上甚至可以完全替代上级领导者的惩罚行为。因为团队成员的人际关系非常融洽，他们对彼此工作和个人情况的相互了解很深，能够更及时和深入细致地点评同伴的工作，团队成员把这些批评和指正作为团队成员和团队成长的有益资源，而不是把这些惩罚措施，作为工作不佳表现的报复。

总结：评估奖惩型领导行为的情境动态

领导者的奖惩行为、下属特征、其他组织情境彼此相互作用、共同影响着领导者对其下属的影响方式。作为领导者需要评估下属特征和其他组织情境，发现下属和其他组织情境的需求，如果发现下属和情境因素中有奖惩型领导行为的增强因素，说明适合奖惩行为，领导者即可实施奖惩措施；如果发现下属和情境有中和因素，那么就选用其他的领导行为类型；如果发现下属和情境有替代因素，那么就可以大胆使用这些替代因素，领导者可做下属和其他情境因素无法替代的事情。

---

① 韩骅：《学术自治——大学之魂》，中国文史出版社 2005 年版，第 152 页。

当领导者使用奖惩措施时，涉及这样几个问题，需要注意：第一，增强领导者奖惩行为效果的一系列因素涉及下属的成绩和领导者如何评估下属的成绩。为了确保奖惩是根据下属的成绩而定，领导者必须获得和使用准确的业绩衡量标准。这些业绩衡量标准可以是正规化的组织业绩评估系统，也可以是由领导者亲自制定业绩衡量标准，但都必须有清楚的解释，并且对特定的行为和业绩水平有特定的奖惩措施。当下属达到所需的业绩水平时，领导者就应该公正和及时地提供奖励。

第二，当下属的工作行为和业绩出现过错时，领导者就应该公正和及时地提供惩罚。所谓公正，是指领导者的惩罚是由于下属的行为和成绩而应受的，并且，在所有的情况下，对所有的人都实行一致的惩罚措施，这样可以帮助领导者保证实施惩罚行为的效果最大化。同时，惩罚的一致性可以告诉下属什么时候将会受到惩罚，这样下属就会控制他们的行为以避免受到惩罚。

第三，奖励比惩罚更有效，以奖励为主；必要时也要对坏的行为给以惩罚，做到奖惩结合。如果领导者能够将慷慨的奖励行为（有形和无形的）与谨慎选择的惩罚行为共同使用，那么他们就能够同时增强这两种行为策略的效果。

第四，在组织中地位很低且掌握很少的物质奖励措施的领导者可以试图与他们的上级协商以获得更多的奖励权力。至于究竟使用怎样的奖励措施，关键要了解下属的需求，如果领导者能够经常很坦率地与下属交谈并且考虑他们的需要、价值和工作状况，那么他们通常能够细微地觉察和了解到员工不断变化中的需求，并据此能够根据下属的需求有效地提供一些新颖、有价值的奖励措施。

第十一章 超凡魅力型领导行为及其情境适应性分析

第一节 超凡魅力型领导行为

一 超凡魅力型领导行为的含义

超凡魅力（charisma）是一个希腊词，意思是非凡的魅力天赋。最早见于《圣经》中提及神圣的精神时，被用来描述早期基督教堂的特定成员的作用。著名的德国社会学家马克斯·韦伯（Max Weber）扩展了超凡魅力的含义，用于表示基于个人的优秀特质的一种重要的社会影响力。韦伯认为统治的合法性分为三种类型：传统型，指一个规则被遵守、被接受是因为它已行之多年，大家也就不再深究它合理与否；法理型，成员服从是因为认定此规则是合理的，其制定程序是适当的，它的权威基础是众人接受的合理性；个人魅力型，也即"克里斯玛"型，成员服从领袖人物的非凡魅力。三种类型在政治实践中往往交叉混合。

超凡魅力是具有非凡个性、强烈自尊和对下属的参照权力的一种天赋，这些优秀的个人特质通常表现为英勇的行为或者为解决一些危机而倡议一个革命性的目标或行为。这些优秀特质会通过在完成使命过程中所取得的反复的成功得到进一步证实。当领导者激发下属极度的忠诚、服从和信赖；当下属认同领导者并积极地加入到领导者的使命中；当下属由于与领导者的交往而越来越增强自己的自尊心时，领导者通常被认为是具有超凡魅力的。我们将超凡魅力型领导行为定义为：那些基于领导者的特定的个人特性、能力和行为，并且对于下属的情感、价值、信仰、态度和行为有异乎寻常的强烈的影响力的领导行为。我们描述的"大多数领导行为都被认为是相互影响的，因为这些领导行为都多多少少包含着在领导者和下属之间的非正式交流或者相互影响"，"这些领导者的行为通常是根据下属现有需要和价值观来进行的。相反，一些专家认为，超凡魅力型领导者会培养下属的需要和价值观并因此促进在下属个人、团体和组织中惊人的变化（通常称为改革）"。① 正是超凡魅力型领导者的这个特性对于描述和理解愿景型领导、变革型领导者和价值领导是特别重要的。单纯魅力型领导仅让下属适应领袖魅力的世界就足够了，而变革型领导则试图逐步培养下属的能力。

二 超凡魅力型领导行为类型

1. 阐明组织的愿景，包括组织的使命，即组织存在的根本理由；包括领导者清晰地描述宏伟前景，这一前景将组织的现状与更美好的未来联系在一起，使下属有一种连续的认识。这些使命或愿景包含道德精神因素并且符合下属的需要和价值观。领导者也会阐述下属在组织使命或愿景中的目标、机会和角色，从而把个人纳入一个壮丽的富有意义和价值的历史画卷中，把现在与美好的未来连接，感召人们投身到有意义、有希望的使命之中。

2. 富于感情的演讲。超凡魅力型的领导者通常有非常棒的演讲能力，他们的演讲词通常都是不满足于现状的，是与使命有关的，而且是鼓舞人心的，例如丘吉尔、马丁·路德·金等都是最著名的演讲者。

3. 在下属眼中建立自我形象。使用印象管理技巧，表现出果断、乐观和自信，以表现有能力和值得信赖。所谓印象管理指试图操纵或控制他人形成对自己印象的过程。印象建立指个人有意识地选择要传递的印象和如何传递。超凡魅力型领导者通过自己的言行等各种途径发送各种展现对自己的极度自信的信息，如集中于进步和成功，不会提及失败。丘吉尔在牛津大学所作的著名的关于"成功"的一分钟演讲，"我的成功秘诀有三个：第一是，决不放弃；第二是决不；第三是，决不、决不、决不能放弃！"②这少而又少的十多个字，就极佳地树立了丘吉尔果断、自信、坚定、必胜的形象和有创造力的创新行为，体现了他的人格魅力和力量之所在，塑造了一个绝不可能被打倒的英雄！

---

① ［美］乔恩·P. 豪威尔、丹·L. 科斯特利：《有效领导力》，付彦等译，机械工业出版社 2003 年版，第 225 页。

② 《丘吉尔关于成功的著名一分钟演讲》，2012 年 5 月（http：//zhidao. baidu. com/question/285344132. html）。

4. 冒险去实现使命。领导者通过有创造力的创新行为、富于冒险精神、自我牺牲精神和反传统的行为来表现出他们对于成功完成使命的勇气、信心和对未来前景的坚定信念。

5. 对己高标准、对下属高期望和对事业高信心。超凡魅力型领导者通过言语和活动传达一种新的价值观体系，给自己设定非常高的业绩标准，并以自己的行为为下属设立了效仿的榜样；向下属传达高绩效期望，并对下属达到这些期望的能力表现出充分的信心；同时，领导者表现出果断、乐观和自信，展现对组织事业和愿景的信心。

6. 帧同步①，包括用特殊的方式来阐明事件和环境，使这些事件和环境对下属来说更有条理、可判断、有意义和可理解，这样就有助于指导下属的行动与这些事件同步。毛泽东是最卓越的帧同步者。在每个重要的历史阶段，毛泽东都有针对当时的中国社会现实和革命形势撰写的著作，分析局势、提出战略和策略，指导中国革命的实践。毛泽东的部分著名文章和著作有：1925 年《中国社会各阶级的分析》、1927 年《湖南农民运动考察报告》、1928 年《中国的红色政权为什么能够存在》和《井冈山的斗争》、1929 年《关于纠正党内的错误思想》、1930 年《星星之火，可以燎原》和《反对本本主义》、1935 年《论反对日本帝国主义的策略》、1936 年《中国革命战争的战略问题》、1937 年《实践论》和《矛盾论》、1938 年《论持久战》和《中国共产党在民族战争中的地位》、1939 年《〈共产党人〉发刊词》和《中国革命和中国共产党》、1940 年《新民主主义论》、1947 年《目前形势和我们的任务》、1949 年《论人民民主专政》、1956 年《论十大关系》、1957 年《关于正确处理人民内部矛盾的问题》等。

三　超凡魅力型领导产生强烈影响的心理机制

1. 超凡魅力型领导产生强烈影响的过程是追随者解决理想我与现实我之间冲突的心理过程。自我意识是意识发展的高级阶段，是认识自

---

① 帧同步：为接收信号而使给定数字信道的接收端与发送端的相应信道对齐的过程。两个工作站之间以报文分组为单位传输信息时，必须将线路上的数据流划分成报文分组或 HDLC（高级数据链路控制）规程的帧，以帧的格式进行传送。在 HDLC 通信规程中的帧的帧标识位 F（01111110），就是用它来标识帧的开始和结束。通信开通时，当检测到帧标识 F，即认为是帧的开始，然后在数据传输过程中一旦检测到帧标识 F 即表示帧结束。

己与对待自己的统一。自我意识是社会意识的组成部分，是人对自己以及自己与社会上其他人之间关系的社会认知系统，是一种多维度、多层次的心理系统，从不同的角度出发可以有不同的划分方法：从内容上划分可以分为生理自我、社会自我和精神自我；从结构形式划分可以分为自我认知（自我观察、自我分析、自我评价、自我概念等）、自我检验（自我感受、自我悦纳、自尊与自卑等）、自我意向（自我调节、自我控制、自我修养、自我期待、自我完善等）；从发展水平上划分可以分为个人自我、社会自我。① 一些人在理想我与现实我之间存在巨大的矛盾和冲突。所谓理想我就是"我想成为的自我"，是"个人理想中的自己，他包括自己所希望达到的理想标准，以及希望他人对自己所产生的看法"②。理想我是完美的、理想化的，而现实我则是在实际的情况下自己以及别人对自己的实际的看法与评价。当现实我与理想我有较大的差距或冲突，而自己又无法缩短这种差距，或难以调和这种矛盾冲突时，内心会痛苦与不安，人们就会产生努力寻求自我意识的统一的心理驱动，企图实现"主体与客体的统一、自我与客观环境的统一、理想我与现实我之间的统一，也表现为自我认识、自我体验、自我控制的和谐统一"③。但并不是所有的人都能把自我意识和谐地统一起来，人们面对矛盾冲突，统一自我意识的方法与结果都有所不同，其中一种就是通过把超凡魅力型领导者当作他们的理想自我的代表来解决存在于他们的自我形象和他们认为自己应该成为的理想形象之间的内在冲突。每个人都有一个伟人的梦想，但由于种种条件局限，自己无法实现，因此借助于一些人实现自己对自我的梦想。超凡魅力型领导者解决了他们的内在冲突，而且帮助他们最终成为他们梦想的自我。一方面，感觉到的领导者万能和道德权威可以遮蔽那些常常伴随在现实的自我和理想的自我之间的个人冲突的内在的内疚和敌意。另一方面，对于追随者来说，超凡魅力型领导者是一个理想的人，领导者的行为是他们能效仿的一个典范，通过效仿这个领导者——理想的人，在理想的人身上找到自我的影子，并召唤自己去进行创造性的投入，投入实现理想自我的过程。领导

---

① 闰志英、周述刚：《浅谈大学生自我意识的矛盾冲突、偏差及其调试》，《社会心理科学》2002年第4期，第34页。

② 黄希庭、郑涌：《大学生心理健康与咨询》，高等教育出版社2000年版。

③ 周宏等：《学校心理教育全书》，九州出版社1998年版。

者清楚地阐述理想的愿景，这个理想包括了追随者的价值和自我设想。通过完全接受一个领导者和他的革命性思想，追随者实现了个人愿望。他们超越了现实的我，变得更加高尚和有价值。

2. 超凡魅力型领导产生强烈影响的过程是追随者实现自我认同的心理过程。"自我认同是个体依据个人的经历所反思性地理解到的自我"①，是指在个体的生活实践过程中，通过与他人及社会进行能动互动，个体通过内在参照系统形成自我反思，使行为与思想逐渐形成并自觉发展成一致的状况。自我认同表现为个体在与社会互动中对自我生存状况的反思性思考和对自我生命价值的深度探求，它包含个体自我意识的同一性、自我生活的归宿感和自我生命的意义感，它在探寻和回答"我是谁"、"我应该成为谁"、"我能成为谁"和"我不应该成为谁"这样一些基本问题中建构"我之为我"的信心、尊严和价值。② 在个体的自我意识中，常常会出现个体不能形成统一的、连续的、整合起来的自我观念形象，或者失去对自我价值、自我意义的积极感受的情形。个体常常不知道生活的目标是什么，也不能肯定自己生活的价值是什么，对生活没有乐趣，常常有一种无聊感和厌倦感。这种现象被称为个体"自我认同危机"。超凡魅力型领导能够对存在自我认同危机的人们产生强烈的影响。存在自我认同危机的人不能确定他们自己是什么样的人，不能确定他们在生活中将去向何处，而且他们也不知道自己希望用怎样的基本价值和信仰去生活。当他们独处时，他们通常会感觉到心神不安，而且会有一种在生活中漂泊的感觉。而超凡魅力型领导者恰恰具有强有力的目标感、使命感，他们有强烈的自我意识，非常确定自己是什么样的人，要往何处去，并且为他们主张的价值和信仰而全身心投入，他们能够给存在自我认同危机的下属提供重要的目标、信任、价值和意义感。"如果说天才的政治领袖的最好的品质之一是他不仅了解潜在的追随者的需要，而且知道如何来激发和引导这些需要。"③ 追随者

---

① ［英］安东尼·吉登斯：《现代性与自我认同》，赵旭东等译，三联书店1998年版，第275页。

② 姚上海、罗高峰：《结构化理论视角下的自我认同研究》，《学术论坛》（理论月刊）2011年第3期，第46页。

③ ［美］詹姆斯·麦格雷戈·伯恩斯：《领袖论》，刘李胜等译，中国社会科学出版社1996年版，第284页。

把自己与超凡魅力型领导者联系在一起，接受领导者的信仰和价值，并积极投入领导者倡导的社会活动中去，他们在承担社会角色的过程中来体现自我，将角色和自我统一起来，在角色活动中发现和找到自我价值，理解他所承担的社会角色的社会意义，并且表现出对角色的热爱和尽心、尽职、尽责，[①] 最终通过对超凡魅力领导者的个人认同解决了自我认同危机，增强了自己的自尊和目的感，实现了自我认同。个人认同可以帮助我们解释为什么追随者会积极地保护领导者不受批评或者其他攻击者的攻击。他们实际上是在保护他们努力想成为的理想的自我。

3. 超凡魅力型领导产生强烈影响的过程是追随者将理想和目标的内在化过程。所谓理想和目标的内在化，简言之，就是领导者的理想和目标得到追随者的认同和接纳，并成为追随者自觉行动的精神动力。"人的活动是一种主体性活动，主体性活动的最大特点是活动受主体内在的自觉意识所支配，一切行为最终都要通过人的头脑内化为精神动力，即转变为主体自身内在的、自觉的动力，才能从真正意义上推动主体行动。人的需要是人的实践活动的内在动因，主体是自主、自为、自觉的存在，有着清醒的目的、动机、意志和欲望，因此，主体往往能够在不同程度上意识到自己的需要，使之转化为某种相应的追求，并为实现自己的追求而进行各种各样的社会实践活动。"[②]因此，领导者的理想和目标内在化的内在逻辑是领导者的理想和目标反映和契合了追随者的内在需要，才能为特定的追随者所内化，成为推动和指导追随者自觉满足自身需要活动的内在动力，契合追随者需要的程度越高，追随者内化的程度则越深，产生的精神动力相应也越大。这时追随者接纳和认同领导者倡导的社会共同理想和群体奋斗目标，并转化为个人理想和个人奋斗目标。追随者采纳领导者的理想和目标，认为这些目标是实现领导者和下属的共同价值观所必要的，这样，积极地追求领导者的目标就会被感觉是对的，并且由于这些目标的内在满足感而富于激情地完成它们。显然，是领导者的目标激励着下属，而不是领导者个人。领导者把下属

---

① 尹岩：《论个体自我认同危机》，《湖南师范大学社会科学学报》2007 年第 5 期，第 25 页。

② 李艳：《思想政治教育内化的内在逻辑》，《西南民族大学学报》（人文社会科学版）2005 年第 4 期，第 300 页。

的任务阐述为非常有意义、高尚、道德上非常正确，甚至是英雄的行为。这样就给了下属在完成任务时的精神支持，并使下属的工作具有内在的满足感。

4. 超凡魅力型领导产生强烈影响的过程是组织认同过程。组织认同是组织成员用组织身份来定义其自我身份的过程和结果。Dutton 及其合作者①指出组织认同是个体与组织之间的认知性联系，而这种认知性联系的产生前提是个体感知到的组织身份（即"作为组织，我们是谁"，也即组织成员认定的组织作为社会群体的核心、独特和相对持久的特征）与其认定的自我身份（即"作为个人，我是谁"，也即个体认定的其自身核心、独特和相对持久的特征）相契合。因此，组织认同实质上是组织成员用组织身份来定义其自我身份的过程和结果，是个体自我身份与组织身份的融合。如果组织成员感知的组织身份特征与其感知的自我身份特征相契合，那么个体就会认同组织。组织认同的焦点是团队或组织而不是领导者。人类社会实际上是组织的社会，人们正是通过组织这根纽带以各种方式连接在一起，下属通常把自己定义为某个组织或团体的一员。"在这种情形下，超凡魅力型领导者可以在下属的心理上创造一种联系，即把下属的自我设想与组织的共同价值和下属对组织的认同感联系在一起。"② 领导者描述组织独一无二的特性，通过组织的口号、象征、仪式和典礼等符号因素来强调组织的特性。这些符号因素是组织价值理念和文化意义的载体和象征，这些符号会使这个组织的成员更有一体的感觉，把他们连接融合为一个有效的整体系统。符号既有其外在形象或形式，又有其内在意指，即意义、概念的部分。比较常见的体现组织价值理念的符号有：仪式、典礼、口号、标语、箴言、图画、游戏、传说、轶事和故事等。这些符号因素主要的功能有：（1）符号因素表达了一个组织的共有意义和价值，而且还进一步维持和传播了这个共有的意义和价值。"那些由象征性符号加工成的组织仪式、组织口号、组织语汇和占统治地位的风格，作为组织的一部分，有助于组织中

---

① Dutton, J. E., Dukerich, J. M. and Harquail, C. V., *Organizational Images and Member I-dentification*, Administration Science Quarterly, 39 (2), 1994, pp. 239 – 263.

② Shamir, B., Zakay, E., Breinin, E. and Popper, M., *Correlates of Charismatic Leader Behavior in Military Units: Subordinates' Attitudes, Unit Characteristics, and Superiors' Appraisals of Leader Performance*, Academy of Management Journal, 41 (4), 1998, pp. 387 – 409.

共有意义的发展，正是这种组织的共有意义赋予组织成员一致性。通过这些符号形式既形成和维持组织成员的世界观，又创造和维持他们自己在这个世界中的想象。"① （2） 这些符号因素往往表明支持或反对组织成员的某种价值观和行为类型并不断强化之。"一年 3 次在升国旗仪式上举行党、团、队出旗仪式，小学 6 年、初中 3 年，队员将 27 次参加出党、团、队旗仪式，在心灵上一定能烙下印记：听党的话、向往共青团，长大参加共青团，做一个有理想有道德对祖国有用的人。"② 可见在每种典礼和仪式背后，象征着一种信仰和价值观，典礼和仪式提供了一个场所和组织成员对组织信仰和价值观增加理解的蓝本，并不断地加强组织的价值观念与信仰。 （3） 这些仪式、庆典、组织历史故事等符号因素往往蕴涵着组织成员共同经历的一些事情，使大家产生许多共同的记忆和经历，承载着组织成员共同的经验和共同感情，成为集体记忆的一部分，把组织成员紧紧地团结在一起。 （4） 口号、标语、一套特殊的词汇、特别的标记、仪式等符号象征，能够使一个组织保持某种特殊的精神气质和独特的组织身份特征。"团队的身份感，通过团队的名称、使命宣言和呼号进行强化身份"③，正是 "完美的管理仪式提供了集体的内聚力和一致性，并在外界树立起稳固的形象"④。一些研究证实，组织身份特征强度与组织认同是两者的正相关关系，仪式、典礼、名称、呼号、宣言等符号因素大大增强了组织身份特征强度和组织独特性，越具有吸引力的组织身份特征和组织独特性越会满足成员自我增强、自我区别性与自我延续性的需求，组织成员对组织的认同感就越强。因此，领导者以集体使命的形式来描述团队或组织的过去、现在和未来，就可以给下属提供一种连续和有条理的感觉，这样就能帮助下属理解他们现在所做一切的意义和价值。这样，下属就会产生一种感觉，认为他们是非常有意义的某个组成的一部分，由此就会产生动机来帮助领导者完成集体的使命。

---

① 朱国云：《斯默西奇对组织文化的研究》，《国外社会科学》1997 年第 1 期，第 66 页。

② 张先翱：《让党、团、队旗印在心中》，《辅导员》2011 年第 2 期，第 12 页。

③ ［美］史蒂芬·E. 科恩、文森特·D. 奥康奈尔：《高效率团队的六条法则》，刘静译，东方出版社 2008 年版，第 82 页。

④ ［美］特雷斯·E. 迪尔、阿伦·A. 肯尼迪：《企业文化——现代企业的精神支柱》，唐铁军等译，上海科学技术文献出版社 1989 年版，第 68 页。

5. 社会传染。社会传染过程可以加强认同感和内在化的影响作用，它是以社会心理学的研究结果为基础的。激动的群众倾向于有相同的感受与行为，因为个体的情绪会传染给团体。即使当有的成员做了通常不为大多数人所接受的事，其他人也会倾向于去仿效他。这种现象被称为社会传染。大多数人在他们的自我设想中都会有一个英雄的形象。当危机或者急剧变化时，不确定性和丧失安全感使下属感到焦虑和失意，娴熟的超凡魅力型领导者展现出自信、坚定、勇敢、预见未来、敢于变革等英雄的一面，从而也激发了下属个性中的英雄的一面，并且使下属以不同寻常的热情投入到伟大的事业中。当其他下属看到这种热情时，他们的英雄式的自我形象也会被激发。换句话说，对领导者和他们的事业的极度热情成为传染性的，通过社会影响从一个成员传播到另一个成员，从而在整个组织中蔓延。① 超凡魅力型领导的影响由于这种社会影响的作用而加深，这种社会影响使下属充满了集体精神和对其组织成员、对新愿景的热情。

四　超凡魅力型领导行为的作用

（一）对下属/团队心理反应的影响

对下属/团队的心理反应有非常直接的影响。

1. 在情感上的影响通常是非常强烈的，追随者会对领导者产生强烈的情感依附，领导者也会激发追随者的强烈情感动机，追随者对领导者和他的判断有很高程度的尊敬、信任、忠诚和接受，并满怀激情地投入领导者倡导的事业中，忠实于领导者的使命，努力奋斗、自我牺牲、坚定不移地服从。

2. 追随者会产生积极的心理反应和满意度。追随者感觉为领导者所做的工作是非常有意义的和重要的，从而增加自尊，对自我肯定和认可；增加自信，相信自己有能力胜任重要的有意义有价值的任务，相信通过自己的努力能够创造美好的未来；对生活和人生更有信念，这种信仰和主张给自己带来确定感和存在的价值感；追随者对领导者、使命、工作和组织更为满意。

---

① ［美］乔恩·P. 豪威尔、丹·L. 科斯特利：《有效领导力》，付彦等译，机械工业出版社2003年版，第230页。

3. 高度的组织承诺、低水平的压力。组织承诺（organizational com-mitiment）指追随者对于领导者和其所在特定组织及其目标的认同，并且希望维持组织成员身份的一种状态。由于追随者对超凡魅力型领导的心理反应包含大量的情感成分，追随者受到超凡魅力型领导者的影响会非常强烈和难忘，这种充满激情的投入，使追随者沉浸在工作之中，并忘我地工作，这种精神和情感的力量焕发出巨大的能力，激发其追随者巨大的潜能。这种积极的情感状态和高满意度由此激发他高水平的组织服从、低水平的压力和低的工作消耗。

4. 一部分下属对领导者产生憎恨心理。一方面，超凡魅力型领导者对下属、组织和政府的变革受到其民众的热爱，超凡魅力型领导者对喜爱他们的人们产生异乎寻常的强烈影响，这些人会狂热地崇拜和追随。另一方面，那些喜欢旧的事务秩序的人会对超凡魅力型领导者产生敌对和憎恨情绪，超凡魅力型领导者面临着强烈反对其使命的人的攻击。使魅力型领导者产生的情境本身也是动荡不安、矛盾丛生的情境，因此，反对者的存在也是一种必然，也是冲突较为激烈的情境必然演变的结果。对历史事实的研究也支持这一观点，历史上一些具有超凡魅力型的领导者，或者长时间有大批的追随者拥戴他们，或者在他影响力极盛时期曾被人暗杀。毛泽东、周恩来、马丁·路德·金、圣雄甘地、里根、卡斯特罗等等，均有这样的遭遇。

（二）对下属绩效和行为的影响

具有领袖魅力的领导能增强下属和组织的绩效。但这个问题比较复杂，一是下属对超凡魅力型领导者出现积极的业绩感知现象。换句话说，如果下属对一个领导者的特质、行为、技能和过去的成就印象深刻，那么他们就会认定这个领导者是有超凡魅力的。而且无论这个领导者在现在的位置上的成绩如何，都会认为这个领导者是非常有效的。如果情况是这样，那么这种超凡魅力型领导者的行为实际上没有促成积极的业绩，只是下属对领导者的积极印象使他看起来似乎是有效的。

二是下属对超凡魅力型领导者的积极归因。归因理论认为，我们对个体的不同判断取决于我们对特定行为归因于何种意义的解释。对领导者的全面的积极印象会导致下属把自己和团队好的业绩归因于超凡魅力型领导者的有效性。

三是超凡魅力型领导者的确对下属绩效和行为产生积极的影响。有些研究证明，超凡魅力型领导与下属的高绩效和高满意度之间有着显著的相关性。这是因为魅力型领导能够激起下属积极的心理和情感反应，情感受到激发，产生强烈情感动机的下属更有可能产生行动计划，他们会更愿意投入到领导者倡导的事业中去，因此会在工作中产生更好的业绩。不过，富有领袖魅力的领导对于员工的高绩效水平并不总是必需的，换句话说，不是在一切情境下，都需要超凡魅力型领导的激励才能产生下属的高投入和高绩效。当下属的任务包含观念性要素时，它更有适应性。这可以解释为什么超凡魅力型的领导者更多出现于政治、宗教以及战争期间，或在一个引入重要新产品或面临生存危机的组织中出现，因为在这些情况下十分注重观念，如某种新的理念、信仰或道德等。

（三）对超凡魅力型领导行为评价

超凡魅力型领导行为以及相关的技能本身是中性的，关键是此种领导行为使用的方向、行为的合法性和是否合乎道德。超凡魅力型的领导行为和技能就犹如超能力一样，超能力本身无所谓好还是坏，如果运用超能力做好事，手段也是合法的合乎道德要求的，那么我们通常把这类人称为神仙、圣人、伟人；如果是把超能力用来做坏事，手段超出法律和道德的界限，那么我们通常把这类人称为魔鬼、人类的公敌。孔子、周恩来、邓小平、甘地、马丁·路德·金等是前者；希特勒、吉姆·琼斯等是后者。因此，超凡魅力型领导者也可能是不道德的领导者，他们愚弄下属，使下属产生依赖性并抹掉他们的成熟判断。

第二节 有效的超凡魅力型领导的特性、技巧和权力来源

一 有效的超凡魅力型领导的特性、技巧

（一）自信和远见

超凡魅力型领导者具有环境敏感性，能够敏锐地察觉内外部环境的变化、预见未来和对资源进行切实可行的评估。领导者面对的关键问题和挑战之一：在组织生存和发展的各种不稳定因素中，进行基本目标规划、发展方针和经营策略的决策，是"在种类繁多、数量巨大、不确

定性高的潜在相关信息中，判断应做的事情"①，仅依靠规范化计划难以使高层领导者完全胜任工作。因此，需要领导者的远见或预见。美国前总统尼克松说："他们应高出世俗之见，不局限于眼前的事物。他们应该站在山顶上俯瞰一切。有些人生活在现代，对过去漠然置之，也不懂得未来。有些人则留恋过去。极少数人具有把过去运用于现在的技巧，设法使自己看到未来。伟大的领袖人物都有这种技巧。正如布鲁斯·卡顿描述的林肯那样'偶尔，在林肯看来，天空触及不到地平线，在地平线外，他看到了正在移动的朦胧的形象'。"② 超凡魅力型领导者对他们的判断和能力充满信心，确信自己的思想、使命和目标。超凡魅力型领导者有远见，用预测、预见这种超前认识手段认识今后将要实现的未来事物，他们在头脑中构想蓝图，预测、预见未来，他们有理想目标，认为未来定会比现状更美好。理想目标与现状相差越大，下属越有可能认为领导者有远见卓识。

（二）对目标的坚定信念

超凡魅力型领导者有一个希望达到的理想目标，在对目标的坚定信念方面表现得非常固执而自信；他们具有强烈奉献精神，为目标理想能够全身心地投入和奉献，愿意从事高冒险性的工作，承受高代价，为了实现目标能够自我牺牲。

（三）反传统

超凡魅力型领导者的行为被认为是新颖、反传统、反规范、不循规蹈矩的，被认为是激进变革的代言人而不是传统现状的卫道士。当获得成功时，这些行为令下属们惊诧而崇敬。

（四）高度的权力欲望

超凡魅力型领导者具有高度的权力欲望，这是指领导者需要去影响甚至有时是控制他们的环境，通常包括影响和控制其他人。换句话说，魅力型领导者有一种强烈的影响他人、控制环境和局面的一种渴望或需求。这种特质有时要通过一种较低程度的独裁主义来补充。所谓独裁主义，即专制主义，系由一个人享有绝对权力，是拥有无限威权的统治

---

① ［美］约翰·P. 科特：《总经理》，李晓涛、赵玉华译，华夏出版社1997年版，第88、87页。

② ［美］尼克松：《领袖们》，刘湖等译，知识出版社1985年版，第446页。

者，在不受法律及传统的制衡下，以个人意志来进行统治。在较低的独裁主义下不需要下属对领导者的权威绝对服从，领导者在使用权力的时候会显示出克制。低的独裁主义可以缓和一个超凡魅力型领导者的权力需求，使这些领导者更为关注下属的福利并且使他们展现更为"人道"的行为。

（五）杰出的交流和修辞技巧

杰出的交流和修辞技巧使超凡魅力型领导者能对追随者有非凡的影响力。他们能用简短的语言和修辞技巧，明确清楚地陈述目标，使其他人都能明白；能极富激情地描绘未来的愿景；他们的语言富有强烈的情感冲击力，传达出坚定的意志和非凡的力量。这种清晰的表达表明了对下属需要的了解，他们会把下属的价值、渴望和信仰与领导者的愿景联系起来，通过概括出实现其愿景的使命来激励下属并使下属追随。他们在使命中加入道德因素，使之成为一种强大的精神激励的力量，从而使追随者与他们共同努力实现他们的使命。他们通常会将下属的历史渊源和使命联系起来，并且在历史的背景中提供一幅关于集体作用重要性的画面；他们也可能把其使命与更为广泛的社会运动联系在一起，如环境保护运动、政治平等和自由运动或者革命等。从而使追随者认识到自己的参与具有重大的历史意义，自己是伟大组织中的一员，产生"我们一起创造历史和未来"的神圣感和自豪感。做到这些无疑需要相当大的语言技巧，而成功的超凡魅力型领导者正是掌握这些技巧。而且他们培养乐观、果断、精力充沛、待人友好、非常有说服力的个人特质以支持和增强他们的语言技巧。例如，他们运用整个身体进行沟通，身体面向追随者前倾，保持直接的目光接触，呈现放松的状态和生动的面部表情；他们注意与他人建立情感联系而激发他人跟随自己；他们充满激情，通过调动跟随者的情绪而开发追随者的潜能。

二　有效的超凡魅力型领导的权力来源

（一）参照性权力

领导者从他们的个性特质、个人成就、杰出才能和辉煌的履历来积累和发展他们的参照性权力。追随者会因为领导者的这些理想化的个人资源而崇拜和尊敬指导和鼓舞他们的领导者，他们会认同领导者和他的愿景，使自己的信仰和价值观与领导者的相适应，并且积极模仿领导者的行为，想做得像领导者一样。

（二）专家性权力

在下属关注的问题领域，领导者通过积累广泛的知识，对于下属问题的认识和解决方法有深刻和独到的见解，下属有赖于领导者的指导，才能找到解决问题、走出困境的路径，领导者由此积累和发展了专家权力。由于领导者在下属关切的领域的专家权力，他们有能力设计和交流一个战略使命以实现共同的愿景，他们会坚持不懈地用简化的知识和方法解释一个复杂的环境，来帮助下属理解与他们有关的关键问题，并且他们会非常熟练地作为行为的楷模来完成使命，做出角色示范以让下属效仿。由于这些因素，下属将会把领导者看作是具有非常高水平的专家，下属会非常信任领导者，愿意服从和追随领导者的要求，并且无条件地接受领导者的指示。

（三）法定性权力

如果没有合法权力，一个领导者仅凭个人的魅力想要影响众多的人难度是极大的。领导者利用在组织中高级职位的合法权力，可以利用合法的平台、机制和各种资源来树立自己的形象，发展自己的各种权力，推进自己的战略以实现自己的使命。例如领导者可以利用组织的各种传播媒介，通过强调自己过去的成功、忽视过去的失败，树立自己的威望；可以利用组织的权威性，发布并强力推销自己的愿景，努力使之成为组织的共同愿景；可以在各种各样的专家的帮助下开发与自己的使命相一致的组织规划和战略，通过向下属强有力地推荐和贯彻所实施的战略来建立他们这种可感知的专家权力。

第三节　超凡魅力型领导行为情境适应性分析

一　增强超凡魅力型领导行为有效性的情境因素

一些领导者之所以具有超凡魅力，是由于领导者的特质和行为、下属的特征和情境因素相结合使领导者看起来具有超凡魅力。研究者们长期以来集中在简单理解超凡魅力型领导者的特征和行为上，关于下属特征和适应性情境因素的实证研究还很有限。在一定的情境或下属特征确定的条件下，领导者的超凡魅力型行为对下属的心理反应或是行为会有非常积极的影响。

（一）下属特征

1. 沮丧、自我怀疑、无助、不安全感、自卑、愤世嫉俗、焦虑和孤独的下属，这些情形可能伴随着对个人环境的失控，这种失控也许是由于社会危机造成的。如果一个自信、有说服力的超凡魅力型领导者能指导下属朝着有道德价值的目标前进，从而可以消除下属焦虑、孤独和沮丧的感觉时，下属就会做出响应。在领导者的感召下潜心于有意义、可以实现自我价值的活动而提高他们的自信。在一些邪教组织中，我们经常能看到这样特质的组织成员与超凡魅力型邪教领袖共存的现象。从曾经追随"人民圣殿教"的德博拉·雷登的描述中和有关资料中，我们了解到：雷登是在一间神秘的房子里长大的。在她16岁时，她的父母告诉她，她是一个犹太人。后来，他们告诉她，原来传闻死于心脏病的祖母其实是自杀而死，她的母亲也已经逃离纳粹德国。知道这些真相后，她被送到一个英国工读学校以束缚她的青春叛逆。这些早期的经历使她缺少信任并有极度的不安全感。德博拉描述自己在这个时候是"年轻和局促不安"的。当琼斯（Jim Jones）用他深邃的褐色的眼睛看着她并热情地邀请她"加入我和我的所有种族的家庭"时，德博拉被迷住了。一位年老的黑人回忆说，吉姆·琼斯嗓音柔和、美妙，他似乎总是面带微笑地对人说："叫我吉姆好了。"琼斯告诉信徒们，他将消灭种族主义、政治压迫、生态不平衡和贫富悬殊的问题。"我将使全国变得像我们的社团一样，我把这叫做'使徒的社会主义'"，组成一个不分阶级、不分种族的平等的新社会。琼斯告诉信徒，圣殿是新式的、扩大的家庭，人人都是兄弟姐妹，而且更重要的是，大家都有一个共同的强有力的关怀备至的"父"，琼斯就是这个大家庭的"父"。[①] 通过上述简单的资料，我们可以发现，无助、缺少安全感的雷登是如何在富有人格魅力的邪教头子吉姆·琼斯的信仰、愿景指引下，找到所谓的生活的方向、希望、安全感和归属感的。

2. 集体主义者和受过教育的、有专业的、职位级别高的相结合是一个增强因素。受过教育的、有专业的、职位级别高的下属，对组织和领导者倡导的事业、工作有更为专业的看法，如果他们的需求、价值和

———————

① 《吉姆·琼斯——从天使到魔鬼》，2012年5月（http://blog.sina.com.cn/s/blog_6248a5290100m0sw.html）。

特性与超凡魅力型领导者的愿景一致，他们会更深刻地认同领导者的理念。集体主义主张一切从集体出发，把集体利益放在个人利益之上，是主张个人利益应当服从集团、民族、阶级和国家利益的一种思想理论。如果那些受过教育的、有专业的、职位级别高的信奉集体主义的下属认同了超凡魅力型领导者的信念和愿景，他们将为了团体和组织的利益愿意以非常积极的态度去响应魅力型领导者，为了服从领导，尤其是超凡魅力型领导，可以无畏地牺牲自我，投身于领导者所倡导的使命中去，并与领导者一起承担实现这些愿景的责任。毛泽东及其追随者共同谱写的历史就证明了这一观点。

3. 有信条的下属。所谓有信条，是指有自己忠实遵守的人生准则，即有一套怎样生活、怎样做事和怎样为人的原则，并且坚守、践行这些原则。这样的下属在工作和生活中有明确方向，在社会交往中有自己的原则，他们认为工作不仅仅是为了金钱和外在的奖赏，而是为了体现个人价值。他们在与别人交往时，试图维持一种清晰的行为准则，他们反对让环境完全统治其行为。正如柯维（Stephen R. Covey）所说："道德权威：建立在原则基础上的自由选择行为，通常总是会涉及某种形式的牺牲"①，他们知道坚守什么，放弃什么，并不被环境所操控。而超凡魅力型领导者在制定任务时通常有一个道德要素，他们是有坚定信念和使命感的领导者。因此，有信条的下属在价值、意义、原则等信条层面更容易与超凡魅力型领导者产生共鸣，更容易受超凡魅力型领导者的影响，愿意与超凡魅力型领导者的原则、方向保持一致。

（二）工作任务特征

1. 富有变化的不确定性的工作。可能是由于所处行业竞争激烈，或许由于组织内外部环境的富于变化，例如顾客需求变化、与工作相关的技术和知识的迅速发展、商品生命周期的缩短、流通渠道的重组、全球化的竞争等，变化涉及的组织内外部因素越多，给组织中的成员带来的不确定性就越高，下属也许对未来有很大的压力和担忧，有一种强烈的不安全感，甚至恐慌，而富有远见的魅力型领导者，能够预见到这些变化。当过去的经验失灵而无法应对新的局面时，领导者用全新的思维

---

① ［美］史蒂芬·柯维：《高效能人士的第八个习惯》，陈允明等译，中国青年出版社2005年版，第168页。

去改变下属在各自领域中做事和想事的方式，可以清晰地给大家指出应对这些变化的指导思想和路径，这样就能化解这种不确定性给下属带来的担忧、压力和恐慌，而且超凡魅力型领导者的乐观、坚定和富有感染力的言辞会激励下属保持热情和活力。

2. 下属的工作任务有道德的成分，即下属从事的是精神上受鼓舞但报酬却很低的工作。这样的工作任务无法通过交易型领导方式，使下属获得现实的经济利益的好处，那么如何鼓舞从事这样工作的下属呢？超凡魅力型领导者会识别这些工作任务中的道德因素，通过提炼组织或团队核心价值观，建设组织文化，试图通过组织或团体的文化与下属任务的关系来实现价值领导和价值激励。如果下属的工作任务反映了组织文化包含的核心价值观体系，下属就会通过其工作在精神上追求这些价值。一个超凡魅力型领导者的远见卓识、鼓舞人心的演讲、充满创新的行为可以给下属灌输一种"正确"感和努力奋斗的感觉，使下属对物质待遇的关注度降低，更加关注工作的意义和价值问题，从而产生持续的高昂的斗志，满怀激情地投入到神圣的使命之中。

（三）领导者特征

超凡魅力型领导者的魅力基础或源泉是领导者的参照权力，除此之外，领导者的专业技能与级别，会增强超凡魅力型领导对下属满意度和组织忠诚感的影响效果。领导工作需要的知识是关于管理现实、社会现实、行业知识等与工作环境相关的知识，这些与工作、组织和行业相关的知识和信息最能化解组织的不确定性，是最重要的权力基础。领导者往往是那些能够控制当前的运作信息、拓展那些可供选择信息或获得关于未来事件和计划知识的人，因此有巨大的信息权力影响他人的行为。具有很高的地位和级别也会增强领导者的威望、神秘感和魅力感，尤其是在权力距离大的国度更是如此。可以想象，一个具有很高的地位和级别的领导者，同时又是专家，就会增强超凡魅力型领导者的"超人"形象。这样，就可以增强他们对下属的影响力。

（四）团队特征

相对于开发现有产品和技术的团队，超凡魅力型领导者在具有新概念和新思维的研究开发团队中对项目的质量有着更强的正面影响。这个发现与超凡魅力型领导们描述愿景和使命的倾向是一致的，与富有变化的不确定性的工作是增强因子的发现也是一致的。超凡魅力型领导者对变化敏感，善于处理处于变化中的不确定事物，认为自己肩负对现状进行变革的使命，他们的特质和行为恰好能够满足这些具有新概念和新思维的研究开发团队对领导者的需求，他们能够帮助富有挑战性的团队识别新问题，会用新思维改变下属在各自领域中做事和想事的方式，激励下属保持热情和活力，从而帮助团队成员完成这些团队工作变革和创新的使命。

（五）组织和环境特征

1. 已经存在的并且支持领导者愿景的正式计划、目标和程序。如果领导者愿景是与组织中已经存在的广泛的规划、计划、目标和程序是一致的，那么，组织成员能够更愿意接受领导者的愿景，组织实现共同愿景化的过程能够更为顺畅，即增强领导者愿景的合法性和可接受性。另外，这些组织资源成为实现领导者愿景很好的组织支持，也可以帮助领导者清楚地指导下属怎样才能完成领导者的使命以达成他的愿景，也可以给下属指明努力达成愿景的路径，并成为高能力高工作意愿的下属进行自我领导、自我管理的组织制度基础。

2. 有魅力型领袖历史记录的团体、组织或社会。这个增强因子说明团体、组织或社会的文化的影响作用。在一个有魅力型领袖历史记录的团体、组织或社会中，组织成员就会有一个心理上的有影响的领导者形象，会形成相应的组织和社会文化氛围和成员对魅力型领导者的心理期待，组织成员更为偏爱魅力型领导者，更为期待领导者有超凡魅力型领导行为的表现，并对超凡魅力型领导行为反应非常好。结果是，组织成员会倾向于寻找具有这些特性的领导者；历史上有超凡魅力型领导者的组织，组织成员也更容易把有魅力的特性归于他们的领导者。因此，有的魅力型领导者为了使自己的领导行为有更强的组织适应性，对追随者和组织情境有更大的影响力，就利用组织的传播媒体宣传组织历史上的超凡魅力型领导者的事迹和故事，这些对现任的魅力型领导者是有帮助的，组织成员更倾向于认同超凡魅力型领导者的形象。

3. 动荡的环境条件和特定的事件可以增强领袖魅力的影响。超凡魅力型领导者通常在动荡不安的社会或组织环境下或组织危机期间浮现出来。例如处于文化的冲击、文化价值的衰落、行为准则的缺乏，或者发生危及下属生命和下属美好生活的极端危险的事件等等的社会或组织环境条件下，此时的下属对于适当的目标并不清楚，也没有环境方面的线索可以指导行为，在这些情形下，传统的方法已经不起作用，过去的制度、结构、成功的行为模式都已经失灵，突然的危机或者重大变化使下属产生出漂泊、不确定、焦虑、沮丧和害怕的感觉，在这种情况下，他们渴望有一种方法能摆脱困境，这一切会促使下属寻找一个有魅力的救世主。可以说，是危机或者说下属的焦虑给超凡魅力型领导者的出现创造了一个机会。这时，超凡魅力型领导者会非常自信地解释危机的原因，并且提出一个根本的使命，即提出彻底的解决方案，并让下属共同参与解决危机。超凡魅力型领导的发散思维、大量的知识、道德权威和体现下属的理想和价值观给予问题的解决。这时，这个领导者就会被看作具有非凡的理解力、远见和魅力，下属会把超凡魅力型领导者看作救世主。因为下属除了领导者没有其他的结构可使他们产生确定感或得到指导，他们会渴盼领导者指明方向、指派任务，并做出示范来指导他们应该怎样做。"使人服从的动力与使人发号施令的动力同样真实而普遍存在，它根源于恐惧。在危机的关头，例如在失火的时候，最顽劣的儿童也会完全服从一个有能力的成年人的命令。""在任何存有深刻危机的时候，大多数人的迫切愿望就是要找出一个权威人士而向他服从。""当战争爆发的时候，人民对政府也怀有和这类似的感情。"① 邪教"人民圣殿教"头子吉姆·琼斯就是典型的应运而生的一个超凡魅力型领导者。20 世纪五六十年代，美国社会问题严重。首先是麦卡锡主义和朝鲜战争，随后是种族主义和种族隔离，因种族隔离而引起的 1955 年罗莎·帕克斯公车事件、1957 年小石城事件和由此而掀起高潮的黑人民权运动，接下来还有越南战争。这正为吉姆·琼斯的崛起提供了机会，也给他的早期活动赋予了不少进步色彩，不奇怪有那么多人轻易投到他的麾下，进而被他的"超人力量""感化"得心醉神迷。

当危机和剧烈变革的需要减退时，领袖魅力的自信常常导致了许多问题。他们不能聆听他人所言，受到有进取心的下属挑战时会十分不快，并对所有问题总坚持自己的正确性。超凡魅力型领导者本质上是短暂的，只有当导致下属焦虑、害怕和沮丧的因素出现时才会发生。当这些因素消失时，下属可能宁愿维持现状，转而寻求其他较少变革理想的

---

① ［英］伯特兰·罗素：《权力论——新社会分析》，吴友三译，商务印书馆 1991 年版，第 9 页。

领导者。戴高乐的经历值得注意：这个自负而又有复国功勋的领袖，在其权力的巅峰，被赶下台；而第二次当政时，他能够从国家重大危机中，重新组织法国。以二战的丘吉尔为例：丘吉尔在危难之中，领导英国抵抗德国，终于转危为安，反攻成功，转败为胜。正在胜利的时刻，英国老百姓用选票让丘吉尔下台。丘吉尔的失败绝非偶然，他是一位有远见的政治家，但他却没有看出战争即将结束时国内民情的变化，人们的注意力已经从战争转向了英国的未来，更多的人希望英国走福利国家的道路。丘吉尔的政府致力于战后的国际形势，忽略了国内民众在战后的要求，这成为丘吉尔政府下台的主要原因。所有这一切都证明动荡的环境条件和特定的事件可以增强领袖魅力的影响，这正是所谓的"时势造英雄"。

二　降低超凡魅力型领导行为有效性的情境因素

很少有人研究过降低超凡魅力型领导影响力或使之无效的因素，但也发现有一些限制因素会降低超凡魅力型领导有效性。

（一）下属特征

1. 那些离超凡魅力型领导者近的下属感觉到的领导者的魅力特性比那些离得远的下属要少。或许是因为距离领导者比较远，听到和看到的都是领导者在公开场合或大众场合的正式领导行为，往往都是英明的决策、正确的讲话和高尚的典范行为，因此容易把高高在上的领导者神化，更容易出现晕轮效应。当我们以领导者的某一种特征，如智力、社会活动力或外貌为基础，而形成一个总体印象时，我们就受到晕轮效应（halo effect）的影响。而距离领导者比较近，与领导者的互动多，生活中的相处多，更容易感受到和了解到领导者作为普通人的一面，更容易发现领导者的不足和平凡之处，往往更不容易神化领导者，因此领导者某些所谓"超凡的魅力"在这些近处的下属看来，其实没有那么光辉和耀眼。

2. 受过高等教育或者有专业技能的下属也很少把有魅力的特性归于领导者。晕轮效应并不是随意发生的。研究表明，在下面这些情况下晕轮效应最有可能出现：当被知觉的特质在行为界定上十分模糊时；当这些特质隐含着道德意义时；当知觉者根据自己有限的经历来判断特质时。在地位上、权力来源上、能力上与领导者距离大的下属，因其见识和经历的限制，更容易仰视领导者，并把某些特质归于领导者的个人魅力，领导者更容易通过形象管理成功塑造魅力形象。但是，受过很好教育或者拥有专业技能的下属和领导者在能力上相当，在对有关问题的见识、经验和阅历上与领导者相当，甚至有些下属还会超出领导者的能力、学问和见识，因此超凡魅力型领导对于这样的下属将降低效力，甚至没有效力。如在高新技术企业、高等教育领域以及其他专业领域，这种现象广泛存在。

（二）团队或组织特征

有研究认为，在那些需要日常可靠成绩来追求实用主义目标的团体或组织环境中，领袖魅力就不是那么有效。这样的组织所在的行业环境缺少危机，稳定性相对比较高，组织正式化程度比较高，员工的工作重复性较高，下属每天都做着按部就班的工作，工作生活没有更多的变化和不确定性，很难有机会需要额外的鼓舞和帮助。

三　替代超凡魅力型领导行为有效性的情境因素

（一）下属特征

1. 自信、受过高等教育、信奉人人平等的下属将会拒绝超凡魅力型领导的需求。这样的下属有着积极的自我概念，有自己能够完成任务的信念，不会盲目被动地过度服从他人；他们不认为有的人就拥有高人一等的特质，有的人天生就要被别人领导。他们认为人人都是平等的，不认为领导者就是领导活动中的绝对主体，其他人就是被领导的客体，相信领导关系是人与人之间相互影响、相互作用的人际关系。这种类型的下属对人对事有自己独立和独到的见解，在对自己的行动做出决定或对其他人（包括领导者）做出判断时会更为认真、敏锐和自主，他们做判断时很少会受到具有超凡魅力型领导者的影响。因此，这样的下属是能够较好实施自我管理和自我领导的员工，能替代或在一定程度上替代超凡魅力型领导行为。

2. 年长的、有多年工作经验的、从事他们所喜欢和满意工作的下属，也会在没有超凡魅力型领导时保持积极的态度。这种类型的下属因为有足够的阅历、资历和工作经验，他们博学多才和高度自信，在组织中往往也有较高的地位，这些都使他们成为独立的思想者，在对自己的行动做出决定或对其他人（包括领导者）做出判断时，很少会受到具有超凡魅力型领导者的影响。另外，他们还发自内心地喜欢和满足自己从事的工作，这就是说，工作本身已经使他们满怀工作的激情，已经不需要超凡魅力型领导去揭示工作中的道德含义、意义和价值，来自工作和自我的激励已经替代了领导者的鼓舞和激励。

（二）领导者特征

具有高水平专业技能的领导者可以是增强因素，也可能替代领导者对超凡魅力型领导行为的需求。因为具有高水平专业技能的领导者享有丰富的专家权力，他们有时可以利用这一优势，运用指导型领导行为替代超凡魅力型的领导行为，例如鼓励下属提高工作专业技能，提供正式的工作任务目标，指导下属制订工作计划、工作程序、改建工作方法，从而实现下属的工作和职业发展，实现下属的高工作投入、高工作品质和工作绩效，进而带来员工对工作的满意和对领导者的满意。

（三）团队或组织特征

几种正式程序和组织结构设计方法被认为可以替代下属对超凡魅力型领导的需要。这些因素可以使超凡魅力型领导变得不必要，因此这些因素已经代替领导者发挥着同样的功用。

1. 团队或组织奖酬计划可以代替超凡魅力型领导亲自来激励团队完成目标。有的组织有一套规定详尽的奖酬计划，有的是政府或者上级管理部门对某一类组织有细致的严谨的绩效评估程序和规范，依据这些相关的奖酬计划、程序和规范执行，下属即可获得鼓舞和激励，从而不需要来自超凡魅力型领导者的人为影响。

2. 共同的决策机制和同级评价机制等特别的政策和程序会形成一种氛围，这种氛围抑制了超凡魅力型领导者试图影响团体成员的弹性和创造性，而代之以参与决策和评价者对团体的共同的影响。

3. 在崇尚独立和员工自我管理的组织中可能也不需要超凡魅力型领导，这种类型的团体常见于大学中或者 Z 理论类型的商业组织中。Z 理论类型的组织强调清晰、具体的目的陈述以及鼓励个体超越个人利益而集中于组织利益的支持性政策；Z 理论认为，一切企业的成功都离不开信任、敏感与亲密，因此主张以坦白、开放、沟通作为基本原则来实行"民主管理"，主张应让员工参与决策，及时反馈信息，特别是在进行重大决策时，应鼓励第一线的员工提出建议，然后再由上级集中判断；人们树立牢固的整体观念，员工之间平等相待，每个人对事物均可做出判断，并能独立工作，以自我领导代替等级领导。①

4. 正式的组织目标、计划、程序的存在看上去就足够使下属满意和愿意服从。这实际上也降低了对超凡魅力型领导的需求。因为这些正式的组织目标、计划和程序能够替代领导者给员工提供愿景、工作的方向和行为的指导，代替超凡魅力型领导者的示范和传教，减少下属对领导者的依赖，下属可以依据清晰的计划和工作程序，进行自我管理。

总结：评估超凡魅力型领导行为的情境动态

领导者如果想实施超凡魅力型领导行为，必须进行情境诊断，在情境中寻找超凡魅力型领导行为的增强因子，如是否有导致下属产生焦虑和沮丧的情绪的文化冲击、变化或危机；在组织和下属的工作任务中是否含有道德成分，等等。如果有一个或者若干个增强因子，即可使用超凡魅力型领导行为。如果这些因素都不存在，领导者要实施超凡魅力型领导行为，就必须要通过改变环境或下属的特性来改善这些情境因素，以使情境适宜自己的领导行为偏好。例如，领导者可以通过重新定义下属的任务，使任务中包含一个新的道德成分。许多公司的魅力型领导赋予公司道德的使命，如玫琳凯通过牺牲利润塑造了她的积极的社会角色，建议减少贫穷、暴力、核试验，不会在那些与她的社会和环境事业相悖的国家做生意。领导者还可以对组织进行变革，增加引起变化的潜在的可能性；创造危机感；把受教育程度高的、具有专业的、级别高的下属纳入自己倡导的使命中，这样就会增加使命的合理性；配备助手帮助领导者发展与使命相一致的计划、目标和程序；提拔和发展支持自己目标的有能力的下属，鼓励对组织忠诚和从组织内部提拔人员，可以增强超凡魅力型领导的影响力；可以通过内部交流在组织内重点突出领导者的超凡魅力特征和以往领导者的成就，这样就会在组织中创造一个超凡魅力型领导的历史，从而给下属一个连续性的感觉，这样就可以使现在和将来的领导者效法超凡魅力型领导行为，下属也愿意积极地响应这种期望中的领导行为。领导者也可以通过改变自己使自己更为富有领导魅力，例如通过训练，领导者可以学会从道德的角度识别和定义一项使命，提升自己的演讲水平，用富于激情的演说来鼓励下属支持这项使

① ［美］威廉·大内：《Z理论——美国企业界怎样迎接日本的挑战》，朱雁斌译，机械工业出版社2007年版。

306

命，自己以身作则，使自己成为下属的效仿模范；通过让支持者讲述领导者过去的成功经历来提高自己的地位；通过不断的学习和培训来增强自己的专业技能；做好印象管理，积极树立自己的声望，提升在组织中的等级，等等。这样，领导者就可以通过这些行动来增强超凡魅力型领导行为的效果。

　　除了上面所说的领导者的直接领导行为，还需要善于运用或者创造出可以替代对超凡魅力型领导者需求的因素。运用这些替代因素的好处之一就是有利于下属的发展。可以利用工作设计技术使下属的工作任务需要多样化的技能，提高任务完整性，使下属自始至终完成一项能够看得见产出的任务，让下属在安排工作内容、确定工作程序方面有更大的自由度、独立性，让下属担负更为重要的有意义的工作，这样下属就会从内心感受到工作的意义和价值，产生对工作结果所负责任的感受。这种有价值的工作经历本身就令下属愉快和满意，而不是由于具有超凡魅力型领导者而激发积极的工作态度和感受。可以建立正式的组织系统，制订正式的计划、目标和程序，替代领导者给员工提供指导和工作的方向，代替超凡魅力型领导者的示范和传教，减少下属对领导者的依赖；将具有相当多工作经验的老员工引入组织的选拔计划以及创造更多工作经验的在职培训计划可以使员工更为独立，使他们有能力自我领导、自我激励，这样就会减少他们对超凡魅力型领导的需求。制订提高领导者的能力和专业技能并最终提升他们到更高级别的组织计划，从而激励下属效法这些领导者的成长模式，并使他们自己变得更为独立。所有这些可以使下属很少依赖超凡魅力型领导者就可以实现自我激励、自我鼓舞和自我指导。总之，有效的超凡魅力型领导者根据组织的现实情况和下属的反应、业绩来调整自己的行为和策略。

第四篇

领 导 技 能

　　组织中的领导者角色通常担负四个主要职责：完成任务，达成组织目标，实现组织效能；激励和发展个人，建立和维系组织关系；构建组织上层建筑，用价值观愿景凝聚、导引组织成员；提升组织学习和持续改善的能力，增强组织的外部适应性，使组织永续发展。领导者要实现自己担负的角色责任，就必须具有相应的领导技能。组织实际上是机械系统、社会系统、文化系统、政治系统、有机系统和复杂系统的集合体，组织系统的本质决定着领导者担负的角色功能，机械系统直接与任务功能相关；社会系统、政治系统直接与组织关系维系功能相关；文化系统与构建组织上层建筑直接相关；有机系统和复杂系统与领导者担负的所有角色功能都直接相关，尤其与组织发展师的角色直接相关。作为组织领导者需要把六种系统有机配合，整合组织各相关要素，使组织中的所有相关要素协调一致，才有可能善尽组织资源，有效率效能地达成组织目标。领导者要达成这个目的，实现领导者的角色功能，需要掌握作为组织效能建立者的领导技能、作为组织关系管理者的领导技能、作为组织上层建筑师和组织发展师的领导技能。

第十二章　作为组织效能建立者的领导技能

　　所谓领导效能，是指领导者在实现领导目标的过程中所获得的领导效率与领导效益的系统综合。组织的管理是一个管理者协调组织内工作活动的过程，以便管理者能够有效果和有效率地同其他组织成员一起或通过组织成员实现组织的目标和组织的功能。这个定义的具体含义有：管理的目的是实现组织的预期目标和组织功能。所谓效果（effectiveness）通常是指"做正确的事"（结果），即所从事的工作和活动有助于组织达到其目标。效率（efficiency）是指以尽可能少的投入获得尽可能多的产出，通常指的是"正确地做事"，即不浪费资源。[①] 因为管理者处理的是稀缺的输入，包括像人员、技术、知识、信息、资金、活动阵地、物资设备和时间这样稀缺的资源，所以他们必须有效地利用这些资源。管理的有效性仅仅包括效率是不够的，还要特别关注效果，也就是完成工作和活动以便达到组织的目标和功能。在成功的组织中高效率和高效果是相辅相成的，而不良的管理通常是低效率的也是低效果的，或者虽然有效果但却是低效率的。由此可见，组织衡量领导效能最重要的指标就是实现目标的程度。作为效能建立者的领导角色的技能，主要是指完成任务和实现组织目标的能力和技能，这方面的技能主要与物的因素相关。

---

① ［美］斯蒂芬·P. 罗宾斯、玛丽·库尔特：《管理学》，孙健敏等译，中国人民大学出版社 2004 年版，第 7 页。

第一节　领导决策与计划

一　决策

决策是"管理者识别并解决问题以及利用机会的过程"①。"决策的本质是一个过程，这一过程由多个步骤组成。决策的目的是解决问题或/和利用机会，这就是说，决策不仅仅是为了解决问题，有时也为了利用机会。"② 从过程的视角看决策，有狭义和广义之分。狭义地说，决策是在两个或多个备选方案中进行选择，即通常所说的"拍板"。广义地说，决策是人们为了达到一定目标，在掌握充分信息和对有关情况进行深刻分析的基础上，用科学的方法拟定并评估各种方案，从中选出合理方案并对方案实施评估的过程。这一过程包括决策者在做出选择之前必须进行的一切活动和对于实施的决策的评价，即包括制定、选择、对决策实施的评估的整个过程。

决策作为一种重要活动，它不仅表现为各项管理工作的前提和基础，而且贯穿于整个管理工作的始终及各个方面，在整个管理活动中起着重要作用。第一，决策是理性行动的基础。管理过程中的任何一项活动，在实施之前，都要预先明确此项活动解决的问题是什么，达到什么目标，为实现目标应采取哪些措施，等等。只有经过明智的分析判断，才能做出正确的决定，保证管理活动的实施，达到预期的目的。第二，没有决策就没有自觉的管理活动，决策是组织管理和运行的核心，贯穿于管理的全过程。第三，决策的正确与否，决定着组织成败和组织效率的高低。组织中的每一个人都要制定决策，但决策更是各级管理者的重要职责。理论和实践都证明，决策的失误是最大的失误。尤其是组织的宏观决策，一旦出现重大失误，不仅会造成巨大的政治、经济损失，而且会波及组织甚至是社会生活的各个方面，其不良影响也将长期存在。

需要进行决策的问题越来越复杂，为了正确地进行决策和把握决策

---

① Pamela S. Lewis, Stphen H. Goodman, and Patricia M. Fandt, *Management：Challenges in the 21 st Century* (Second Edition)，Illinois：South – Western College Publishing，1998（东北财经大学出版社影印本），p. 190.

② 周三多、陈传明、鲁明泓：《管理学——原理与方法》，复旦大学出版社 2005 年版，第 239 页。

的方向和实质，就有必要对决策按照不同的标准进行分类，以便在极其复杂的组织和社会生活中根据某种事物的各种影响因素和条件进行具体的决策。从决策的形式上划分，可以划分为常规性（程序化）决策和非常规性（非程序化）决策；按决策的范围或对象来划分，可分为宏观决策和微观决策；按决策本身的地位来讲，决策可分为战略决策与战术决策两种类型；按照决策者的层次划分，可分为高层决策、中层决策和低层决策；按照决策的后果或可靠程度划分，可以分为稳妥（确定）型决策、风险型决策和非确定性决策；从决策的作用上划分，可分为突破性决策和追踪性决策；从集权和分权的角度划分，可以分为独裁、参与决策和授权；从决策人的多少，可以划分为个人决策与群体决策。

　　决策制定的过程一般包括识别决策问题、确认决策标准、为决策标准分配权重、开发可供选择的决策方案、分析备选方案、选择备选方案、实施被选择的方案、评估决策结果等八个步骤。其中步骤二中确认的决策标准，并非都是同等重要的，所以决策制定者必须为每一项标准分配权重，以便正确地规定它们的优先次序。在分配权重时组织决策者一般受上级领导者的意志、价值观、组织成员的需求、个人的偏好、经验、直觉等因素的影响。

二　计划

　　如果你的头脑中没有特定的目的，那么你可以选择任何道路前进，但是如果你打算到达特定的地点，那么你就要计划最佳的路径到达那里。因为组织的存在是为了达到某些特定的目的，所以就必须有人清晰地定义这些目的以及达到目的的手段。在明确目标之后，就要制订较为详尽的计划去实现目标。正如哈罗德·孔茨所言："计划工作是一座桥梁，它把我们所处的这岸和我们要去的对岸连接起来，以克服这一天堑。"[1] 计划工作包含设定组织在一定时期内的奋斗目标，选择能够达成目标的手段，即建立达到这些目标的总体战略，以及开发一组广泛的相关计划，使计划具有全面的层次性以便整合和协调组织的不同工作和活动，通过计划的编制、执行和检查，有效地利用组织的人力、物力、

---

　　① ［美］哈罗德·孔茨、海因茨·韦里克：《管理学》，郝国华等译，经济科学出版社1993年版，第66页。

财力等资源，取得最佳的效益。计划工作既关系到结果（做什么），也关系到手段（怎么做、谁去做、何地做、何时做）。计划是组织内不同层级、不同部门、不同成员行动的依据，是对各级领导者和员工很好的工作指导。

　　在实际工作中，决策与计划是相互渗透，有时甚至是不可分割地交织在一起的。决策是计划的前提，为计划的任务安排提供了依据；计划是决策的逻辑延续，既是决策所确定的组织在未来一定时期内的行动目标和方式在时间和空间的进一步展开，又是组织、领导、控制和创新等管理活动的基础。计划过程是决策的组织落实过程，计划工作带来效率，最小化了浪费和重叠，为决策所选择的目标活动的实施提供了组织保证。

第二节　战略思维

　　领导者的一个重要技能是概念性能力。概念性能力是进行抽象、总结、概括、判断、预见的分析能力。概念能力强的领导者逻辑思考能力强，善于形成概念，即将复杂的问题概念化，在构思和解决问题时有创意，有能力分析事物和捕捉其趋势，预测其变化，具有确认机会及潜在问题的能力。领导者必须具备心智能力去分析和诊断复杂的情况，理性和感性地加工和解释信息，它要求领导者要具有长远规划、广泛思考和培植精神关怀的能力。这些能力通常包括分析能力、逻辑思考能力、创造能力以及预见能力。在一个组织中，并不是所有的管理人员都具有概念形成能力。例如，如果一名颇有成效的推销员无法把其娴熟的业务能力转化为概念形成能力，那么他就只能做推销员，而不能成为推销部的领导者。战略思维应该是概念能力的主要构成部分。战略思维是研究全局性、长远性和根本性认识规律的思维方式，是人们分析和解决宏观性、前瞻性、政策性等重大战略问题的立场、观点和方法。领导者面对的常常是各种问题，并需要正确地做出抉择，对重大实际问题不进行战略性的思考和研讨，是很难做好领导工作的，而且是很危险的。尤其对组织中的高层领导者来说是最为重要的。"多数总经理们在直觉识知和分析掌握上均显得有十分的特长。就是说，他们能够通过系统的、归纳的和演绎的方法等等去分析、思考。而且，他们还具有相当发达的'第

314

六感觉'。……在这一方面，人们形容总经理们时，用得最多的词汇术语有'具有很强的判断力'，'分析能力强'，'思维非常系统、严密'，'善于发现问题'，'富有逻辑条理'"。① 战略思维主要包括：

一　预见

领导者面对的关键问题和挑战之一是"在种类繁多、数量巨大、不确定性高的潜在相关信息中，判断应做的事情"。"由于总经理工作职位自身固有的决策要求，一定的计划、方案或工作日程在传统的管理学理论中是绝对必要的。然而，由于这一职位工作性质所决定，其复杂性和不确定性很大，工作中仅依靠规范化计划难以使总经理任职者完全胜任这一工作。"② 因此，需要领导者用预测、预见这种超前认识手段认识今后将要实现的未来事物。"领导就是预见"，这是关于领导者主要职责的高度概括。关于预见，毛泽东在党的七大上指出："什么叫领导？领导和预见有什么关系？预见就是预先看到前途，看到前途趋向。如果没有预见，叫不叫领导？我说不叫领导。斯大林说，没有预见就不叫领导，为着领导必须预见。""坐在指挥台上，如果什么也看不见，就不能叫领导。坐在指挥台上只看见地平线上已经出现的大量的普遍的东西，那是平平常常的，也不能算领导。只有当着还没有出现大量的明显的东西的时候，当桅杆顶刚刚露出的时候，就能看出这是要发展成为大量的普遍的东西，并能掌握住它，这才叫领导。"毛泽东关于"领导就是预见"的科学论断，不仅提出了领导者的一个重要职责，而且揭示了领导的实质。

预见是一种认识能力，是人脑的特殊功能之一。人脑不仅能认识现实对象的现存状态及其属性，而且能追溯现实对象的过去，还能事先预测、预见现实对象的未来状况。预见是认识现实对象的未来发展变化趋势和结局，是一种超前认识和超前反映。预见所要解决的矛盾，是认识主体与未来客体的矛盾。在分析外部环境时，领导者应当检查具体的、特定的和一般的环境，以发现正在发生的趋势和变化。在分析了环境以

---

① ［美］约翰·P. 科特：《总经理》，李晓涛、赵玉华译，华夏出版社1997年版，第46页。

② 同上书，第88、87页。

后，领导者需要评估机会和组织面临的威胁。机会是外部环境因素的积极趋势；威胁是外部环境因素的负面趋势。请注意，同样的环境可能对处于同一行业中的不同组织有的意味着机会，有的却意味着威胁，这是因为每家组织的资源和管理能力不一样。做出预见不是结束，而仅仅是应对这种未来客体的开始，接下来领导者往往需要进行长期决策。长期决策是预测、预见这种超前认识最普遍的存在形式。人们事先制定改造世界的实践活动方案叫制定决策。人人都要干事情，要干事情，就得事先给要干的事情设计一个方案、计划、蓝图。这表明，人人都在搞预测、预见。日常性的、短期性的、小规模的未来行动计划决策，虽属预测、预见，但人们一般不专门冠以"预见"而加以关注。人类认识史上能够引起人们较普遍关注的预见，多是指那些全局性的宏观社会实践决策，尤其是这类决策中所包含的战略思想、战略目标、战略方向、战略阶段等战略预见。对战争全局的战略预见、科学实验领域中的一些重大预测成果和假说等，都是人们比较关注的预见。而对组织领导者来说，预见往往意味着对行业发展趋势、市场、技术发展、组织变革和组织发展、产品创新、顾客需求、管理模式等战略预见。

二　定位思维

组织的战略思维首先是定位思维。"企业定位指的是企业组织为自身在外部环境中设计、建立、占有一个适当的、可变的、有发展潜力的位置的过程。它包括为达到企业组织在时间和空间上与内外环境的协调，领导者所必须采取的一切行为。"[①] 定位思维即思考并确定组织的竞争地位，它是组织战略发展的关键。这种思考主要包括五个方面：

第一，关于组织资源、能力和知识的定位。组织资源、能力和知识的定位指思考组织的资源、能力、知识潜力与竞争者的相对强弱。领导者需要从外部环境转向考察组织的内部，分析组织的资源和能力，如果组织的某种能力和资源是与众不同的，组织擅长的活动或者专有的资源构成组织的优势，那么这种能力和资源就被称为组织的核心能力。核心能力是组织主要的价值创造技能，它决定了组织的竞争武器。核心能力

---

① ［美］华伦·本尼斯、伯特·耐纳斯：《领导者：成功谋略》，柴贺译，九州图书出版社 1999 年版，第 169 页。

是一个战略上的概念，用于界定你的组织潜能——你最擅长的是什么。同时，组织拥有的资源和能力也可能是一个限制因素。如果竞争所需要的知识、人才、技术、资源等，组织不具备，或不能独占它；竞争所需要的活动，组织不擅长，或不能独占它，这就是组织面临的劣势。

第二，关于业务领域定位。业务领域定位即在哪个行业从事经营或服务活动。组织的定位通常在设立组织之前和在进行新的投资之前会得到慎重的考虑。新投资者选择行业的主要依据是该行业的成长趋势、成长速度、平均利润率以及政府对该行业发展的态度。

第三，关于产品或服务定位。产品或服务定位即思考在所选择的行业中生产什么产品、服务于什么顾客、满足什么需求等。每个行业可从事的产品业务或提供服务的类型很多，选择不同的产品和服务，就形成不同的竞争战略。

第四，关于发展目标定位。发展目标定位即思考在一个历史阶段中要到达的目的地在什么地方。目标应力求明确，比如30年后，公司在某产品类或服务类的竞争中规模有多大、市场占有率有多少、股本收益率或投资利润率有多高等，需要有一个量化的目标定位。

第五，关于出发点定位。出发点定位即思考组织现实的出发点在什么地方。对于这个竞争原点，有的组织清楚，有的组织不清楚，或者只有感觉而没有确切的把握。

三　路径思维

发现组织的劣势就是发现组织能量缺口，由能量缺口再引申出竞争方向和竞争方式。定位思维是要明确现在的出发地和将来的目的地，而路径思维则要明确采取什么样的竞争方式和工作设计把出发地和目的地连接起来。结合定位思维的结果，以资源实力、能力特性和知识总量为基础，汇集起足够大的实现目标的能量去推动战略的实现。路径思维包括战略选择和战略规划。战略选择有总成本领先战略、差别化战略和专一化战略。所谓战略规划，就是制订组织的长期目标并将其付诸实施，考虑使用什么手段、什么措施、什么方法来达到这个目标。战略规划是分层次的，战略规划不仅在最高层有，在中层和基层也应该有。

一个有效的战略规划一般有以下特点：其一，目标明确。战略规划的目标应当是明确的，而不应该是模糊笼统的；目标要宏大，但经过努力可以达到；目标的内容应当能够振奋和鼓舞组织成员；描述目标的语言应当是坚定和简练的。

　　其二，可执行性良好。好的战略规划的说明应当是通俗的、明确的和可执行的，它应当是各级领导者的向导，使各级领导者能确切地了解它，执行贯彻它，并使自己以及主管团队的战略和它保持一致。

　　其三，组织人事安排予以保证。一个好的战略规划只有有了适当的人员执行，它才能实现。因而，战略规划要求一级级落实，直到个人。高层领导制定的战略一般应以方向和约束的形式告诉下级，下级接受任务，并以同样的方式告诉再下级，这样一级级地细化，即战略计划的个人化。

　　其四，灵活性好。灵活性强使之容易适应变革的需要。一个组织的目标可能不随时变化，但它的活动范围和组织计划的形式应该根据组织内外部情境而改变。现在所制定并执行的战略规划只适用于现在，应当进行周期性的校核和评审，以使战略规划具有更强的环境适应性。

第三节　目标管理

　　德鲁克对目标管理（Management by objectives，MBO）的发展和使之成为一个体系做出了重大贡献。1954 年，德鲁克在《管理的实践》一书中，首先提出了"目标管理和自我控制"的主张。之后，他又在此基础上发展了这一主张。他认为，一般组织中存在着三种错误领导的因素：一是过分强调领导个人技术第一，以致每个层次的领导者只顾自己的专业技术而忽略组织的总目标，使整个组织成为散沙一堆。二是过分重视上级主管领导的个人所好，以致人人尽力讨其主管的满意，而忽略了工作的真正需求，使整个组织成为数位主管人员喜怒哀乐的应声虫。三是不同层次组织成员的见仁见智的观点，以致上下意见难以沟通，是非无一定标准，而使整个组织成为争吵、怨气、赌气的场所。如何避免这一系列致命的错误领导的渊薮呢？德鲁克提出了以"目标"贯穿各级领导层次努力的方向。组织的目的和任务，必须化为目标，组织的各级主管必须通过这些目标对下级进行领导，以此来达到组织的总目标。如果一个范围没有特定的目标，则这个范围必定被忽视，如果没有方向一致的分目标来指导各级主管人员的工作，则组织规模越大，人员越多时，发生冲突和浪费的可能性就越大。可见，目标是领导活动的一个基本要素。确定目标是实施引导功能、推动组织发展的先决条件。能否确定正确的发展目标，实现组织发展的恰当定位，并运用目标推进管理和领导，是考察领导者实现组织效能能力的一个重要指标。

一 目标管理的主要特点

（一）目标管理是参与管理的一种形式

使组织目标成为下属自己的目标，这是领导活动得以成功展开的关键。然而只有37%的人说他们清晰理解其所在组织的目标及其原因。只有1/5的人对于他们的组织或者团队的目标有热情。只有1/5的人说他们清楚自己的任务和其组织或团队目标之间的关系。[①] 目标管理不同于传统的目标设定。传统的目标设定是自上而下的，是上级领导者下达指令目标给下级，而目标管理的概念则不同，目标管理是员工参与组织管理的一种形式，员工是目标的实现者同时也是目标的制定者，即由领导者与员工一起共同确定目标。在这一过程中，可以了解部门或下属个人的需要和利益，洞察到目标的确立应遵循什么样的原则才能更为下属所认同，以免使提出的目标高高在上，可以把组织目标与员工的个人目标更密切地结合在一起，以增强员工在工作中的满足感，这对于调动员工的积极性，增强组织的凝聚力起到了很好的作用。在下属参与目标确定的过程中，正确的意见得到阐述，偏执的意见也会得到自我修正，实质上也是一种有效的教育、说服和动员的过程，有利于形成下属对组织目标的承诺。

（二）强调"自我控制"

目标管理的主旨在于用"自我控制的管理"代替"压制性的管理"，使下属能够在一定程度上控制他们自己的成果和成就。目标管理的假设前提是：相信下属是愿意负责的，是愿意在工作中发挥自己的聪明才智和创造性的，是有能力进行自我管理的。人是有情感的有思想的，而不是完全被动服从或完全能被外在控制的工具，如果我们控制的对象是一个社会组织中的"人"，则我们应"控制"的必须是行为的动

---

① ［美］史蒂芬·柯维：《高效能人士的第八个习惯》，陈允明等译，中国青年出版社2005年版，第13页。

机，而不应当是行为本身，也就是说，必须以对动机的控制达到对行为的控制。因此，目标管理的这种自我控制可以成为更强烈的动力，激发他们自我成长的内在动力，挖掘他们的潜能，推动下属尽自己最大的力量把组织内的工作和活动做好，而不仅仅是"过得去"。如果在明确了目标之后，领导者还像从前那样事必躬亲，便违背了目标管理的主旨，不能获得目标管理的效果。当然，这并不是说，领导者在确定目标后就可以撒手不管了。领导者的领导应主要表现在指导、协助、提出问题、提供资讯以及创造良好的工作环境方面。

（三）促使下放权力

放权和强调"自我控制"是一体的，只有把权力下放或授权给下属，下属才可能进行自我管理、自我控制。集权和分权的矛盾是组织的基本矛盾之一，唯恐失去控制是阻碍大胆授权的主要原因之一。推行目标管理有助于协调这一对矛盾，促使权力下放，有助于在保持有效控制的前提下，发挥各级领导者和员工个人的自主性、主动性和创造性，使组织更富活力和生气。

（四）注重成果第一的方针

采用传统的管理方法评价下属的表现，领导者往往容易根据印象、下属的思想、忠诚和对某些问题的态度等定性因素来评价。实行目标管理后，由于有了一套完善的目标考核体系，从而能够按下属是否完成目标来评价他们，这样就能基本保证按下属的实际贡献大小如实地评价他们。

二 目标的层次

目标管理有一套目标系统，由最高目标、总目标、职能目标和工作目标构成。

（一）最高目标

最高目标的核心是组织价值观体系，包括组织的信仰、使命、存在的目的，其实质反映了组织的价值追求。最高目标能够内化为员工个人心中的价值目标，它是支撑整个组织的精神力量，是整个组织的价值导引，也是构建独特的组织文化的关键所在。最高目标还包括组织的远景目标，即经过10年甚至30年的一个比较长阶段的努力奋斗去实现的宏大目标。

（二）总目标

总目标也称基本目标，是组织在 1—10 年内需要达成的目标，反映整个组织基本功能和发展方向的总体目标，是组织最高目标的现实化、具体化和操作化。总目标明确规定组织在中短期内的最基本的活动方向，这是目标分解的基点。

（三）职能目标

职能目标规定了组织内部各种具体的活动项目，指明人们应当从事或应当开展的工作，本质上反映的是组织内部具体的工作职能和部门追求，这是在总体目标基础上进行的第二层目标的分解。

（四）工作目标

工作目标是在职能目标的基础上进行的更深一层的目标分解，规定的是目标主体在某一阶段内所应完成的各项具体工作，以及完成工作应达到的程度要求，如规定具体工作项目及完成任务的时限、数量、质量等方面的要求。

三　实施目标领导法的关键环节

成功的领导者总要强调比他们的经营目标或管理目标更具有崇高意义的最高目标。华伦·丹尼斯（Warren Dennis）是麻省理工学院斯隆管理学院的著名学者，他担任过美国四位总统的顾问，并对近百位领导人作过深入调查，在他 1986 年出版的《领袖·领导的策略》中认为领导的职责是"提出能被别人接受的未来远景目标"和"将远景目标传达给组织成员，并使之转化为行动和成果"，提出把下属接受领导者提出的远景目标以及通过动员支持将远景目标转化为行为和成果，是检验领导艺术高低的一个重要标志。西点军校的领导科学教材《组织领导》在问答"什么是组织领导者的中心职能或任务"问题时，也采取这种提法，即"明确组织目标，并教导和激励下属去实现组织的目标"。因此，领导首先要体现在领导者提出的远景目标能不能被下属接受，能不能转化为下属为之奋斗的目标。领导行为和领导目标之间的间接性是现代领导活动的一个重要特点。因此，领导者首先是要得到下属的支持，使下属主动为其工作，否则目标便无从实现，而是只能通过强制性的手段迫使其完成，这已经违背了领导学的基本原理，在知识经济时代，这种所谓的领导方式也已经失灵或部分失灵了。

（一）保持最高目标的导引功能

最高目标的导引功能是目标领导法的核心。为什么要保持最高目标的导引功能？这是因为：

1. 员工更容易接受价值目标。学者关于人的需求研究和工作动机的研究说明，人们的个性不同，对物质、安全、情感的需求各有不同类型，但人类普遍有追求意义、价值和自我实现的需求，人类持有一些符合自然法则和人类社会的普世价值追求和道德信仰，比如善良、诚实、正直、公平、正义等。组织的最高目标是组织应该坚守的一些基本法则，组织的最高目标是与组织成员个人价值观相结合的目标。组织中的员工出身、教育经历、种族、性别、年龄、个性、价值观、组织层级、工作等各有不同，呈现出多元化的组织成员状态，组织的价值主张成为凝聚组织成员、指导和激励组织成员行为的最有效的灵魂要素。麦当劳开始建立快餐王国的时候，他们不仅强调价格、品质、利润、市场占有率，他们更相信自己是在为收入有限的美国人提供实惠服务。"社会责任"使他们的经营目标更具有深刻的意义。麦当劳分店的厨师和店员发现，较高层次的目标可以使他们乐于接受公司严格的品质管理制度。对于洗碟工和清洁工而言，公司的社会和人道目标比市场占有率更容易掌握。一个组织如果不能提出明确的、能够内化为成员内心之中的最高价值目标，就会丧失前进的方向，使组织的凝聚力减弱。

2. 降低目标接受递减率。在领导活动中存在着"目标接受随组织层次的降低而逐渐递减"的现象，即愈往组织下层走，员工愈难接受组织的经营目标或发展目标。我们把这一现象称为"目标接受递减率"。"目标接受递减率"的存在要求领导者必须保持最高目标的导引功能，使最高目标能够内化为每一个人的价值追求。只有当每个员工都拥有个人的努力目标后，他才会自我控制，以求个人的行为符合组织或团队的目标。

3. 最高目标可以产生巨大的感召力。远景目标和短期目标之间总是密切联系、互为补充和相互作用、相互渗透、互相转化的。一般来说，远景目标可以产生巨大的感召力，它使下属看到前途，产生理想，受到鼓舞；而近期奋斗目标则总与下属的现实需要和利益结合在一起，是既可望也可即的，能对下属产生现实的激发作用。与此同时，"尽管远景目标总是从全局和长远出发，令人鼓舞。但这些目标并不能孤立地存在，而是必须被分解为管理所确定的阶段性或局部性乃至某些个人的目标和任务。否则，远景目标就成了空洞的、无用的东西"①。当远景目标被转化为具体的管理目标（即短期目标或近期目标）时，作为一种象征或感召力，这种远景目标对下属仍将继续发挥鼓舞和感召作用。当管理目标总是能够顺利达成时，就会大大增强远景目标的感召力。反之，如果管理目标屡屡受挫，就会影响甚至会从根本上动摇远景目标的感召力。

4. 防止短期目标所导致的短期行为。目标管理中的主要目标往往是工作目标，工作目标一般是短期的。几乎在所有实行目标管理的组织中，所确定的目标一般都是短期的，很少超过一年，常常是一季度或更短些。强调短期目标的弊病是显而易见的，因此，为防止短期目标所导致的短期行为，领导者必须从长期目标的角度提出最高目标。

5. 防止目标不灵活的危险。目标管理要取得成效，就必须保持其明确性和肯定性，如果目标经常改变，就难以说明它是经过深思熟虑和周密计划的结果，这样的目标是没有意义的。但是，计划是面向未来的，而未来存在许多不确定因素，这又使得必须根据已经变化了的计划工作前提对目标进行修正。然而修订一个目标体系与制定一个目标体系所花费的精力相差无几，结果可能迫使领导者中途停止目标管理的过程。而最高目标的价值导引，既可以指导领导者和下属判断目标的执行和计划工作是否随着环境因素的变化偏离了组织的价值追求，以便及时调整目标的设置；同时，又可以指导新目标的设定方向，使新的目标的焦点必须体现组织的价值追求。

（二）"纵向到底、横向到边"的目标分解

对总目标进行分解，是逐级展开，通过上下协商，将总目标具体化和精细化的过程。不能分解的目标，很可能仅仅是形同虚设。如果总目标仅仅停留在抽象的层面，而不能通过分解转化为现实的行动，那么这一目标非但不能转化为强化领导者权威的积极力量，反而会成为侵蚀、瓦解领导者权威的消极力量。目标分解的原则是"纵向到底、横向到边"，建立一套完整的目标体系。所谓"纵向到底"就是从总目标开

---

① 李春林：《论领导与管理——兼谈我国领导学的发展与完善》，《内蒙古大学学报》（人文社会科学版）2000 年第 1 期，第 21 页。

始，一级一级从上向下，从组织目标到次级组织目标，再到更次一级的组织目标，最后到个人目标。这一层层展开的过程，是以延伸到每一个人作为终点的。在这个分解的过程中，形成了若干条"手段—目的链"，因为通常上一级实现目标的手段就是下一级的目标。所谓"横向到边"是指在目标的横向分解中，每一个相关的职能部门都要相应地设立自己的目标，而不能出现"盲区"和"失控点"。横向分解后的分目标是处于同一层次的，是实现上级目标的不同手段。可见，为达到总目标必须有部门目标（横向的）和层级目标（纵向的）来支持，这样就把组织的追求、领导者的追求以及部门追求、员工个人追求统合在了一起，在有机整合的基础上形成了一个左右相连、上下一贯的目标网络，这样的目标体系才能使整个组织更加紧密、更有力量。

（三）实施和评估

目标既定，领导者就应放手把权力交给下级成员，而自己去抓重点的综合性管理。完成目标主要靠执行者的自我控制。如果在明确了目标之后，作为上级主管人员还像从前那样事必躬亲，便违背了目标管理的主旨，不能获得目标管理的效果。当然，这并不是说，上级在确定目标后就可以撒手不管了。上级的管理应主要表现在对目标管理实施和执行情况的反馈上，通过指导、协助、提出问题、提供信息以及创造良好的工作环境方面，以帮助和支持下属更顺利地达成目标。

检查和评价（反馈）要注重成果第一的方针。领导者对下属目标的完成情况，要事先规定出期限，定期进行检查。检查的方法可灵活地采用走动式的管理方式检查、下属自检、互检和责成专门的部门进行检查。检查的依据就是事先确定的目标。对于最终结果，应当根据目标进行评价，并根据评价结果进行奖罚。基于对实际行为、成果和贡献客观评价基础上的奖赏才有激励作用。经过评价，使得目标管理进入下一轮循环过程。

第四节　教练技术

美国最杰出的 CEO 教练之一戴博拉·A. 本顿认为，在今天竞争激烈的商业环境中，教练（coach）绝不是奢侈品，而是必需品。"企业培训能增加 22.4％ 的生产力，而培训加教练能增加 88％ 的生产力。由此可见，教练技术有可能成为 21 世纪人力资源管理方面的重要技术。"①
"教练技术"是在 20 世纪 90 年代，"经过西方企业管理学家、心理学
家、行为学家的研究和实践而形成的，能够最有效地提高企业生产力及
个人效能的新型管理技术"②。教练"通过给人们制定有挑战性的目标，
并帮助他们面对持续的行为改变过程的各种困难，好的教练能够确保人
们的行为改变成为事实"③。"教练是基于可靠的原理和假设，根据认
知、行为、情感等建立起来的一种人与人之间互动、发展的技术。"④
教练型领导是一种领导风格，以行为科学知识为指导，主要运用学习理
论和强化、激励的教练技能，促成被领导者发展的领导类型。这种对员
工的训练既涉及工作心态、思维和行为的改变，也涉及与工作相关的知
识技能的改变。

一 领导者教练行为的价值

（一）确保下属行为符合工作规范，解决特定的绩效问题

微小行为的集合体现着一个下属的整体工作知识、能力和技能，体
现着一个岗位的工作成果数量和质量。微小行为的正确与否以及质量如
何是非常重要的。根据特定绩效问题，发现影响工作绩效的下属行为类
型，对其实施教练型领导行为，这种面对面的辅导和指导，行为针对性
极强，非常有利于解决特定的绩效问题。教练型领导传授的是"实战技
巧"，培养下属的实战能力，能够确保下属的行为符合工作规范要求，
正确和熟练的工作行为保证了工作的质量和工作效率，并直接贡献于绩
效。领导者可以通过教练技术，实现理论与现实的紧密结合，结合下属
的工作现实和实际工作行为表现进行指导，避免了培养与使用脱节。

（二）帮助下属职业发展

下属的成长与领导者的付出息息相关。"公司每位高层经理和中层

---

① 张小明：《把球队管理方式带回家》，《人力资源》2005 年第 1 期，第 40 页。

② 晓月：《只有落后的老板，没有落后的员工》，《经济文摘导报》2003 年第 4 期，第 57 页。

③ Marshall Goldsmith，kelly Goldsmith：《阻碍行为改变的六大绊脚石》，《管理@人》2006 年第 10 期，第 59 页。

④ 欧怡琳、余冬梅、陈玉英：《经理人教练在中国》，《中国企业家》2002 年第 11 期，第 108 页。

经理都有培养下属的职责"①，华为公司基本法第六十二条规定："人力资源管理不只是人力资源管理部门的工作，而且是全体管理者的职责。各部门管理者有责任记录、指导、支持、激励与合理评价下属人员的工作，负有帮助下属人员成长的责任。"松下幸之助曾说自己的公司是：培养员工，兼做电器。因为在松下幸之助看来，应把生产名牌产品作为培养优秀员工的必然结果，这种管理思想是难能可贵的。② 可见，每位领导者都应担负培养和指导下属的职责。一个好的组织不是管人的组织，而是培养优秀的成功的员工的组织。组织的一把手是校长，各级领导者都应该成为教练，通过对下属的工作指导，帮助下属更好地实现职业发展。"教练型领导这种风格在改善工作氛围及企业绩效方面有显著的正面作用。教练型风格的领导能帮助雇员发现自己的能力和自身的弱点，并能将它们与员工个人的职业发展联系在一起。教练型领导鼓励雇员建立长期发展目标，并帮助他们制订实现目标的计划。"③ 教练型领导通常通过对下属个人的关心和体谅关注下属的成长，通过对下属个人发展的信心来增强对下属工作的支持。总之，教练型领导风格"往往侧重于个人的成长而不是与工作相关的任务。虽然教练型领导风格也许并不能保证最终结果，但它的确能帮助实现这个目标的"④。

（三）协助下属适应工作变动

组织面临的竞争日益加剧，组织内外部环境更为不确定，组织为了生存、发展和基业长青，不得不加强适应性，为此组织变革的频率加快，变革的广度和深度都日益发展，这导致员工不得不适应新的工作、新的团队，掌握新的工作技能和新的工作行为规范，完成新的工作职责。教练型领导者面对这样的领导情境就会成为协助下属适应工作变动的有效的指导者。在组织结构调整、组织重组、技术革新等变化面前，辞退不是根本，注重理解、帮助、教育、辅导和指导员工是提升组织适应性和竞争性的关键。

（四）形成良好的领导者与追随者关系

领导者对下属长期进行一对一的辅导非常重要，可以使员工感到被

①　《传授实战技巧，成功培养下属员工》，《企业技术开发》2002年第6期，第32页。
②　蒋光宇：《松下幸之助：培养员工，兼做电器》，《现代交际》2003年第5期。
③　［美］丹尼尔·高曼：《成功的领导风格》，《企业管理》2001年第8期，第54页。
④　同上。

重视；长期辅导有利于员工形成正确的行为习惯和工作思路；有利于员工与主管之间形成融洽默契的关系及团队文化的形成。领导者和下属长期的近距离的接触，有利于在领导者和下属之间积累信任和友谊，对形成良好的领导者与追随者关系非常有帮助。

二　教练型领导的主要特质

即使考虑到下属的需要以及其他情境因素，教练型领导与其他风格类型的领导者相比，应具备一系列一致而独特的个性特点。

（一）自信和果断

自信和果断指自尊、决断力和对自己能力的信心，教练型领导更愿意自己做出决定，对其决定负责。这些品质能够使领导者基于他们自身对下属和工作情境的评价来采取行动。领导有高度的自信就会试图去影响下属，就敢于挑战困难的工作。同时，领导的自信还能够提高下属执行指示的信心。在指导下属和规范下属行为时，领导应该坚决果断，果断的言语才能帮助下属更正错误、实现较高的工作期望以及制定合理的工作质量标准，有助于领导解决棘手问题和克服困难。但自信要有节制，决不是盲目的自负，不是敌对的、盛气凌人的和爱出风头的，而是措辞简洁地和下属交谈，对自己的意见和情感做出诚恳的陈述，并表明他们乐意通过相互的讨论和问题解决来关注下属的意见。

（二）较高的成就欲

一个有追求卓越的渴望、通晓下属的任务且有着高度支持性行为和指导行为的教练型领导对个人成绩、团队成绩和下属明确其任务尤其有着有利的影响。我们可以想象，熟悉下属的任务、关心下属并表现出对优秀成绩的强烈渴望的领导者在指导下属时会是多么有效。

（三）正直

正直意味着公正坦率。"成功的教练指导关系由三个相互依赖的元素构成：信任、尊重、表达自由。"[1] 领导者正直的品格是产生信任的基础。当领导对下属真诚时，下属才会逐步信任领导提供的信息和其他意见；当领导公正公平对待下属时，下属则信任领导者，会采取与团队

---

[1]　Martha Craumer：《给员工教练式指导》，连青松译，《经理人》2005 年第 2 期，第 59 页。

价值一致的行为；当领导守信、在重大事项上正确地站在团队的立场、相信下属做出了有价值的贡献时，下属对团队的忠诚和责任就产生了，当下属拥有信任、忠诚和责任感时，他们就会为了团队的利益，积极地与领导者和其他成员一起参与到问题的解决和决策中去。总之，实践也证明有效运用教练技能的领导者往往有较高的道德水准。

（四）权力的社会化需要

领导对权力的社会化需要是帮助领导使用教练行为的另一特征。"大多数教练对权力有着相当高的社会化需要。这是一种强烈的想要建立对他人影响的愿望。在这个过程中，他们帮助下属成为独立的工作者以支持他们实现目标。"[①] 社会化的权力需要使领导喜欢通过指导和发展下属去形成他们对环境的影响，最优秀的教练要培养下属的自我管理技能，培养下属自觉和自知的能力，以便进行自我纠正，其最终目标是发展下属的影响力，让自己可有可无。他们基本上并不好进攻，也很少进行防御，而是以一种参与的方式获得下属的智慧和合作。

（五）高自我监控

高自我监控者对环境线索十分敏感，可以更好地认知和分析周围环境，在根据外部环境因素调整自己行为方面表现出相当高的适应性，他们更关注他人的活动，这些领导者从其他人的反馈那里学习，并逐步了解了他们的行为是如何影响他人的。高自我监控特质能够帮助教练型领导者敏锐地觉察到下属的工作行为表现是否符合绩效标准，觉察下属的情绪变化和下属的工作情境因素的变化，这样才有可能适时地分析下属存在的问题，及时准确地评估和奖惩下属的工作行为，并针对问题给予对症的指导和总结。

（六）移情理解力和社会洞察力

领导者善于理解下属关于重大事件的态度、动机和需要，能够认识到下属的兴趣、目标和价值观。这种移情理解力和洞察力常常可以帮助教练型领导更好地与下属沟通，理解下属行为背后的原因，从根源上解决下属存在的问题；运用理解来加强合作、推动讨论，在下属之间建立和谐的关系；具有移情理解力和社会洞察力的领导者，善于通过"深度

---

① ［美］乔恩·P. 豪威尔、丹·L. 科斯特利：《有效领导力》，付彦等译，机械工业出版社 2003 年版，第 336 页。

会谈"，与下属分享彼此的愿望、经验，使团队成员达成共识，共同追求集体的目标。

三　教练型领导的主要技能

"如果领导缺少帮助员工的经验，这种方法也会失败。现实的情况是，一些公司已意识到了这种风格的作用，并在试图运用它，他们想使用这种方法为员工提供持续的绩效反馈从而激励员工，但他们往往缺乏进行有效指导的能力。"[①] 因此，教练型领导必须具备一些相关技能。

（一）沟通技能

教练型领导是若干种领导行为的组合形成的一种领导风格，这种领导风格类型可能涉及对下属的工作的指导领导行为；当下属遇到苦难时的鼓励和关怀，辅导下属工作行为的改善和职业发展，这涉及支持型领导行为；为了有针对性地指导、培训、训练下属，领导者需要发挥下属的主动性和积极性，听取他们对自己工作的意见和关于工作的建议，这涉及参与型领导行为；为了促进下属更快地学习，教练型领导必须根据下属的具体行为表现进行适时的奖惩，这涉及奖惩型领导。而所有这些具体的领导行为的有效实施，都需要一个重要的技能，那就是沟通技能。沟通技能可以有力地支持指导、支持、参与和奖惩等领导行为的有效运用。支持领导行为通常运用良好的沟通技巧，向下属有效地传达思想感情，对下属与工作相关的问题、不满和个人问题做出反应，采用语言和非语言的方式肯定下属的价值。在沟通技能中，我们要强调的是倾听技巧和建设性反馈的技巧。倾听技巧在支持和参与领导行为中非常重要，领导者认真地倾听，引导下属谈论自己的想法，抒发自己的感情。倾听下属谈话和理解其谈话内涵的能力，是领导表示接受和体谅下属的关键，是建立参与中需要的信任和合作关系的关键。指导领导行为的运用必须建立和维持一套沟通系统，对工作安排、规则及程序进行解释。对指导领导行为而言，沟通技巧是指导下属如何完成工作的基础，是给下属工作反馈的基础，也是明确下属角色，明确工作目标和确定工作方法的基础。此外，奖惩型领导行为中针对员工绩效进行的肯定性或否定性反馈，领导者必须掌握一套建设性反馈的技能。例如建设性反馈强调

---

①　丹尼尔·高曼：《成功的领导风格》，《企业管理》2001年第8期，第54页。

反馈基于发送者与接受者之间的信任基础，在给予反馈时，人们与他人共同分享他们的想法和感觉；反馈是具体的而不是泛泛的；要使用清楚和最近的例子；反馈是在一个接受者似乎准备好接受的时候给予的，包括接受者或许有能力对某件事情做点什么的时候。建设性反馈应该是支持性的，即能增加想要的正在进行的工作行为，比如认真地给下属提供口头的和非口头的反馈，表明领导重视下属的意见，并鼓励他们更进一步地参与；建设性反馈是纠正性的，即表明行为变化是否是合适的，减少和消除不当工作行为。

（二）人际关系技巧

人际关系技巧和沟通技巧紧密相连，同样也是有效的教练型领导行为的技能基础。许多教练会有一种强烈的联盟的需要，这种需求需要花相当长的时间和下属共处，相互影响，渴望对他人有价值并为他人所接受。正是通过积极的、友好的人际关系，领导才得以和教练对象建立信任关系，支持、配合他们和帮助他们。正是在这种人际关系氛围中，领导得以表示对其下属生活的理解和关注。当下属有思想包袱、心中焦虑不安时，领导可以运用良好的人际技巧给他们提供支持。教练型领导运用人际关系技巧，不但增加了下属的自信，同时也使自己接受并理解了下属的不同想法。教练型领导一方面很严厉，但另一方面往往又很慈爱，像师父关心徒弟、老师关心学生一样，对自己的下属友善、体贴，善于通过正面的关注和认同来表示支持他们，而人际关系技巧差的领导很难给下属有效的社会支持。

（三）技术和专业技能

对下属的工作非常精通，例如熟悉工作过程、材料、市场、工作程序、工作方法以及设备相关的技术工作等，具有胜任下属工作的能力，才有可能教育、辅导、训练下属，才有可能对下属的工作提出有用的反馈意见，才能指导并监督下属以保证他们采用正确的方法完成工作，才可能有足够的自信增强他们指导下属的欲望，才能准确监控和测量下属们的表现情况以便能利用获得的可靠信息来有效地对下属们进行奖惩和指导。总之，没有精通、熟练的专业技术和专业技能，根本就不可能成为教练型领导。

（四）工作经验

相关的工作经验包括：能够提高领导对工作胜任能力、沟通能力、自信心以及决断力的工作经验、教育背景及高级培训。为了有效地指导下属的工作行为，领导可求助于相关的工作经验。工作经验可以为领导提供指导和规范下属工作的相关的知识；工作经验还有助于领导对下属进行工作过程和程序方面的培训；领导者丰富的工作阅历和工作经验对解决下属工作中出现的各种各样的疑难问题，排除生产过程中的障碍，达到优秀的标准都有很大的意义。

（五）奖惩技能

教练型领导通过学习运用强化和激励的方法，可以掌握奖惩技能。只有具备较高的奖惩技能，才能使下属明确知道做对了什么、做错了什么、应该如何做；恰当的奖惩技能的运用，能增加下属正确行为重复发生的可能性，能增加他们的错误行为趋向减少直至消除的可能性，确保下属的工作行为训练水平和工作技能提升；掌握奖惩技能的教练型领导能够把握好强化的时机，更能保证下属学习发生的速度及其效果的持久性，使他们学习和成长得更快。

四　教练指导的工作步骤

第一步，制定指导目标或发现需要指导的工作行为类型。制定指导目标是决定下属应该学习的一种新的工作行为类型及应该达到的行为标准。发现需要指导的工作行为类型，是要了解下属的哪个或哪些行为类型给绩效带来了不良影响，需要领导者的纠正和训练指导。

第二步，准备。制定指导或辅导方案。即使领导者的教练指导过程并非正式，也不要将这一步忽略。开始指导前，要在自己头脑中回顾一遍问题是什么，将如何对待自己的团队成员，要提哪些问题，要建议哪些后续行动。每次教练指导互动都是一次机会，不要让结果听天由命。[1]

第三步，实施教练型指导。把行为规范和行为类型描述给下属，要注重对具体行为的描述。通过自己的亲身示范把标准的工作行为类型演示给下属。领导者进行开放式的询问，询问下属是否理解这些工作行为和相关的技术、知识和信息；鼓励下属参与和分享想法，领导者会认真倾听，以促进开放的沟通，以确保下属理解得准确性，理解得准确能加快下属学习的速度和执行新的或标准的行为类型的准确性。

---

① Martha Craumer：《给员工教练式指导》，《经理人》2005 年第 2 期，第 60 页。

第四步，观察与反馈。下属根据领导者的讲解和示范，开始练习新的工作行为或运用新的技术等，领导者观察下属的工作行为、与人的共事和互动、工作行为对团体目标的影响，等等。领导者对下属正确的行为，要及时表扬和肯定；发现下属的错误和偏差，要及时指出和纠正。这样才能保证下属学习的效果和速度。相对于奖励措施而言，教练型领导更少运用惩罚措施，"教练最可能极少使用适时的惩罚行为。他们宁愿让下属的工作绩效来自我说明。教练不会仅仅因为工作业绩不好而训斥下属，但是对那些故意捣乱的下属他们会这么做"。相对于有形的奖励，教练型领导更多和更"可能会运用适时的（无形的）奖励来强化下属的发展和良好的工作表现。他们会通过表扬和褒奖来表达对下属努力的赞赏"①。下属练习时，领导者要清楚地表明自己会在场提供支持或回答提问，然后确保自己在场。

第五步，跟进。当下属基本学会新的工作行为类型或掌握了新的工作技术，领导者和下属就行动计划达成一致，下属开始执行任务，领导者要根据下属执行新的工作行为规范和新的技术标准的进展情况，观察下属的工作状况是否稳定，当下属取得阶段性胜利，或者出现一些问题时，领导者需要安排跟进会谈，评估进展情况，确保下属熟练掌握并完美执行新的工作行为规范和新的技术标准。

五　教练指导技术要点

（一）建立相互信任与相互尊重

好的教练指导应避免采取操控和强制手法，否则很容易招致下属的逆反和反控制，从而无法令其发挥出最大潜力。成功的教练指导关系由三个相互依赖的元素构成：信任、尊重、表达自由。要做到这三点，需确保自己言行一致，对自己许下的诺言和承担的义务要贯彻到底；做到诚实、客观、公正，细心观察下属的工作状态和行为表现，才能有效公正地判断，反馈要结合具体事例，而不是与模糊或笼统的印象相联系；向下属表示你对他们的尊重和重视，不要向别人透露下属跟你私下分享的信息。花长时间建立信任和友情，当然，你并不一定非要"喜欢"

---

① ［美］乔恩·P. 豪威尔、丹·L. 科斯特利：《有效领导力》，付彦等译，机械工业出版社2003年版，第336页。

某人，才能与其建立相互信任与尊重的关系。当建立这种信任和相互尊重的指导者与学习者的关系时，领导者就可以使下属相信自己的动机，只要有信任在，就算领导者给下属一些负面的反应，指出和纠正下属的错误，下属可能也不会太介意，反而很可能认为领导者是为了自己的发展和长远利益着想。如果教练型领导与下属没有相互的信任和尊重，那么，就根本无法给予下属任何训练。中国短道速滑队出现的队员和领队的冲突事件就验证了这一技术要点。①

（二）请下属允许你实施教练指导

别在乎自己是领导者，领导者要防止自己过多使用权威，应注意尊重下属，通过沟通技巧，使下属感觉你的指导不是强加于他们身上的，而是征得下属的许可。征得下属的允许后，再向其提供反馈意见，从而表现出对他们的关照和尊重，领导者的教练指导实际上是"教练和受训者一起确定他们这种合作关系的核心、形式、范围和想要得到的结果"②。例如，领导者可以这样说："我是否能提几个建议？"或者"你可否开阔一下思路，考虑用另外的办法解决这个问题？"事实上，这样的沟通方式就是领导者主动提出跟下属分享权力和控制，而这样做，会将下属出现防御式反应的可能性降至最低。

（三）关注长处，忽略短处

教练型领导要反思自己的指导关注点。绩效反馈是领导者进行教练指导的一个重要机会，在一般的绩效反馈和教练指导中，组织中的领导者往往是更为关注下属的弱点，注意力集中于要求下属努力改进弱点。这样的教练指导的实质是培养没有缺点的均衡发展的下属，而忽略了下属的长处，即他们本可以用来真正有所作为的技能。然而，好的教练会想方设法发掘下属的长处，并向他们提供机会，发掘创意与创新，使他们的长处得到进一步的提升。这不仅大大激励和鼓舞了下属，而且使领导者的团队充满了各种各样有差异的人才。教练应该寻找能够让下属在其中成为超级明星的领域，从而真正让绩效大为改观。同时，不要把下属的缺点看作需要纠正的问题，而要尝试着将其视为长处的另一面。例

---

① 李贺登、朱杨健：《揭秘短道队背后六重矛盾》，2012 年 12 月（http://sports.21cn.com/zhuanti/wmsj/）。

② 欧怡琳、余冬梅、陈玉英、陈锷：《经理人教练在中国》，《中国企业家》2002 年第 11 期，第 109 页。

如，你认为"懦弱"，事实上或许是对他人的高度敏感，而这在销售、顾客服务或咨询业服务中，可能非常有价值。

（四）行动和保持

有教练指导下属的意识和真正进行和坚持指导训练是不一样的，关键不是理解，而是去做。"通过给人们制定有挑战性的目标，并帮助他们面对持续的行为改变过程的各种困难，好的教练能够确保人们的行为改变成为事实。"[1] 有时候，几个月之内都没有识别出下属的行为改变，有时候几个月后，下属又放弃了习得的新的行为，回复到旧的习惯性工作模式。这都是考验领导者的执著和坚持的时候，改变下属的行为不是一蹴而就的，是要付出代价的。"要实现领导效力的长期改变和提升需要的是真正的努力"[2]，为了改善下属的工作行为，领导者必须要行动，并且保持持续的关注和指导，最终才能导致下属行为相对持久的改变，并形成相关的新型经验。许多领导者认为没有时间培训下属，"许多领导说，他们在面临压力极大的经济环境时，根本没有时间去运用这种慢速而又乏味的教育员工并帮助他们成长的方法。但实际情况是，在第一次使用后，这种方法只会占用很少的时间或根本不占用额外的时间"[3]。这是因为用一些零散的时间，就足以保证领导者后续的教练指导工作。

（五）全心到位，积极倾听

教练型领导需要掌握倾听技能，集中注意力，目视对方，积极聆听，关注下属话语背后的情绪以及言外之意。教练型领导风格需要大量的对话，而对话能促进工作氛围各个方面的改善。当一个下属知道领导者在关注着他，并一直关心他所作所为时，他会放心大胆地工作，因为他知道他能得到及时的指导和反馈。领导者应尽量避免过多的争论与批评，这样会使下属处于防卫状态，影响进一步的交流和教练指导活动。

（六）培养下属的自我管理技能

根据班杜拉的社会学习理论，促进社会学习的三个因素是替代学习、自我控制和自我效能感。所谓自我控制就是自我管理，自我约束。

---

① Marshall Goldsmith、Kelly Goldsmith：《阻碍行为改变的六大绊脚石》，《管理@人》2006 年第 10 期，第 59 页。

② 同上书，第 58 页。

③ ［美］丹尼尔·高曼：《成功的领导风格》，《企业管理》2001 年第 8 期，第 54 页。

自我管理的基本过程包括：给自己设立具体的工作行为目标，可以包括短期目标和中期目标两种；为自己书写行为契约并自己选择强化物；员工认识到自己监控工作行为的重要性，并观察自己的行为，将自己的行为与标准进行对比，当行为达到标准时进行自我奖励。当一个员工通过自我控制学习时，管理者不必进行控制，因为该员工承担了学习并执行所希望的行为的责任。如西门子公司有个口号叫做"自己培养自己"，反映出了该公司在员工自我管理上的深刻见解。和世界上所有的顶级公司一样，西门子公司把人员的全面职业培训和继续教育列入了公司战略发展规划，并认真地加以实施，从而打造了大量具备一流自我管理能力的员工。教练要注意培养下属自觉和自知的能力，以便下属进行自我纠正。最优秀的教练，其目标是让自己可有可无，使大多数下属能够进行自我控制，自觉地学习新的工作行为。教练型风格对于那种正在学习组织经验的下属和正在努力增强自己工作技能的下属而言是一种有效的领导方式。可见，有强烈学习意愿并能进行自我管理的下属是教练型领导风格的增强因子。

第五节　协调

一　协调的必要性

（一）管理的本质使然

劳动力、技术、资金、物质、信息等各个要素输入组织以后，要把这些要素结合协调起来，转换成产品、服务、生产率、满意度、组织公民行为、组织社会责任等输出品，这个转换过程就是管理过程。管理的过程代表了一系列进行中的有管理者参与的职能或活动，主要包括计划、组织、领导和控制四大职能和相关的活动。管理的本质是协调，协调就是要使组织各种资源、所有的组织成员配合得当，组织成员和谐一致，共同致力于组织目标有效率地实现。组织要"以较少的劳动者赢得较多的工作佳绩，劳动者之间就必须像一支交响乐队一样做到彼此配合"①。

---

① ［美］杰克琳·谢瑞顿、詹姆斯·L. 斯特恩：《企业文化：排除企业成功的潜在障碍》，赖月珍译，上海人民出版社1998年版，第11页。

（二）工作专门化和组织的复杂性需要协调

领导者的协调与调整活动是由组织工作的专门化和组织的复杂性所决定的。现代组织活动的特点之一是专业间隔，就是分工越来越细，各个部分、各个职位的工作类型不同，所需要的专业知识、技术、信息不同；职能间隔，各个部门所担负的职责不同，其内部的各个分支、各个部门工作性质不同；还有地理位置间隔；随着组织的日益复杂和庞大，组织的层级众多，组织结构方式更为多样，如此等等，这一切都会造成彼此之间的信息阻塞、误解、不了解，这就可能出现步调不一致的情况，由此产生的协调活动也就越来越多。

（三）利益冲突需要协调

由于目标、工作态度、价值观以及事业观的差异，不同的组织层级、不同的职能部门、不同的工作群体和不同的员工的工作投入程度和工作结果有很大不同，甚至还存在着较大的差距。组织生活不是世外桃源，不同组织层级之间、部门之间、个人与个人之间存在诸多利益冲突和矛盾，涉及利益的配置、权力的调整。这些客观存在的矛盾与冲突就需要领导者进行协调，以平衡和协调各方面的利益，加强组织各个方向、各个层次间的联系，畅通沟通渠道，达到目标和行动上的一致。

（四）组织的动态性需要持续的协调

组织在不断的运动发展中，需要通过协调将工作内容、工作目标在时间顺序上加以衔接；组织是一个有机的复杂的系统，组织充满了无序与有序的交织，而适当的协调能保持无序与有序的平衡，从而使组织保持活力和开放性；组织是一个开放的系统，组织外部的劳动力市场、消费者市场、产业市场、金融市场、技术、信息等各种环境因素的变化，都会影响组织的不确定性和不协调性，影响组织转换过程的顺利进行。总之，组织的内外部动态性决定了组织的转换过程需要持续的协调。

二　协调的整合思维

整个组织各个部分都在为自己的决策和需要而采取行动，都在根据环境的变化和自己的能量基础做出发展预期。从各个部分的角度来看，可能都是有根据的、合理的，但放在一起，就有可能出现不协调。领导者协调要有整合思维，将整个组织的位置和路径，包括各子组织、各部门、各层次以及各类人员的位置和路径整合起来，处理好这些边界关系，以及各个要素间的相互作用、相互依赖以及冲突关系。传统思维的领导者做协调时，往往是非此即彼，非黑即白，例如组织中的某些部门或个人，从局部的利益出发来考虑问题、处理问题，危害整体利益，给全局工作造成了损失。这时领导者的协调必须做到是非分明、勇敢果断、坚定有力地消除这些破坏性的消极因素，保证组织和谐有序发展。但也可能存在这样的情况，各个看似冲突的部门主张、观点和利益，也有可能通过整合，得出汇集双方或多方优势的方案，这就是整合思维。整合思维领导者的头脑中同时处理两种相互对立或多种相互冲突的观点，并从中得出汇集两方或多方优势的解决方案。传统思维者只关注较为明显的相关因素，将问题分解考虑，满足于从现有方案中择一的思维方式，因此，大多数管理决策都是通过衡量备选方案的优劣，用排除法获得的。但真正成功的领导者尽量不作"二选一"类型的决定。具有整合性思维的人在决策时，不会先将一个问题化整为零，再用各个击破的方法一一解决，也不会按特定顺序解决，他们会看到问题的整体架构，包括部分如何组合成一个整体，一个决策如何影响另一个决策，更多从整体效能和相关关系来看待组织的各个部分。他们会把所有需要考虑的因素都装在脑子里，不会把这些因素打散，让别人分别处理，也不会暂时抛开某个因素，等其他因素都做出决定后再来考虑。他们通过对更深层因素的洞悉探索，勾勒变量之间的非线性关系，把问题作为整体放在大背景下考量，他们能够解除不同观点之间的对立，从而开发出创造性的解决方案。

协调的整合思维解决的是如何将组织各个部分的决策和行动编织成一个统一的、和谐的整体。没有这样的协调思维就没有卓有成效的领导，因为领导的本质不仅在于各个部分的卓越，更在于各个部分整合的卓越，归根结底是协调的卓越。

三　协调途径

为了提高组织行为的成效，必须依据组织各子系统各要素之间行为的实际协调需求，采用不同的协调手段。常用的协调策略可以按照所要满足协调需求的依次递增而排列如下：政策与愿景目标、组织设计工作、规章制度和活动程序、统一领导、规划、联络人员、特别委员会、常设委员会等。

（一）政策与愿景目标

政策与愿景目标的主旨在于使整个组织的成员了解组织目标，并以此作为行动的依据与指南，作为衡量工作的标准。这样组织内各个子系统、各个要素聚集起来的目的性和方向性就是明确的，以使组织、群体和个人的活动在组织的目标下高效率地进行，组织所有成员的努力方向是一致的，而组织的目标和政策也为员工的行为标准的制定提供了依据。这是组织所有能量开始发挥作用的前提，也是协调各部分决策的直接基础。

（二）组织设计工作

组织设计工作就是一个组织结构的创设过程。组织结构就是组织中正式确定的使工作任务得以分解、组合和协调的框架体系。合理的组织结构设计，会把组织中的人、财、物、技术、任务各相关要素合理匹配，以避免事权冲突，工作重复，避免造成人浮于事、权责不分和职责不明。组织设计工作是从组织的基本架构上保证整个组织的领导体系顺利运转，保证整个组织各个系统的顺利运转。

（三）规章制度和工作流程

规章制度和工作流程作为组织内个人间、群体间行为的协调手段，其核心就是事先对各个部门、群体、各个员工的活动以及相互作用方式进行严格测算和规定，减少信息交流和相互作用方面的不确定性，因而可以有效地降低员工之间和各群体之间进行直接信息交流和相互作用的需求。在建立了完善的规章及工作程序的条件下，要求员工和各个群体做的仅仅是在规定范围内进行自己的日常活动，而无须同其他员工和其他群体过多地打交道。协调任务也因而得到减轻，领导者只需把注意力集中于对各个群体活动状态的监控上，对违章行为加以纠正。

规章制度的最大作用是将各个群体的活动加以固定化、稳定化，降低各群体活动的不确定性，减少人员变动对群体活动的干扰。但它在协调员工和群体间行为方面的作用也是有限度的。如果组织的工作环境本身变化迅速，极不稳定，那么员工和工作群体的任务确定性程度就极低。换句话说，当员工和群体的工作活动既不需要也难以实现固定化、稳定化，相反，需要的倒是员工和工作群体根据变动的环境及时调整自己的行为，从而要求其行为必须具有灵活性、变化性的时候，规章制度和固定活动程序对员工和群体间行为的协调作用也将大打折扣。

（四）统一领导

当规章制度、程序已经不能满足员工间和各群体之间不断增长的协调需求时，经常采用的另一个协调手段是在各个相关群体之上设立统一领导，他有权做出涉及员工和各群体行为的必要决定。比起规章、程序来，统一领导这一协调手段的最大优点是具有灵活性、权变性，他可以不拘泥于固定的行为范式，根据环境变化，随时对各个员工和群体行为加以调整。这时，领导人员将员工之间和群体之间的信息交流、相互作用和整合等项功能集中承担起来，以制定决策、发布命令的方式协调员工之间和各群体间的关系，仲裁他们之间的矛盾。领导者根据具体的协调需求采用正式沟通（与命令、指示、政策有关的沟通）或非正式的沟通（无任何强制力的感情交流）进行协调，也可能把两种沟通手段结合使用。其主旨在于使组织上下团结一致，共同行动，消除组织内部可能存在的猜疑、矛盾、流言或内耗这类有碍组织运转的消极因素。"统一领导"的实际效力受到领导人员自身的能力、精力和工作时间的制约。

（五）规划

一个组织面对一项复杂的任务或一项系统工程，如果员工之间和各群体之间的协调需求超出了上述协调手段的限度，进一步的选择可以考虑运用规划手段加以协调。规划的主要内容是在对组织的共同目标通盘考虑和加以分解的前提下，对员工、群体的活动内容、任务数量和质量标准、时限进行明确划分和规定，从而为所有员工和各个群体设立具体目标。制定规划的核心在于将每个员工和各群体的具体目标在时间顺序和活动内容上加以衔接。在规划的协调作用下，员工和各群体在特定时间内只需专注于自身目标的达成，避免了在频繁的信息交流和相互作用方面耗费过多精力。就其性质而言，可以把规划看作规章制度、工作流程和活动程序的进一步深化和具体化。同时，虽说比起规章、程序来，规划对协调需求具有更大容纳量，但是同样不适于协调那些任务环境变动性过大、任务确定性过低的员工之间和群体之间的行为，对这类行为需采用其他协调手段。

（六）联络人员

对那些相互依赖性强、目标差异大、任务确定性低的员工和群体进行协调，其困难在于他们之间相互作用频率和信息交流量的增长。统一领导如果不堪重负的话，可以采用设置联络人员或联络机构的协调方法，通过建立和加强员工和群体之间的横向联系，将上述协调需求加以分散。联络人员或联络机构在协调员工和群体之间行为方面的作用有以下三个方面：

1. 信息交流和沟通。当群体间关系越来越复杂时，传统的、垂直等级式信息传输渠道的弊端日益显露出来，主要表现在：所有信息都必须集中到上级领导手中进行加工、处理，耗时过长，易受到干扰因素影响，造成信息遗漏、失真，因而已不能应付激增的信息交流需求。信息交流不畅则会进一步造成员工之间和群体之间的误解、摩擦、冲突的增长。联络人员最重要的是缩短了信息传输的距离和时间，提高了传输中信息内容的保真度，并能及时提供反馈。

2. 联络人员的协调作用还体现在他能够为相关组织成员和群体提供具体的专业性指导。随着员工和群体之间的工作分工向纵深发展，专业化水平日益提高，群体间关系日益复杂，原有的垂直统一领导已经很难单纯依靠其经验、威望和魄力对各个下属和群体提供内行的、专业性的指导了。但是可以任命拥有专业知识和专业技能的员工担当联络人员，以弥补领导者的专家权力的缺陷和不足。联络人员的协调影响力不仅源于他拥有正式职权，更重要的是源于他的专业能力，他可以向相关人员和群体提供专业方面的咨询。

3. 联络员的协调作用还体现在他可以利用自己的中间位置，对各个员工和群体之间的误解、不满、怨恨进行澄清、解释和调停。由于各个员工和群体专注于自身的工作任务，因而对其他人或其他群体的职责、功能以及工作习惯常常并不了解，很容易造成误解和群体之间的冲突，对其他群体进行不恰当的指责和批评，联络员可以随时向各成员、各群体介绍其他成员和群体的工作情况、进度以及对共同目标的贡献，有助于各个组织成员和群体扩大眼界，认清合作所带来的共同利益，了解其他成员和其他群体对自己的看法，从而更好地理解自己以及其他成员和其他群体的行为，在组织成员之间和群体之间培养相互信任的和谐气氛。

（七）委员会

在现代复杂的大型组织中，有一种常见的、专司群体间协调职能的群体，这就是委员会。有两种基本类型的委员会：特别委员会和常设委员会。

1. 特别委员会是源于某一特殊原因或为实现某一具体目标而建立的群体，一旦完成了具体任务，这个群体亦随之解散。常见的特别委员会有两种：为解决复杂问题而设立的临时委员会和为完成一项综合性任务而组建的项目委员会。当组织面临涉及许多群体的复杂问题时，经常采用的办法就是从有关群体中抽调一些代表成立临时委员会，其宗旨是共同探讨问题产生的原因、寻求解决问题的方法，并将付诸实施。问题解决后，临时委员会即告解散，其成员仍各自返回原来的群体。以各个群体代表为成员的临时委员会，其自身活动已经具有群体间行为的特点了，而如果问题的解决除了需要委员会成员间进行商讨与合作之外，还进一步需要各个群体在行动上协同配合，那么，临时委员会所发挥的对群体间行为的协调作用将会更加明显。因为委员会会议本身就集中体现着各群体之间的相互作用；它能通过其成员将有关信息迅速传递到所有相关群体；委员会决议是在各方代表集思广益、充分商讨的基础上做出的集体决策，因而容易得到与会成员的热情支持，并在各自代表的群体中加以贯彻、实施。项目委员会是为了一项较长时期的工作任务，因而，项目委员会中的每个成员通常也被赋予相对持久和具体的任务。像高等院校中的招生委员会。比起临时委员会来，项目委员会的成员与原来所属群体的关系更加密切。这是因为，项目委员会所承担的工作任务主要不是委员会自身，而是靠各成员所代表的那些群体来共同完成的。

2. 常设委员会。常设委员会是组织中正式设立的、永久性的综合协调机构，其活动宗旨是从总体上协调群体间行为，提高组织行为的整体成效。常设委员会的决策通常不涉及各个群体内部的具体事务，而仅仅涉及各群体之间的关系，如群体相互间的功能耦合网络、权力隶属关系、预算在各群体之间的分配，等等。由于常设委员会的决策经常涉及群体间行为的调整，而且可能对整个组织产生影响，因而它拥有较大的正式权限。通常它直接对最高领导负责并直接向其汇报工作，同时从最高领导那里接受正式授权。委员会有利于参与决策，发挥集体决策的优势，增加对决策的接受范围，推进了信息交流的速度和质量。但是，也有许多批评意见，如效率过低，经常议而不决；责任分摊，容易形成无人负责和决而不行的结果；折中和妥协，决策质量低，等等。

第六节　控制

控制是领导者从外部对执行者和执行组织的活动和运行状况进行的宏观把握，对其偏离未来目标的行为或活动进行监控、校正、引导，以保证组织在实现未来目标的过程中保持相对的稳定和有序运动，防止组织运行的失控和组织的瓦解，从而高效能地实现组织目标。控制过程包括：确定控制标准，确立控制对象，选择控制重点，制定标准方法；衡量实际业绩；进行差异分析；采取纠偏措施。在组织中可以运用的控制系统有：按照行政法规和组织规章制度进行的规范控制；对组织活动过程中的问题和缺陷加以纠正的组织行为控制；以定期考核和奖惩作为表现形式的个人行为控制；通过感情沟通所进行的非正式组织控制；强组织文化也是一种无形的富有弹性的又具有很强约束力的控制机制；还有通过团队竞争的组织内部市场机制进行的团队行为控制，等等。

一　控制的必要性

如果计划从来不需要修改，而且是在一个全能的领导人的指导之下，由一个完全均衡的组织完美无缺地来执行的，那就没有控制的必要了。但现实并不是如此。

（一）为了保证计划目标的实现

在目标确定、计划制订和开始执行、工作任务和活动开始组织实施以后，仍然存在着某些事情发生混乱的可能性，还需要评估事情是否在按计划进行。控制工作是务使一切管理活动都按计划进行。计划和控制是一个问题的两个方面。领导者首先制订计划，然后计划又成为用以评定行动及其效果是否符合需要的标准。计划越明确、全面和完整，控制的效果也就越好。

为了保证事情按预期的方向发展，领导者必须对组织的绩效（工作的行为、工作的数量和质量）进行监控，必须把实际的绩效与事先设定的目标进行比较，如果有重大偏离，领导者的工作就是通过监控、比较和对可能犯的错误进行纠正，使组织回到正确的轨道上，使管理系统稳步地实现预定目标。控制过程也可能涉及需要重新拟定目标、修订计划、改变组织结构、调整人员配备，并对指导或领导方式做出重大的改变，等等。这实际上是开始了一个新的管理过程。从这个意义上说，控制工作不仅是实现计划的保证，而且可以积极地影响计划工作。控制使管理工作成为一个闭路系统，成为一种连续的过程。在多数情况下，控制工作既是一个管理过程的终结，又是一个新的管理过程的开始。

（二）克服管理权力分散的弊端

只要组织达到一定规模，任何一级领导者都不可能直接、面对面地组织和指挥全体员工的工作和活动，各种限制性因素要求他必须委托一些下一级领导者或助手代理部分领导事务，这便是组织管理层次形成的原因。任何组织的管理权限都制度化或非制度化地分散在各个管理部门和组织层次，组织分权程度越高，控制就越有必要。每个组织层次上的领导者都必须定期或非定期地检查直接下属的工作，以保证授予他们的权力得到正确的利用，保证利用这些权力的部门的业务活动符合计划与组织目的的要求。如果没有为此而建立的相应控制系统，领导者就很难顺利检查下级的工作情况；如果领导者缺乏控制技术和方法，即使出现不负责任地滥用权力，或活动不符合计划要求等其他情况，领导者也无法识别和发现，更没有能力采取及时的纠正行动。

（三）克服员工工作水平的差异

组织成员的工作态度、认识能力和工作能力存在差异。计划的实现要求每个部门的工作严格按计划的要求来协调地进行。然而，组织成员对计划要求的理解可能发生差异；组织成员因为工作态度的问题，可能导致工作投入不够，或工作状态不能达到计划的要求；即使每个员工都能完全正确地理解计划的要求，也有积极的工作动机，但由于工作能力的差异，他们的实际工作结果也可能在质和量上与计划要求不符。因此，加强对这些成员的工作控制是非常必要的。

（四）适应环境的变化

如果组织面对的是一个完全静止的市场，完全静止的组织内外部环境，输入和输出各个要素不变，那么组织管理人员可以年复一年、日复一日地以相同的方式进行组织管理或经营，员工可以以相同的技术和方法进行工作。在这种情况下，不仅控制工作，甚至管理的计划职能都将成为完全多余的东西。事实上，这样的静态环境是不存在的，组织面对的是动态的组织内外部环境，组织内外部的一切每时每刻都在发生变化，组织的生存和永续发展取决于组织对内外部环境不确定性的敏锐性和适应性。而控制的过程就如即时的探测仪和监控器，有利于敏锐及时地识别组织内外部环境因素的变化，并能据此及时修正计划，从而使组织能应对环境的不确定性，适应新的情势，保持组织活力和持续性的发展，即所谓适者生存。

二　主要控制过程

（一）衡量实际绩效

1. 衡量指标的确定。衡量指标体现出组织和领导者衡量和关注的内容、关注程度，衡量什么将会在很大程度上决定组织中的员工追求什么。衡量的指标就似员工行为的指挥棒，决定着他们努力的方向、努力的强度和持久性。如果错误地选择了标准，将会导致严重的不良后果。这些指标实际是一些特定目标，是在计划的过程中产生的，根据这些目标可以对各个层次的领导者和员工的实际行动进行衡量。许多活动是可以分解成能够用目标去衡量的工作，许多工作或活动是可以用确定的或可度量的措辞来表达。当一种衡量成绩的指标不能用定量方式表达时，领导者应该寻求一种主观衡量方法。以难以度量为借口来避免对重要活动进行衡量是不可取的。这是因为，虽然定量方法和主观方法都有其局限性，但总比什么标准都没有要好，比没有控制机制要好。通用电器公司关于关键绩效领域的选择或许能对我们提供某种启示。（1）利润率。这是考察组织的获利能力。（2）企业占有的市场份额，以此考察组织的市场地位。（3）生产率，最关注的是劳动生产率。这意味着组织强调单位资源所能生产或提供的产品数量，尤其关注人力资源的贡献率。（4）衡量产品的质量、成本以及受消费者欢迎的程度，以此考察和强调保持公司产品的领导地位。（5）人员发展。这说明公司不仅关注经济利益，还关注组织成员在组织中的工作生活品质，把员工作为一个人而不仅仅是一种资源看待，因此关注员工通过组织工作和组织生活是否能得以成长和实现自我价值。（6）关注离职率、缺勤率，以此考察员工组织认同和组织承诺的程度，以此也发现公司在组织成员保持以及相关的管理问题。第五、六个衡量指标表明公司以人为本的公司哲学，表明了公司对员工的高度关注。（7）公共责任。通过考察为社会提供就业机会、参与公益事业的多少、社会形象是否良好等指标，反映公司承担公共责任的情况。这说明公司的处世哲学，不主张一元的价值目标，而是主张多元的价值目标,说明公司不只关注经济利益,员工成长、员工满意度、社会责任等都是公司重要的价值追求。(8)短期目标与长期目标的平衡。这表明公司关注长期目标的具体化、可分解性和操作性,同时关注短期目标的战略指向,并通过短期目标的实现,保证组织成员对长期目标的信心和渴望。

2. 衡量的方法。这是解决如何衡量的问题。许多组织往往运用平衡计分卡等战略管理工具对组织绩效进行衡量,这种制度和机制性的控制过程由专业人员和相关职能部门负责。作为各级领导者都担负着控制职能,都需要掌握一定的衡量下属绩效的途径和方法。为了确定下属的实际工作绩效究竟如何,领导者最重要的基础性工作是收集必要的信息。个人的观察、统计报告、口头汇报和书面报告是领导者衡量实际工作绩效的重要信息来源。

(二)将实际绩效与标准进行比较

比较步骤用来确定实际工作成绩与标准之间的偏差,寻找问题,并分析成因,判明问题的性质。在所有活动中,偏差是在所难免的,因此确定可以接受的偏差范围是非常重要的。如果偏差显著地超出这个范围,就应该引起领导者的注意。在比较阶段,领导者应该特别注意偏差的大小。所谓偏差的大小,指实际工作行为、工作数量和质量与衡量标准之间的距离有多大;是经常出现,还是偶尔出现;是个别员工出现问题,还是在多个部门多个员工的工作中出现等。如果实际工作行为、工作数量和质量与衡量标准之间的距离不大,问题偶然出现,涉及的人员极少,很有可能是处于控制标准内可以接受的范围,或者继续观察。如果是工作绩效与衡量标准之间距离很大,意味着将影响后续工作或相关联部门的工作,那么,就需要立即纠正。如果是经常出现一些状况或问题,在多个部门或多个员工的工作中出现问题,那么,这就需要深入分析一些基础性的问题,是组织结构、人员配备、工作设备、领导者指挥等方面的问题,还是衡量标准本身存在问题。

(三)领导者采取管理行动来纠正偏差或不足

领导者根据比较步骤,发现实际工作成绩与标准之间的偏差,识别问题,分析成因,判明问题性质之后,即可采取行动方案。领导者一般在下列三种行动方案中进行选择:

1. 什么都不做。如果通过比较检查,发现实际工作成绩与标准之间没有偏差，或者偏差没有超出可允许范围，领导者不需要采取任何纠正行动。

2. 采取纠正行动，改进实际工作。这种纠正行动的具体方式包括管理策略、组织结构调整、补救措施或培训计划上的调整、重新分配员工的工作、解雇员工等。纠正行动包括两种：一种是立即纠正行动（immediate corrective action），是指立即将出现问题的工作纠正到正确的轨道上。另一种是彻底纠正行动（basic corrective action），这种纠正行动针对的偏差往往可能存在一些深层的原因，领导者一时无法明了和判断，领导者首先要弄清工作中的偏差是如何产生的，为什么会产生，然后再从产生偏差的地方开始进行纠正活动。这些纠正行动往往涉及一些基础性的工作，而不是简单纠正下属的工作行为即可。

3. 修订标准。当员工行为规范和工作激励水平、工作条件等各个工作投入环节，以及活动的具体管理环节都不存在问题的情况下，很可能是衡量指标和标准本身存在一定的问题，指标选择不当，标准可能太低或太高，那么，领导者需要重新评估和修订衡量标准。

三　控制的类型

领导者实施控制手段可以在团队行动之前、进行之中或结束之后进行。第一种称为前馈控制，第二种称为同期控制，第三种称为反馈控制。

（一）前馈控制（feedforward control）

之所以称为前馈控制是因为它发生在实际工作开始之前，处于组织工作要素的投入阶段，处于整个生产和活动过程、时间的开始点。前馈控制是未来导向的，是为了防患于未然，其目的是防止问题的发生，是期望用来防止问题的发生而不是当出现问题时（如质量低劣的产品、客户流失、收入下降等）再补救。经常可以见到的前馈控制，如材料设备检查验收、员工招聘、工作开展前的员工培训、飞机飞行前的维修计划、为防止组织内性骚扰问题的预防工作机制设计、组织内争端处理系统的设计，等等。预先控制的优点有：可防患于未然；适用于一切领域中的所有工作；不针对具体人员的问题，不是"以牙还牙，以眼还眼"的惩戒，不会造成涉及人员心理冲突，易于被员工接受并付诸实施；成本低，等等。前馈控制是组织最渴望采取的控制类型，因为它能避免预期出现的问题，对组织的危害最小，成本最低。前馈控制的关键是问题发生之前采取管理行动，进行前馈控制需要较多的前提条件，例如大量及时和准确可靠的信息；对计划行动过程清楚了解；随着行动的进展及时了解新情况和新问题。只有这样才能预测准确，做好具有针对性和可行性的预案，并及时进行先行控制。但不幸的是，这些常常是很难办到的。因此，领导者总是不得不借助于另外两种类型的控制。

（二）同期控制（concurrent control）

同期控制是发生在组织工作或活动进行之中的控制，其表现形式多为领导者在组织工作或活动开始以后，对工作或活动中的人和事进行指导和监督的现场控制。同期控制具有指导和控制双重职能，有助于提高工作人员的工作能力和自我控制能力。如生产进度控制、指导操作者执行规程等都是同期控制。有的组织把技术设备设计成具有同期控制的功能，如一些计算机工作反馈系统，即时反馈员工的工作状况。同期控制的优点是延迟性非常小，领导者可以在发生重大损失之前及时纠正问题。一些组织把一些原本反馈控制的工作重新设计为同期控制工作。如质量检查工作，许多组织的质量控制程序依赖同期控制来通知员工他们所做的工作质量不高，未达到要求，以便员工及时调整自己的工作行为，减少或杜绝不合格的产品再次出现。同期控制的缺点是：容易受领导者的时间、精力、业务水平的制约；应用范围较窄；容易形成心理上的对立，损害被控制者的工作积极性和主动精神。最常见的同期控制方式是直接观察、现场管理和走动管理。直接观察和现场管理一般用于领导者对直接下属的控制方式，领导者离工作现场比较接近，平时就透过敏锐的观察，搜集必要的信息。现场管理是指用科学的标准和方法对生产现场各生产要素，包括人（工人和管理人员）、机（设备、工具、工位器具）、料（原材料）、工作技术和方法、环境、信息等进行合理有效的计划、组织、协调、控制和检测，使其处于良好的结合状态，达到优质、高效、低耗、均衡、安全、文明生产的目的。现场管理是生产第一线的综合管理，是生产管理的重要内容，也是生产系统合理布置的补充和深入。高层领导者有时候也运用现场管理方法，协调各个相关部门及时解决工作过程中遇到的较为复杂的问题。走动管理的概念起源于美国管理学者汤姆·彼得斯（T. J. Peters）与罗伯特·沃特曼（R. H. Waterman）在1982年出版的名著《追求卓越》（*In Search of Ex-*

cellence）一书。作者建议，高层领导者应该至少有一半的时间要走出办公室，实际了解员工的工作状况，并给予加油打气。[①] 走动管理（management by wandering around，简称 MBWA）最适用于离第一线比较远的高层领导者，是高层次领导者采用的一种直接观察方法。比较庞大的组织内组织层级较多，高层领导者更需勤于走动，利用时间经常抽空前往各个工作场所走动，以获得更丰富、更直接的员工工作问题，搜集第一手的讯息，并及时了解所属员工工作困境的一种策略，以便其做出政策性的决定，更好地进行计划和控制。走动式管理不是视察活动，走动的目的是发现员工的工作进展如何以及他们在工作中都遇到了什么样的麻烦，通过询问来指导他们做一些重要的事情。可见，走动式管理的前提假设是估计到员工在工作中可能会有一些东西妨碍他们完成任务，因而需要管理者走动，帮助员工解决困难，指引员工而不是命令、干涉、剥夺员工的自主权来解决问题。在有等级的组织中，走动式管理经常会冒犯或者冲撞组织的等级链。因此，走访者会遇到这样的困境：既要遵守组织的权责关系和等级秩序，又要在某种程度上抛开这种规矩。对于如何走出这种困境，彼得斯提出了两种可行的方法：（1）不要在现场对员工的问题发出一个跨过其直接上司的指令，也不要提出应该由他的顶头上司做出的解决措施，相反，只需要承诺公司会尽快采取办法就行。之后，可通过正式的组织层级，把走动中的发现告诉自己的下级，并督促他们采取措施。（2）进行经常性走访，把这种走动变成一种管理常态，用实际行动向中间层次表明自己并不想破坏命令链，也让基层员工了解自己，使他们愿意跟自己交流沟通。

（三）反馈控制（feedback control）

最常见的控制类型就是反馈控制，也称为事后控制。反馈控制指一个时期的生产经营或管理活动已经结束以后，对本期的资源利用状况及其结果进行总结。反馈控制位于控制活动的终点，控制作用发生在行动之后，把好这最后一关不会使错误的态势扩大。缺点：在实施矫正措施之前，偏差业已产生，与亡羊补牢类似。但是在许多情况下，反馈控制是唯一可用的控制手段。事后控制为管理者提供了关于计划效果的真实

① 智库·百科：《走动式管理》，2012 年 6 月（http：//wiki. mbalib. com/wiki/% E8% B5% B0% E5% 8A% A8% E5% BC% 8F% E7% AE% A1% E7% 90% 86）。

信息，为进一步实施预先控制和现场控制创造条件，以实现良性循环；反馈控制可以增强员工的积极性，因为人们希望获得评价他们表现的信息，而反馈正好提供了这样的信息。

四　有效的控制系统的特性

（一）战略指向和控制关键点

由于领导者不能控制所有事情，他们必须选择那些对组织绩效有战略影响的因素加以控制，尤其是对组织有重大意义和影响的因素需要高度的关注和控制。换句话说，要根据组织的战略目标，确定控制标准、控制哪些关键点和重要参数。领导控制不能事无巨细，要选择控制的关键点。对于一个领导者来说，面面俱到地关注决策执行过程中每一个细节，既浪费时间，又耗费精力，也不必要，因此他们应当把注意力集中于决策执行中的一些主要因素和事实上。控制关键点原则是 19 世纪末 20 世纪初意大利经济学家兼社会学家维弗利度·帕累托（Vilfredo Pareto）提出的，故被称为"帕累托原则"，又被称为"重要的少数与琐碎的多数原则"。在任何特定群体中，重要的因子通常只占少数，而不重要的因子则占多数，因此只要能控制具有重要性的少数因子即能控制全局。这个原理经过多年的演化，已变成当今管理学界所熟知的 80/20 法则——80% 的组织绩效来自 20% 的重要因素，其余 20% 的绩效则来自 80% 的次要因素。因此，控制了关键点，也就控制了全局，领导者为了进行有效控制，特别需要注意根据各种决策目标和计划来衡量工作绩效时有关键意义的因素。

（二）控制标准的合理、可行，并具有可理解性

控制标准的制定必须客观，应该针对组织的实际状况，基于对组织活动状况及其变化的客观了解和评价，制定出员工经过努力可以实现的目标。控制标准的描述应该能够被员工理解，这样便于员工进行自我控制，容易接受领导者的指导、纠偏等控制行为。可以根据不同的部门、岗位和不同的活动，设立多重控制标准，以防止控制标准单一造成的不合理性和控制重点过窄的倾向。

（三）控制系统具有组织适应性

控制系统必须适应组织结构的状况，或者说组织结构的设计应该有利于控制。一个组织结构的设计越是明确、完整和完善，所设计的控制

系统越是符合组织机构中的职责和职务的要求，就越有助于纠正脱离计划的偏差，即组织结构合理、控制措施适宜。有效的控制不仅是控制措施要适宜组织结构的单方关系，同样也是通过控制使组织结构优化的过程。1995 年巴林银行破产事件中尼克·李森（Nick Leeson）作为该行新加坡证券业务的主管同时又是交易员（按惯例该两项职务必须分开），一身二任，其组织结构的漏洞是十分明显的，同时总行又对其缺乏有效的控制手段，致使该银行亏损达十几亿美元，一夜之间便破产了。所以，必须使组织结构与控制措施协调一致。

（四）及时性和准确性

有效的控制系统是可靠的并产生及时、准确的数据，及时有效的数据可以帮助领导者了解工作和活动进展的真实状况，及时发现存在的问题，为分析问题的成因提供可靠的信息和数据，为采取合理有效的纠正行为奠定基础。有效的控制系统不仅能指出显著的偏差，同时能够建议采取合适的纠正行动，保证员工和组织在正确的方向和轨道上运行。

（五）经济性

有效的控制系统在操作上必须是经济的，使花费一定费用的控制得到足够的控制收益。（1）纠正偏差的最理想方法是在偏差未产生以前，即预防控制或前馈控制是成本最低的一种控制类型。预测偏差的产生，虽然在实践中有许多困难，但在理论上是可行的，即可以通过建立组织经营或管理状况的预警系统来实现。（2）控制关键点关系到控制工作的效率，即用最低的成本探察和纠正关键环节的偏差。（3）直接控制既可以激发下级自我管理的责任感和工作的主动性，又可以降低经济成本。直接控制是指担负工作任务的任职者保证工作质量，对自己的工作行为、过程和结果实现自我的直接控制，这样就不需要上级领导者的间接控制。这是因为任职者对他所负担的职务越能胜任，工作质量越高，也就越不需要进行间接控制。这意味着任何一种控制的最直接方式，就是采取措施来尽可能地保证任职人员的质量。这样既减少了工作的差错和不合格产品的出现，又减少了上级领导者的投入，从而降低了控制成本。

（六）例外控制

把控制的注意力集中在那些超出一般情况的特别好或特别坏的情况，控制工作的效能就越高。例外管理（managing exceptionally）最初由泰勒（F. W. Taylor）提出，指最高管理层将日常发生的例行工作，拟就处理意见，使之规范化（标准化、程序化），然后授权给下级管理人员处理，而自己主要去处理那些没有或者不能规范化的例外工作，并且保留监督下级人员工作的权力的一种管理制度或原则。实行这种制度，可以节省最高管理层的时间和精力，使他们能集中精力研究和解决重大问题，同时使下属部门有权处理日常工作，提高工作效能。需要指出的是，只注意例外情况是不够的，在偏离标准的各种情况中，有一些是无关紧要的，而另一些则不然，某些微小的偏差可能比某些较大的偏差影响更大。因此，在实际运用中，仅仅立足于寻找例外情况是不够的，例外控制必须与控制关键点相结合，领导者应把注意力集中在关键点的例外情况的控制上。控制关键点强调选择控制点，而例外控制则强调观察在这些点上所发生的异常偏差。

（七）灵活性和适度性

有效的控制系统是灵活的，它足以根据变化和机会进行调整。一般地说，灵活性要求组织制定弹性的计划和弹性的衡量标准。适度控制也关系到控制系统的经济性问题。适度控制是指控制的范围、程度和频度要恰到好处。适度控制要防止控制过多或控制不足；处理好全面控制与重点控制的关系。控制过度既产生不必要的控制成本，又使员工和组织丧失活力。领导控制的对象本身的动态运行必须有一个可允许的活动范围或空间。控制的任务在于既保护组织稳定又使组织充满活力，在组织稳定与组织活力之间寻求一种平衡，这是领导控制的难点。日本的松下幸之助提出的"时钟的活力来自钟摆的摆动"的思想，揭示了领导控制的境界。他认为钟摆左右摆动，然后显示时间，这是一种原则，同时也证明钟是活的。只有摆动才证明这个世界是活的，然而重要的是，唯有左右摆动的幅度恰当，才能繁荣兴盛。

第七节　时间管理

时间管理对领导者来说，不仅仅是关乎更高效地处理事务，降低工作压力；而且关系到领导者领导力的开发以及组织领导力的水平。领导的注意力和宝贵的时间资源集中在什么地方，意味着领导是不是在做正确的事情；意味着组织关注什么，事关组织的价值取向和关注的焦点，这将影响组织其他成员的行为和努力方向。如果领导在时间管理上出现了原则性和方向性问题，将导致组织的失败。

一　管理者和领导者的时间管理观念差异

管理者对如何做和短期结果承担责任；领导者对方向和长期结果承担责任。管理者的时间管理追求的是更快更多，关注的是花费时间所做的事情以及如何来管理时间，时钟、目标、行为、进度表、日程表是他们关注的词汇。实际上，许多人发现欲速则不达，行动快了反而使事情变得更糟。领导者的时间管理不仅涉及"时间管理"，而且涉及个人领导。他们关注的不只是要把事情做好，而且要做正确的事情。领导者关注什么是重要的事情以及如何工作和生活，罗盘、构想、价值观、原则、使命、良知、方向是他们最重要的词汇。领导者工作中"将首要事情放在首位"的根本是领导先于管理，"我做该做的事情了吗？"先于"我做得好吗？"

管理者的时间管理侧重事务，焦点集中在管理和控制之上，把人降低到事务的位置上。最终，人们在组织、策划、权衡轻重缓急、约束和管理他人时对自己也变得机械起来。领导者的时间管理看重人，所关注的焦点超乎如何对事务进行有效而机械的管理，更重视同别人进行有效的互动合作。"从任务角度来看其角色的执行官，会被雇员打扰而感到挫折；而从人的角度来看其角色的执行官，则会由于有机会会见人并给予帮助而感到满足。"[①] 领导者的时间管理人为第一，事务为第二；领导层第一，管理层第二；效果第一，效率第二；目的第一，结构第二；构想第一，方法第二。

管理者的时间管理以事为中心，管理者的"首要事情"是依据任务和紧迫程度来确定的，将任务转化为目标和行动，通过日常计划和优先排序，提高效率，使生活有秩序和有条理。领导者的时间管理以组织核心价值观为中心，领导者的"首要事情"是依据紧迫程度和组织核心价值观来确定的，关注产生成效和领导能力的运用，关注整合、平衡、创新和想象力。

---

① ［美］史蒂芬·柯维、罗杰·梅里尔、丽贝卡·梅里尔：《要事第一》，刘宗亚等译，中国青年出版社2005年版，第160页。

二 依据轻重缓急把事情分类

所谓轻重缓急是指事情的重要程度和紧急程度。其中最重要的是依据什么区分事情的重要程度。史蒂芬·柯维（Stphen R. Covey）、罗杰·梅里尔（A. Roger Merrill）和丽贝卡·梅里尔（Rebecca R. Merrill）在《要事第一》中提出了一个截然不同的时间管理方法，那就是以原则为中心区分事情的重要与否的方法。柯维一再强调的原则并不是自我价值观，而是普世的原则，每个人的价值观都是不同的，因此，价值观有正确还是错误之分，价值观是一种"自我原则"，而原则则是类似于自然法则的普世价值观，这些基本原则是公认的，是普遍的永恒真理，一定是正确的。柯维也把这些自然法则和人类应该遵守的普世原则称为"真正原则"。比如仁慈、诚实、正直、公平、适度、自律、忠贞和责任感等普遍原则。确定了原则，一个组织才会确定使命和目的，这涉及终极价值观的问题，一个组织的使命和目的的确定应该建立在"真正原则"的基础之上。确定了使命和目的以后就是如何实现使命和目的，这涉及组织的工具价值观。接下来就是领导者应该担负的责任和角色。即组织领导者应该依据这样的顺序思维，真正原则→组织终极价值观（使命和目的）→工具价值观（目标和方法）→每个员工应担负的职责和角色（包括领导者的）。德鲁克先生认为，"所谓重要性是根据你对目标的理解而定"①，应当依据我们的目标来定义事务的重要性，与目标联系紧密的事情越重要，相反与目标相关性低的事情也就越不重要了。德鲁克先生的目标应该处于柯维所讲的第二个层次，即组织的使命和目的。为什么柯维强调真北原则或自然和人类的基本法则？"社会系统的基础是价值观；而自然系统的基础是原则。""在农业上，自然规律和原则制约着耕种，决定着收获，对此我们很容易理解和认可。但是在社会和公司文化中，我们不知怎么就认为自己可以置自然过程于不顾，弄虚作假，而且还能得手。""正如锡德尼·布莱默博士在他的《阿波罗精神》一书中所言：大自然是和谐平衡的。我们不能打破她的平衡，因为我们知道因果规律是千真万确、残酷无情的自然规律；但是作为国家

---

① ［美］克利夫·里科特斯：《领导学：个人发展与职场成功》，戴卫东等译，中国人民大学出版社 2007 年版，第 301 页。

和个人，我们却未能发现自己的平衡，因为我们尚未认识到这一规律不仅适用于自然界，而且同样无情地适用于人类生活和社会——即种瓜必定得瓜，种豆必定得豆。"① 柯维强调领导者要进入自我内心并与内心的能量取得紧密联系，这种能量来自对于生活、工作意义和目标的明确而完整的认知。然后在以保证成功的"真北原则"为基础之上树立威力强大的领导和组织构想，这种构想会使领导者有一种激动和冒险精神的感觉，这种感觉与自己独有的目标紧密联系，并因为目标的实现而导致强烈的满足感。综合柯维和德鲁克的观点，我们认为组织领导者首先应该根据"真北原则"确定组织的核心价值观，然后根据组织核心价值观，区分事情的重要程度，根据时间的限制性区分事情的紧急程度。这样按照"是否重要"和"是否紧急"两个维度就可以判断出事情的轻重缓急，然后在这样的基础上进行时间管理。

	紧急	不紧急
重要	A	B
不重要	C	D

图 12—1　事情分类图

　　按照"是否重要"和"是否紧急"两个维度把事务分为四类。A类是重要且紧急的事情，例如组织公关危机、大顾客流失、年度财务报表发布、机器故障、顾客投诉、员工冲突、最后期限迫近的项目、会议、准备工作等。

　　领域 1（A）的领导者是危机管理者、问题留意者和最后期限驱动的生产者。

---

　　① ［美］史蒂芬·柯维、罗杰·梅里尔、丽贝卡·梅里尔：《要事第一》，刘宗亚等译，中国青年出版社 2005 年版，第 64—65 页。

B 类是重要但不紧急的事情，例如防患机制的改善、制度建设、组织文化建设，加强与人沟通、建立人际关系网络，发展新机会、长期工作规划、有益的休闲、能力发展、真正的再创造、个人发展、接班人的培养等。

领域 2（B）是与长期相关的事情。这个领域的领导者才是真正的领导者。它是高效个人领导和组织领导的核心。它处理非紧迫但却重要的事务，这个领域处理基础性的和根本性的工作、面向未来的工作、建立关系、制订长期计划、锻炼身体，以及所有我们所知道的需要做，但却很少全力以赴地去做的事情，因为它们是不紧迫的事情。领域 2 的领导者不留意问题，却留意机会。他们渴望机会，厌恶问题。他们预防性地思考，关注愿景、前途、平衡、惩戒、控制和危机。做好这个象限的工作，能够减少第一象限的事务的出现，从而减轻第一象限的压力，节省时间。

C 类是不重要但紧急的事情，如不速之客、某些电话、会议、信件、很多流行的活动、很多临近和急迫的事情。

领域 3（C）是不断催促的、需要关注的事务。事实上，这些急迫的事常常基于别人的优先权和期望的基础。

D 类是不重要也不紧急，更直接地来说是"浪费时间"的事情，例如阅读令人上瘾的无聊小说、过多地看电视、打发时间的工作、"逃避"行为、某些电话、无关紧要的邮件等。

领域 4（D）这是对于实现长期目标没有任何帮助的事情。但是，当你需要缓解压力，尤其是在即将处理重大事务的时候，就需要时间松弛一下。

三　时间管理的一些技巧

（一）广阔视野下的逐日计划和周计划

逐日计划就像特写视野，周计划就如平常视野，较长期的规划、领导者和组织核心价值观犹如视野广角。

每天制定的日程表为逐日计划，但如果视野仅仅局限于安排每天的日程，给我们提供的是一个有限的视野。视野过于近期，使领导者的注意力通常集中于当前事务，那么，就容易忽略组织中重要性和长远性的问题，每日陷入紧迫性的事情的反应性行为中，在不知不觉中追求的是更快更多，紧迫性和快速取代了重要性和效能，极有可能关注了速度而忽略了前进的方向。实际上，领导者会发现欲速则不达，快了反而使事情变得更糟。相反，广阔视野下的逐日计划和周计划，等于是给逐日计划和周计划一个罗盘——因为比速度更重要的是前进方向。以价值观为中心的时间管理涉及个人领导和组织领导力。它关注的不只是要把事情做得好，而且要做正确的事情。视野广角使领导者的视野更开阔更长远，把领导者活动和组织日常工作面临的挑战放到有关生命意义和组织基业长青的背景下来思量。一周前瞻计划以一种平衡、现实的方式把全景和远景与当天联系了起来，使领导者在各种繁杂的事务中不迷失方向的同时，又富有行动力，以免限于空谈和幻想。

（二）重要的事情先做

在组织中，A 类事务处于一级优先地位，B 类事务处于二级优先地位，C 类事务处于三级优先地位，D 类事务处于四级地位；只有完成优先级更高的事务后，才去处理下一级别的事务。

重要的事情先做，对领域 1（A）的事情，做它，不要争论。重要的事情先做，做完领域 1（A）的事情立即转入领域 2（B）。很多人会把大量时间花在领域 1（A）。关键问题是你为何要在该领域投入时间。你处在该领域是基于紧迫性还是重要性？如果紧迫性占主导作用，当重要性减弱时，你就会滑到了领域 3（C）——这是嗜急成瘾。但是如果你处在领域 1（A）是因为重要性，当紧迫性减弱时，你将进入领域 2（B）。领域 1（A）和领域 2（B）都是关于重要事情的，发生变化的只是时间因素。

领域 2（B）日程安排程序不是工具性问题，它是一种思考方式。思维模式是最关键的因素。通过重要性思维模式而不是紧迫性思维模式，领域 2（B）日程安排法让你能看到自己时间的"最佳"利用。如果你发现自己没有时间做领域 2（B）的事情，那么领域 3（C）就是一个主要的时间来源，即把领域 3（C）的时间用于领域 2（B）的事情。处理领域 3（C）的事务，需要学会说不，学会预先安排和授权，例如让秘书接所有来电，回绝一些次要的或者不需要你重视的电话，这样节省的时间可以用以处理领域 2（B）的事务。

80% 的收获来自 20% 的时间，80% 的时间创造了 20% 的成果。重要的事情只占少部分，集中处理工作中比较重要的 20% 的事情。每天早上列一个当日要做的事情的清单，然后将清单上的项目分为三组：必须完成的关键事项，应当完成的重要事项，可以授权他人完成或推迟完成的其他事项。然后，领导者按照清单上项目的重要性顺序完成事项，做一件划掉一件。秘诀在于不是给日程表中的事务理清优先顺序，而是给重要事务安排日程表。即使当天别的什么事也没做，你仍会觉得满意，因为你知道自己已经做了一件最重要的事情。

处理领域4（D）的事务，需要学会抛弃，这需要领导者有勇气和自制力；处理领域4（D）的事务，还需要学会转化，例如把无节制地读无聊的小说，看无聊的电视剧等行为转化为劳逸结合的休闲行为。或可把这些活动作为积极强化物，当自己工作劳累或者工作完成绩效佳时，奖励自己看一个电视剧。这种转化要注意控制小说或电视剧的篇幅或长度，控制时间间隔，而且一定是自己良好行为表现之后的奖励，或者是自己劳累之后的适当休闲。

（三）其他时间管理技巧的建议

1. 了解生物钟，找出自己效率最高的时间段做最重要的工作。了解自己的日常活动周期状况，在自己最清醒、最有效率的时间段内完成工作中最重要的部分。

2. 如果今天没有完成当天的事情，不要负疚。把这些未完成的事情放在明天"要完成的事情"的单子的顶端。

3. 记住帕金森定律。英国历史学家、政治学家西里尔·诺斯古德·帕金森（Cyril Northcote Parkinson）经过多年调查研究，发现一个人做一件事所耗费的时间差别如此之大：一个人可以在10分钟内看完一份报纸，也可以看半天；一个忙人20分钟可以寄出一叠明信片，但一个无所事事的老太太为了给远方的外甥女寄张明信片，可以足足花一整天……特别是在工作中，工作会自动地膨胀，占满一个人所有可用的时间，如果时间充裕，他就会放慢工作节奏或是增添其他项目以便用掉所有的时间。因此，帕金森定律认为工作会自动地占满所有的时间，只要还有时间，工作就会不断扩展，直到用完所有的时间。所以不要为某些活动安排过于充足的时间。

4. 集中办理小事。有的时候，一些琐碎的事务性小事积攒多了，会使人产生工作十分繁忙和工作压力大的感觉。如需要打个电话、回复几封电子邮件、通知一个会议、整理几个档案等等似乎有一堆没有处理的事务，给领导者造成压力，实际上这六七件事，不用一个小时就处理完了。因此，应对这样的事务，可以集中一些时间，集中处理一些琐碎的小事，类似快速高效的小型歼灭战，免得一些不重要的事务性工作干扰领导者的注意力。

5. 一天或一周中设定一些时间，最好不要少于 1 小时，这段时间里不接待任何来访、不允许任何事情干扰，可以专心做一些事情，也可以静心回顾、反思并前瞻自己或组织的过去和未来。

6. 建立良好的习惯。例如保持桌面整洁；建立好的文件处理流程；将不用的资料立即丢掉；将资料转交给别人去做；重要的事情一定要马上去做；有使用价值且重要者才归档；学会委托和授权；简洁的会议；不要过度承诺；确立完成期限；懂得说不；改变拖延的习惯。

第十三章 作为组织关系管理者的 领导技能

良好的组织关系对于组织而言具有长远的意义，领导者担负建立有效组织关系的重任，能否建立良好的组织关系是领导者能否实现有效领导的关键。这方面的技能主要与人的因素相关。

第一节 领导者与组织关系管理

一 领导者的职责需要领导者具有组织关系管理技能

组织关系指组织成员在完成组织目标的过程中建立的组织成员之间的人际关系、群体关系以及组织成员与组织相关者的关系。领导活动会涉及人类所有的可能的情感和关系，包括相互理解、相互信任、相互欣赏、合作等。良好的组织关系是领导者绩效主要来源之一，但在现实组织生活中，许多年轻人、专业技术人员、受过高等教育的员工基于对组织工作的理性、理想化和科学化的认识，把领导工作看作是专业工作，只需收集数据，对数据分析，然后得出与问题相关的结论。这些人没有从人际关系的角度去认识领导工作，或者说他们没想到这份工作需要领导能力。

作为一个组织的领导者应该从两个维度考虑问题，一个是任务维度。总体管理工作职位给领导者带来的一个基本困难境况：在种类繁多、数量巨大、不确定性高的潜在相关信息中，判断应做的事情，负责组织目标的实现。另一个维度是人的维度。总体管理工作职位给领导者带来的另一个基本困难境况：领导者会发现，他自己不可能单独完成组织的工作任务，他必须通过各种层次、类型众多的人员的工作行为（上司、下属或其他人）——尽管他们中多数不受自己的制约，圆满完成工作任务。换句话说，领导者对上司、各种各样的下级员工以及超出自己管辖权限的其他人存在工作依赖，他必须要想方设法领导他周边360°的人们，团结、凝聚、带领、引导、影响和激励他们与自己一起共同致力于组织的工作目标，因此，领导者为完成自己担负的领导职责必须在组织和行业中有着广泛的人际交往联系，领导者需要有与各种不同类型专家相互交往、营造组织和谐人际关系的特殊才能，其个性特质和人际交往技能必须有利于他建立这样的广泛的人际交往联系，这才适合领导工作职位中客观存在的人际间相互依存的独特性质，这决定着领导者能否凝聚和联盟工作所需的各类人员、能否最大限度地利用各种内外部资源来获得成功。因此说，组织关系管理是领导活动中的应有之义，组织领导者必须是组织关系的管理者。

领导职责要求领导者扮演两种角色：任务角色——达成组织目标；社会角色——维系组织关系。这种对领导职责的双维阐述，是领导学中始终的话题，至今仍具有权威价值和意义。任何领导者都必须平衡这两方面：把多少时间和精力用在达成组织目标上，把多少时间和精力用在管理人际关系上。调查研究显示，"现实中存在着一种普遍性的'领导烦恼'，即领导者的很多时间甚至70%的时间和精力用在应付人际关系上……这其中'内耗'和无休止的应酬固不可取，但就领导者的职责而言，协调人际关系是领导工作的应有之意，而不是额外负担"①。无论用什么名称，如"领导职能"、"人际角色"、"人际技能"、"人力资源管理和社交活动"或"公共关系网络管理"等等，我们会发现贯穿于管理职能观、角色观、技能观和活动观的一条主线：每种观点都认识到领导者对组织关系管理的极端重要性。正如管理职能观点的代表人物罗宾斯所说："每个组织都由人组成。于是，指导和协调这些人也是管理者的工作，这就是管理的领导（leading）职能。当管理者激励下属、指导别人的活动、选择最有效的沟通渠道以及解决成员之间的冲突时，他们就是在进行领导。"② 显而易见的是，领导者在工作中要想有效而且成功，在很大程度上取决于其是否具有良好的人际关系技能，能否有效

---

① 朱立言、雷强：《领导者定义及职责新探》，《行政论坛》2002年第6期，第53页。

② ［美］斯蒂芬·P. 罗宾斯、蒂莫西·A. 贾奇：《组织行为学》，李原、孙健敏译，中国人民大学出版社2008年版，第6页。

管理组织关系。正如安德信会计公司的总裁劳伦斯·温巴克这样表述：纯粹的技术知识只能使你到达某一点，超过这一点后，人际关系能力就变得至关重要了。

领导者人际关系能力是指领导者在群体、组织中与人共事、合作、理解、激励、影响、团结他人的能力。领导者必须对领导活动相关者的态度、感情和需要做出灵敏的反应，评估人们对领导者的言行将做出怎样的评价。领导是一种高度人格化的活动，对于任何层次的领导者来说，人际关系能力的重要性是一样的。不幸的是，许多领导者在专业技术上是出色的，但在人际关系能力方面却有些欠缺。例如，他们可能不善于倾听，不善于理解别人的需要，不能包容与自己有差异的人，不能整合多元化的组织成员形成合力，或者在处理冲突时有一定的困难。这是因为人们对领导工作本质的认识局限所致，对人们的领导力开发忽略所致，"伟大的管理者之所以匮乏的原因之一，在于对管理者的教育和训练过程中，过于强调技术熟练度而轻视个性的培养。……而只有那些切切实实地了解管理不仅仅是一系列的技术性任务，同时更是一系列的人际交往的人，才能成为真正杰出的管理者"①。

二　组织关系的复杂性需要领导者具有组织关系管理技能

一百年来尤其是过去数十年间的一些根本性的社会和经济发展潮流对大多数管理岗位、技术岗位和专业岗位密切相关的组织环境产生了重要影响，使之日趋复杂。这种复杂性表现为多样化的人群间错综纠葛的相互依赖关系，即当今世界有两大趋势，一是多样性，二是互赖性。多样性是指人们在目标、价值观、利益关系、预期和理解方面的差异。人们在利益关系、能力、工作重点、形势判断、价值观、成长背景、个性等方面的重大差异常常会导致冲突而不是合作。互赖性是指两方或多方由于在某种程度上相互依赖，从而对其他各方拥有一定控制权的情况。当工作环境中存在高度的互赖性时，单边行动几乎是不可能的。工作环境中较高程度的多样性和互赖性自然会导致人们对某一行动的意见冲突，进而影响人们解决此种冲突的努力。如果我们能够得当地应对冲

---

①　托马斯·蒂尔：《管理的人格层面》，亨利·明茨伯格等：《领导》，思铭译，中国人民大学出版社 2000 年版，第 149 页。

突，会产生创新性的思想、创造性的解决方案、创新型的产品和服务，进而使组织富有竞争力，使团队更有适应性、响应速度更快，使工作更富有趣味和挑战性。相反，如果我们不能有效地处理这些复杂关系，应对冲突或潜在冲突，小团体主义、官僚主义纷争、本位主义乃至恶性权力斗争会降低效率、提高成本、扼杀创新、疏远同事关系，几乎所有人都会身受其害。

领导的本质是领导者依赖各类多样化的人和人群而完成工作。处理人们之间复杂的依赖关系——与上级、下级、同事以及外界人士的关系——是领导者全部管理工作的核心。一个人如果对工作中人员的差异和相互依赖没有深刻的理解，就不可能做好领导工作。领导力是一种老练的社会技能，这些相关的技巧既是指认识能力，又有人际关系的处理能力。它们包含了一种能够正确估计人们在目标、价值观、观点和利益关系上可能存在什么样的分歧的能力；一种能够透察人与人之间十分微妙的相互依赖关系的能力和一种能够认识到进行这种分析和评估的意义的能力。最后，这些技巧还包括一种能够通过影响一大群形形色色的人们达到实施自己的决策的能力，"一种力排种种分裂势力，将人们紧紧团结在一起，为了实现远大的目标而共同奋斗的能力"，"大多数从事专业、管理和技术工作的人也必须能够熟练处理各自工作中错综复杂的相互依赖关系，他们必须把学会处理各种关系当作他们工作的主要任务去抓，仅仅能胜任技术性工作，如工程设计、会计、营销等等之类虽然绝对必要，但是远远不够"。"我们需要的是那些能够在自己的职责范围内积极带动部下、同事、上司以及非本单位人员共同履行各自职责的人……我们真正需要的——在相互依赖关系增多的情况下——是大批具有广义的领导能力的人。"①

三 工作性质的变化需要领导者具有组织关系管理技能

工作性质不断随着时代的发展而演进，我们可以大致把工作分为个体性工作、管理性工作和领导性工作等三个发展阶段。个体性工作指与工作职责相关的主要任务由任职者个人完成。管理性工作指任职者指派

---

① [美] 约翰·P. 科特：《权力与影响》，孙琳等译，华夏出版社1997年版，第11、36、37页。

其他人完成工作，同时对关键人员拥有较大的支配权。领导性工作指任职者让他人帮助自己，相互合作，但与管理性工作不同的是，任职者并没有对关键人员的控制权。这就是说，从事管理性工作的人是拥有法定权力的，但从事领导性工作的人并不拥有法定权力，为什么会这样呢？主要是权力分布变化和竞争加剧导致的对下属和组织相关者的依赖。科特曾系统分析过这种变化趋势对企业的影响。"（1）与市场无关的第三方权力的增强，如政府部门、消费者团体、新闻媒介以及某些企业有组织的工人团体；（2）国际间竞争加剧，企业不得不依赖一些重要的客户和供应商，由于竞争使公司的差额和盈利率下降，这些公司在国内的各个部门和分公司为了获取有限的资源而不得不更加彼此相互依赖；（3）管理科学和自然科学技术的发展越来越先进，我们越发需要依赖精通专业技术的人士；（4）工人的文化水平和技术水平日益提高，对他们我们不能再像对他们的前辈那样简单地命令行事，他们的工作也不是随便什么人都能顶下来的。"这些趋势使"人们在工作中失去了自主权和决定权，变得越来越依赖他人，这些趋势逐步将原来由个人独立承担的工作（任职者职责范围内的一切主要工作均可由任职者独立完成）和管理工作（任职者需要通过其他人的协助才能完成本职工作，但他有权支配那些人）变成了领导工作"①。领导工作需要其他人的帮助和合作才能完成本职工作，但与管理工作不同，任职者对那些人当中的大多数没有直接控制权，人们所拥有的法定权力远远不足以命令职权控制外的其他人为自己完成任务，这就导致了巨大的权力缺口，即一个人的职权和他完成工作必需的权力之间存在着相当大的一段权力真空。在这种情况下，法定权力的局限性凸显出来，卓越领导力意味着你有能力开发足够的个人权力资源来弥补这些工作中固有的法定权力的不足，并且愿意负责任地运用法定权力之外的这些权力带领相关各方（下属、上司、同事、外部人员）共同去实现有价值的目标。这说明工作性质的变化使得许多人的工作和管理工作变成了必须具备卓越领导力的工作，也就是说，你需要在不能控制（如通过正式的上下级关系、预算安排等）他人的情况下得到这些人的帮助。"领导者主要通过非强制性的方式方法，

---

① ［美］约翰·P. 科特：《权力与影响》，孙琳等译，华夏出版社1997年版，第26—27页。

鼓动一部分人（或一个集体）来实现一个或若干个既定目标的过程。"①
领导性工作需要领导力，当今在组织的各个层次，几乎所有的管理工
作、专业工作和技术工作都存在工作性质从管理性工作向领导性工作转
变的问题，这就需要足够的领导力来应对这种复杂的人际依赖局面，因
此，组织关系管理能力或者说领导关系管理能力已经成为一种极为重要
的组织资源。

四　领导关系网络的建立

领导过程本身就是领导者与追随者以及领导活动相关者的一种互动
关系，领导关系指在领导活动中领导者为达成工作目标需要依赖人际关
系。领导工作关系网络的人员包括下属、同事、上司、上司的上级、同
行、组织外部相关人员、下级的下级，等等。

领导者工作任务的完成需要依赖一个广泛的跨越组织纵向层级、横
向界限和组织边界的领导关系网络。领导者的工作受到各种人际关系网
络的客观影响。这些关系网络由领导者职责义务而产生，同时又反作用
于领导者职责义务的实施。对于这种关系网络，他们有义不容辞的责任
去建立，去发展，去维护。

一个领导到任之初，一般在开始的 3—6 个月的时间里，上级领导
要求立刻完成特定工作任务，或实施某一特定项目的指令常常是有害而
无益的。这是因为在初期工作中，领导者除拟定工作日程安排外，应该
将大量时间和精力倾注在开发和完善与自己工作日程安排相关的人际关
系网络中，领导者需要这些人员间的合作共事，才能够完成工作日程和
重大工作任务。甚至在新任职领导者接任职位 6 个月后，这一活动仍然
会耗费他们相当多的时间。但总的来说，在前 6 个月时间里，是这项工
作最紧张、最繁重的时期。6 个月后，领导者的注意力会逐渐转向利用
这种工作合作关系网络来实施自己的工作日程安排，并进一步调整、更
新自己的工作日程安排。

领导者"在挑选发展合作关系对象时，都是选择他们感到会对自己
工作日程安排的实施有帮助的人。他们认为自己的工作对哪些人的依赖

---

① ［美］约翰·P. 科特：《现代企业的领导艺术》，史向东、颜艳译，华夏出版社 1997
年版，第 2 页。

性越大，他们就越是想方设法与他们结交"①。领导关系网络中的人员相互依赖越大，这种关系就越重要，因为离开这些人员的协作，就无法顺利实施工作日程安排或无法顺利完成某个特别的任务。根据观察，高层领导者建立领导关系的重点往往并不是针对自己的下属，他们发展人际关系主要针对同行同事、组织外相关人员、老板的老板、下级的下级等人士。这种组织现实，多少会使领导者的下属有一种不受重视和不被尊重的挫败感。但同时也说明，现代组织需要有效的跨边界领导者——那些"能够在自己的职责范围内积极带动部下、同事、上司以及非本单位人员共同履行各自职责的人"②。由于工作职责关系，他们与他们认为存在工作联系的任何一个人结交。也就是说，正如他们拟定了尽管总体上相似，但实际不同于常规规划的工作日程安排，他们同样也创建了总体上相似但实际上不同于组织机构中常规工作关系网络的领导关系网络，或者领导关系网络常常不同于组织机构中的正式关系网络。在组织结构图中是无法发现完整的领导关系网络的，其中一个原因是这些领导关系中包含许多跨边界的人际关系；另一个原因是领导关系网络中有许多非正式的人际关系。这种非正式人际关系更像领导者的私交关系网络，非正式人际关系结构往往超越正式的组织等级，"更类似于蜘蛛网似的结构，而不是形成等级森严的结构"，他们的互动更为自由，交往模式更为随意，有较为深厚的私人情谊。"与正规结构协调管理活动一样，深厚非正规关系有助于协调领导活动。主要区别在于深厚非正规网络能满足更高的协调要求，能处理非例行活动和变化的情况"。"非正规网络如此重要，如果它不存在或显得不足，建立这种网络则应成为重大领导行为早期需集中精力干好的头等大事。"③ 但是，这种领导者的非正式人际关系网络也饱受"关系不公平"和"不正之风"的争议和指责。这就涉及机会公平和过程公平的问题，也涉及权力制约问题和人际关系网络的作用方向问题。

---

① ［美］约翰·P.科特：《总经理》，李晓涛、赵玉华译，华夏出版社1997年版，第78页。

② ［美］约翰·P.科特：《权力与影响》，孙琳等译，华夏出版社1997年版，第37页。

③ ［美］约翰·P.科特：《变革的力量——领导与管理的差异》，方云军、张小强译，华夏出版社1997年版，第111、110、113页。

表13—1　　　　　　　　　　　　　**工作关系网络的建立**

1. 内容：总经理们所创建的工作合作关系网络包含

成百上千的个人：下级经理人员及其雇员、老板或上司、同事以及雇主、供应商、新闻界、银行业等企业外部相关人士；

在结构上与常规上下级关系不同；

各种各样不同的人际关系类型，其紧密程度也不同；

通常使下级经理人员及其相互之间产生较强的制约力。

2. 过程：总经理们创建工作合作关系是通过

高度重视他们认为在完成自己的工作日程安排时所依赖、所需要的那些人才；

使人们感到对他们有情理上的义务和责任；

促使人们对他们尊严的认可；

在人们生活中树立威信和声誉；

让人们对他们产生依附感；

调换和撤销不称职的下级负责人；

调整与供应商、银行家等企业外人员的联系；

通过常规管理手段（即计划、组织结构、控制体系等）和非常规措施，塑造一种"氛围"，以培养团队精神，减少策略的改变等等，特别强调下级经理人员之间这种"氛围"的建立。

资料来源：〔美〕约翰·P. 科特：《总经理》，李晓涛、赵玉华译，华夏出版社1997年版，第82页。

第二节　领导关系的管理

　　领导者主要面临三方面重要的领导关系问题和挑战。关键问题和挑战之一是从上司那里得到必要的支持、合作和信息资料，以便完成自己肩负的职能。关键问题和挑战之二是与组织内部其他同事（其他相关部门或分部）以及组织外重要机构（如较大的联合组织、顾客和供应商）在没有上、下级制约条件下相互密切协作，排除各种阻力，通过这些人完成领导目标。关键问题和挑战之三是控制和激励人数众多、行业不同的下属员工，处罚他们中的不良组织行为，解决部门间的矛盾冲突以及其他类似情况。

一　管理与上司的关系

（一）认识领导者与上司的关系

在考虑复杂的组织环境中的组织关系管理时，领导者应该把自己与上司的关系和自己与其他职能部门同事、非组织人员以及部下的关系区别对待。上司的信任和支持是领导者做好工作的重要条件，但是许多领导者却天真地低估了上司在帮助他们搞好管理、发挥领导作用方面所能起的重要作用。"管理者如果没有主要上司的支持和协助根本无法处理好与部下和自己管辖范围以外的人的关系（即使他知道该如何处理）。上司所处的地位决定了他是沟通他的部下和企业其他部门人员的桥梁，起着关键的连接作用。他可以为部下提供他们需要的资源，他负责监督使部下的工作始终符合企业之首先需要，他对部下的工作表现给予公正的奖励。因此在今天的各项工作中，上司如果不充分发挥他的作用，管理者很难发挥出他的领导作用。"①上司与领导者的关系是一种相互依赖关系，但相互依赖的双方各自的背景和承受的压力不同，如果处理不好，双方都无法有效工作。而如果你不主动设法与上司搞好关系，上司绝不会理所当然地支持你。尤其是在当今社会，上司与部下的不同点越来越多，他们之间的相互依赖关系日益复杂化，在这种情况下，问题"自动"解决的机会恐怕越来越少了。另外，在领导过程中上司和下属是一种互动关系，绝不仅仅是自上而下的命令和下属的绝对服从，在很多具体的领域和管理问题上，上司更希望得到下属的信息、建议、指导、鼓励或肯定。从这个意义上来说，真正有影响力的领导者，不仅能对下属及其团队发挥影响力，同时也能影响到上司甚至改变上司的决定，即一个有效的领导者应该同时具有追随和领导领导者的技能。

（二）正确认知领导者处理上司关系的心理特点

在领导者与上司的工作互动和人际交往中，有两种领导者的心理需要调整。第一种是领导者对上司的反依赖心理。在组织生活中，领导者对上司的依赖要比上司对作为部下的领导者的依赖更重。当领导者的行动或选择受到上司的制约时，这种对上司的依赖必然使领导者产生挫折感，有时甚至是愤怒情绪，这是一种常见的现象。一个领导者如何对待

---

① ［美］约翰·P. 科特：《权力与影响》，孙琳等译，华夏出版社1997年版，第87页。

这些不如意的事在很大程度上取决于他的个性，即他对于不得不依赖当权者有何感受。如果领导者总认为上司是自己前进道路上的障碍，感觉上司束缚了自己的手脚，时常有一种压抑和愤懑的情绪，心理学家称这种反应模式为反依赖心理。具有强烈反依赖心理的人如果从事通常没有专门指导他的上司的工作，他干工作时会更开心，他的工作会更有成效。

第二种是领导者对上司的过分依赖心理。有过分依赖心理的领导者认为上司应该是英明的、有经验的领导者，应该教会部下工作，通过指导行为帮助下属很好地完成任务；上司应该像怀有仁慈之心的长辈一样对下属负责，应该保护他们不致受到野心勃勃的同事的排挤。具有过分依赖心理的领导者需要一个像父母似的上司关心自己，给自己提供培训和发展机会。

在组织的各个层级的领导者中具有这两种心理的领导者并不鲜见，这两种心理都使领导者对上司产生不切实际的看法。实际上，上司既不是领导者取得成功道路上的障碍，也不是总是英明无误、无往不胜的圣人，上下级关系也不同于父母与子女的关系。上下级之间的关系应该是成熟的成人状态互动模式，大致建立在理性、客观、解决问题的基础之上，这种成人心理的代表性语言有：是什么、为什么、什么时候、怎么样、谁、结果是什么、你有什么建议和想法、成功的可能性有多大等。行为特征表现为：依据事实收集资料，客观地分析问题，解决问题，理性决策。正确认识与上司的关系和调适好自己的心理之后，领导者还要有具体的策略建立自己与上司的良好关系。

（三）管理与上司关系的基本步骤

领导者要想胜任棘手的领导工作必须要得到上司的支持，从上司那里获得必需的信息、资源和帮助，要得到这些首先要与上司建立并保持良好的工作关系，而不能天真地采取一种消极被动的态度。管理与上司的关系就是花时间和精力去建立一种与双方的工作风格、特点和期望相吻合，并能满足双方基本需要的关系。

第一步，尽可能多地了解有关上司的详细情况，弄清上司的工作期望。了解上司有什么工作目标以及他承受了哪些压力，对你是怎样的期望。由于组织中的人们所处的位置不同，导致人们承受的来自各方的压力、期望值、工作目标各有不同。有很多因素会促使上下级在期望值上出现差距，这些差距有可能引发严重冲突和其他一些问题。由于领导者掌握的信息不全，导致不了解上司承受的压力和真实的想法，因此可能会产生误解。领导者应该了解上司喜欢什么样的工作方式，例如，上司是喜欢冲突还是极力想把冲突化解；他喜欢采取什么方法解决问题；在解决问题时他喜欢说哪些话，他喜欢采用的观点是什么。只有了解上司的思维模式和领导风格，才能找到与上司合作共事的有效模式。还要了解上司的长处和弱点是什么，这样才能为影响上司并发挥他的长处，而自己主动弥补上司的弱点做好准备工作。

第二步，对自己作一个实事求是的评价。明确自己的需要和目标，了解自己的长处和弱点，知道自己的工作风格。与上司建立有效的工作关系还需要领导者对自己的期望值进行适当调整，以求在一些重要问题上与上司建立共同的期望值。如果领导者遇到一个含糊其辞的上司，那些私下主观臆测上司意图的领导者必定会遇上麻烦。要让一个习惯于含糊其辞的上司表明他的期望是困难的，但也不是办不到。领导者可以定期写一份详细的备忘录，把感觉上司认为关键的一些问题列下来，并呈送给上司以求得他的认可（也可以经常与上司讨论"我们的目标是什么"、"如何加强管理"、"如何实现我们的目标"）。要想与上司建立共同的期望值，领导者还应该把自己的期望明确转达给上司，看看自己的期望是否现实，并设法影响上司接受你认为重要的期望。这里有一个关键问题需要把握好，既要求上司，但又不能被他看成是不愿合作或故意捣乱。如果你的上司能力特别强，常常能取得超过预期标准的成绩，你就更要设法影响他，让他重视你的期望，因为这样的上司往往爱制定不切实际的高标准，此时就需要领导者对他加以修正以使他的标准更符合实际情况。正确认知自己的长处和弱点，才有可能与领导者配合默契，发挥各自的长处，互相弥补对方的短处，才有可能在互动过程中发生增量效应，并实现领导者和上司的共赢。

第三步，建立一种适应双方的工作风格。对一个部下而言，与上司建立良好的工作关系意味着要能够适应不同的工作风格。因为每个领导者都会与不同的上司打交道，在组织中的人不可能永远与一个上司打交道。所谓建立一种适应双方的风格，就是领导者在对上司和自身了解的基础上着手建立一种符合双方的基本利益、适应双方的工作风格并建立在双向期待基础上的关系。根据领导的工作风格调整自己的工作方法，这样做将会使部下受益不小。例如，人们获得信息的方式不同，上司可能以什么方式获得信息，通过读报告、写备忘录、召集正式会议、单独汇报、打电话，还是通过非正式的交谈等。德鲁克曾把上司获取信息的方式分成"倾听型"和"阅读型"两种方式。例如，基层领导者 A 和 B 是一位不拘小节、喜欢凭直觉办事的经理 C 的下属，经理 C 开会时从不用 A 和 B 为其准备周密的会议议事日程安排，也不需要他们撰写详尽的工作报告。经理 C 调走后，经理 D 接任，D 是一个为人拘谨刻板、办事有条不紊的上司，报告写得出色，喜欢在召开会议之前事先准备好所有议事日程。基层领导者 A 很快"准确地领会领导的目的和意图"，为成功举办会议准备了漂亮的报告和会议日程安排，受到 D 的赞赏，而 B 则受到批评，被认为工作不投入和工作能力不够。其实 A 和 B 两个部下的差异并不在于他们的能力有高低之分，他们的差别在于 A 对上司的工作风格更敏感，更善于揣摩上司需求的真正含义，而 B 则在这方面显得有些迟钝。

另外，与上司建立良好的工作关系还需要双方都作些调整以吸取对方的长处，弥补自己的不足。一个拥有所有最好的优点、典型的行为特征和掌握当代领导理论的上司可能是不存在的。所有的上司，无论成功与否，他的领导风格中都会有弱点和缺陷，有效的下属应能够弥补这些弱点和缺陷，为上司担责分忧。历史上毛泽东和周恩来就是一对互补性很强的组合，毛泽东是决策者，周恩来是行政官；毛泽东狂放不羁，充满理想主义色彩，周恩来谨慎周密，具有务实主义作风。凭借这种互补，两位领导人的合作达 42 年之久，尤其是新中国成立后，周恩来在行政能力方面的特长赢得了毛泽东的欣赏和长期信任。历史事实告诉我们，好的领导者总是具有某种上司不具备的特长，并在自己擅长的领域中取得不逊于上司的业绩，让上司感觉到：失去他（她），团队的事业将因此受损。

第四步是保持关系。领导者与上司保持关系主要是在工作活动中维系良好的互动关系。在不同国家文化背景下，工作时间之外的非正式关系保持的重要性有所差异，但非正式关系的保持对促进良好的正式关系有所帮助，因此，这也需要领导者用心、花时间与上司经常相处，以建立深厚的私人情谊。

二　管理横向关系

（一）查明横向关系

1. 查明横向关系的存在范围。横向关系通常很难被发现，这种关系与上下级关系不同，在组织系统图和工作说明中，明确注明的横向关系只有极少数，而且与职权范围内的各种关系相比，横向关系具有更大的流动性和多变性。这是因为领导者的横向依赖关系是随着任职者的目标、价值观和计划的改变而随时发生变化，一旦这些因素发生变化，群体间的依赖关系也将改变。这就意味着每一项新工作都可能带来新的横向关系，即使是同一项工作，工作重心的改变也可能会带来新的横向关系。另外，因为领导者任职岗位的变化和组织结构的调整，也可能使领导者依赖的横向关系发生变化。由于这些未来的不确定性是领导者常常无法预测的，因此，领导者在处理横向关系时需要特别小心，不要于漫不经心间疏远了可能将与你的工作有关的任何个人。进行负责并且有效的横向关系管理，首先要自始至终对哪些方面会产生横向关系保持高度的敏感性。

2. 寻求共同的利益。领导者需要知己知彼，关注对方的利益，关注全局利益 。领导者需要了解其他部门或其他相关组织领导的工作目标，了解他们工作对于自己的领导工作中的重要性；要了解其他部门或其他相关组织对自己所在部门的工作有什么样的要求和期待；应该了解自己的部门怎样配合，其他部门或其他相关组织才能满意；要了解其他部门或其他相关组织的工作运作对自己部门的影响。领导者需要首先问问自己：相关方对于维持横向关系是否存在共同利益或共同诉求？大家是否有机会进行合作以及共同获益？在寻求与横向关系的合作时，应该明确提出双方或多方的共同利益，并作为各方的共同目标把共同利益具体化并面向未来。

寻求与横向关系的合作过程，也是大大小小的谈判过程和交谈过程，共同利益往往不是即时可见的，而是潜藏在每项谈判中。可以说，共同利益只是机遇，不是天上掉下来的馅饼，要让它发挥作用，领导者必须对此有所作为，可以明确提出共同利益，并把共同利益作为双方或多方的共同目标，这将有助于谈判和合作的进展。总之，领导者需要对"分歧以及双方共同的利益有十分敏锐的认识，他们以在共同利益上的共识作为行动指导"①。从理论上说，共同利益显然有助于达成共识。

3. 评估可能的抵制。查明横向关系就是领导者要查明完成工作目标需要哪些横向关系的合作和服从。要完成任务必须要考虑"谋求合作，消除抵抗的问题"②，领导者要评估自己的团队需要哪些合作？可能性有多大？需要哪些服从？可能性有多少？在领导者和能够给领导者提供必需的帮助的人之间存在哪些可能引发冲突和对立情绪的分歧？也就是说，领导者和横向关系在目标、价值观、工作观念和利益关系上存在哪些重大分歧？引发潜在冲突的因素是什么？是个人背景不同还是因为工作环境不同？评估可能的抵制，就是弄清哪些人可能抵制合作？不合作的原因是什么？抵制的程度多大？他们会采取什么抵制行为？领导者与这些可能阻碍决策顺利实施的人之间是否建立了正式的或非正式的关系？在这种关系中领导者和对方的权力基础状况分别是怎样的？领导者有无一些良好的关系可以帮助领导者与横向关系建立关系或影响他们？这实际上就是对对方的动机、观点和拥有的权力摸个底。横向关系的分歧不仅仅因为个人差异，更重要的原因来自于组织方面的原因，主要是职能不同、专业领域不同，这种组织结构化的差异存在使人们在利益关系、工作目标、自身能力、优先权等一些问题的估计上存在重大分歧，结果带来的合作或者冲突。处于横向联系中的各方的分歧有可能相当大，通常远远大于上下级之间的分歧。对这些分歧进行系统的分析是领导者管理横向关系的中心工作，但是一些领导者往往不能以现实的观点去分析自身所处的组织环境和协作关系，常常对横向关系的动机做出或天真或世故的推测或猜测。

（二）选择并实施消除或克服抵制问题的对策

1. 建立关系。领导者需要本着尊重和欣赏的态度与其他部门或相关组织建立良好的横向关系，能够换位思考，体恤他人，尊重他人的主导权；理解对方并满足对方的某些要求；对其他部门或相关组织提出的问题，要及时解决，不能解决的，要尽快给予答复，不可采取不了了之的做法；平时注意建立和保持关系，不要只有在需要的时候，才想到其

---

① ［美］约翰·P. 科特：《权力与影响》，孙琳等译，华夏出版社1997年版，第63页。

② ［美］约翰·P. 科特：《总经理》，李晓涛、赵玉华译，华夏出版社1997年版，第157页。

他部门或相关组织的重要性；沟通时，注意运用对方的思考逻辑，坚持六倍沟通原则，永远不厌其烦，持续沟通；创造一些机会，如交流、会议、走访、一起出游等，以保证足够的时间和充分的接触；遇到矛盾，保持自我克制，以免业已累积的良好关系遭到破坏性的冲击。有时，领导者还要能够在时间和地域的限制下设法与有关人员建立起良好的工作关系。在这种情况下要想与别人建立关系需要周密的思考、计划和安排。另外，"领导在群体外的声望有助于巩固他在群体中的地位，而他在群体中的地位又提高了他在外界的声誉"①。基于领导者与外界相关联的特殊地位，领导者建立一个和谐、工作富有成效的团队，提升领导者的声誉和声望，有利于领导者维系良好的横向关系。

2. 选择并实施消除或克服抵制的策略

由于目标、观念和利益关系上的严重分歧，领导者的某项工作可能会遭遇一些人的强烈抵制，这时往往需要领导者更为冷静、机敏地采取更复杂或更强硬的手段来消除或克服这些抵制。

约翰·科特在《权力与影响》一书中描述了一个综合运用某些策略，化解横向关系抵制的案例。按公司的正常程序要求，所有新产品的计划必须要有相关人员，包括厂长的"签名"同意方可上马。一位产品管理经理对一项新产品计划产生了极大兴趣，并得到了除厂长以外的其他所有相关人的签名支持。他坚信这个计划的实施将使大家受益无穷，无论是于己、于公司、于厂长，还是于顾客都有好处。但产品管理经理的计划遭到厂长的强硬抵制。在他与厂长讨论过几次后，他发现主要问题是该厂长曾在一家也生产过类似产品的工厂干过，当时他遇到很大困难，相似的产品计划惨败。所以，现在一提到这个建议他就本能地反对。如果时间充分，这位产品管理经理实实在在地认为自己完全可以做通这个厂长的工作，但是，由于时间的限制，在规定的时间内他根本无法说服对方并使他认识到这些好处。

为了打消厂长在感情上对这个计划的抵触情绪，产品管理经理想出了一套办法，然后照法行事。首先他找了一个该厂长极为尊重的人，请他给厂长送去两份市场研究报告，这两份报告都是讲这个计划的好处，

---

① ［美］詹姆斯·麦格雷戈·伯恩斯：《领袖论》，刘李胜等译，中国社会科学出版社1996年版，第350页。

同时还附上一张条子，上面写道："你看了报告吗？我觉得它们令人吃惊，我不知道该不该相信它，不过……"然后，产品管理经理又从公司的最大客户中挑了一个作为代表，让他给厂长打电话，装着很随意的样子向厂长说他听到一个关于有新产品计划的谣传，表示"像平时一样我想见见准备搞新产品的伙计们"。接着在一次会前，他安排两名工程师故意站在离厂长很近的地方大谈新产品的试验结果很好，紧接着他就召开会议讨论新产品，会议只邀请了他认为厂长喜欢（或尊重）的人和赞成新产品计划的人参加。会后的第二天，他去请厂长在新产品计划书上签名，厂长居然签了！

大多数的人都会认为这是明显地利用人的做法，并且这种做法也很冒险。如果厂长发现他被人"利用"了，他极有可能采取相反的做法。不过有些时候，时机非常关键，一个人如果要想领导相关人员解决某些问题时，冒这个险仍然有必要，或者说不得不冒险以解决问题和实现工作目标。不过，综合案例情况看，该产品管理经理的行为属于合法的组织内政治行为，也没有超越道德界限。建议事情过后，产品管理经理应一直保持与厂长的坦诚的良好互动的人际关系，以防止"冒险"行动过后可能产生的误解及由此带来的人际关系风险。

3. 减少横向关系和各方分歧。在组织内部，可以通过组织结构的设计减少横向关系，把高度专业化的、按职能建立的大单位分解为小型的、自成一体的和更有自主权的单位，如权力下放，建立事业部制，建立自我管理型团队；可以通过组织激励制度设计，鼓励部门间的合作；可以通过建设合作共赢的组织文化，创造有利于合作的氛围。减少组织与组织外部横向关系的方法有多种，常见的两种做法是：一是使立法者设法削减政府部门对组织的干预权；二是建立多个供应渠道，减少组织对供应商的依赖性，以保证定购的产品或售后服务的正常供给。

三 管理与下属的关系

传统的领导观念把领导者和下属之间的关系理解为：主动和被动、命令和服从、老板和雇员之间的关系。"我该如何管理和控制下属？"这种问题传达出的正是这种传统的领导观念，是完全基于法定权力基础之上的管理范式。不能说这种观念是完全错误的，但至少可以说这种领导观念已经是部分失灵或者不是完全正确的。事实上，正确的观念应该是再补充一个问题："我该如何争取和吸引下属追随我？"

（一）理解领导者和下属的关系

1. 领导者要深刻认识自己对下属的依赖关系。领导者对下属的依赖关系实际上是一种权力关系。领导者之所以依赖下属，是因为领导者要达成组织目标需依赖下属的权力资源的投入，或者下属权力资源的使用方向和多少影响着领导者的工作目标的实现状况。下属掌握某些技术使他们不能被人轻易替换；下属掌握某些其他人没有的专业信息或知识，影响着领导者决策的质量；下属有良好的人际关系，批评他们或调换他们的工作都会引起他们与他们朋友的不满；某个下属的工作与其他重要工作或其他重要的人有密切关系，致使领导者间接地要依赖这名下属；某个下属有很高的品德修养、富有人格魅力，对其他下属有较大的影响力，有时领导者不得不依靠他（她）去影响其他员工，某个部下的工作恰恰是领导者全盘工作的中心点，故而他的表现对领导者的工作影响颇大，等等。总之，领导者依赖于这些具有丰富权力基础和富有影响力的下属。这给领导者的法定权力造成一个个空隙，领导者面临的问题是，一方面如何丰富自己的权力来源，尤其是个人权力来源，降低对下属的依赖性；更重要的是，另一方面，领导者如何运用下属的权力基础，把下属的权力基础作为推动团队和组织发展的资源。在团队和组织需要的范围内，让下属分享权力，充分发挥下属的影响力，在领导者和下属的共同作为下，领导者、下属、团队和组织均获得成长。

2. 领导者和下属是绩效伙伴的关系。领导者和下属是共同发挥影响力以使团队或组织有效的关系。在当今的组织中，下属被定义为个人所扮演的补充领导角色的，并在实现团队和组织绩效方面与领导角色同等重要的一种互动角色。工作团队、生产力改进小组、员工所有权计划和收益分享的盛行都显示出下属在未来的组织工作中更大的作用。从组织管理的角度讲，领导者建立良好的与下属的人际关系的目的是影响下属的态度，提高士气，改变或改善下属的行为，形成领导者和下属的绩效伙伴关系，共同致力于组织目标的实现。

3. 领导者和下属之间是和谐互动的关系。领导过程是领导者和追随者的相互影响过程，领导问题的实质是领导者如何赢得长期追随者，领导问题的关键是如何建立持久信赖的领导者与追随者之间的人际关系，领导与下属之间的信赖关系的建立是追随关系建立的关键。领导与下属之间信赖关系包括两个方面：一是领导者赢得下属的信任，二是领导者信任下属。尤其是在中国，人际关系的重要程度与中国集体主义价值观有紧密的联系，集体主义价值观用社会的定义来评价自身的价值，人们优先考虑内部群体的目标，承认个人的行为应该由社会规范来决定，把自己看作是更大整体的一部分，内部群体在他们的心目中享有很高的地位。因此，中国的员工更看重领导者与自己的关系。建立领导者与员工之间的良好关系非常有用，这是因为这种关系推动了员工和领导者进行坦诚公开的交流，从而促使员工产生强烈的组织忠诚感，激励他们为组织做出更多的贡献，和谐稳定的关系会促使下属产生组织内部的公民行为（ Organizational Citizenship Behaviours，OCB），他们能够对整个组织肩负起主人翁的使命感，即使是职责范围内没有这些要求，他们也会倾力而为。①

（二）与下属相处的主要原则和技巧

1. 领导者与下属相处要可靠和正直。领导者的可靠性体现在：当下属冒风险或想采用新方法来解决复杂问题时，领导者通过"站在下属身后"来表示对下属的高度支持；领导者非常认真地实现承诺和承担责任。正直意味着具有道德并且遵从自己的良知，领导者正直意味着有勇气坚持自己的信念，而领导的正直会增进领导者的可信赖性和可靠性。德鲁克先生在《管理：任务、责任与实践》中专门谈了领导者的正直问题，认为如果领导者缺乏正直的品格，那么，无论他是多么有知识、有才华、有成就，也会造成重大损失。因为领导者破坏了组织中最宝贵的资源——人的信任，破坏组织的精神，破坏工作成就。从古到今，我们在评论某些皇帝、政府高级领导或企业管理者的时候，往往会说：这些领导，本来是很好的，坏就坏在他的某个宦官、奸臣、下属、秘书身上。这个说法看似是正确的，似乎真是这些人坏了上级的事情。实际上，一个领导者如果使用了不正直的人，其本身就说明领导者自己可能是不正直的；如果领导者一开始发现不了下属的品德问题，那么，共事一段时间后，就应该发现！如果发现了，领导者却不对这样的下属进行管理或放纵，则更说明领导者不正直。如果领导者信任那些工作上有着明显失误，而且又不公平正直地处理问题的人，那么，下属就会质疑领导者的正直和人品。领导者必须通过

---

① Dean W. Tjosvold、许滗、栗芳：《领导——适合中国企业的领导模式》，上海远东出版社2004年版，第34—35页。

正直人品实现其领导。下属常常可以原谅领导者的粗鲁无理、能力不足、疏忽等，但不可宽恕其不正直和任用不正直之人！因为领导者正是通过其正直的人品，才能够实现其长久的领导，领导者也正是通过其正直的人品，才树立了下属效仿的榜样。

2. 相互关系的公平性至关重要。我们前面介绍的大多数领导理论都基于这样一个假设：领导者以同样方式对待下属。而乔治·格里奥（George Graeo）的领导者—成员交换理论（leader–member exchange theory，LMX）分析了领导者和下属之间的社会交往行为，把下属分为领导者圈内人士和领导者圈外人士。在群体中你是否注意到领导者对待不同下属的方式非常不同？是否领导者对自己的圈内人士更为优惠？领导者—成员交换理论认为，领导者与下属中的少部分人建立了特殊关系即圈内人士。圈内人与领导者的关系更多是非正式关系，他们与领导者有大量的社会交换行为，他们获得领导者的信任、关照和特权，双方互相信任、喜欢与尊重。圈内的下属被安排承担有吸引力而又有挑战性的任务。领导可能会忽略他们的过错，也可能把他们的过错归因于一个外部控制的因素。另外，如此密切的交换，很可能是一种关于下属的自我实现的预言，[①] 也会导致圈内人士的高满意度与高绩效，低离职率。一方面，积极的交往使圈内的下属进入各种社交圈，进一步加深他们对组织的理解、支持与感情。另一方面，圈外的下属则面临不同的情境，占用领导者的时间较少，他们与领导者的关系是在正式的权力系统基础上形成的。领导者可能认为他们缺乏能力与动机，他们获得满意的奖励机会也较少，领导者给他们表现的机会也少，很少提拔他们，他们的作用限制在规定的工作范围内，他们生活在自己的圈子里，其命运很可能自生自灭。有证据表明，领导者倾向于将具有下面这些特点的人员选入圈内：个人特点（如年龄、性别、态度等）与领导者相似，有能力，具有外向的个性特点。LMX 理论指出：当领导者与某一下属进行相互作用的初期，领导者就暗自将其划入圈内或圈外，并且这种关系是相对稳固不变的。

下属特别关注三种公平类型：分配的公平、程序的公平和相互关系

---

① 自我实现预言或称"皮革马利翁效应"，表明人们的期望决定他们的行为这一事实，结果所期望的事会更可能发生。高预期（期望）与高工作水平相关；低预期（期望）与低工作水平相关。

的公平。相互关系的公平指的是下属从领导者那里得到的人际待遇的质量。所有这三种类型的公平对下属都是重要的，不过，相互关系的公平可能最为重要。因为领导者对于下属而言本质上是代表组织的。下属把这些相互关系看作是他们在组织中所处地位的指示器，而且这影响他们的自我价值感。LMX 理论的研究成果告诫领导者，一定要避免经营小圈子小集团，不能以维持个人间的良好关系为中心，否则这将形成不利于群体和组织的人际关系，必然会打击圈外的绝大部分员工，其与领导者低质量的圈外交往通常会使他们感到灰心丧气，结果导致在团队中更恶劣的工作态度和更少成功的职业生涯。人际关系理论的基本点是人的行为不仅受制于个人，而且更受制于群体和组织；人际关系的好坏不仅影响群体的工作效率，也影响个人的满足感。领导者与下属之间高质量的人际交往一定要注意领导者与不同下属之间交往关系的公平性。当领导者学会如何发展更高质量的交往时，能够正确分析群体和组织中成员之间的关系，圈外成员的态度和行为会得到非常大的改进。因为领导者终于承认并给予了他们先前没有被满足的对自尊和发展的需要，这是巩固和发展群体和组织关系、进行人事安排和部署工作的基础。

3. 用人之长，多看优点，不求全责备。正如清代诗人顾嗣协《杂兴》言道："骏马能历险，力田不如牛；坚车能载重，渡河不如舟。舍长以就短，智者难为谋；生才贵适用，慎勿多苛求。"人无完人，每个人都是有缺陷的，每个人都有其不能克服的弱点和弊端，一般来说，一个人总是集长处与短处于一身的，即所谓"有高世之才，必有遗俗之累"。因此"君子之于人也，乐成其美而不求其备"，领导者要有宽阔的胸怀，"论大功者，不录小过；举大美者，不疵细瑕"，领导者在用人的过程中，对下属小的过错不予过多地追究，不能将理想化的标准强加于人，尤其不能以自己的标准衡量所有的人。清代的魏源说："君子以细行律身，不以细行取人。"领导者应该严于律己宽以待人，自己做人做事有更高的标准，在小事小节上可以严格要求自己，但在对待下属上，则不应以小事小节苛求下属，待下属需宽厚。领导者在求贤和用人时，应当把目光集中在人才的优点上。注重别人的优点，就会发现"十步之内，必有香草；十室之邑，必有忠士"。如果在求贤和用人时集中于别人的缺点，那么就会导致领导者狭隘的心态和自我中心主义的弊端，最终使领导者孤立无援，失败则是不可避免的。

4. 让每一位下属感觉到自己是最重要的。一般来说，领导用人的关键就是让每一位下属都感觉到自己是重要的。下属之所以感觉到自己最重要，首先在于其才能能够得到充分的发挥，而他的这一才能又是其他人所不可替代的。领导者将每一位下属的长处发挥到极限，这就为下属对其重要性的体悟提供了深厚的基础。其次，领导者要熟悉下属的成就和所关注的事情，给他们由衷的认可。如韦尔奇认为自己必须充分了解其属下，以便信任他们，相信他们的决策。他能叫出公司至少 3000 多个员工的名字，熟知 1000 多位经理的业绩，知道他们肩负什么责任，知道他们在做什么。这对一名员工来说是莫大的鼓舞，员工们非常看重这一点。再次，领导者表示对下属的反对和不同意见时要有礼貌。通常在反对之前采取理解和部分同意下属立场的方式来形成共同的话题，这样通过螺旋式赞同方式来寻找自己与下属的价值和目标的一致性，可以避免分歧的两极化和对交往的负面影响。最后，领导者需要深刻了解下属的行为动机，正确对待下属的心理需要。对于领导者来说，能够培育"让下属感觉到自己是最重要的"这样一种氛围是用人的关键，也是领导者处理自己与卜属关系的关键。

5. 利用权力合理安排部下的工作，使他们的分歧和相互依赖符合总体任务需要。总之，有效的领导就是通过经常性的和有目的的干预，使部下各方势力均衡，目标一致。对关键部下要特别注意建立牢固的关系。给特定的下属委派任务，并且观察他们的业绩、努力、勤奋和对任务表现出来的态度。与那些精心挑选的、认识到问题的复杂性、能够也愿意帮助领导者弄清楚复杂问题并寻找可行的解决方法的下属分担压力、问题和责任。

6. 领导者要有很强的人际吸引力，使下属能感到领导者的关怀，从而缩短与下属的心理距离。建立和保持良好的工作关系的方式有多种，最常用的一种是理解下属，即对对方的处境表示理解并满足对方的某些要求。当领导者这样做了一段时间之后，对方自然开始信任领导者，并听取领导者的想法和建议，渐渐地愿意满足领导者的要求以回报领导者的理解。领导者要有容纳型的个性特征，多与下属接触，和下属有一定私人交往，比如经常与组织中的每一位员工见面，亲自给新员工培训班上课，利用到各处巡视、采用走动式的管理和出席组织的一些特别活动之机（如组织举行的聚会）定期与员工联系，通过这些交往促使人们认同领导者和领导者对组织的设想，而在这一过程中，领导者与员工建立了牢固可靠的个人关系。

第三节 领导团队

一 理解团队

领导者应采取系列行动以把群体建设成为一个团队，探索和员工协同工作的方法，在员工中发挥团结一致的团队精神，并且在组织中强化合作互助的工作氛围。团队是群体的一种，或者说是一种特殊的群体。团队是由少数具有技能互补的人组成，他们认同于一个共同目标和一个能使他们彼此担负责任的程序，并相处愉快、乐于一起工作，共同为达成高品质的结果而努力。团队强调共同目标、认同程序（团队规则）协同合作这三个方面的特质。团队的管理模式实际上是一种参与型领导行为模式，甚至是授权的领导模式，意味着组织的分权化倾向，团队成员更多地享有权力和对团队、组织的影响空间。团队是由员工和领导层组成的一个共同体，该共同体合理利用每一个成员的知识和技能协同工作，解决问题，达到共同的目标。团队精神的基础是尊重个人的兴趣和成就，关注团队成员的独立和成长，核心是协同合作，最高境界是全体成员的向心力、凝聚力，也就是在个体利益和整体利益统一基础之上的团队高效率运转。团队精神的形成并不要求团队成员牺牲自我，相反，是团队成员挥洒个性和表现特长保证了团队共同完成任务目标，而明确的协作意愿和协作方式则产生自真正的内心动力。领导者领导团队的关键有两点：一是要深刻理解工作群体与工作团队的区别（见表13—2）；二是掌握领导团队的基本方法。

表13—2 **工作群体与工作团队的对比**

	工作群体	工作团队
领导角色	强烈地、清楚地被关注的中心领袖	分享领导角色
责任	个人责任	个人的与其他成员共同的责任
目标	接受上级给定的目标	团队自己提交的具体团队目标，团队共享目标

续表

	工作群体	工作团队
结果	个人的工作——产品	集体的工作——产品
会议模式	召开有效的会议	鼓励开放式的讨论和积极地解决问题的会议
绩效评估	间接地通过对他人的影响测量它的有效性	通过评估集体的工作结果，直接测量绩效
工作形式	讨论、决定和委托	讨论、决定和一道从事实际的工作
协同配合	中性（有时消极）	积极
成员的技能	随机的或不同的	相互补充的
人员间关系和情谊	层级关系正式工作关系	行政权力的淡化，人员之间关系的平等化和协作的自动化，相处愉快、乐于一起工作，凝聚力、忠诚感和相互信赖感
人员素质要求	服从和执行	创造、自主、主动、敢于承担责任
工作反馈	自上而下的	网络的
与工作有关的知识	个人学习、独享知识	团队学习、共享知识
环境适应性	行政部门化、专业化、职能化，稳定性高	反应更迅速，可以快速地组合、重组、解散

从工作群体与工作团队的对比表，我们可以清晰地认识团队的特

点，这些特点也正是团队的优势之所在。团队自己提交团队目标，团队成员共同承担责任，这能激发团队成员的集体荣誉感，培养他们的责任意识和敢于挑战自我的勇气，能够激发他们内心的主动性；分享领导角色，参与决策，有助于组织更好地利用组织成员的才能，使更多的团队成员能够挖掘潜能，增强自信心，增长才干；团队是一种载体，共享知识和信息，鼓励开放式的讨论和积极地解决问题的会议，更丰富多元的观察视角可以集合各种各样的观点并提炼不成熟的观点，能使团队成员获得对人对事更细微的洞察；能从同伴那里获得更多有价值的反馈，获得成长的有益资源；团队成员间关系的平等化和协作的自动化，这让他们能够看到每个人的价值，学会容忍、欣赏差异和合作，并在团队中获得支持、帮助、友谊和归属感；在当今多变的环境中，团队比传统的部门结构或其他形式的稳定性群体更灵活，反应更迅速，创新能力强，能激发更有创意或独特的问题解决方式；团队允许跨个体和跨部门的组合，能够促进创新，而且使员工获得更丰富多元化的同伴资源。

二　领导团队的基本方法

（一）清晰描述愿景

领导者与员工一起工作来发展团队工作价值的共同信念，形成有关团队存在的根本理由和工作性质的共同理解，发现团队存在的目的，清晰描述团队愿景和制定目标，进而团队成员对共同目的形成承诺。在团队组建初期，需要撰写使命宣言，以帮助团队明确目的，找到团队存在的根本理由。使命宣言应该清楚简洁，便于理解。它的焦点是团队的远大目标或理想，而不是为了达到这个目标和理想需要采取什么态度和行为。"使命宣言可以简洁到只有一句话，并且不应该多于三句话。"[①] 有效的团队具有一个大家共同追求的、有意义的理想，它能够为团队成员指引方向、提供推动力，让团队成员愿意为它贡献力量。成功团队的成员通常会用大量的时间和精力来讨论诸如"我们是谁"、"我们将成就什么"这样的问题，进而不断提炼和完善一个在集体层次上和个人层次上都被大家接受的目的。

---

① ［美］史蒂芬·E. 科恩、文森特·D. 奥康奈尔：《高效率团队的六条法则》，刘静译，东方出版社 2008 年版，第 84 页。

（二）建立具体目标

成功的团队会把他们的共同目的转变成为具体的、可以衡量的、现实可行的绩效目标。目标可以被用来把团队成员的活动聚集在具体的任务上，并且激励成员们迈向一个相似的终点。目标也使团队能设定里程碑并且测量团队和团队成员的进步。

（三）指导团队确定任务（工作）结构

任务的内在结构包含三个因素：计划（即对行动过程、时间安排以及资源需求的决策）、执行（即计划的实施）和控制（即对活动、行为、结果和进度的监控，在必要时采取纠正措施）。列出需要达到的目标，列出为达到目标需要做的主要工作，确定由每个人、每个子群体或整个团队完成的每个工作部分，明确哪些成员对该任务负有主要责任，以及哪些人将充实这支力量。团队成员要很清楚：哪些是个人的责任，哪些是大家共同的责任。一个关键问题是要确定成员们何时将单独工作，以及他们何时将以子群体的形式或者作为一个整体去工作。从最终截止日期开始向后倒退着计划工作，以确保每个工作部分必须完成的日期，设定里程碑以测量进展情况。

（四）合理分配角色，团队成员角色互补

要想有效地运作，一个团队需要三种不同技能类型的人，即需要有技术专长或某种特长的成员；需要具有解决问题和决策技能，能够发现问题，提出解决问题的建议，并权衡这些建议，然后做出有效选择的成员；需要善于聆听、反馈、解决冲突、边界关系管理及其他人际关系技能的成员。如果一个团队不具备以上三类成员，就不可能充分发挥其绩效潜能。对团队成员分配角色，将每个人放在最合适的岗位上，要注意成员能力和性格的互补性，对具备不同技能的人进行合理搭配是极其重要的，领导者的责任就是组织大家，把每个人的优势结合起来，并发挥出来。

（五）共议并产生合适、有效的规范和程序

规范和程序是指对于能够被接受的行为的期望。规范包括团队行为的所有方面，例如会议规范、工作规范、沟通规范、领导规范和成员照顾规范。如果没有经过讨论的规范，则似乎会对团队行为带来最大的破坏。一些常见的规范有：第一，领导角色规范。确定领导角色的选出或任命方式和相关程序。第二，团队成员角色规范，这方面的规范决定着团队成员的责权利是清晰的还是模糊的。第三，活动规范，建立定期的团队活动制度。第四，沟通规范，决定沟通时间、沟通办法和沟通机制等。第五，冲突管理规范，涉及遇到矛盾和冲突如何解决。第六，评比奖励规范。团队的特色即在于顺利完成团队的目标时，全体队员将分享该成果，共同接受组织的激励与奖励，相反，当团队无法顺利完成特定任务时，则全体队员将共同承担这一失败的责任。

（六）团队运作过程

团队成员之间的互动被称为团队过程。团队过程把注意力集中在成员之间实际发生的行为上，团队成员之间的互动经常是不可预测的。随着团队过程的展开，它经常重新塑造该团队的结构，结构则反过来创造一个新的过程。因此，结构和过程在该团队的整个生命中都保持相互关联的关系。团队过程包括领导、沟通、影响、决策、激励以及冲突解决等。许多团队建设工具已经被开发出来，以帮助利用团队过程的潜能。如议程确定、头脑风暴法、多重投票以及跨文化沟通的建议等。团队建设应该是一个有效的沟通过程。在该过程中，参与者和推进者都会彼此增进信任、坦诚相对，愿意探索影响团队发挥出色作用的核心问题。

（七）团队关系维系

团队领导角色的三个主要功能是：完成任务、建立和维系团队、激励和发展个人。换句话说，团队领导者要满足团队的任务需要、团队关系维系的需要和团队成员个人的需要。我们不能以严格分开的方式来研究这三个需要领域，因为每种需要都会对其他两种需要产生或好或坏的影响。如果你把一个圆盘放在"任务"这一环形上它会立刻遮住其他两个圆环的一部分。换句话说，缺少任务或不能完成任务会影响团队维系需要的满足（例如增加分裂群体的趋势）和个人需要的满足（例如降低群体内成员的满足感）。把圆盘移动到"团队维系"环形上，我们立刻会看到，缺乏团队维系需要对任务需要和个人需要产生的影响，就是群体内部几乎完全失去了联系。[①] 一个工作群体中有两个极端即任务和群体关系，我们认为领导角色的本质是联系这两个极端的中介。

---

① ［英］约翰·阿戴尔：《有效领导力开发》，翁文艳、吴敏译，上海世纪出版集团、上海人民出版社 2007 年版，第 16—17 页。

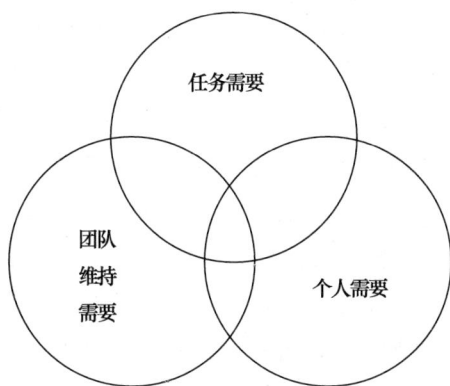

图 13—1　领导角色三功能平衡图

资料来源：［英］约翰·阿戴尔：《有效领导力开发》，翁文艳、吴敏译，上海世纪出版集团、上海人民出版社 2007 年版，第 16—17 页。

　　合作型关系不是表面上的一团和气，领导者应该引导团队成员畅所欲言地讨论解决问题的各种方法，并且帮助他们学会如何有效地利用冲突，从冲突中学习。团队必须要创造坦诚开放的氛围，提供让每个人都能自由充分地表达自己意见的渠道。合作型目标和坦诚讨论构成了一个强大坚实的基础，支持着在领导者和员工之间、员工与员工之间发展高效积极的关系。因此，有强烈动机希望得到别人接受的人也不适合成为领导者。因为他们没有兴趣去构筑富有建设性的合作关系，他们只是想维持和睦协调的关系，而且愿意为这种和谐而不惜任何代价。有时他们会为了帮助某些人而牺牲整个团队，或者网开一面，置规章制度而不顾。这会给团队成员带来领导者不公平的印象。这样的领导不会利用冲突来解决问题，也不会促使他人更加优秀。他们只是希望大家融洽相处、相安无事。①

　　（八）外部边界关系维系

　　公共关系与团队成功有很大的关系，团队领导者需要识别关键性的利益相关者、将影响或受影响于团队正在做的工作的人员或群体，如其他团队和上层管理机构等。把各个外部边界关系的管理责任分配给一个

---

　　①　Dean W. Tjosvold、许潜、栗芳：《领导——适合中国企业的领导模式》，上海远东出版社 2004 年版，第 11 页。

特定的团队成员，及早开始并且保持与每位利益相关者的关系，并确保团队成员们不发出重叠的和混合的信号。向上沟通，与最高管理层保持良好关系，能帮助一个团队把他们的目标与最高管理层的目标密切结合起来，一个团队的声誉能够变成一个自我实现的预言："好"的团队能弄到项目、人员精英以及接近组织资源的优先权。团队领导者在与其他相关团队打交道方面应该态度主动，在任务、资源、服务、技术和信息各个方面，与其他团队配合得很好，并且从其他团队那儿获得反馈，以了解自己团队的工作如何满足他们的期望。在处理周边相关公共关系网络的过程中，收集关于该组织其他部分中正在发生的情况的信息，这些有关市场调查、技术和竞争的情况的信息和资料将有助于团队的问题识别、决策以及与其他团队的合作关系建立。

团队边界关系管理的目的不是为了成为孤立主义式的团队，不是保护和巡查其严密封闭的边界，让自己的团队离群活动。有效的团队边界关系维系能够把复杂的边界关系、工作所需要的资源投入和工作任务在团队和组织层次上结合起来，用外部的需求平衡内部的绩效，外部的支持使内部的运作变得更顺利，一种团队内外能量互为输入输出的良性循环也形成了。

（九）团队的继续学习和改进

除了团队目标、结构和过程之外，某个团队健康发展的一个本质成分是它的成长及从经验中学习的能力。团队学习有两个关键工具。第一个是"评估"，既有对个人的评估又有对团队的评估。通过观察和反思，考察团队的规范、过程和氛围，以及其他的关键领域。第二个关键工具是"反馈"。观察团队成员的行为或行动，让其知晓自己的行为表现和结果，以明确其角色，激励其表现，引导和控制其未来的行为，把团队成员和团队引导向所欲达到的结果或目标的方向上。

第四节　领导沟通

作为组织领导者要了解组织沟通的双重性。"组织沟通特定的情境是在工作场所，其对象既是人际关系沟通的一般对象，同时又是工作任务要求的对象，具有双重性。管理这一职能，又要求其主体不仅应具备人际沟通能力，还必须具备管理沟通能力这种职业特征能力。"① 可见，组织关系的建立既符合一般人际关系相处的规律，需要领导者运用一般人际关系处理的技能，作为组织领导者又要通过沟通去经营和积累组织间的相互信任和相互合作的组织关系氛围，运用冲突解决技巧去管理组织内的冲突，协调好各方利益关系，使下属和各个工作群体能精诚合作，共同致力于组织目标的达成。

一 领导沟通的含义和功能

领导沟通指为了实现组织目标而进行的组织成员之间的信息传递。它是一种领导者通过传递观点、事实、思想、感受和价值观而与组织成员相接触的途径。领导沟通必须包括两个方面：意义的传递与理解。组织沟通的类型包括：以组织系统来分有正式沟通和非正式沟通。正式沟通网络一般是垂直的，它遵循权力系统，并只进行与工作相关的信息沟通。非正式沟通网络可以自由地向任何方向运动，并跳过权力等级，在促进任务完成的同时，非正式沟通满足群体成员的社会需要。以沟通流动的方向来分，有自上而下、自下而上、平行沟通三种。自上而下的沟通是下行沟通，在群体或组织中，从一个水平向另一个更低水平进行的沟通。领导者给下属描述愿景，分配目标，介绍工作，告知政策与程序背后的逻辑依据，指出需要注意的问题，提供工作绩效的反馈，这些都是自上而下的沟通。自下而上的沟通是上行沟通，是在群体或组织中从低水平流向更高水平的沟通。在组织中的例子有：下级准备的工作绩效报告供上级审阅；意见箱；员工态度调查；申诉程序；主管领导与下属之间的讨论；非正式的提意见座谈会等。这种沟通使得领导者经常能够了解到员工对他们的工作、同事和组织的总体感觉是什么样的，领导者还依赖于这种沟通了解哪些工作需要改进。平行沟通也称水平沟通（横向沟通、跨命令链沟通），当沟通发生在同一工作群体的成员之间，同一等级的工作群体成员之间，同一等级的领导者之间以及任何等级相同的人员之间时，我们称之为水平沟通。常常是领导层中的主要沟通形式。以沟通渠道来分，有书面沟通、口头沟通；以沟通的内容和目的来

---

① 杜清玲、巴连良：《组织沟通的系统特性研究》，《商业研究》2007 年第 11 期，第 51 页。

分，有命令指示、请示汇报、建议、冲突处理、会议沟通、联络情感、反馈沟通等；以主体和客体的交互作用来分，有单向沟通、双向沟通。

组织沟通中的领导沟通有其独特的特点和功能：（1）了解和整合组织成员的价值观、需求和个人愿景，以形成组织共享的价值观和愿景。（2）争取追随者，形成联盟。领导沟通关注沟通各方彼此信任的增加，关注沟通过程的精神与心灵享受，保持交流的意愿提升，建立良好的人际关系和组织氛围，促进信息的充分共享，协作承诺的达成。（3）激励和发展组织成员，使组织成员自尊和信心得到提升，提高组织成员的士气。（4）获取信息，提高决策质量。通过交流生成新信息、新知识、新想法、新创意、新问题，这将有助于个人、群体和组织做出高质量的决策。

领导的过程也就是沟通的过程，领导沟通是组织的生命线，有人认为阻碍组织和群体工作绩效的最大障碍在于缺乏有效沟通，沟通就像输送养料、油料的润滑系统，如果关键信息在组织中的不同地方被阻塞或限制，就会影响组织的凝聚力，降低下属对领导者的信任度和满意度，从而不必要地降低了组织成员的忠诚度和组织效率。如果领导沟通是有效的，它能促成组织成员心悦诚服地追随，组织成员能更好地理解自己的工作并体验到更多的参与感，有一种与领导者一起追随组织理想的激情，建立强烈的组织认同和组织承诺，进而产生高的工作投入，并产生更高的绩效和工作满意感。

二 领导沟通的组织机制

从组织设计和制度上保证领导沟通平台和沟通机制的建立特别重要。建议组织设立利益相关人员信息系统。这是一个反馈系统或者数据库，内容涉及股东、客户、员工、第三方团体、供货商、分销商以及其他相关人群的愿望和企盼，用心地倾听全部结果，然后根据这些分析调查考虑解决问题的方法。领导者从利益相关者那里得到准确的反馈，就会感受到自己必须进步的激励和挑战，从反馈中汲取经验教训，就会日复一日地改进自己和组织的行为。建立相关组织机构处理组织内的沟通问题，如咨询委员会、员工代表委员会、员工智囊团、意见征询小组等专门负责某一方面的组织沟通问题。建立沟通制度，如每月一次的座谈会，一年一次的代表团体会议，每周的员工智囊团讨论会，每半年一次的代表提案上交，每年一次的满意度调查等。建立沟通反馈制度，即领导者不管以何种形式接收到下属的意见和建议，都要对他们做出一定的反应。因为只有反馈才最终完成了沟通回路，并形成了一个信息流，忽视反馈会降低沟通成功的可能性。建立沟通平台，如定期和不定期的论坛，召开代表或全体组织成员大会，设立公开的电子邮箱、意见箱、定期的领导会见日，定期公布议题，搜集建议等。领导者可以利用不同沟通渠道或媒介进行沟通，如面对面开会、接听电话、使用传真机、接收—发送电子邮件、网络即时消息沟通（如 MSN、QQ）、信件、正式报告、备忘录，等等。

领导沟通的根本目的是寻求追随者，其主要功能是为了实现愿景共同化、积累信任并形成追随者联盟、使组织成员产生组织认同感进而达成组织承诺。正因为领导沟通的这一本质特征，所以领导者切记要建立行动研究的制度——这是因为许多组织很少使用有目标的调查结果去指导组织管理和变革的实施，领导者通常开展调查但并不去使用调查结果。这种"只问不做"的方法对下属来说比根本不问他们的想法更令他们沮丧，进而下属会质疑领导者的正直，并失去对领导者或组织的信赖和忠诚。如果领导者打算利用沟通和研究的结果管理组织，那么必须将沟通与行动紧紧联系在一起，要利用研究结果指导管理行动和组织变革。例如利用调查问卷收集关于组织及其存在问题的信息，向调查对象提供反馈信息，分析问题出现的原因并共同制定和实施问题解决的办法。实施之后，又进一步收集信息以分析方案实施后产生的结果，而数据收集和行动通常是连续进行的。

三　领导者沟通的技巧

抱负高的人不见得就能成为优秀的领导者，因为仅兢兢业业地独立完成任务还不能担任领导者的工作，领导者的工作需要凝聚、鼓励并支持他人。基于领导与管理的区别理论，领导者进行沟通的主要任务和行为表现是：领导者不是传递信息，而是说服和影响他人，他们运用沟通技巧与组织成员进行战略性对话，展开跨越组织界限和组织层级的对话，交流有关组织愿景、战略问题，以及能帮助组织实现愿景的价值观问题，争取追随者，并影响和激励他们的行为，使他们认同组织进而实现组织承诺，向组织目标努力奋进，从而达成组织愿景。基于领导者沟通的任务特点，领导者需要的主要沟通技巧有：

（一）创造开放的交流环境

创造开放的交流环境的重点包括：第一，保证双向沟通。自上而下占主导地位的沟通程序在组织里不可取，成功的程序是自上而下与自下而上的沟通达到平衡。第二，组织中是网络状的沟通。在整个组织中分享各类信息，尤其是在各个职能部门和各个层级之间，开放的交流环境的重点是跨越组织纵向和横向界限的全方位沟通，而传统的封闭的沟通是自上而下的有选择的信息传递模式。第三，支持性的而非防卫性的组织沟通环境。

表13—3　　　　　　　　　　支持性的和防卫性的沟通环境

支持性环境的特点

临时主义：成员们鼓励灵活性、实验性和创造性。

移情：成员们试图聆听和理解彼此的观点和价值。

平等：成员们尊重他人的立场并且没有一个人感到低人一等。

自发性：成员们自由地和诚实地表达理念，没有任何隐藏的动机。

问题取向：成员们公开地讨论相互的问题，并不急于给出解决办法或坚持一致意见。

描述性的：沟通清晰并公开地描述情况。成员们分享观点，并不必然意味着一种改变的需要。

防卫性环境的特点

评价：成员们的发言方式、语气或言语内容被视作为团队中的其他人进行批评或判断。

控制：沟通被视作操纵或统治接受者的某种企图。

谋略：成员们被看成从隐藏的动机出发去运作、玩游戏、伪造情绪、扣留信息或私下进入资料的源泉。

高人一等：成员们传达一种对他人有优越感的态度。

教条主义：成员们坚持认为自己的观点是最佳的，并且试图把它们强加给团队。

（二）倾听、对话和辨识技巧

倾听、对话和辨识技巧，有利于领导者创造支持性的沟通环境。有效的倾听是一种投入的倾听，倾听不是仅仅用耳朵听，更重要的是用心真诚地听。领导者的过错常常在于当别人试图把他们的信息传递给领导者时，领导者毫不在意。倾听是信息交流中最重要、最困难而又最被忽视的一种技巧。它不仅要求我们注意别人直接表示出来的意思，还要注意到暗示的意思、没有说出来的话，以及常常是极不明显的附带意思。"表示地位的一种相当简单但又相当重要的形式是别人讲话时聚神恭听。侧耳细听别人讲话就是承认他的言谈是重要的。"[①] 有效的倾听是领导才能的一个重要组成部分，深化和真正承担了领导者的职责，加深了领导者的影响力。组织的领导者要学习树立一个熟练而鲜明的沟通角色榜样，比如自己很乐于交流重要信息，花大量时间与下属、顾客进行交谈，解答他们的问题，倾听他们的需要，并传达组织的愿景、目标和期望。当下属觉得领导者在倾听并真诚地看重他们的想法时，他们就愿意分享自己的意见、建议和问题。

　　为了更广泛更真实地获得组织内的信息，领导者需要掌握对话的技能。对话的技能强调单纯地接受下属的信息，而不掺杂自己的意见，不对下属的想法进行预先判断，不规定僵硬的会议议程，是一种不存在"正确"答案的交谈。对话强调对话各方搁置各自的观点，重点是互相感受对方的观点，重点是询问而不是辩护。对话不同于讨论、辩论和指示，领导者切记不要强制下属对信息的反应，不要在沟通中明确指出"谁、什么、何时、何地、为什么、怎么做"，因为让下属自己得出结论的方式会更有效。通过积极倾听和相互真诚的交谈，各方发现彼此间共同的立场、共同的议题以及建立更美好未来的共同理想。

　　对领导者来说，辨识能力是十分关键的技能之一，因为它能使领导者真正获知下属和其他组织相关者表达和未表达出来的深层的需要和希望。在倾听和对话中，领导者需要有技巧来抓住和解释信息本来的意思，察觉出潜藏在语言、抱怨、表现、行为下面的那些没有被表达出来的信息，察觉出表面互动信息下的深层问题和潜藏在组织和组织成员间的思想、行为和关系模式。

　　（三）增强沟通的感染力和说服力的技巧

　　第一，建立可信性。领导者的可信程度建立在他的知识、专业、个人履历、公正的品德以及良好的人际关系基础上。

　　第二，在共同利益的基础上形成目标。养成从下属等工作相关者的

---

① ［美］迈克尔·E.罗洛夫：《人际传播社会交换论》，王江龙译，上海译文出版社1997年版，第17页。

立场来观察事物的习惯，对别人的利益和需要的考虑，常常有助于向别人表达某些对他有眼前利益和长远价值的东西，尽量利用机会表达一些对听众有帮助或有价值的东西，领导者要使自己和他人共同受益，而不是仅仅对自己有好处。在工作第一线的人对那些在其信息中考虑到他们利益的领导者，最易于做出响应。

第三，运用更富有感染力的信息传递方式。领导者可以运用象征、比喻和讲故事的方法去表达自己的愿景、领导理念，这比只依赖事实和数据，更能吸引人、感染人，更能打动人的感情，更能激发下属的想象力。

第四，充满感情地联系他人。"要联盟群众，需具备多种沟通技巧，了解不同的沟通对象群体的心理，具有良好的工作关系和个人履历，从而树立起可信度；激励工作要求从根本上理解人性，洞察具体工作对象的核心价值观，并有一定的同情心。"[1] 真正的人际关系必须建立人和人的心理联系，拉近人与人之间的心理距离，建立情感联系，这需要领导者充满同情心、理解和真诚的情感与下属进行沟通，真正以情动人，拉近自己与下属心的距离，才有可能赢得真诚的追随。

（四）言行一致的沟通

领导者言行一致，对沟通的有效性特别重要。要保证你的行动支持你的语言信息交流。归根到底，最有说服力的信息交流不是你的言词，而是你的行动。"无论信息是用许多话语或是用精心选择的符号来传达的，都不一定会因被理解而被接受。领导工作中的一个很大挑战是可信度问题——即让人们相信这些信息。……就诚实和是否值得信赖而言，信息传达群体的声誉和相互关系亦很要紧，当然还要要求信息传达者言行一致。言行一致问题最容易影响信息内容的可信度。人们总相信行动胜于雄辩，因而可以发现，有效领导过程中主要人物的行为与其所传达的信息之间有着高度一致。"[2] 如果领导者传递的隐含信息与正式沟通渠道传递的官方信息相矛盾，那么领导者就会在组织和下属中丧失信誉和信赖，甚至对领导者和组织的信念产生怀疑和不解。

---

① ［美］约翰·P. 科特：《变革的力量——领导与管理的差异》，方云军、张小强译，华夏出版社1997年版，第140页。

② 同上书，第70、74页。

（五）进行经常性的非正式交流

组织中的正式交流包括会议、报告、建议机制等。优秀的领导者都认为，组织中重要的信息是自下而上的，而不是自上而下的，而这种信息获得的及时性、真实性和丰富性，更多来自非正式交流。领导者的非正式交流更多是通过"走动式管理"和私下人际沟通实现的，这意味着领导者要离开自己的办公室，直接到员工中间去，与组织成员有更多的人际互动。领导者的亲自到访和参加一些部门和私人的聚会，可以看作是团队合作和关心的象征，这对下属来讲是一种正面的富有鼓舞性的信息。而且，这是平等的面对面的沟通，可以最大程度地传递丰富生动的信息，坦诚、开放、面对面的沟通使下属觉得领导者理解自己的需要和关注，与自己同呼吸共患难。这种交流方式比任何书面交流和会议交流更直接、更个人化和更富有意义，因此很可能对双方产生持久影响。可以说，自我封闭、以自我为中心的领导者已经不适应时代的发展，很难与下属建立有效的人际关系，也不能得到下属发自内心的支持。

进行非正式交流与员工关系公平是一对矛盾，非正式交流对领导沟通非常重要，但把握不好会出现员工关系公平问题，但领导者为了保证员工关系公平而自我封闭，也是不行的。问题的关键是如何平衡非正式交流与员工关系公平的关系。领导者可以根据自己的职责角色确定一些组织关系（包括正式和非正式）处理原则，并让下属周知这些原则，领导者依据原则管理组织关系，依据一定的原则处理组织内外的非正式沟通问题，能够在一定程度上降低非正式交流带来关系不公平问题的可能性。

（六）在危机中交流

组织每天都需要面对和处理大大小小的危机事件，比如违反国家法规的行为、大量裁员、群体斗殴事件、对某类人的歧视、工作场所失火、产品和服务安全、性骚扰丑闻，等等。在危机中交流一直都是领导者的责任之一。领导者可以培养下面五项交流技巧来应对危机。

1. 敢于承担责任，不要逃避，不要传递带有欺骗性的信息。

2. 出现在组织成员面前。当组织成员面对危机，过去的结构和应对模式失灵，人们面对不确定性和不安全感，他们需要某个人控制局面，帮助他们或者与他们一起共渡难关。

3. 保持冷静。领导者的情绪会传染，领导者的冷静和迅速出现，以及努力的倾听，会吸收人们的恐惧和不确定，给大家带来安慰和希望。

4.说出真相才能制止谣言。一般情况下，危机发生的同时，各种小道消息和谣言就会满天飞，这是大家对信息的大量需要和情境的不确定性所致，领导者需要从各种不同渠道尽快收集到尽可能多的信息，尽最大努力来确定事实，把真相尽快告诉员工和公众是制止谣言的关键。

5.对未来充满信心并传递出去。危机时刻也是领导者交流未来愿景的最佳时刻，因此，领导者传递客观的信息的同时，要通过展望更美好的未来，让大家感受到希望。

（七）冲突管理技能

冲突管理的技能包括控制冲突和激发冲突两方面的技能。冲突不可能完全杜绝，但需要把冲突控制在一定的范围和一定的程度，防止冲突对工作关系和工作目标达成的损害。在领导活动中不可避免会出现人与人之间的冲突，或者是领导者与其他人之间的冲突，或者是下属之间的冲突，这些冲突都需要领导者具有冲突管理技能以控制或解决冲突，以防止关系的破裂。同时，领导者又要适时激发冲突，以防止冲突过低导致组织失去活力以及对环境的适应性降低。从领导者个人的作为看，解决冲突的方法有回避、迁就、妥协、强制、合作双赢等；从组织的作为看，可以通过冲突管理系统、组织结构、制度、群体构成、工作任务等环节的设计，激发冲突或控制冲突。

冲突管理的正确原则主要有：（1）致力于解决问题，对事不对人，将事情和个人恩怨分开。（2）将重点转移到团队的目标（或冲突方共同利益）上，冲突的化解是基于利益之考量，而非基于立场之考量。我们通常没有能力影响一个人的价值观与性格，但是只要从当事人的利益切入，则不管他是什么个性和立场的人，通常都比较容易影响他。（3）尽量保持冷静，认真倾听各方的意见，了解别人的观点，及时发现自己的自卫反抗情绪，保持开放的心态，积极回应别人的意见，换位思考，真诚客观并设身处地地站在对方立场看问题有助于达成共识。（4）团结团队成员，保持公平和公正，不能偏袒任何一方。（5）维护当事人的自尊，预留让步的空间，要给对方一个台阶下。也就是说，即使领导者和对方冲突到最严重的地步，至少要和对方维持貌合神离，绝对不容许演变到貌离神离的地步。如果演变到貌离神离，最后很多当事人可能为了面子，而意气用事，使得冲突无法化解。（6）分辨冲突双方的愿望或需要，寻找共识，对冲突的陈述达成一致的意见。（7）借助发散思维，讨论所有可能方案及其可行性，创造性地解决问题，尽量争取双赢。（8）选出并执行解决方案。大家应该订出一个时间表，共同审核，以检查解决的办法是否有效及解决办法的执行是否确实。如果还有不满意或是不周全的地方，还可以谋求补救之法。

第十四章 作为组织上层建筑师的
领导技能

组织的上层建筑指组织的思想体系，表现在组织的价值观念、管理理念、道德规范、制度之中。此处的"上层建筑"等同于某些学者所说的"社会建筑"或"组织文化"概念。"社会建筑是一种无形的东西，但它规范着人们的行为准则，规范着被个体与群体所逐渐吸收的价值观和道德标准，决定着公司的内部构造和连接方式。"①作为"文化"一词的同义词，前者比后者的范围广。最重要的一点不同之处，或许在于隐喻着某种可变性因素，领导者可以以一定方式、在一定程度上改变它；而通常意义上的"文化"则暗示着保守性和不易变通性。"社会建筑"一词是由伯缪特（H. V. Perlmutter）最先使用的。对社会建筑的设计和管理是领导者的关键责任之一。社会建筑反映了一种得到普遍认同的对组织行为的解释，这样，组织的员工们就知道自己应该如何行事。优秀的组织社会建筑师通过社会建筑的管理，使员工对组织价值体系和组织哲学形成一种承诺，使员工有了努力方向和精神依靠。另外，组织的上层建筑还起着一种控制机制的作用，对某些具体的行为或赞许鼓励，或严格禁止。作为上层建筑师的领导者的主要技能包括：使组织愿景共同化、实施价值领导。这方面的技能主要与精神因素相关。

第一节 组织愿景共同化

组织愿景包括组织价值观、核心目的、生动的未来前景和宏伟的目

① ［美］华伦·本尼斯、伯特·耐纳斯：《领导者：成功谋略》，柴贺译，九州图书出版社1999年版，第125页。

标构成。没有明确的愿景，组织成员的行动方向将会混乱，行动将会支离破碎。"通用电器公司总裁杰克·韦尔奇说：'昨天的老板、昨天的管理者是那些比手下员工懂得多一些的人，而明天的经理、老板是通过远景规划、共同的价值观、共同的企业目标来领导企业的。'"① 但是，如果愿景仅仅停留在领导者个人愿景的阶段，就无法调动广大员工积极参与实现其愿景的热情；如果只是领导者或者是小范围人员认同的理念而不是绝大多数组织成员认同的理念，就无法指导组织的各项工作。组织愿景必须得到组织全体成员的广泛理解并且深深铭刻在组织之中。领导者个人愿景形成，直至其被接受为组织"共同愿景"，这是一个组织愿景共同化的过程，其本质既是领导者的心智过程，也是领导者与组织成员心智互动的过程。组织愿景共同化过程一般包括五个阶段。②

第一，愿景告知。首先领导者十分清楚组织的愿景应该是什么，然后将组织愿景告知组织成员，从而有效地把这些信念和远大的目标传递给广大组织成员，使他们都明白知晓这些内容。在这个过程中，传达信息的方式要直接、清晰和一致；组织领导者对组织的现状一定要说实话；应清楚说明哪些事情可以妥协，哪些事情不容置疑。

第二，愿景推销。领导者要在各种场合不断宣传和推广组织愿景，不仅要较具体地勾画出愿景，而且要把重心放在愿景所能够为组织及组织成员带来的好处上，一定要考虑组织成员的长期合法利益。领导者一定要阐明愿景与组织成员的联系，感召他们为愿景投入和奉献。

第三，测试阶段。领导者需要花大量时间亲自与组织成员进行广泛和深入的交谈，领导者应为他们提供充分的信息，并倾听和了解他们的心声，了解他们对这些价值理念、远景目标的真实反应和想法。可采用问卷和面对面交谈相结合的方法，想办法测出他们对于组织、组织愿景的看法、个人的愿景和对组织的希望。

第四，咨商阶段。所谓咨商，是领导者与组织成员面对面的交流和沟通方式。谘商的目的是倾听、了解员工个人自我的愿景和关于组织的

① ［美］华伦·本尼斯：《怎样成为领导》，吴金根、吴群译，九州图书出版社1999年版，第181页。
② 北京国际城市发展研究院连玉明：《学习型组织》，中国时代经济出版社2003年版，第42页。

愿景，不是为了宣传和推销组织核心价值观和组织愿景，而是为了发现和澄清领导者和员工的观点，使领导者和员工都能自我成长、自我选择价值观。谘商的实质是领导者邀请全体组织成员来担当他的顾问，来塑造共同愿景。在谘商过程中，领导者和员工是平等的，双方都可提供意见，分析各自观点的优点和缺点，大家在彼此开放的倾听中了解自己、对方和组织，从而能做出有效的选择，进而承担责任。在谘商阶段要把测试阶段了解到的各种意见、想法和组织成员的个人愿景，进行系统的整理和分析，把他们的这些声音整合进组织的愿景中间去，此时应注意信息不要被歪曲，并应整合发布讨论的结果。

阶段二到阶段四可能是一个反复进行的过程，直至组织成员的愿景共同化，即组织中的绝大多数成员确定下来共同拥有的愿景。在组织愿景共同化过程中，最大的挑战是沟通。正如通用电气公司前总裁韦尔奇所说："一个成功联盟过程的最明显特征之一是进行了大量沟通工作"，"毫无疑问，远景目标和围绕远景目标的氛围进行沟通一直是，并将继续是最艰巨的工作"。第一个挑战是利用各种手段和技术，进行大量的沟通。要运用各种会议、小册子、表格、图画、照片、简单的词句比喻、"最佳表现者活动"等各种符号进行沟通。第二个挑战是沟通如何令人信服。"主要面临着沟通方面的挑战：通过与所有能提供帮助和合作的人进行大量的交流，让他们理解和相信这一远景目标及其战略；在交流过程中，尽可能地做到表达清楚，令人信服。"第三个挑战是，"这种沟通不仅仅是传达信息，它必须融入人们的价值观，激起他们的热情"①。

第五，组织愿景的实现阶段。这是一个具体实施的阶段，也是一个共同创造的阶段，是组织中的每个人开始为他们塑造的组织愿景而工作的阶段。组织核心价值观和核心目的部分是永恒不变的，但对未来前景的执行与实施过程中，组织可能会显现和产生新的愿景，即组织愿景所描绘的蓝图基本实现，组织成员会对未来产生新的憧憬，会树立新的远大的鼓舞人心的目标。

---

① ［美］约翰·P. 科特：《变革的力量——领导与管理的差异》，方云军、张小强译，华夏出版社1997年版，第62—64、90页。

第二节 实施价值领导

"新型领导者面临着新的考验，例如，如何领导那些不归他直接管理的人——其他公司的人、在日本和欧洲的人甚至是竞争对手？如何在这个新观点层出不穷，企业间相互依靠的环境中进行领导？这需要一套基于观念、用人策略和价值观之上的完全不同的方式。"[①] 时代需要新型的领导者，这就是价值领导者。"一种信条或思想情感对于社会内部的团结是必要的，但要使它成为力量的泉源，就必须有大多数的人对它有真诚的、深刻的感受"[②]。那么，如何实现价值领导？如何让大多数组织成员真诚地信奉组织核心价值观，并通过组织核心价值观凝聚组织利益相关者？领导者如何在领导工作中体现组织核心价值观，并深化组织的核心目的？"衡量群体的成功和领导者的效率的标准不仅是看任务完成与否，而且还要看在多大程度上该任务体现了群体的价值观并有效地深化了群体的根本目标。"[③] 由此可见，领导者需要掌握实现价值领导的技能。

价值领导的实现是组织核心价值观扎根、开花、结果的过程，是领导者有意识的行为，只有每一层的领导者都用组织的价值标准去判断工作中的一切问题，构建一套行为体系，使价值体系体现和落实在工作的各个方面和所有的环节，使价值观念真正成为组织成员的行为指导，才能使组织核心价值观落地扎根在实际工作中和组织成员的心中。领导者应具有确立组织核心价值观，并将之转化为行动并贯彻达成的能力和技能。正如华伦·本尼斯所说，下属是否接受领导者提出的价值、愿景目标以及通过动员支持将愿景目标转化为行为和成果，是检验领导艺术高低的一个重要标志。

---

① [美] 华伦·本尼斯：《怎样成为领导》，吴金根、吴群译，九州图书出版社 1999 年版，第 157—158 页。

② [英] 伯特兰·罗素：《权力论——新社会分析》，吴友三译，商务印书馆 1991 年版，第 109 页。

③ [美] 詹姆斯·麦格雷戈·伯恩斯：《领袖论》，刘李胜等译，中国社会科学出版社 1996 年版，第 352 页。

一　提炼并提出组织核心价值观

许多优秀的组织都明确提出自己的核心价值观，这是因为明确地提出核心价值理念，会增强组织行为的方向性，使员工产生确定感，也明确了衡量一切工作的根本标准。索尼公司在 20 世纪 50 年代提出的核心价值观是：日本文化和国家地位的提升；成为时代先锋——不追随别人；做不可能的事；鼓励个体的能力和创造力；公司存在的目的是体验发展技术造福大众的快乐。惠普公司的核心价值观是：我们信任和尊重个人；我们追求卓越的成就与贡献；我们在经营活动中坚持诚实与正直；我们靠团队精神达到我们的共同目标；我们鼓励灵活性和创造性。同仁堂的"炮制虽繁，必不敢省人工；品味虽贵，必不敢减物力"这种良好企业价值观念一直保持至今。海尔的核心价值观是：海尔只有创业没有守业；敬业报国，追求卓越；有缺陷的产品就是废品；用户永远是对的；要么不干，要干就要争第一；创中国的世界名牌。另外如北京大学、清华大学、牛津大学、哈佛大学等都有自己的核心价值观念。

价值观的提炼、选择和确立可能来自历史传统和组织流传的故事，从中提炼出使用率最频繁的能够代表故事精神的词汇，这些词汇经过进一步的加工，常常用三到五条表述组织的核心价值观，彰显组织的管理原则和宗旨体系，表达组织的重要和永恒的信念。在现实生活中，核心价值观的提炼和提出更多是领导者的心智活动，来自领导者的信奉、创始人的理念。"领导是关于描述愿景、实现价值观以及创造一个能够实现目标的环境"[①]，最高境界的领导是对价值观的领导。例如愿景型领导、变革型领导、超凡魅力型领导、对组织文化的领导、对组织使命的领导，归根结底都是对价值的领导。

提炼并提出组织核心价值观需要注意的是：一是价值观必须经得起时间的考验；二是组织核心价值观可能是竞争优势之所在，但这并不是组织拥有它的原因，组织之所以拥有它，是因为它界定了组织支持什么、反对什么和主张什么，因此即使当这种价值观成为竞争劣势时，组

---

① 刘洪刚：《领导本质的新探索——变革》，《理论与改革》2008 年第 5 期，第 99 页。

织也会坚守它；三是世界上没有一种放之四海而皆准的核心价值观体系，核心价值观对于组织内部成员有着内在的价值和重要性，它无须外界的评判；四是组织核心价值观是组织真实的信奉，是通过观察组织内部环境来发现，它必须是真实的，领导者和组织成员必须真正充满热情地持有它，领导者不能伪造它，也不能社会上流行什么或者什么是正确的，一个组织就认为应该有这样的价值观。

二　沟通咨商组织核心价值观

每个员工个体价值观不可能天然地与组织价值观保持一致，由于个体价值偏好的不同容易导致组织生活中组织成员彼此之间产生价值分歧甚至价值冲突，当组织成员之间产生价值分歧或冲突时，就会直接影响到组织成员之间的团结和协作。因此，如何整合这种可能的价值分歧，化解或隐或显的价值冲突，培育组织成员间的价值共识，促使人们认同领导者所提倡的组织价值观，并据此开展协调一致的行动，就成为领导者在实施价值领导行为过程中所面临的基本问题。

从本质上讲，组织核心价值观是组织成员的共识性的价值理念。领导者或少数骨干的价值信奉并不是所有组织成员的共同的价值观念，只有引起大部分员工，甚至是绝大部分员工的共鸣，达成共识，引导员工共同行为的价值观才叫做组织核心价值观。因此，在确立组织核心价值观的过程中，领导者一定要不断地与广大员工沟通价值观的内容和提法，强调领导者与员工的互动过程，强调员工的参与过程。领导者必须把这些价值观念充分地诠释并传递给每个员工，要不断进行沟通、宣传、询问和商讨，花大量时间亲自与员工进行交谈，了解组织成员对领导者提出的核心价值观的真实反应，解答他们的问题，倾听他们的个人价值观，然后采用各种办法收集员工的意见反馈。组织的领导层"可以就这个问题草拟出第一种版本，但那只不过是最初的版本。草案出来后，你需要把相关的文件分发给全公司的人，让大家公开讨论、共同切磋，并且反复多次"①。这就是说，如果组织的领导者要想有效地描述组织核心价值观并传递给全体员工，就必须整合员工的意见和建议，并

---

① ［美］杰克·韦尔奇、苏茜·韦尔奇：《赢》，余江、玉书译，中信出版社 2005 年版，第 7 页。

融入最初的价值观提炼之中，然后再把修改完善后的价值观体系的提法交由组织全体成员讨论。事实上，组织核心价值观的确立和形成应该是个反复交流、分享、讨论和实践的过程，价值观的沟通咨商过程是熏陶员工的过程，是使员工潜移默化的过程，是员工逐步认同组织价值观的过程。在沟通咨商阶段结束的时候，组织核心价值观体系就得以初步确立，或者说思想层面和文字提炼工作已经基本完成，下一步就是行动的时候了。

三　推销宣传组织核心价值观

实现价值领导的一个重要行为是对组织核心价值观的阐释和推销，尤其是一把手一定要亲自去做核心价值观的推销宣传工作，在这方面领导者主要面临着沟通方面的挑战。那么，如何推销宣传组织核心价值观？

一是要用生动的语言描述核心价值观。比如20世纪50年代初的索尼做过这样生动形象的描述：我们所生产的产品将分布于世界各地……我们将成为第一家打入美国市场的日本公司，并直接销售我们的产品……美国公司失败的技术创新项目——如半导体收音机，我们将会取得成功……50年后，我们的品牌在全世界各地都是知名的……我们崇尚创新和质量，我们可以和任何一家最具创新精神的公司相媲美……"日本制造"将意味着精美细致，而不是粗制滥造。

二要强调价值观的认同和内化有一个长期的过程。价值观的认同和内化问题绝不仅仅是开几次动员大会、讲几次话、写几篇文章所能解决的，高层领导者应该持续不断地、不厌其烦地抓住一切机会推销倡导这些价值观，并带动中、基层领导形成用组织价值观讲话、做事、思考、评价的习惯。

四　领导者身体力行组织核心价值观

一个组织核心价值观的形成以领导人的积极倡导和身体力行最为关键。领导者不仅应该是组织核心价值观体系的第一设计者和第一宣传者，还应该是第一践行者。领导者必须率先示范，"应当成为优秀的执行者、实干家。他要善于发现细节问题，注重小事，不放过任何机会，通过实际行动而不只是言词向职工灌输他所提倡的价值准则"①。"灌输价值观的成功不决定于领导人是否有超凡的想象能力，相反，这种成功却需要领导人亲自实践他自己努力树立的价值观，一丝不苟地、踏踏实实地、坚持不懈地去实现它，同时还需要以异常坚忍不拔的精神，不断完善这种价值观。"② 这是因为领导者的身体力行和以身作则，使其成为积极的角色示范和员工模仿的榜样。根据社会学习理论，员工不仅通过直接经验进行学习，还通过观察或听取发生在他人身上的事情而学习。在组织中，领导者是员工最重要的观察对象，员工更注意领导者的行为，而不是他们的言语。员工会解释领导者的行为透露出的信息，发现领导者真正的喜好和意图等。领导者有什么样的行为，不言而喻地表明这种行为在组织里是可接受的。所谓上行下效，领导者有什么样的行为，普通员工就会模仿什么样的行为。所以，在实现价值领导的过程中，领导者应该也必须是一个熟练而鲜明的角色榜样。

另外，身体力行自己倡导的价值观，能增加领导者的可信度。普通员工会倾听领导者关于价值、道德问题的论述，但这些言语必须得到相应行动的支持。"无论信息是用许多话语或是用精心选择的符号来传达的，都不一定会因被理解而被接受。领导工作中的一个很大挑战是可信度问题——即让人们相信这些信息"，"言行一致问题最容易影响信息内容的可信度。人们总相信行动胜于雄辩，因而可以发现，有效领导过程中主要人物的行为与其所传达的信息之间有着高度一致"③。"人们对别人重视的东西只是感兴趣，只有当别人做了时，他们才真正地信服"，"为了尽力于一个能行之有效的价值，管理者不得不在任何情况下都要言行一致"。④ 领导者的身体力行体现了领导者言行一致，能大大增加领导者的可信度，能够加速全体员工对组织核心价值观的认同和信奉，推进共享价值观的形成。相反，如果领导者通过行为传递的隐含信息与

---

① ［美］托马斯·彼得斯、小罗伯特·沃特曼：《寻求优势》，管维立译，中国财政经济出版社 1985 年版，第 10 页。

② ［美］托马斯·彼得斯、小罗伯特·沃特曼：《成功的探索》，高其乡等审校，辽宁大学出版社 1988 年版，第 309 页。

③ ［美］约翰·P. 科特：《变革的力量——领导与管理的差异》，方云军、张小强译，华夏出版社 1997 年版，第 70 页。

④ ［美］特雷斯·E. 迪尔、阿伦·A. 肯尼迪：《企业文化——现代企业的精神支柱》，唐铁军等译，上海科学技术文献出版社 1989 年版，第 154、30 页。

正式沟通渠道传递的官方信息相矛盾，即领导者言行不一致，就会造成信用差距（credibility gap），那么领导者就会在员工中丧失信誉，组织成员不会再发自内心地认同领导者倡导的组织核心价值观，价值领导就无法实现。

五　以奖惩和用人强化组织核心价值观

基于激励理论和强化理论，奖惩是一种激励措施，也是行为塑造的方法，奖励强化了行为并增加了其重复的可能性，惩罚则增加了该行为减少的可能性。确定奖惩的标准意味着确定员工什么样的行为模式可取或不可取以及努力方向，奖惩的实施能够使员工获知领导者对其业务和工作行为表现如何的反应，这样他们就明确知道领导者和组织主张什么、反对什么，就知道了自己工作行为的方向和标准。"价值观与行动纲领的清晰表述是重要的，但如果不能在实践中得到坚决贯彻，那也没多大用处。要想让价值观真的被大家所重视，公司应该奖赏那些品行突出、实践了价值观的员工，而'处罚'那些与之相悖的人。"[1] "对作为团队的和个人的优秀行为的奖励为人们对模范行为的正确认识的形成和加深提供了一个机会。"[2] 因此，绩效考核以及奖惩机制都要体现组织核心价值观的要求，当员工做出了相关适宜或不适宜的行为之后，领导者一定要有行为之后的反应：奖励或惩罚。

因为职位是许多人渴望获得的极其稀缺的资源，因此以组织核心价值观为标准选用人才，是最为重要的一个奖励措施。依据组织核心价值观的标准制定招聘、选择、提升、解聘的标准、程序和技术，找到认同组织核心价值观的人并发挥其潜能，"组织是价值观认同的人聚集并且实现各方价值的场所"[3]，对"能够出色地完成公司指标，并且能坚持遵循优秀价值观的经理人，你应该利用一切机会表扬和奖励他们"，要重用和提拔那些认同组织核心价值观又有能力的人，造就一个享有共同

---

① ［美］杰克·韦尔奇、苏茜·韦尔奇：《赢的答案》，余江、玉书译，中信出版社2005年版，第10页。

② ［美］杰克琳·谢瑞顿、詹姆斯·L.斯特恩：《企业文化：排除企业成功的潜在障碍》，赖月珍译，上海人民出版社1998年版，第214页。

③ 吴维库、富萍萍、刘军：《以人为本的真正内涵是以价值观为本》，《清华大学学报》（哲学社会科学版）2003年增刊1期，第58页。

价值观的管理团队。"同样重要的是，你必须让那些拒绝实施这种行为的人离开。还有一点非常关键：开掉这种违背公司价值标准的人不要在私下里进行"，"你应该站起来，向大家公开宣布，公司辞退他是因为他不能遵守公司的某些价值标准"①。正是由于领导者旗帜鲜明地维护了组织的价值标准，组织中其他成员的绩效将大为改观。

　　奖赏必须紧密地和明确地与组织有重要意义的行为相联系。为了方向明确，可以加大组织期望行为与非期望行为之间的效价差值。领导者不会得到自己所希望、请求和需要的，你得到的就是你所奖励的东西。人的行为总是朝着他们认为对自己最有利的方向发展。你奖励什么行为，将得到更多这样的行为。趋乐避苦，趋利避害，是人类行为的基本法则，因此实现价值领导、使价值观落地的精髓是：想要什么，就奖励什么！

六　用制度固化组织核心价值观

　　现有的制度必须被严格审查以确保它们的制定会促进价值观所要求的行为的产生，切实使价值理念充分地体现在工作的现实运行过程中。如果只是偶尔谈谈价值理念，但没有配套的管理制度和工作制度以及扎扎实实地执行，那么实现价值领导是不可能的。"如何把抽象的软性化的价值理念转化为看得见、摸得着的东西。这就需要一个硬性规定的、有约束力的载体"②，即用一系列的制度把组织的核心价值观以及相应的行为模式具体化为员工共同遵守的工作规程和行动准则。制度往往以规章、条例、标准、纪律、指标、工作流程等形式表现出来。如海尔的"6S"工作现场员工行为制度，大家既可以从具体层面理解文化的内涵，也更加清楚符合价值观的行为模式究竟是什么样的。更为重要的是，通过制度的约束，带有强制性地要求大家做出适当的工作行为，长期坚持就会成为习惯，直至内化和认同，成为员工自觉的行为方式，组织核心价值观的共享和落地也就水到渠成了。特别是在一些新的价值理念没有得到大家深刻理解和认同前，以制度作为载体加强贯彻落实组织

---

　　①　［美］杰克·韦尔奇、苏茜·韦尔奇：《赢的答案》，扈喜林译，中信出版社2007年版，第43、40—41页。

　　②　张仁德、霍洪喜：《企业文化概论》，南开大学出版社2001年版，第202页。

价值观就显得更加重要。

　　另外，制度能在一定程度上约束现任领导和后任领导的行为，以保证组织核心价值观的保持和延续。价值领导往往都是由领导者和少数精英主导推进的，因而组织容易掉进魅力型领袖的陷阱，即领导者个人的生命周期被复制成为一个组织的生命周期的可能性很大。制度文化是塑造组织价值观的主要机制和载体，只有建立科学的管理制度，才能够超越某位优秀领导者个人的任期，才可能大大降低领导人更迭带来的价值危机，组织的核心价值体系才可能获得长期的生命力。

七　戏剧化事件彰显组织核心价值观

　　是否危害组织核心价值观是衡量事件重要与否的根本标准，只要是直接危及核心价值观的事件，就是关键事件，也可以称为有关组织核心价值观的象征性事件。管理这些事件的领导者，我们称为"象征性的领导者"。象征性领导者率先支持和塑造核心价值观，他们不仅花费大量的时间来思考价值理念，还视自己的主要工作为处理在日常事务中时常发生的与核心价值发生冲突的事情或行为。象征性领导者时常会富于戏剧化色彩地处理这些事件或行为，通过发现、制造、扩大冲突，将这些冲突公开化，并以出人意料、毫不妥协的铁腕、引人注目的处理方式处理这些事件，由此彰显自己的主张和组织的核心价值观念。"在任何现代管理人员一天的生活中，都充满着无关紧要的、值得关注的以及非常重要的三类事情。我们称第一类为琐事，第二类为事件，第三类为戏剧性事件。象征性的管理者一个主要的技能就是分辨这三类事。"① 而实际上，象征性的领导者把自己看作是组织事务日常戏剧中的参与者、剧作者、导演者和表演者。1985 年张瑞敏带头用大锤砸毁 76 台不合格冰箱，就是一次戏剧性事件。砸冰箱砸醒了海尔人的质量意识，砸出了海尔"要么不干，要干就要争第一"的精神。

　　管理者和员工对危机和关键事件的处理，通常都揭示了究竟是否坚守和坚守什么样的核心价值、信仰、道德，是不是遇到冲突、威胁和挑战就妥协或放弃某种核心价值理念。在改变一种组织核心价值观或者是

---

　　① ［美］特雷斯·E. 迪尔、阿伦·A. 肯尼迪：《企业文化——现代企业的精神支柱》，唐铁军等译，上海科学技术文献出版社 1989 年版，第 130—131 页。

创新一种组织核心价值观时，不仅要提炼、宣导、灌输、积累、固化新价值观和新行为模式，而且要同旧的观念、旧的价值和行为模式作反复较量，这也是一种新旧价值观的长期斗争过程。

八　符号传递组织核心价值观

一些符号因素是组织价值理念和文化意义的载体和象征。符号既有其外在形象或形式，又有其内在意指，即意义、概念的部分。符号因素表达了组织的共有意义和价值，而且还进一步维持和传播了这个共有的意义和价值。比较常见的体现组织价值理念的符号有：仪式、典礼、口号、标语、语言、标识、图画、游戏、传说、轶事和故事等。其中仪式、典礼和故事是三种重要的传递组织核心价值观的符号因素。

"仪式是组织中被设计出来的或被构造而成的并在某种形式中被不断重复的行为方式"[①]，典礼是为提供显眼而有力的为组织所赞赏的范例。为了纪念一些重要时刻，突出一些事件及人物，或庆祝一些重要的里程碑式的进展，人们常常创造和重复一系列仪式和庆典，比如新生开学典礼、毕业庆典、年度表彰庆典、运动会、员工生日庆祝、节日联欢会……如剑桥大学学生入学要宣誓："我现在已成为剑桥大学的一名学生，我要刻苦学习，致力于剑桥的发展，以剑桥为荣"；"每次颁发奖学金，即使奖金数额很少，也要举行盛大的发奖仪式"；"毕业典礼完成后，由校长率领全体得到学位的学生在剑桥镇'游行'，接受市民的夹道祝贺"[②]。在每种典礼和仪式背后，象征着一种信仰和价值观，典礼和仪式提供了一个场所和组织成员对组织信仰和价值观增加理解的蓝本，并不断地加强组织的价值观念与信仰。这些仪式、庆典、组织历史故事等符号因素往往蕴涵着组织成员共同经历的一些事情，使大家产生许多共同的记忆和经历，承载着他们共同的经验和共同感情，成为集体记忆的一部分，把他们紧紧地团结在一起。口号、标语、一套特殊的词汇、特别的标记、仪式等符号象征，能够使一个组织保持某种特殊的精神气质和独特的组织身份特征。正是"完美的管理仪式提供了集体的内

---

① 朱国云：《斯默西奇对组织文化的研究》，《国外社会科学》1997 年第 1 期，第 67 页。
② 霍军叶：《剑桥大学的历史与文化》，《招生与考试》2008 年第 3 期，第 49 页。

聚力和一致性，并在外界树立起稳固的形象"①，一些研究证实组织身份特征强度与组织认同是正相关关系，仪式、典礼、名称、呼号、宣言等符号因素大大增强了组织身份特征强度和组织独特性，越具有吸引力的组织身份特征和组织独特性越会满足组织成员自我增强、自我区别性与自我延续性的需求，组织成员对组织的认同感就越强。

　　故事是显著的价值和行为模式的揭示，组织里的故事是传递信息和塑造行为最强有力的方法。比如张瑞敏利用故事推广理念——海尔提倡创新，提倡尊重每一个人的价值，提出了"人人都是人才"的口号。一开始员工反应平淡，员工可能都在想，我又没有受过高等教育，当个小工人，是什么人才？这时海尔就把由一个工人发明的一项技术革新成果以这位工人的名字命名，并且由文化中心把这件事写成一个故事，刊登在企业的报纸上，这个故事在所有员工中宣传开了。很快，工人中就兴起了技术革新之风。海尔的文化中心经常在传播着种种故事，这些故事中的主角就是英雄，这些体现企业价值观的人物故事就是显著的价值和行为模式的揭示，为员工显示了"这就是你在这里要取得成功所必须做到的一切"。另外，讲故事者通过把组织里的传说传递给新员工，从而保留了组织的价值、制度和文化。如果这个组织的文化是负面的消极的，即使管理者大会小会喊再多的口号，报告和组织文化手册提再多的高尚的价值、道德和信念，民间流传的故事却会传递出这个组织或领导者真正拥有的价值观、道德和信念。

　　符号因素表达了一个组织的共有意义和价值，而且还进一步维持和传播了这个共有的意义和价值。为更好地实现价值领导，有必要将抽象的价值观概念转换为具体符号，使其具有强烈的传播力和感染力，并充分利用各种宣传平台和载体，进行全方位的视觉和听觉传播。比如员工大会、干部培训班、手册、图画、办公用品、广播、电视、网络等都可以作为组织价值观宣传的平台和载体。

　　领导者实施了价值领导的行为步骤后，组织里就会出现体现价值观的新型的管理模式和员工行为模式，如果行之有效，组织将取得很好的业绩和成就，员工就会真正认同组织核心价值观，并自觉地以此指导自

---

　　① ［美］特雷斯·E. 迪尔、阿伦·A. 肯尼迪：《企业文化——现代企业的精神支柱》，唐铁军等译，上海科学技术文献出版社1989年版，第68页。

己的工作行为，价值领导得以实现。

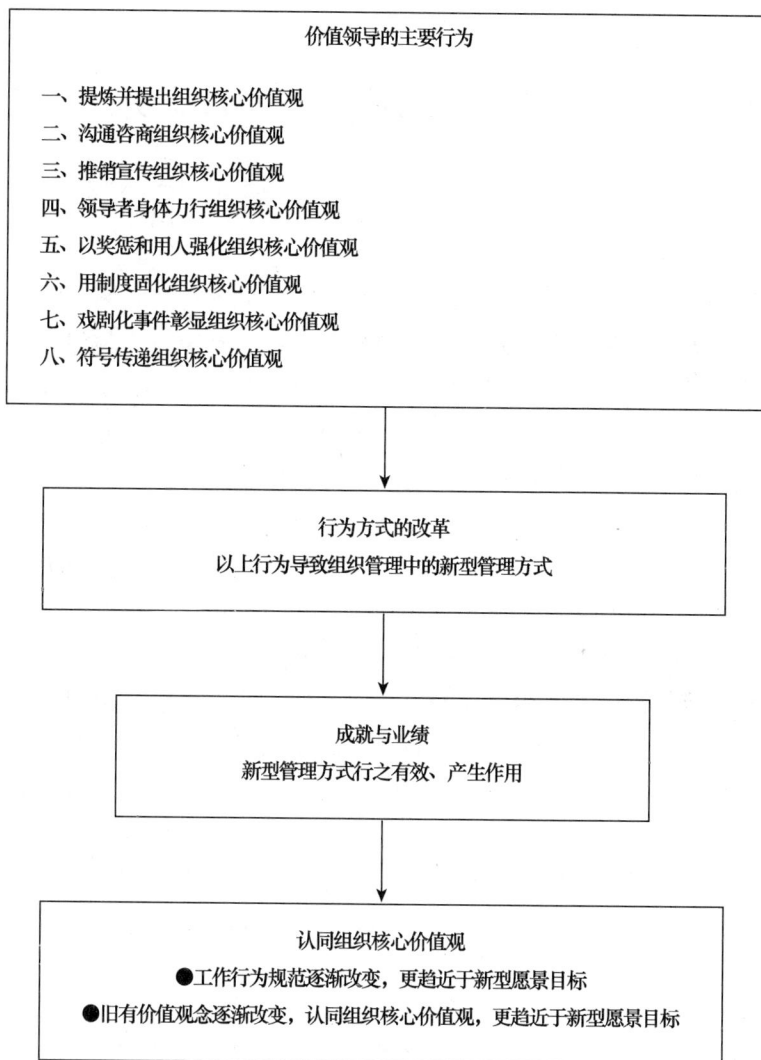

图14—1　在组织内实施价值领导的过程模型

409

第十五章　作为组织发展师的领导技能

21世纪的组织领导者正经历着世界范围内的根本变化，组织出现有机组织的趋势，如无边界组织、网络化组织、虚拟组织等组织的扁平化和横向化组织形式；传统的组织需要对机器等传统技术的创造和利用，然而，现代组织却是以知识和信息为基础，组织技术的关键是如何管理组织中的信息和知识；传统组织认为机器、厂房、土地、矿山、资金等资源比人力资源更重要，重点是对物质资源进行有效的、稳定的利用和管理，而当工业经济开始让位于知识经济的时候，与人相关的领导活动变得越来越重要，组织从"事本主义"向"人本主义"转变；随着全球化浪潮席卷，全世界范围内的竞争日趋激烈，组织从规模发展向组织创新转变，从具体型目标向战略型目标转变。总之，组织内外部环境的迅速变化，需要不断处理新问题，面临大量外部适应性问题，组织需要不断的和重大的变革，因此，组织成员不能仅为效率而奋斗，还要为组织的持续性改善而奋斗。知识经济时代，如何领导新的组织形态，就成为领导者自身图谋变革和发展的重要责任。领导概念中注入了组织发展的使命，当代有效的领导者不得不掌握使组织基业长青的组织发展师技能。

第一节　设计和领导学习中的组织

以知识为基础的组织中的所有成员都必须不断学习，组织成员之间应该学会相互对话，以生成、分享、传递、累积与组织有关的知识，以培育组织成员的创造力，识别和解决在其活动领域中出现的各种各样的新问题。或者说，学习应该成为组织成员和组织生存的一种方式，组织要有一套新的运作模式使之可以在一种持续学习的状态中运作，以促进组织自我创造变革，这就诞生了一种新型的组织形式——学习中的组织。① 这种组织形式为克服传统领导方式的僵化性、迟滞性提供了崭新的思考，一种独立于最高领导者之外的、源于组织自身的动力机制开始得以孕生。

一　学习型组织的领导者角色

传统的组织是等级权力控制型组织，领导者扮演指明方向、做出重大决策和激励部下的角色，依靠领导者个人导向和作用，忽视组织系统力量和团队作用，领导者以掌握大局、位居中心为满足，大部分时间投于控制、实务，主要精力用于解决问题，其领导的结果是导致员工"无力感"，即自己的方向不明确，等待领导指明方向；出现了问题，等待领导决策；缺乏主动性，积极性不高，责怪领导没调动自己。而学习型组织的领导者扮演设计师、教师、仆人角色，强调组织系统力量和团队作用，依靠共同愿景和团队学习，实现员工自我领导，领导者以设计理想系统并创造理想效果为满足，主要精力用于组织学习系统的设计以尽量避免产生问题。"学习型组织的领导力新理念，则围绕那些更微妙、更重要的任务。在学习型组织中，领导者是设计师，是老师，是受托人。""我们需要一种新的领导力模式，并把它与组织变革联系在一起。必须放弃旧观念，即领导人就是占据权位而自动出现的；必须拥抱领导的'新工作'，即作为设计师、老师和受托人的新工作。掌握这些新领域的工作技能，对占据高级职位的人至关重要。"②

（一）设计师

领导者把组织理解为生命系统，把设计作为组织生命系统的一部分来对待。通过领导者的组织设计工作，建立把学习和工作有效结合起来的组织"基础设施"。这些基础设施包括组织的志向目标、愿景、核心

---

① 彼得·圣吉提出了"Learning organization"的概念，直译是"学习中的组织"，或"学习实践中的组织"，英文原意更强调学习之精神取向和行动能力。而中文译为学习型组织，有静态化和类型化的弊端。考虑到中国人的阅读习惯，在本书的行文中，没有严格区分两种译法。

② ［美］彼得·圣吉：《第五项修炼——学习型组织的艺术与实践》，张成林译，中信出版社 2009 年版，第 334、Ⅻ页。

价值观等指导思想，"奥布赖恩曾说：组织设计被广泛误解成线条和箱子的摆放游戏。其实组织设计的首要任务是设计指导思想，包括志向目标、愿景，以及大家生活中遵守的核心价值"[1]；包括需要设计支持学习的制度、奖励机制；采用有利于组织学习的团队等组织机构设计方式；可以设计一些开展工作中学习的项目，如高级领导者研习营、"深度汇谈"的俱乐部和咖啡馆、跨越组织层级和职能界限的多元视界会议等；包括建设学习工具，如利用计算机和互联网。

作为设计师角色的领导者必须深刻认识到组织成员对沟通和学习的重要需求，而且这个需求还远远没有得到满足；设计师要保持开放心态，去严格审视初期的结果，根据这些结果的反馈去调整和修正最初的设计；作为设计师角色的领导者需要理解和适应开放的反复设计过程，并在这一过程中不断演化，要有耐心和毅力坚持下去，绝不能指望一开始就十全十美，也绝不能指望组织学习的目的很快达成，要深刻认识到组织学习的实践是伴随组织存在而存在的；作为设计师的角色，领导者必须愿意让其他人去不断发展组织学习的"基础设施"，以适应他们自己的情况，绝不能想自己操控这一发展进程。

设计师角色的成功和传统领导角色的成功有很大不同。传统的领导者是英雄式的人物，他们靠控制、靠名气、靠挽救危机，或者靠占据行动的中心位置来起领导作用；而好的组织设计师的标志性特征是不造成危机问题，这种起到静默的领导力作用的设计工作恰恰吸引不到多少人的注意力。精湛的组织设计是化解问题和危机的存在，到了登峰造极的程度，可能根本就是无形的了，犹如老子所言："太上，不知有之；其次，亲而誉之；其次，畏之；其次，侮之。信不足焉，有不信焉。悠兮其贵言。功成事遂，百姓皆谓：'我自然。'"[2] 作为设计师的领导者自己会在内心深处得到满足，因为自己所在的组织，能够让大家实现自己真心关怀的结果，能够实现大家自身的成长和发展，使组织成为人们终生成长和发展的社会载体。实际上，与传统领导者所得到的权力和赞誉相比，这种满足感有更加永久和深刻的意义。

---

① ［美］彼得·圣吉：《第五项修炼——学习型组织的艺术与实践》，张成林译，中信出版社 2009 年版，第 340 页。

② 绕尚宽译注：《老子》，中华书局 2006 年版，第 43 页。

（二）教师

作为教师角色的领导者更多的是教练员和促进知识分享者，而不是指导者和控制者。一个好的教师不仅关注教授什么和怎么教授，更重要的是创造出学习的氛围，让员工获得成长以及成长的能力。具体来说，作为教师角色的领导者主要的任务有五个：

1. 教师的首要任务是界定组织内部及其外部"生态环境"的真实情况，协助组织成员对真实情况有一个正确、全面、深刻的把握，提升他们对组织系统的了解能力，帮助组织成员发现现实是创造愿景的媒介，使组织成员行动一致，方向明确，心中拥有促进组织持续发展的共同愿景。

2. 洞悉每一位成员的长处和优势，为他们设计具有成长性的职业生涯，促进每一个人都能学习，并给予相应的帮助，教师角色应该是"超级领导"，即培养下属进行"自我领导"的领导者，而组织成员的自我领导是所有个人、团队、组织变革的源泉。同时，学习型组织中的领导者应具有良好的人际关系处理能力，与此相关的支持性行为主要包括：对组织成员显示信任和信心以及友好与关心，以实际行动帮助组织成员进一步发展他们的职业生涯，保持与组织成员的信息沟通，对组织成员的想法表示欣赏，对贡献和成就给予及时认同。①

3. 创造出学习的氛围。作为教师角色的领导者应该通过正式或非正式的策略鼓励员工的学习实验，提倡团队合作学习的方法和跨部门之间的实验行动。作为教师角色的领导者组织一些对话和"深度会谈"时，唯一应该控制的就是场地氛围和讨论的方向，其他东西都不用控制，通过参与者的交流互动来把握和推进对话或"会谈"。

4. 领导者要有双向交流文化的能力。创新者要建设学习型和开放性文化，他们有时候会感到身处两个世界：一个是自己推动建设的团队或组织的开放性、学习型世界；还有另一个，即在组织机构中占据主流的、更传统的世界。随着我们进一步理解创新者与组织的防卫和免疫系统之间的相互冲突，我们开始看到，要保持创新势头就要求领导者学会

---

① 《学习型组织中的领导新角色》，2012 年 10 月，圣才学习网（http://guanli. 100xuexi. com/SpecItem/SpecDataInfo. aspx？id＝0CE1661E－7951－47C8－9106－B1C771CD9D62）。

双向交流文化能力，即能够在两个不同的世界之间有效地来回转换，并遵守每个世界的基本运行规则。基辛格曾说："遇到的所有中国领导人，留给我的一个共同的印象就是，他们对于自己所做的工作都非常了解，但是他们不了解美国人的心理和美国文化。"①这说明多元化的组织需要多元文化交流的能力，如果涉及全球化组织，领导者还需要具备不同国家文化交流的能力，全球化的组织需要全球领导力，学习中的组织的领导者要具备新旧文化交流的能力。

5. 做热情的学习实践者。要做一个真正的学习型组织建设的老师，领导者必须自己先成为一个学习的热情实践者，自己先要拥有学习型组织实践的切实体验和积累足够的知识，才有可能指导下属的学习。在学校中，老师对于学习的热情也能够启发和激励学生，同样，作为教师角色的领导者的热情也能够启发和激励下属的学习热情。"领导的核心策略很简单：成为榜样，就是自己承诺并实践自我超越修炼。……为了鼓励别人进行自我超越修炼，你本人的认真实践，比任何其他方法都更有力量。"② 教师角色的领导力的真正来源是领导者的学习实践的热情和切实的学习实践行动。

（三）忠实的仆人

领导者还必须扮演忠实的仆人，这个角色是服务型领导。仆人的角色主要表现在两方面：一方面领导者为组织的目标、使命服务，是组织共同愿景的仆人，他选择了这一愿景，就不惜一切为之奋斗。另一方面是为所领导的人服务。领导者的忠实仆人的态度和行为是一种内心愿意服务他人的意愿，这是建设学习型组织的关键因素之一。仆人式领导把注意力集中在与他们共同创造未来的同事、下属身上，而不是集中在他们作为"领袖"的自我的身上。正因为仆人式领导把组织成员的福祉放在心上，分散权力，使下属获得成长，才赢得大家的信任和追随。学习型组织是由那些为组织和他人的愿景而奉献自己的领导者创建的。这种仆人式的领导者是组织使命的受托人，是组织成员愿景的受托人，他们担负着双重使命和责任，必须具有忠实的尽责的态度和切实的行为表

---

① 刘卫平、王莉丽：《全球领导力》，清华大学出版社2005年版，第237页。

② ［美］彼得·圣吉：《第五项修炼——学习型组织的艺术与实践》，张成林译，中信出版社2009年版，第172页。

现。而所谓仆人，意指领导人不但要发展愿景，更必须忠于愿景，领导者在其内心深处应该拥有一个所谓的"使命故事"（Purpose story），也就是能清楚说明组织存在的根本理由以及组织要往何处去。仆人式领导的深层志向为他自己也为他所领导的团队或组织提供了一个精神支柱。不过，实际上，多数组织的传统领导角色都不是被愿景所引导的，他们更看重的是在不长的任期内，如何获得成功和晋升。传统的权威领导关注个人欲望的满足，滥用权力，表现出对受托责任的亵渎行为，而仆人式领导把注意力集中在事业上，把注意力集中在他们身处其中的更大的组织系统上，而不是如何获得权力。

二　学习型组织的三类领导者

"领导行为不应是权杖顶端的明珠，不应是一小撮人的专利，而应该在企业、组织、社会的各个层次发挥作用。"[1]"学习型组织的决定性特征，是优秀的领导者广泛分布在组织的各个角落，而不是只处在高位"[2]，是分散式的领导体系，一线领导者、内部网络领导者，以及高层执行领导者[3]将共同为形成学习型组织生态圈做出贡献。

（一）一线领导者

在学习型组织中，一线领导者更多是基层领导者和中层领导者，是各种班组、群体或团队的领导者，在组织的日常工作中他们担负局部工作责任，注意力集中在业务单位。在组织的学习实践中，他们是整合各种创新实践，并把它们融入日常工作的关键。这包括：测试系统思考工具的有效性，处理各种心智模式问题，深入沟通交流，建立共同愿景并与大家的现实联系起来，以及建立学习和工作相结合的工作环境。没有局部一线领导，不管有多么令人信服的新理念，都不会转变为行动，上层的变革计划背后的意图，也很容易因此受阻。

（二）内部网络领导者

内部网络领导者是助产士、播种者和联络人，他们主要是职能部门

---

① 〔美〕华伦·本尼斯、伯特·耐纳斯：《领导者：成功谋略》，柴贺译，九州图书出版社1999年版，第4页。

② 〔美〕彼得·圣吉：《第五项修炼——学习型组织的艺术与实践》，张成林译，中信出版社2009年版，第XII页。

③　同上书，第332—333页。

的领导者、中层领导者、跨部门团队领导者和各类委员会成员。当然，那些在一线工作的员工、内部顾问、培训者都有可能是内部网络建设者。但如果没有获得授权，或者没有相应的职位，一个普通员工想成为内部网络领导者，需要具有相当的学习能力，并付出更多的努力才能产生足够的影响力。内部网络领导者常常和一线领导密切合作，建立本领域或本部门的自治能力，并整合各种新的实践方法。对于新理念和实践方法在各个小组以及各个组织机构之间的传播，对于各个局部的一线领导者之间的联系，他们都发挥着至关重要的作用。内部网络领导者建立起更大的网络，推广成功的创新实践经验，传播重要的学习实践知识。一些组织不乏一线学习型领导者，但由于缺少内部网络领导者，一线领导者创新的知识和经验，无法在组织内很好地传播。在等级体制中内部网络领导者对推进变革进程有着最重要的作用，是学习型共同体建设的中坚力量，却也是最容易被忽视其作用的。如果一个组织有更多有形和无形的学习型共同体建设者，可以充当组织学习"播种者"的角色，使有创新意义的经验在组织范围内自发地流动，帮助培育更正式的学习合作和领导机制，那么，学习型组织文化的形成就为时不远了，组织内部的学习能力和自我更新能力就会获得长足的发展，组织的基业长青就有希望了。

（三）高级执行领导

高级执行者是组织的高管们。他们影响着总体的创新和变革环境，他们必须在思想、结构、制度等方面给其他领导者提供方向性和基础性的支持，同时在培养学习的规范和行为的渐进过程中通过榜样作用来实施领导。他们的领导力，是通过开发指导思想、志向目标、价值体系以及整个组织的愿景来实现的。他们不一定是这些思想的唯一来源，因为这些思想可能来自许多不同的地方。但是，他们必须负起责任，确保令人信服的、激励人心的指导思想在自己组织中的持续活力。高级执行领导对处理阻碍创新的结构性问题，比如糟糕的考评和奖励机制，是至关重要的。同时，高级执行领导者具有组织象征旗帜的影响力，他们还必须是以身作则的榜样，在组织中处于最显眼地位的人，尤其要身体力行，身体力行那些价值观和愿景目标，从而令人信服。高级领导者要拥抱一句古老的格言："行胜于言。"同传统模式下权力属于等级制度的领导者相比，当高级执行领导者作为设计者、教师和仆人来领导时，他们所起的作用更微妙、更连贯和更长期。因此，在传统组织中，把精力集中在战略方面的高层领导者，现在应该把创建一个允许持续学习的环境作为自己的重要责任。

这些不同类型的领导者都互相需要。局部的一线领导需要高管领导去领悟更大系统中阻碍变革的因素，还需要网络领导来防止自己陷入孤军作战，并来帮助自己向其他从事变革的同行学习。网络领导需要一线领导在实践中测试理念和想法，还需要高管领导把局部的洞悉变成组织更大范围的指南和标准。高管领导需要一线领导把战略目标的概念变成执行能力，还需要网络领导建立学习与变革的更大的网络。

三　领导行动学习

许多人把学习等同于接受信息和掌握知识，以为聘请专家做报告、传达文件精神、进修或提升学历，就是学习型组织的创建活动了。许多组织一般采用脱产培训的方式，把干部和员工送到高等学府、培训机构，甚至是国外进行脱产培训，不仅花费大笔资金，还要付出巨大的时间成本，也导致其他的干部和员工要承受其工作分担的压力。同时，这种脱产学习往往造成与实际工作的疏离，很难衡量有多少所学真的可以投入实际工作之中并切实改进工作绩效。其实，接受信息和知识与真正的学习之间只有遥远的间接联系，作为一个员工，真正学习的发生是指工作行为相对持久的改变。学习是一个过程，它会增强个体和集体取得自己真正想要的结果的能力。这个定义有所裨益，因为它强调了常被错误理解的两个关键性学习要素：其一，学习不是单纯的智力开发和知识积累，而是对有效行动能力的建设；其二，建设这种能力需要时间，而且通常是大量的时间。在学习型组织里，员工的工作和学习要融为一体，即"学习工作化，工作学习化"，在学习中使工作不断创新和变革，在工作中不断学习和成长。建议领导者把行动学习法作为建设学习型组织的基础性方法。

行动学习法是从基于认知模式的培训转变为面对真实问题、真实挑战、真实风险的行动学习模式，将掌握知识、研究工作、解决问题三个过程直接统一起来。行动学习法强调工作中的知识的重要性，是在一个专门以学习为目标的背景环境中，以组织面临的重要问题、难点问题作载体，以团队学习的形式探索性地解决实际工作中的问题，学习者通过对实际工作中的问题、任务、项目等进行处理，从而达到开发人力资源和发展组织的目的。这种学习方法强调从已有的知识中学习、从个人的经验和小组其他成员的经验中学习，强调团队成员对已有知识和经验的相互质疑和在行动基础上的深刻反思，工作的重心放在相互促进、广泛提出问题、深层次的质疑和反思上，而非简单地各自提出观点，从而在解决问题的过程中小组成员得以成长，整个组织得以发展和进步。这是通过行动实践学习，是学习知识、分享经验、创造性研究解决问题和实际行动四位一体的方法。

在组织中学习计划受阻的最主要原因，恐怕就是学习活动的支离破碎，即把学习任务安排成"附加"的活动，分立于大家的日常工作之外。这方面的主要缺陷是缺少能帮助员工把学习和工作有效结合起来的组织设计和路径设计。而行动学习法强调与工作相关的知识的学习，强调在工作中学习，能将学习与工作紧密结合起来，避免学习和工作"两张皮"的现象，能切实提升团队和组织的整体工作水平，提升组织不断发展自我的能力。

行动学习法强调质疑和反思，对质疑和观察评论保持开放和欢迎姿态。行动学习要求团队成员"悬挂"自己想法和做法的假设前提，这就是要求大家要意识到自己的假设，并把它拿出来接受检查。如果我们总想为自己的观点辩护，就做不到这一点。如果做不到这一点，那么，人们很难改善自己的心智模式并对工作中的问题进行系统思考，无法实现自我超越，也很难有深度的"团队会谈"，无法激发和挖掘自己和团队的潜能。

行动学习法强调团队学习。团队学习之所以重要，是因为团队，而非个人，才是现代组织的基本学习单位。团队才是动真格的地方，除非团队能够学习，否则，组织是不能学习的。团队学习是能够培育超越个人视角局限、以看清更大图景的集体技能。只要内容与学习者的处境和需求相关，在一个共同学习团体的支持下，人们可以自己发现问题和学习。

行动学习法强调学习者个人的经验是学习的重要资源，主张学习者不是被动的，而是参与进来，敞开心扉，投入心智。因此，行动学习法也是参与性学习方法的导入。运用参与性学习方法的关键策略是"行动—反思—行动"的循环。参与性学习方法起源于成人教育理论和实践，认为成年人有着广泛的个人经验，他们通常都会用心地去学一些与他们工作和生活相关的东西，他们具备更强的能力去反思他们的经验，自己去思考、批判、分析和发现新的知识。这种方法的关键假设在于，学习者从他们自身经验中学到的东西对行为改变的贡献远远多于他们从专家那儿学来的东西。

第二节 领导组织发展与组织变革

一 组织发展

（一）组织发展的起源和发展

在 20 世纪五六十年代诞生了组织发展的技术。20 世纪 60 年代初期主要是通过敏感性训练、成员相互作用的分析等，侧重于个人行为的改造和小群体的有效，以实现组织发展的目的。70 年代以来，由于社会环境的动荡和多变，要求组织有更高的自我更新能力，组织发展问题日益感到迫切，过去组织发展中涉及的范围和程度都显得不足了，要求组织发展内容的广度和深度进一步丰富和发展。"组织发展是指将行为科学知识广泛应用在根据计划发展、改进和加强那些促使组织有效性的战略、结构和过程上。"[1] 组织发展是指以行为科学研究和理论为基础，有计划、系统性的组织变革过程。[2] 组织发展所包含的内容也是不断发展扩大的。变革的目的是使组织得到发展，适应组织内外条件的要求，有效地行使组织职能。[3] 因此，在当今组织变革和组织发展几乎成为了同义词，这两个概念的内涵趋向一致，因而有时同时使用。但由于组织发展的缘起，组织发展有其自身的特点。

（二）组织发展的特点

1. 组织发展更强调变革的系统性，它关注的是各个部分在相互影响时的交互作用。组织发展应用在一个完整系统的战略、结构和过程中，它试图将人、结构、技术和环境这四项影响组织行为的元素统一为

---

① ［美］托马斯·卡明斯、克里斯托弗·沃里：《组织发展与变革精要》，李剑锋等译，清华大学出版社 2003 年版，第 4 页。

② D. 赫尔雷格尔、W. 斯洛科姆、R. W. 伍德曼：《组织行为学》，俞文钊、丁彪译，华东师范大学出版社，汤姆森学习出版集团 2001 年第九版下册，第 892 页。

③ 毕然：《组织管理心理学》，吉林人民出版社 1987 年版，第 282 页。

一个高效的整体。它集中回答这样一个问题，"各个独立的部分结合成为一个整体工作时效率如何？"重点关注的是各部分的关联方式，而不只是各个部分本身。这也是与那些单纯将注意力集中在系统的一个或几个方面上的方法的区别之处，例如培训和开发、技术创新。

2. 组织发展更强调变革的主动计划性和专家导向。组织发展不同于传统意义上的计划变革，它更强调变革的主动计划性和专家导向，组织发展涉及对计划变革进行管理，是一个比规定如何去做的宏伟蓝图更适用的计划和实施变革的过程，它涉及诊断和解决组织问题的计划，但是这种技术是富有弹性的。当前，有些行为科学和管理科学的研究者，已把组织发展看成是新的管理手段。罗宾斯认为，组织发展是有计划变革的干预措施的总和。有学者称组织发展为"改革的管理"。这种新的概括足以表明组织发展囊括的丰富内容。

3. 组织发展有其独特的价值取向。组织发展是基于一些价值倾向而出现的技术，与组织变革的缘起有不同的价值倾向。组织发展和变革管理都要处理计划变革的有效实施问题，都关心那些能够改善组织的行动、过程和领导层问题所产生的后果。然而，其根本的价值倾向是不同的。组织发展的行为科学基础支持人类的潜力、参与和发展的价值，关注员工还要有高质量的工作生活，而变革管理更关注经济潜力和获取竞争优势的价值。组织发展包括了建立在人本主义民主价值观基础上的有计划变革的干预措施的总和，它寻求的是增进组织的有效性和员工的幸福。组织发展范式重视人员和组织的成长、合作与参与过程以及咨询精神。大多数组织发展活动的基本价值观念是尊重人、信任和支持、权力均等、正视问题和参与。

4. 组织发展强调以人为中心的组织变革，强调增进组织实现其目标的能力。组织发展是行为科学知识在不同层次（个人、群体、群体之间及整个组织）的系统运用以引入计划的变革，致力于用行为科学的知识来改变信仰、态度、价值观、策略、结构和实践，从而使组织能更好地适应竞争活动、技术进步和环境中其他变革的飞速发展、变化。它的根本目标在于改变组织的有机组成部分，使其对人更加关注，效率更高，更有能力进行组织学习和自我更新，组织发展的关键在于培养组织评估其当前功能并实现其目标的能力。组织变革的其他方式所关注的主要方面同组织发展明显有所不同，例如，管理咨询几乎只关心财政绩效，而培训和开发则注意具体效果。因此，组织发展与变革管理相互区分的特征是，组织发展更加关注知识和技能的转移，以便系统在将来能够更有效地进行变革，而变革管理并不一定非得要求这些技能发生转移，简言之，所有的组织发展都有变革管理，但变革管理并不必然包含组织发展。约翰·科特在《变革之心》中认为自己提出的变革八步骤中最核心的问题就是改变人们的行为。"组织变革当中最核心的问题不是战略，不是系统，也不是文化。这些（以及其他一些）因素都是非常重要的，但最关键的问题无疑还是行为——如何改变人们工作的内容和方式。"也就是说，组织当中人们行为的改变，是一个组织想要取得变革成功的基本条件和关键所在。

5. 组织发展有一套专门的方法和技术。组织发展通过一些专门的方法和技术提高和增进组织成员的知识与技能，改变组织成员传统的态度、行为模式，建立新的态度和行为模式，以适应组织的新要求；改变群体行为，提高组织的内聚力和士气；增加组织成员的组织认同感，增进团体意识。组织发展的主要方法包括敏感性训练、调查反馈、行动研究、过程咨询、终身规划和事业计划活动、个别辅导与咨询、团队建设、群体间关系开发、科特的"目睹→感受→变革"模式等。

二 组织变革的动力

组织变革是一种在一定时期内包括整个系统在内的有计划变化的尝试，这些变化的尝试与组织的任务相联系。组织发展与变革的最终目的和价值是提升组织的整体效能，使其有更高的自我更新能力和组织学习能力，以便组织系统能够更有效地进行变革，适应组织内外条件的要求，提高组织适应环境变化的能力，增强和不断保持组织活力，使组织持续有效地行使组织职能，保持组织基业长青。龟兔赛跑在中国是一个家喻户晓的故事。过去我们通常的理解是在于谁跑得快，其实，一时的快或是一时的慢，意义是不大的。对于组织来说，更重要的是究竟能够活多长，不是光讲速度。查尔斯·达尔文说：得以幸存的既不是那些最强壮的物种，也不是最聪明的物种，而是最适应变化的物种。组织是一个生态系统，组织的生存和发展也是一个"适者生存"的过程，但组织不是完全被动地随环境、技术等因素而改变结构的某种非生命体，组织内部存在着某种类似生命体的动力机制。"在某种意义上，成功的领导好像经常与所处的环境或所处环境的主要变动方向相适应。""它就是所处环境的状态函数"。① 这种动力机制就是组织变革的能力，组织变革与组织发展的能力是决定组织基业长青的最关键因素之一。

领导组织变革需要组织具有丰富的领导力资源。从涉及的承担组织变革任务的角色看，第一种是组织高层领导发起和进行的变革。"我们坚定地认为一个企业的文化发端于其顶端。企业的每个成员都可能为企业的文化做作出贡献或对它进行塑造，然而文化的界限、趋向以及它所注重的方面是由企业的最高领导者决定的。"② "管理的职责是尽可能减少风险，维持当前体制的运行。而变革，根据其定义，要求建立新的体制，因而常常需要领导力。如果没有足够多的真正领导者被提拔和聘用到高层职位上从事工作，那么，组织转型过程的第一阶段通常是死路一条。"③ 研究者们通过大量的实证研究得出结论，涉及深层次的改革往往由组织高层领导发起和坚定地推进才能够成功。第二种是组织中层发起和进行的变革。现在的组织系统越来越庞大和复杂，中层管理者掌握有一定的权力和资源，使组织的中层管理者有更多作为的空间和可能。第三种是组织基层发起和进行的变革。组织基层发起的变革，一部分主要是技术和方法层面的革新，另一部分涉及理念的变革。激发组织基层的工作和组织变革，依赖于组织有更宽松的环境和相应的激励机制，以及上级部门对新理念、新方法的大力推广。从变革领导者的角度看，变革的关键是组织或部门的一把手。如果变革的目标是整个组织，则组织的首脑是关键；如果需要变革的是一个组织的一个分部，则分部首脑是关键。不管是处于组织总体范围内的变革还是部门范围的变革，高层管理团体中一致的观点对成功是必不可少的。变革的关键是一把手。"如果变革的目标是整个公司，则首席执行官是关键；如果需要变革的是一个分部，则分部经理是关键。"④ 由此看来，不管处于组织哪个层级的领导者都要掌握领导变革和组织发展的技能。

---

① ［美］约翰·P. 科特：《现代企业的领导艺术》，史向东、颜艳译，华夏出版社1997年版，第23页。

② ［美］杰克琳·谢瑞顿、詹姆斯·L. 斯特恩：《企业文化：排除企业成功的潜在障碍》，赖月珍译，上海人民出版社1998年版，第150页。

③ ［美］约翰·P. 科特：《领导变革：为什么企业转型的努力会失败》，［美］约翰·P. 科特等：《变革》，李原等译，中国人民大学出版社1999年版，第5页。

④ 同上。

三　组织变革的步骤

组织变革是一个系统的过程，可分为八个步骤：

（一）使组织成员认识组织的现状和变革的必要

所有的变革都会给参与变革的人带来一定的损失，人们常会因不安全、社会关系破坏、经济地位受到损失等原因反对变革。人们已形成的思想、观念、态度、行为像冰一样相对稳固。对带来坏消息的人进行攻击似乎是人类的一种普遍倾向，当组织中的一把手不是变革精英时，尤其如此。因此改革必须打破原有的平衡和固有模式，领导者要对组织内外的各种情况进行研究，深入考察社会和环境的变化，了解竞争对手的状况，识别并讨论危机、潜在危机或重大机遇，制造紧迫感，分析变革的压力，分析外部环境（技术进步、市场变化和政治、经济、社会的变化等）和内部力量（包括组织运转程序和人的因素）的状况。"首席执行官让每一个人都明确认识到，陷入危机的公司不是因为人力的破坏，而是因为一些优良的实践活动已经超过了它们的有效期"①，向组织成员阐明组织的紧迫感。成功的变革都会有一场针对潜在的、不愉快事实的坦率讨论。"不管经营业绩的起点是好还是差，在我所看到的比较成功的案例中，都会有一个个体或群体促成了一场针对潜在的、不愉快事实的坦率讨论。"所有这些活动的目的，都是要使个人或群体认识组织的现状和变革的必要性，"引用一位曾是欧洲某大型企业的首席执行官的话，都是为了'让现状看起来比对未知的探索更具危险性'"，"当紧迫感达不到足够高的程度时，企业转型就不会成功，组织的长远未来也会出现危机"。"当公司的管理层中75％的人真正认识到企业的常规状态彻底不能接受时。低于这一比率，将会给变革过程的随后阶段带来严重问题。"②

（二）建立一个强有力的领导联盟来统领变革

"正是由于现有体制工作不顺畅，变革常常需要正式规定、期望和礼仪之外的活动"，"缺乏强大的直线领导的群体不可能拥有他们需要

---

① ［美］罗杰·马丁：《改变企业的思维方式》，［美］约翰·P. 科特等：《变革》，李原等译，中国人民大学出版社1999年版，第127页。

② ［美］约翰·P. 科特：《领导变革：为什么企业转型的努力会失败》，［美］约翰·P. 科特等：《变革》，李原等译，中国人民大学出版社1999年版，第5—6页。

的权力"，"缺乏足够强大的领导联盟的变革努力，可能在一段时间里会有显著进展，但变革的对立面迟早会联合起来，迫使变革最终停顿下来"。因此需要非常强有力的变革领导联盟，即"在头衔、信息和技术、声誉和人际关系方面都非常强大"①。仅仅组织中的首脑是变革的积极支持者还不够，在变革努力的第一年，成功的领导队伍中可能只有3—5人，但进展到第三阶段建构愿景规划之前，这个联盟要增加到20—50人的规模（视组织大小），这个联盟的人不一定都是组织结构表中的管理者，"变革实施机构的成员应该不仅代表各自的部门，还要代表组织整体，他们必须是可靠的，并为人们所敬重和信任。在这一机构中吸收一些群众中的带头人和一些支持并愿意参与文化变革的人们很有益处"②，"这种联盟常常是非常强有力的——在头衔、信息和技术、声誉和人际关系方面都非常强大"③。一些公司的经验证明，"这个群体中必须包括足够数量的企业财产代理人——即那些'在这里起决定作用'的员工。他们有的支配着关键资源，有的是非正式舆论网的核心。这个群体可能常常会包括一些地位重要但很少露面的人，比如关键的工程技术专家和重要的程序工程师"④。组织一个强有力的群体来统领变革，鼓励群体成员协同作战，有利于获取变革需要的权力和资源，有利于影响和凝聚更多的人参与组织发展和变革，也有利于变革实施机构的成员能够接近各个层面的不同组织成员，获取各种信息，以利于他们做出正确的决定。

（三）建构愿景规划并设计实现愿景规划的战略

从涉及的组织要素的程度看，组织发展和组织变革的思路主要有以下两种。一种是深层的变革，涉及对现有管理理念、模式和工作流程的再思考和彻底的再设计。另外一种是浅层次的变革，这种变革不质疑价值观、管理理念、基本管理原则和组织战略等深层次的问题，仅仅是在

---

① ［美］约翰·P. 科特：《领导变革：为什么企业转型的努力会失败》，［美］约翰·P. 科特等：《变革》，李原等译，中国人民大学出版社1999年版，第7—9页。

② ［美］杰克琳·谢瑞顿、詹姆斯·L 斯特恩：《企业文化：排除企业成功的潜在障碍》，赖月珍译，上海人民出版社1998年版，第225页。

③ ［美］约翰·P. 科特：《领导变革：为什么企业转型的努力会失败》，［美］约翰·P. 科特等：《变革》，李原等译，中国人民大学出版社1999年版，第7页。

④ ［美］特蕾西·高斯、理查德·帕斯卡尔、安托尼·亚瑟斯：《企业彻底改造的"过山车"，以今天的冒险换取强有力的未来》，［美］约翰·P. 科特等：《变革》，李原等译，中国人民大学出版社1999年版，第102—103页。

方法、技术和手段层面的改变。但从长远看，如果认为"变革只是被添加于文化之上。这是一个极大的错误。所有这一切的调整都需要一个支持并促进这些调整的文化，需要一个支持并促进这一全新的工作方法的文化"①，只有组织系统中有足够的支持方法变革的支持系统，组织成员才会积极参与方法和技术改进，这种浅层次的变革才能在整个组织中形成风气。因此，归根结底，组织变革的领导者面临的挑战是要变成一家截然不同的组织，而不是比过去更好的组织。当领导者对自己和组织进行彻底改造时，他们建构新的深层基础，即改变自己决策和行动所依赖的深层假设和隐含前提，并带领每个人向着一个似乎不可能的未来迈进。社会环境正在发生深刻变革，组织发展和变革问题日益迫切，要求组织变革和发展的内容广度和深度进一步丰富和发展。在组织惯性已经形成的前提下，希望通过宣布单项决策或正式计划是不可能促使组织变革的。因此，作为改革代理人的领导者必须为组织提供新的定义与概念，他必须通过创建年轻的组织和庄严的承诺，使变革的力量能够转化为现实的成果。

愿景领导是不确定条件下塑造未来的战略方法，是领导深层变革的方法。愿景包括组织存在的根本理由、组织的核心价值观、远大的目标和未来的景象。"如果没有切实的愿景规划，组织转型的努力就很容易在一大堆混乱且自相矛盾的项目中烟消云散。"② 愿景要易于与相关者沟通，要有感染力，它是关于我们是谁以及变革会把组织带向何方的清楚明确和引人入胜的阐述。也就是说，用一种形象鲜明、引人入胜和具体明确的描述，来说明实现大胆目标后会是什么样子。"如果说在领导职能中真有天分的因素在起作用，那么它肯定指的是这种从一大堆信息、形象、预测、选择中得出对未来的清晰预想的超凡能力。这是一种魔术般的神奇能力；在它的作用下，未来立刻就变得简单、容易理解、引人遐想、令人振奋。"③ "你可以把它视为对愿景规划从文字到图画的

---

① ［美］杰克琳·谢瑞顿、詹姆斯·L. 斯特恩：《企业文化：排除企业成功的潜在障碍》，赖月珍译，上海人民出版社1998年版，第52页。

② ［美］约翰·P. 科特：《领导变革：为什么企业转型的努力会失败》，［美］约翰·P. 科特等：《变革》，李原等译，中国人民大学出版社1999年版，第10页。

③ ［美］华伦·本尼斯、伯特·耐纳斯：《领导者：成功谋略》，柴贺译，九州图书出版社1999年版，第116—117页。

翻译，它形成了一种人们可以装在自己头脑中随处携带的形象。"① 事实上，最成功的变革方案表明，大型的组织更多地通过价值观与它们的员工直接联系在一起，那些价值观最终是关于信仰和情感的，新的管理模式就是对人的管理，对人的管理就是对人的情感和信念的管理。组织一把手的工作，是作为一个可见的变革倡导者，为组织新的发展方向整合环境，阐释理念。设计出指导原则并且确保它们能够被理解并被应用，这也是整个变革领导团队的任务。

（四）利用各种手段沟通组织变革问题

1. 领导者的沟通持续在整个组织变革的过程中。

（1）领导者通过沟通传播愿景规划。组织内的高级领导者要利用现有的各种沟通渠道来传播愿景规划，仅仅通过开几次会、演讲、新闻通讯是不够的，领导者需要在各种场合不断地重复和强调组织的愿景规划，描述组织变革带来的前景。"领导者的力量同他们进行思想沟通的能力成正比。……目标和梦想不可能以命令的形式在企业组织中扎根，也不可能在高压政策下开花结果。它的实现过程，应该是一个说服引导的过程，一个创造激情与责任感的过程。……对前景、目标进行交流沟通的最佳手段是通过比喻和使其具体化、模式化的方法……像动情的诗篇和悠扬的乐曲一般，具有不可抗拒的美感。"②

（2）通过沟通消除组织成员的变革心理障碍。所有领导者均面临着一个共同的挑战，那就是如何克服下属对变化的抵触心理与抵制行为，使恶要横乃是做领导的大忌，他们懂得创造组织成员心理上安全感，通过交流沟通、合作参与和相互信任使人们自觉自愿地接受变化、支持变化，消除变革心理障碍。

（3）在实际变革过程中进行沟通和促进员工参与。组织实际变革比认识变革更为困难，这是因为组织内各系统都有自己的工作方式、人际关系、行为规范、价值观念。所以不能用简单命令的方式要求变革，而应让各个部门参与决策过程，共同讨论应如何实施必要的变革。

---

① 〔美〕特蕾西·高斯、理查德·帕斯卡尔、安托尼·亚瑟斯：《企业彻底改造的"过山车"，以今天的冒险换取强有力的未来》，〔美〕约翰·P. 科特等：《变革》，李原等译，中国人民大学出版社1999年版，第97页。

② 〔美〕华伦·本尼斯、伯特·耐纳斯：《领导者：成功谋略》，柴贺译，九州图书出版社1999年版，第121—122页。

2. 高级领导者和领导联盟用"身体力行"的示范传授新行为。"沟通来自于言和行两方面，而后者常常更有力。没有什么比重要人物的言行不一更容易危害变革的。"① "领导者对新思想进行沟通的另一个办法是持之以恒的身体力行，使新思想、新路线成为一种人格化的东西"②，他们有意识地试图使自己成为新的组织文化的生动象征，成为组织成员行为模仿的示范者。

3. 把新的理念、工作模式与组织的日常活动结合在一起。即使通过沟通，变革的前景目标在组织上下得到一致的认同，但如果不能够被当作指导原则得到切实有效的施行，这一切也都白搭。因为"到目前为止，员工们经历了太多的变革方案，他们已经变得持怀疑态度了"③，新的理念"必须融入到企业文化当中去，融入到企业的战略部署和决策制定的过程当中去"④。而"擅长沟通的管理人员把这些信息和他们的日常活动结合在一起"⑤，比如在讨论解决方案是否适合于组织的未来前景，绩效评估考虑员工的行为如何支持或损害愿景规划，业绩审核时看管理人员对于变革的贡献程度。"高层管理者应当首先进行行为的改革；当这种行为变化带来了绩效的提高时，兴奋与信任就会随之而来。"⑥ 这就是说，领导者要把新的理念、工作模式与自己的行为和组织的日常活动结合在一起，当这种新的理念、工作模式和领导者的新行为带来成效的时候，员工对变革前景的信任和兴奋会随之而来。

（五）授权他人实施这种愿景规划

领导者一个人是无法实施组织变革的，通常情况下，领导者可以授权给转型管理团队，这个团队将投入全部的时间和精力来处理变革，扫

---

① ［美］约翰·P. 科特：《领导变革：为什么企业转型的努力会失败》，［美］约翰·P. 科特等：《变革》，李原等译，中国人民大学出版社1999年版，第13页。

② ［美］华伦·本尼斯、伯特·耐纳斯：《领导者：成功谋略》，柴贺译，九州图书出版社1999年版，第122页。

③ ［美］珍尼·丹尼尔·达克：《管理变革：平衡的艺术》，［美］约翰·P. 科特等：《变革》，李原等译，中国人民大学出版社1999年版，第62页。

④ ［美］华伦·本尼斯、伯特·耐纳斯：《领导者：成功谋略》，柴贺译，九州图书出版社1999年版，第122页。

⑤ ［美］约翰·P. 科特：《领导变革：为什么企业转型的努力会失败》，［美］约翰·P. 科特等：《变革》，李原等译，中国人民大学出版社1999年版，第12页。

⑥ 珍尼·丹尼尔·达克：《管理变革：平衡的艺术》，［美］约翰·P. 科特等：《变革》，李原等译，中国人民大学出版社1999年版，第63页。

清变革途中组织系统中的障碍；判断分析问题，要弄清问题的实质，弄清需进行哪些变革，变革的目标是什么，注意选择变革的恰当时机，又要恰当地选择变革范围，如何对这些目标进行衡量等；认识限制条件；找出变革发展的方法和战略；改变严重损害愿景规划的体制和结构；鼓励冒险，鼓励非传统的观点、活动和行为；建立强有力的实施变革的用人体系，对与变革步调不一致的人一定要采取符合新愿景规划的方式对待他，还要给予进行变革努力的人荣誉。

（六）实施变革计划并夺取短期胜利

在组织变革中，有的是以活动为中心的改革方案，领导层之所以采取行动，是因为它们是正确的，且符合经营或管理理念。有的是以结果驱动的方案，是因为它们显然可以直接带来一些改善结果，基于一种"迫切"的心态，管理层希望立刻见到效果，尽管变革过程是一种长期的承诺。"以活动为中心"和"以结果驱动"的方案，最终都要指向经营业绩或组织有效性的根本性变化。但以活动为中心的方案关注的是组织文化重整、大范围的培训方案和耗资巨大的程序变革；相反，"以结果驱动"的方案则避开了冗长的准备过程，从确定最迫切需要改进的绩效项目入手，制定出能迅速实现的渐进式目标。通过不断吸取前阶段的经验和教训，并把它应用于尔后的阶段中，管理层形成了一种持续的学习过程。

对参与绩效改进的组织成员进行表彰和奖励。真正的组织转型需要时间，如果不实现一些短期目标并为此而庆祝的话，一是员工不会对组织变革的正确性和未来前景充满信任和信心。"不论愿景规划多么富有想象力，要想让它对加速发展发挥作用，管理者必须把它翻译成对短期业绩成就的明确有力的期望"，"当结果确实出现时，人们也就相信它了"，① 二是如果在组织变革中缺少短期胜利，持久改革的努力就会面临着缺乏动力的风险。当人们明确认识到重大变革需要花很长时间后，紧迫感就会下降，夺取短期胜利的承诺有助于保持紧迫感。

（七）巩固已有成果，深化改革

对变革计划实施的结果进行评价，并做出反馈，促使人们进行周密

---

① 罗伯特·H.谢弗、哈威·A.汤姆森：《成功的变革方案从结果开始》，[美]约翰·P.科特等：《变革》，李原等译，中国人民大学出版社1999年版，第212、196页。

的、分析性的思考，以明确阐述或修改愿景规划，以便修正和准备下一轮变革循环；利用短期胜利所赢得的信誉进一步解决更重大的问题，利用日益提高的信誉改变与愿景规划不相适应的体制、结构、政策；对那些能够执行愿景规划的员工进行聘用、晋升和开发；利用新项目、新论点，变革推动者再次激活整个过程。

（八）使新的工作办法制度化

要使变革在组织文化中根深蒂固，有三个要素尤为重要。第一个要素是阐明新行为与组织成功之间的联系，花一些时间来讨论新方法、新行为和新态度是如何有助于人们改进工作绩效的；第二个要素是利用各种手段，确保领导者的培训开发和后继有人。要花费足够多的时间以确保下一代高级领导层真正成为新的工作办法的楷模和表率。如果晋升标准不随组织核心价值观而改变，变革就会很难维持下去。第三个要素是新的行为和方法制度化。如果新行为不植根于组织规范和共同认可的价值观上，那么，一旦变革的压力解除了，它们就会很快败下阵来。组织的制度化运作，使组织成员对于恰当的、基本的、有意义的行为有了共同的理解。一个组织具有了制度化的持久性后，可接受的行为模式对组织成员来说就是不言而喻的事了。